日本近現代法史（資料・年表）

藤田正
吉井蒼生夫 編著

信山社
SHINZANSHA

はじめに

本書は、日本近現代（一九世紀中葉、幕末期の開国から二一世紀初頭の今日まで）における法と法学の歴史を、〈資料〉と〈年表〉で概観できるように編集したものである。

今からおよそ一五〇年前の維新の変革を契機に、わが国の法の世界は、幕藩体制下の近世法体制から、法系や法文化の伝統を異にする西欧近代法の包括的継受によって形成された近代法体制へ大きく転換した。大日本帝国憲法を中心とするこの近代法体制は、第二次世界大戦後の非軍事化とそれにともなう民主化を基調とするいわゆる戦後改革によって、日本国憲法を中心とする現代法体制へ転換した。そして戦後六〇年を経過した現在、戦後体制からの脱却をスローガンにして、日本国憲法の改正問題をはじめ現代法体制の基本的枠組みの改変が進行しつつある。

本書では、日本近現代における法の発展過程をできるだけ政治・経済・社会・国際関係などの歴史との関連において把握するため、全体を八つの時期に区分して編集することとした。

第一期は、「近代法体制の準備・形成期」（一八五三—一八八四年）で、ペリーが浦賀に来航した年から、維新変革後の太政官制下で近代法体制が準備・形成され、条約改正交渉が進められる時期である。

第二期は、「近代法体制の確立期」（一八八五—一九一四年）で、太政官制が廃止されて内閣制度が創設された年から、大日本帝国憲法をはじめ国家法が全面的に成立し、条約改正が達成されて近代法体制が確立する時期である。

第三期は、「近代法体制の再編期」（一九一五—一九三一年）で、第一次世界大戦のさ中に中国に「二一カ条の要求」を提出した年から、大正デモクラシーのもとで法体制が再編成される時期である。

第四期は、「準戦時・戦時法体制期」（一九三二―一九四五年）で、満州国建国・承認の年から、国家総動員法をはじめ準戦時・戦時法体制が形成・展開し、敗戦に至るまでの時期である。

第五期は、「戦後改革期」（一九四五―一九五一年）で、ポツダム宣言を受諾し、戦争終結の詔書を発布した日から、連合国軍による占領下で日本国憲法を中心とする現代法体制が形成される時期である。

第六期は、「現代法体制の確立期」（一九五二―一九六〇年）で、対日平和条約・日米安全保障条約が発効し、占領が終了した年から、保守合同（五五年体制）の成立・国連加盟の承認などが進む中、現代法体制が確立する時期である。

第七期は、「現代法体制の展開期」（一九六一―一九八八年）で、日米新安全保障条約発効・国民所得倍増計画決定の翌年から、高度経済成長・「戦後処理」問題・バブル経済の発生などを背景に現代法体制が展開する時期である。

第八期は、「現代法体制の転換期」（一九八九―二〇〇六年）で、「平成」と改元され、米ソ首脳によって東西冷戦の終結が宣言された年から、湾岸戦争・イラク戦争・バブル経済の崩壊などを背景に現代法体制が転換期を迎え、現在に至る。

以上の各時期の法体制の特徴については、〈資料編〉の冒頭に付した「解説」において粗描した。

本書は、〈資料編〉と〈年表編〉で構成されるが、〈資料編〉には日本近現代法史の各時期の法体制の特徴を理解する上で基本資料となる主要な法令・条約を中心に関連資料を選択して掲載した。

〈年表編〉では、「一般事項」欄に国際関係・政治・経済・社会にわたる重要事項を掲げ、「法令」欄には主要な法令の制定・改正について掲げ、「法学・判例」欄には、重要な法学の著作物と判例および法学教育

はじめに

機関に関する事項などを掲げた。日本近現代における法と法学の発展過程を社会現象全体との関連の中で立体的に把えることができるようにするためである。

本書にはまた、日本近現代法史を学習し、研究する人の便を図るために〔参考文献〕を付し、①史料・年表、②教科書、③概説書・研究書、④裁判史・法曹・弁護士会史の四つに分類して、比較的入手し易い著作物を掲げた。

本書は、法学部・大学院法学研究科ならびに法務研究科の学生を主たる対象に編集したものである。法を学習・研究する者にとって、日本近現代法史を学ぶことは、この一五〇年にわたる法の発展過程と経験からさまざまな歴史的教訓や貴重な示唆を汲み取ることによって、法というものについての広い視野と法の未来への洞察力を養う上で欠くことができないものと思われる。大きな時代的転換期にある現在、ことのほか法の歴史から学ぶことが大切ではなかろうか。

二〇〇九年五月までの裁判員制度の開始が近づく中、学部・大学院の学生のみならず一般市民の方々にも、日本近現代における法の発展過程を学ぶ上で本書が広く活用されることを期待したい。

最後に、本書を編集するにあたっては、多くの先学の業績（〔参考文献〕を参照）や資料（図・写真を含む）を所蔵する諸機関のお世話になった。深く謝意を表したい。また構想の段階から上梓に至るまで終始適切な助言とご支援をいただいた信山社渡辺左近氏に心よりお礼申し上げたい。

二〇〇七年一月三一日

藤田　正
吉井蒼生夫

目次

Ⅷ　現代法体制の転換期（一九八九―二〇〇六）

〈資料編〉

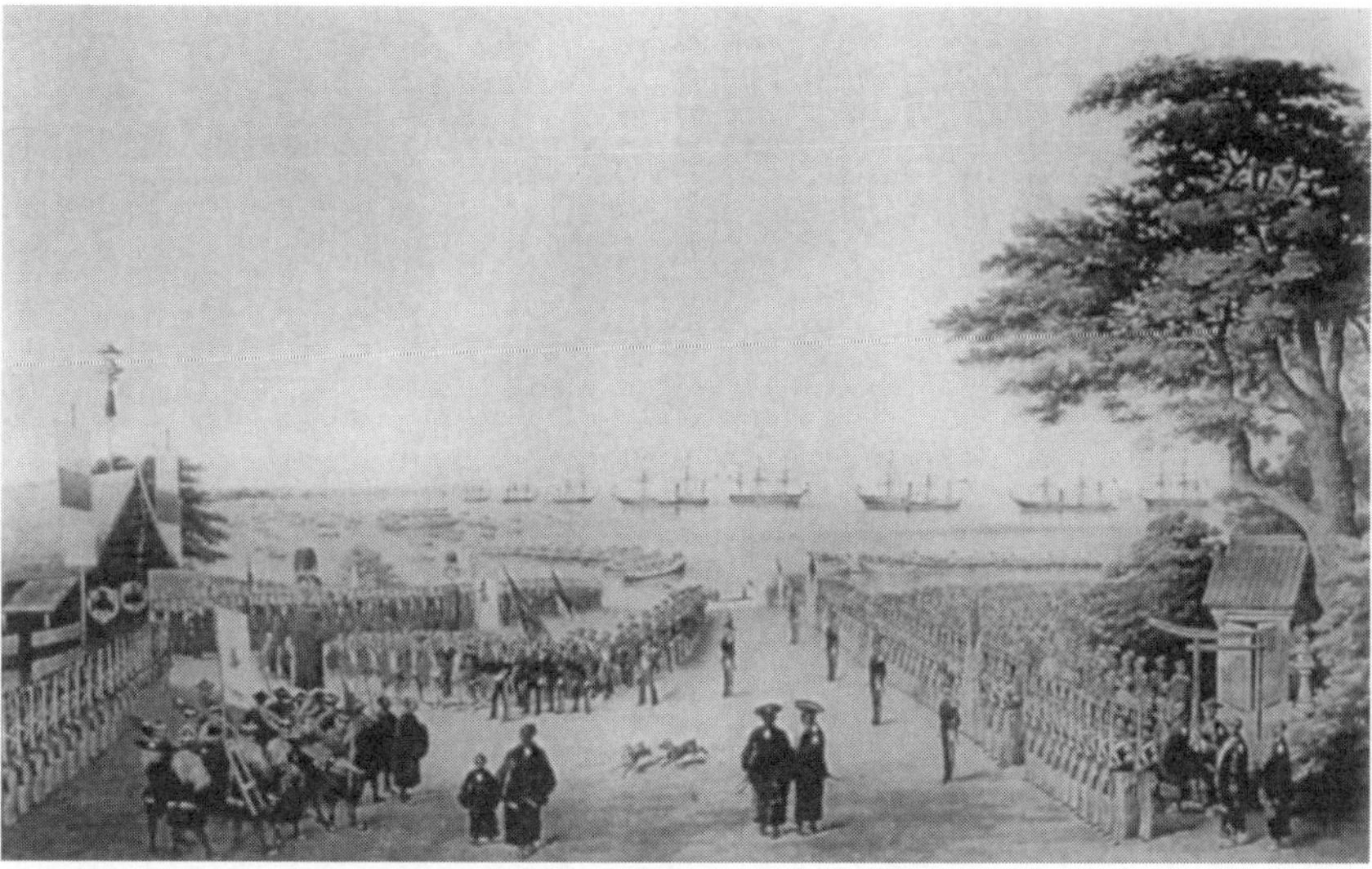

ペリーの横浜上陸の図（1854年３月８日）

〔凡　例〕

① 日本近現代法史を理解するうえで基本資料となるべきものを掲載した。
② 掲載した資料のうち省略した部分は（略）と表示し、編者が補った部分は〔　〕で示した。
③ 用字は、漢字は原則として当用漢字を用いた。送り仮名は原文のままとしたが、ヿ、𬻿、𪜈、𬼀はそれぞれコト、トキ、トモ、シテとした。
④ 明治五年（一八七二年）の太陽暦採用以前の資料については、和暦の日付を用い、相当する西暦日付を示してある。
⑤ 法令番号については、石井良助監修『近代日本法律司法年表』(第一法規出版、一九八二年）に倣って次のようにした。明治四年以前の法令番号については、法令全書の付した通し番号をとった。これ以降明治六年布告達書結文例（七月一八日公布）までは、法令全書の付した番号に発令主体を付して示した。その後は発令主体とそれが付した法令番号を示した。
⑥ 資料が改正法である場合、その改正の内容を摘記して参照の便に供した。
⑦ 適宜ルビを付した。原典に付されているルビはそのままにした。
⑧ 出典は、各資料の末尾に示したが、官報・法令全書によったものは出典名の表示を省略した。
⑨ 条約・協定の類は、外務省編『日本外交年表並主要文書』(原書房）および外務省編『条約集』などによった。
⑩ 法令は、原則として主要条文のみを抄録し、同一条文中省略した部分は（略）と表示した。法令の公布文は掲載していない。

I　近代法体制の準備・形成期（一八五三—一八八四）

岩倉使節団出発の図（1871年11月12日）

〔解　説〕幕藩体制の解体と近代法体制の形成

この時期は、一九世紀中葉の開国（江戸幕府の孤立的な対外政策＝鎖国を転換し、外国との交際・通商を認める）と幕藩体制（幕府と諸藩の重層的権力からなる政治体制・社会構造）の解体にはじまり、近代天皇制国家・法体制が準備・形成される過渡的な時期である。法の世界では、近世法体制（幕府法・藩法を中心に村法・町法などからなり、身分的性格を有する）が解体し、西欧近代法の継受にもとづく近代法体制（国家法を中心に一元的で統一性を有する）へ転換する過渡期である。

一八五三年（嘉永六）アメリカ使節ペリーが浦賀に来航し、開国を要求された幕府は、翌年日米和親条約を締結し、下田・箱館の開港などを承認した。英・露・蘭各国とも相ついで和親条約が締結され、一八五八年（安政五）には、通商条約が日米修好通商条約を皮切りに蘭・露・英・仏各国と締結された（安政の五カ国条約）。これらは、開港・開市・居留地設定、片務的領事裁判権、協定関税率（関税自主権の喪失）、片務的最恵国条項を内容とする不平等条約であった。

欧米列強の支配する国際社会に包摂される過程で、幕藩体制の矛盾の露呈、解体がいっきに進み、一八六七年（慶応三）一〇月の大政奉還（将軍徳川慶喜による政権返上の申出）、同年一二月の王政復古（幕府を廃絶し天皇親政による新政府を成立）、一八六九年（明治二）六月の版籍奉還（藩主による封土＝版と領民＝籍の返上）を経て一八七一年（明治四）七月の廃藩置県（藩を廃して府県とした改革）の断行によって幕藩体制は消滅し、統一国家の形成・中央集権体制が樹立された。新政府は、富国強兵政策・殖産興業政策を基本政策として、封建制的・身分制的な支配体制・社会的諸拘束の撤廃を進めるとともに、近代天皇制国家・法体制を形成する諸改革に取り組んだ。

一八七一年一二月東京府下市街地に地券が発行され、翌年二月地所永代売買の禁止が解除されるとともにすべての土地に地券が交付されることになり（壬申地券という）、各種土地の所有者を確定する作業が進められた。土地売買の許可・私的土地所有権の公認を前提に政府は、一八七三年（明治六）地租改正条例によって全国的に地租改正事業（地籍整理と地価算定）を実施し、近代的土地制度と租税制度の確立を図った。

一八七一年四月政府は、太政官布告をもって戸籍法を公布し、翌年から全国的に戸籍の編製に着手した（壬申戸籍という）。華族・士族・卒・祠官・僧侶・平民までの「臣民一般」を現実の生活単位である戸＝家ごとに登録させ、すべての国民を一元的に把握することを目指した。この戸籍の編製は、徴税・徴兵・教育・衛生など行政の基礎資料ともなった。また、七一年八月賤民廃止令が出された。

一八七二年（明治五）八月、学制頒布に付「被仰出書」・学

制が発布され、国民皆学の理念のもと全国を大・中・小学区に分別してそれぞれに大・中・小学校が設置され、近代的教育・学校制度の形成が始まった。同年一一月の徴兵の詔・徴兵告諭にもとづき翌年一月徴兵令が公布され、国民皆兵を理念として満二〇歳の男子に兵役義務を課し近代的軍隊の建設が目指された。また、国家財政を圧迫していた秩禄（版籍奉還後華族・士族に支給されていた家禄と賞典禄）の支給は、七六年金録公債証書発行条例によって廃止された（秩禄処分）。

倒幕後の統治機構は、王政復古令による総裁・議定・参与の三職設置後、三職七科の制・三職八局の制を経て、政体書により「天下ノ権力総テ之ヲ太政官ニ帰ス」として太政官が設けられた。版籍奉還後の官制改革で神祇官と太政官の二官をおき、太政官のもとに六省をおいた（二官六省制）。さらに七一年の廃藩置県後の官制改革で、太政官に正院・左院・右院の三院が設けられ、そのもとに八省がおかれた（太政官三院制）。正院は、国政全般にわたる最高意思決定機関で、天皇が親臨し太政大臣・左右大臣・参議によって構成された。七三年「内閣」（参議の合議機関）の設置による正院の強化や参議と省卿（各省の長官）の兼任制の採用などの改革がなされた。ついで七五年四月には「漸次立憲政体樹立の詔」が出され、元老院・大審院が設けられ、左右両院は廃止された。一八八一年の政変で、国会開設の勅諭が発せられ、以降参事院を中心に憲法制定・国会開設に備えた統治機構の改革が進められていく。

この間七三年一一月に内務省の新設によって内政機構の整備が図られ、七八年（明治一一）一二月には参謀本部条例で、軍令事項は太政官（陸軍省）とは別に天皇に直属する参謀本部が掌握することとなった。また、警察制度は内務省が警察業務の統轄官庁となって整備されていった。

地方制度は、政体書による府藩県三治制の形成ののち、七一年、廃藩置県でこれを廃して三府三〇二県とし、一一月には三府七二県に整理統合した。県治条例の制定によって県令が地方統治の権限を掌握することになった。一八七二年四月従来の庄屋・名主・年寄などの村役人の制度が廃され、戸長・副戸長がおかれ、一〇月には区長・副区長がおかれた（大区小区制）。その後一八七八年七月郡区町村編制法・府県会規則・地方税規則のいわゆる（地方）三新法が制定され、一八八〇年四月には区町村会法が制定され、地方制度は整備されていった。

司法制度の形成は、一八七一年七月の司法省設置に始まり、翌年八月の司法職務定制の制定により具体化する。司法省は「全国法憲ヲ司リ各裁判所ヲ統括ス」るところとされ、司法省臨時裁判所・司法省裁判所・出張裁判所・府県裁判所・区裁判所の五種がおかれた。その後七五年五月の大審院諸裁判所職制章程の制定により、裁判機構は大審院・上等裁判所・府県裁判所（翌年九月地方裁判所に改称）の三種で構成されることになり、さらに八〇年七月の治罪法の制定によって大審院・控訴裁判所・始審裁判所・治安裁判所となり、特別裁判所として高等法院がおかれた。なおこの間、調停の機能をもつ民事紛争解決制度である勧解が、一八七五年九月に東京裁判支庁ではじめて設置され、ついで同年一二月に「裁判支庁仮規則」によって全国的に設置されることになった（以後一八九〇年の民事訴訟法施行まで存続）。

諸法典の編纂は、条約改正の前提条件であったため新政府の成立後早期に着手された。箕作麟祥は、一八六九年から一八七四年にかけてフランス諸法の翻訳にとりくみ、刑法・民法・憲法・訴訟法・商法・治罪法をつぎつぎに翻訳し『仏蘭西法律書』として刊行した。これらは法典編纂の参考資料とされた。

憲法の編纂は、左院の国憲編纂に始まり、一八七六年九月の元老院への国憲編纂の勅命により本格化した。元老院では同年一〇月に第一次案、七八年七月に第二次案、八〇年七月に第三次案（日本国憲按）を編纂したが、政府の採用するところとはならなかった。この頃自由民権運動（国会開設による立憲政体の樹立・自由や自治の保障・地租軽減・条約改正などを要求して全国的に展開した国民的運動）が展開する中で、民間においても多数の憲法草案が作成された（私擬憲法という）。なかでも一八八一年に作成された交詢社の「私擬憲法案」、千葉卓三郎らの「日本帝国憲法」、植木枝盛の「日本国国憲案」は代表的なものである。また、政府内部では憲法構想をめぐって右大臣岩倉具視らと参議大隈重信らが対立したが、一八八一年の政変で前者の構想に一本化された。

刑法の編纂は維新直後から始まり、一八六八年に「仮刑律」、七〇年一二月に「新律綱領」、七三年六月に「改定律例」が制定された。これらは律系統のものであった。西欧近代刑法の編纂は、一八七五年九月から司法省で始まり、編纂方針である「起案ノ大意」にもとづいて進められた。御雇外国人教師G・E・ボワソナードの力を借りて起草した草案に、刑法草案審査局・元老院で審議・修正を加え、一八八〇年七月治罪法とともに公布し、八二年一月から施行された。

民法の編纂は、箕作によるフランス民法の翻訳をもとに一八七〇年から始まり、七一年の「民法決議」、翌七二年の「皇国民法仮規則」、「民法仮法則」、七八年の「明治一一年民法草案」などが起草されたが、廃案となった。その後八〇年元老院に設置された民法編纂局でボワソナードを中心に編纂が進められていく。

商法の編纂は、会社法の編纂から始まり、一八七五年五月に内務省による「会社条例」が太政官に上程されたが廃案となった。その後八〇年会社竝組合条例審査局が元老院に設置され、翌八一年四月「会社条例」が脱稿したが廃案となった。この年商法全体の本格的な編纂が太政官でH・ロエスレルの手により進められ、八四年に一一三三カ条の草案の完成をみた。民事訴訟法の編纂は、一八七三年から司法省で始まり、翌年元老院に起草が命じられ、八〇年一二月に草案を議長に上申したが廃案となった。

1　日米和親条約　一八五四年（嘉永七年）三月三日調印

第一ヶ条

一日本と合衆国とは、其人民永世不朽の和親を取結ひ、場所人柄の差別無之事

第二ヶ条

一伊豆下田松前地箱館の両港は、日本政府ニ於て、亜墨利加《アメリカ》船薪水食料石炭欠乏の品を、日本にて調《ととのえ》候丈は給《きゅうし》候為メ、渡来之儀差免《さしゆる》し候、尤《もっとも》下田港は、約条書面調印之上即時にも相開き、箱館は、来年三月より相始候事

一給すへき品物直段《ねだん》書之儀は、日本役人より相渡し可申《もうすべく》、右代料は、金銀銭を以て可相弁《あいべんずべく》候事

第三ヶ条

一合衆国の船日本海浜漂着之時扶助いたし、其漂民を下田又は箱館に護送し、本国の者受取可申、所持の品物も同様に可《いたす》致《べく》候、尤漂民諸雑費は、両国互に同様之事故《ことゆえ》、不及償《つぐなうにおよばず》候事

第七ヶ条

一合衆国の船右両港に渡来の時、金銀銭並品物を以て、入用の品相調ひ候を差免し候、尤日本政府の規定に相従可申、且合衆国の船より差出候品物を、日本人不好《このまず》して差返候時は、受取可申候事

第八ヶ条

一薪水食料石炭並欠乏の品を求る時ニは、其地の役人にて取扱すへし、私に取引すへからさる事

第九ヶ条

一日本政府外国人え当節亜墨利加人え不差免候廉相免《さしゆるさずそうろうかどあいゆる》し候節は、亜墨利加人えも同様差免し可申、右に付談判猶予不致《いたさず》候事

第十一ヶ条

一両国政府に於て無拠儀有之候模様《よんどころなきぎこれありそうろうもよう》ニより、合衆国官吏之《の》もの下田に差置《さしおき》候儀も可有之《これあるべし》、尤約定調印より十八ヶ月後ニ無之候ては不及其儀候事

2　日米修好通商条約　一八五八年（安政五年）六月一九日調印

第一条

向後《こうご》日本大君《たいくん》と、亜墨利加《アメリカ》合衆国と、世々親睦なるへし

日本政府は、華盛頓《ワシントン》に居留する政事に預る役人を任し、又合衆国の各港の内に居留する諸取締の役人、及ひ貿易を処置する役人を任すへし、其政事に預る役人及ひ頭立《かしらだち》たる取締之役人は、合衆国に到着の日より、其国の部内を旅行すへし

合衆国の大統領は、江戸に居留するチフロマチーキ、アケントを任し、又此約書に載る、亜墨利加人民貿易のために開きたる、

日本の各港の内に居留するコンシユル又はコンシユライル、アケント等を任すへし、其日本に居留するチフロマチーキ、アケント幷《ならび》にコンシユル、セネラールは、職務を行ふ時より、日本国の部内を旅行する免許あるへし、（略）

第三条

下田箱館港の外、次にいふ所の場所を、左之期限より開くへし

神奈川　午三月より凡十五ヶ月の後より　西洋紀元千八百五十九年七月四日
長崎　同断　同断
新潟　同断　凡二十ヶ月の後より　千八百六十年一月一日
兵庫　同断　凡五十六ヶ月の後より　千八百六十三年一月一日

若し新潟港を開き難き事あらは、其代りとして、同所前後に於て、一港を別に撰ふへし

神奈川港を開く後六ヶ月にして、下田港は鎖《とざ》すへし、此ヶ条の内に載たる各地は、亜墨利加人に居留を許すへし、居留の者は、一箇の地を、価を出して借り、又其所に建物あれは、是を買ふ事妨《さまたげ》なく、且住宅倉庫を建る事をも許すへしといへとも、是を建るに託して、要害の場所を取建る事は、決して成《なさ》さるへし、此掟を堅くせんために、其建物を新築改造修補なとする事あらん時には、日本役人是を見分する事当然たるへし、（略）

其居留場の周囲に、門墻《もんしょう》を設けす、出入自在にすへし

江戸　午三月より凡四十四ヶ月の後より　千八百六十二年一月一日
大坂　同断、凡五十六ヶ月の後より　千八百六十三年一月一日

右二ヶ所は、亜墨利加人、唯商売を為す間にのみ、逗留する事を得へし、此両所の町に於て、亜墨利加人建家を価を以て借るへき相当なる一区の場所、幷に散歩すへき規定は、追て日本役人と亜墨利加のチフロマチーキ、アケントと談判すへし

双方の国人品物を売買する事、総《すべ》て障りなく、其払方等に付ては、日本役人これに立合はす、諸《もろもろ》日本人亜墨利加人より得たる品を売買し、或は所持する、倶《とも》に妨なし、（略）

第四条

総て国地に輸入輸出の品々、別冊の通、日本役所へ、運上を納むへし、（略）

第六条

日本人に対し、法を犯せる亜墨利加人は、亜墨利加コンシユル裁断所にて吟味の上、亜墨利加の法度を以て罰すへし、亜墨利加人へ対し、法を犯したる日本人は、日本役人糺の上、日本の法度を以て罰すへし、日本奉行所亜墨利加コンシユル裁断所は、双方商人逋債《ほさい》等の事をも、公けに取扱ふへし、（略）

両国の役人は、双方商民取引の事に付て、差構ふ事なし

第七条

日本開港の場所に於て、亜墨利加人遊歩の規程、左の如し

神奈川　六郷川筋を限《かぎり》とし、其他は、各方へ凡《およそ》十里
箱館　各方へ凡十里
兵庫　京都を距《へだた》る事十里の地へは、亜墨利加人立入さる筈に付、其方角を除き、各方へ十里、且兵庫に来る船々の乗組人は、猪名川より海湾迄の川筋を越《こえる》へか

らす

都《すべ》て里数は、各港の奉行所又は御用所より、陸路の程度なり　一里は、亜墨利加の四千二百七十五ヤールト、日本の凡三十三町四十八間一尺二寸五分に当る

長　崎　其周囲にある御料所を限とす

新潟は、治定の上、境界を定むへし、（略）

3　王政復古布告　宮堂上宛　一八六七年（慶応三年）一二月九日

一徳川内府、従前御委任大政返上、将軍職辞退之両条、今般断然被　聞食《きこしめされ》候、抑《そもそも》癸丑《きちゅう》以来未曾有《みぞう》之国難、先帝頻年被悩　宸襟《しんきんをなやませられ》候御次第、衆庶之所知ニ候、依之被決叡慮、王政復古国威挽回之御基被為立《たたせられ》候間、自今摂関・幕府等廃絶、即今先仮リニ総裁・議定・参与之三職ヲ置レ、万機可被為行《おこなわせらるべく》、諸事神武創業ノ始ニ原《もと》ツキ、搢紳・武弁・堂上・地下《じげ》之別ナク、至当ノ公議ヲ竭《つく》シ、天下ト休戚ヲ同ク可被遊　叡念ニ付、各勉励、旧来驕惰ノ汚習ヲ洗ヒ、尽忠報国之誠ヲ以可致奉公候事、

一内覧・勅問御人数・国事御用掛・議奏・武家伝奏・守護職・所司代総《すべ》テ被廃候事、（略）

一旧弊御一洗ニ付、言語之道被洞開候間、見込有之向者不拘貴賤、無忌憚《きたんなく》可致献言、且人材登庸第一之御急務ニ候故、心当ノ仁有之候ハヽ、早々可有　言上候事

一近年物価格別騰貴、如何トモスヘカラサル勢、富者ハ益富ヲ累《かさ》ネ、貧者益窘急《きんきゅう》ニ至リ候趣、畢竟《ひっきょう》政令不正ヨリ所致

（略）

4　五榜の掲示と高札の撤廃　一八六八年（明治元年）三月一五日第一五八号

第一札

定

一人タルモノ五倫ノ道ヲ正シクスヘキ事

一鰥寡《かんか》孤独廃疾ノモノヲ憫《あわれ》ムヘキ事

一人ヲ殺シ家ヲ焼キ財ヲ盗ム等ノ悪業アル間敷事《まじきこと》

慶応四年三月　太政官

第二札

定

何事ニ由ラス宜《よろ》シカラサル事ニ大勢申合セ候ヲ徒党ト唱ヘ徒党シテ強テ願ヒ事企ルヲ強訴トイヒ或ハ申合セ居町居村ヲ立退

キ候ヲ逃散ト申ス堅ク御法度タリ若右類ノ儀之レアラハ早々其
筋ノ役所へ申出ヘシ御褒美可被下事
慶応四年三月　　　　太政官

第三札
定
一　切支丹《キリシタン》邪宗門ノ儀ハ堅ク御制禁タリ若不審ナル者有之ハ其
筋之役所へ可申出御褒美可被下事
慶応四年三月　　　　太政官

第四札
覚
今般　王政御一新ニ付　朝廷ノ御条理ヲ追ヒ外国御交際ノ儀
被　仰出《おおせいだされ》諸事於　朝廷直ニ御取扱被為成《なさせられ》万国ノ公法ヲ以《もって》条約御
履行被為在《あらせられ》候ニ付テハ全国ノ人民　叡旨ヲ奉戴シ心得違無之様
被　仰付《おおせつけられ》候自今以後猥リニ外国人ヲ殺害シ或ハ不心得ノ所業等
イタシ候モノハ　朝命ニ悖《もと》リ御国難ヲ醸成シ候而已《のみ》ナラス一旦
御交際被　仰出候各国ニ対シ　皇国ノ御威信モ不相立次第甚
以不届至極ノ儀ニ付其罪ノ軽重ニ随ヒ士列ノモノト雖《いえど》モ削士籍
至当ノ典刑ニ被処候《そうろうじょう》　条銘々奉　朝命猥リニ暴行ノ所業無之様
被　仰出候事
三　月　　　　太政官

第五札
覚
王政御一新ニ付テハ速ニ天下御平定万民安堵ニ至リ諸民其所
ヲ得候様　御煩慮被為《あらせられ》在候ニ付此折柄天下浮浪ノ者有之候様
ニテハ不相済候自然今日ノ形勢ヲ窺ヒ猥ニ士民トモ本国ヲ脱走
イタシ候儀堅ク被差留候万一脱国ノ者有之不埒ノ所業イタシ候
節ハ主宰ノ者落度タルヘク候尤《もっとも》此御時節ニ付無上下皇国ノ御
為又ハ主家ノ為筋等存込建言イタシ候者ハ言路ヲ開キ公正ノ心
ヲ以テ其旨趣ヲ尽サセ依願太政官代ヘモ可申出被仰出候事
但今後総《すべ》テ士奉公人不及申農商奉公人ニ至ル迄相抱候節ハ出
処篤ト相糺シ可申自然脱走ノ者相抱ヘ不埒出来御厄害ニ立至リ
候節ハ其主人ノ落度タルヘク候事
三　月　　　　太政官

5　政体書　一八六八年（明治元年）閏四月二七日第三三一号

去冬　皇政維新纔《わずか》ニ三職ヲ置キ続テ八局ヲ設ケ事務ヲ分課スト
雖モ兵馬倉卒之間事業未タ恢弘《かいこう》セス故ニ今般　御誓文ヲ以テ目
的トシ政体職制被相改候ハ徒ニ変更ヲ好ムニアラス従前未定之
制度規律次第ニ相立候訳ニテ更ニ前後異趣ニ無之候間内外百官

此旨ヲ奉体シ確定守持根拠スル所有テ疑惑スルナク各其職掌ヲ尽シ万民保全之道開成永続センヲ要スルナリ

慶応四年戊辰閏《うるう》四月　　太政官

政体

一　大《おおい》ニ斯《この》国是ヲ定メ制度規律ヲ建ツルハ　御誓文ヲ以テ目的トス

一　広ク会議ヲ興シ万機公論ニ決ス可シ

一　上下心ヲ一ニシテ盛ニ経綸ヲ行フヘシ

一　官武一途庶民ニ至ルマテ各其志ヲ遂ケ人心ヲシテ倦《う》マサラシメンコトヲ要ス

一　旧来ノ陋習《ろうしゅう》ヲ破リ天地ノ公道ニ基ク可シ

一　智識ヲ世界ニ求メ大ニ　皇基ヲ振起ス可シ

右　御誓文ノ条件相行ハレ不悖ヲ以テ旨趣トセリ

一　天下ノ権力総《すべ》テコレヲ太政官ニ帰ス則チ政令二途ニ出ルノ患無カラシム太政官ノ権力ヲ分ツテ立法行法司法ノ三権トス則偏重ノ患無ラシムルナリ

一　立法官ハ行法官ヲ兼ヌルヲ得ス行法官ハ立法官ヲ兼ヌルヲ得ス但シ臨時都府巡察ト外国応接トノ如キ猶立法官得管之

一　親王公卿諸侯ニ非ルヨリハ其一等官ニ昇ルヲ得サル者ハ親親敬大臣ノ所以ナリ藩士庶人ト雖トモ徴士ノ法ヲ設ケ猶其二等官ニ至ルヲ得ル者ハ貴賢ノ所以ナリ

一　各府各藩各県皆貢士ヲ出シ議員トス議事ノ制ヲ立ツルハ与論公議ヲ執ル所以ナリ

一　官等ノ制ヲ立ツルハ各其職任ノ重キヲ知リ敢テ自ラ軽ンセシメサル所以ナリ

（略）

一　諸官四年ヲ以テ交代ス公選入札ノ法ヲ用フヘシ但今後初度交代ノ時其一部ノ半ヲ残シ二年ヲ延シテ交代ス断続宜シキヲ得セシムルナリ若其人衆望ノ所属アツテ難去者ハ猶数年ヲ延サヽルヲ得ス

（略）

一　各府各藩各県其政令ヲ施ス亦　御誓文ヲ体スヘシ唯《ただ》其一方ノ制法ヲ以テ他方ヲ概《なが》スル勿レ私ニ爵位ヲ与フ勿レ私ニ通宝ヲ鋳ル勿レ私ニ外国人ヲ雇フ勿レ隣藩或ハ外国ト盟約ヲ立ツル勿レ是小権ヲ以テ大権ヲ犯シ政体ヲ紊《みだ》ルヘカラサル所以ナリ

6　改元の詔　一八六八年（明治元年）九月八日第七二六号

九月八日御布告写

今般　御即位御大礼被ㇾ為ㇾ済先例之通被ㇾ為ㇾ改㆓年号㆒候就而《ツイテ》ハ是迄吉凶之象兆ニ随ヒ屡《シバシバ》改号有ㇾ之候得共《ども》自今　御一代一号ニ被ㇾ定候依ㇾ之改㆓慶応四年㆒可ㇾ為㆓明治元年㆒旨被㆓　仰出《おおせいだされ》㆒候事

九月

改元詔

詔ス体シテ二太乙ヲ一而登リレ位ニ膺《アタリ》二景命ニ一以改ムレ元ヲ洵《まこと》ニ聖代之典型《テンケイ》ヲ而万世之標準《ヘウジュン》也朕雖モ二否《ヒ》徳ト一幸ニ頼リ二祖宗之霊祇《レイギ》ニ一承ク二鴻緒《コウショ》ヲ一躬親ラス二万機《バンキ》之政ヲ一乃チ改メレ元ヲ欲ス下与二海内億兆《オクテウ》一更-始一新上セントレ其改メ二慶応四年ヲ一為ス二明治元年ト一自レ今以後革《カク》二-易《イキ》シ旧制《キウセイ》ヲ一一世一元以為ス二永式ト一主者施行セヨ

明治元年九月八日

議政官

輔相

岩倉右兵衛督具視

議定

（略）

7　府県施政順序　一八六九年（明治二年）二月五日第一一七号

府県施政順序

一知府県事職掌ノ大規則ヲ示ス事

地方ノ官府藩県ノ三治ニ帰ス三治ノ政一途ナルヘキ様厳重ニ御布告アルト雖モ未タ一定規則ノ法トス可キナキ故《ゆえ》府県スラ猶動モスレハ政令一ナラス下民疑惑ヲ生スルニ至ル亦宜《む》ヘナリ実ニ大政隆替《りゅうたい》ノ関係スル所宜シク早ク令ヲ布キ一途ナラシムヘシ是ヲ即今ノ大急務トス

一平年租税ノ高ヲ量リ其府県常費ヲ定ムル事

会計官ノ大急務量入為出ノ基本トス

一議事ノ法ヲ立ル事

従前ノ規則ヲ改正シ又ハ新ニ法制ヲ造作スル等総《すべ》テ衆議ヲ採択シ公正ノ論ニ帰着スヘシ宜シク衆庶ノ情ニ悖戻《はいれい》セス民心ヲシテ安堵セシムルヲ要ス

一戸籍ヲ編制戸伍組立ノ事

戸口ノ多寡ヲ知ルハ人民繁育ノ基戸伍ヲ相組ハ衆庶協和ノ本タリ宜シク京都府ニテ編立スル所ノ制度ニ倣《なら》フヘシ

一地図ヲ精覈《せいかく》スル事

郡村市街ノ境界ヲ正スハ生産ヲ富殖スル基ナリ亦忽《ゆるがせ》ニスヘカラサルノ要件トス

一凶荒預防ノ事

常社倉等ノ制ニ傚ヒ其部内ノ人口ヲ量凶年非常救助ニ備ル様漸次ニ取立ルヲ要ス

一賞典ヲ挙ル事

忠孝節義篤行ノ者ヲ旌表シ幷《ならび》養老ノ典ヲ行ヒ風俗ヲ敦クセンコトヲ要ス

一窮民ヲ救フ事

貧民ニ差等アリ救助ノ道随テ一ナラス宜シク三等ヲ分チ以テ救助ノ制ヲ立漸次窮民減少スルニ至ルヲ要スヘシ貧院養院病院等其所費部内設ル所ノ市街郡村ノ戸口ニ割賦シ多ハ公金ヲ費サヽルヘシ其設施ノ法ニ至テハ最審慮熟計スヘシ

一制度ヲ立風俗ヲ正スル事

善ヲ勧メ悪ヲ懲シ華美奢侈ヲ禁シ倹素質朴ヲ尚《たっと》ヒ人民ヲシテ各其所ヲ得其業ヲ勉メシムルヲ要ス是繁育ノ基トス

一小学校ヲ設ル事

専ラ書学素読算術ヲ習ハシメ願書書翰記牒算勘等其用ヲ闕サラシムヘシ又時々講談ヲ以国体時勢ヲ弁《わきま》ヘ忠孝ノ道ヲ知ルヘキ様教諭シ風俗ヲ敦クスルヲ要ス最才気衆ニ秀テ学業進達ノ者ハ其志ス所ヲ遂ケシムヘシ

一地力ヲ興シ富国ノ道ヲ開ク事

開墾水利運輸種樹牛馬繁蓄等生産ヲ富殖スルヲ講究シ総テ眼ヲ高遠ニ著《つ》ケ著実ニ施行スルヲ要ス

一商法ヲ盛ニシ漸次商税ヲ取建ル事

上下利ヲ争フノ弊ヲ戒シメ人民撫育ニ著眼シ其利ヲ与ヘ漸次税法ヲ定メ大成スルヲ要ス敢テ近小ノ利ニ馳セ速功ヲ得ン為メ苛政アルヲ厳禁トス

一租税ノ制度改正スヘキ事

地高ノ儀土地ニ不相当ノ分有之縦令《たと》ヘハ前日肥土タルモ今日瘠土《せきど》トナリ前日瘠土タルモ今日肥土トナルアリテ古来ノ定額ヲ以テ其租税ヲ論スレハ大ニ幸不幸当不当アリ此カ為ニ貧村ハ弥《いよいよ》窮民多ク人口年月ニ減ス富村ハ弥繁育シテ人口年月ニ増ス窮民ノ情状可憐ノ至ナリ然レトモ其改正容易ニ手ヲ下ス可ラス詳細検地石盛ノ吟味ヲ尽シ以テ其宜ニ処スヘシ敢テ官府ニ利スルニ非ス其貧富得失ヲ平均スルノ法ナリ能ク詳カニ講究センコトヲ要ス（略）

8　新律綱領　一八七〇年（明治三年）一二月二〇日第九四四号

新律綱領総目録
首巻
図
七贓図
贖罪収贖例図
過失殺傷収贖図
徒限内老疾収贖図
誣レ軽為レ重収贖図
故失出入図
獄具図
五等親図
巻一
名例律上　計一十三条
五刑
勅奏官位犯レ罪
閏刑
官吏犯二公罪一
官吏犯二私罪一
追二奪位記一
有官僧徒犯レ罪
軍人犯レ罪
糾弾官吏犯レ罪
庶人犯レ罪不二的決一
犯レ罪得二累減一
無官犯レ罪
流囚家属
巻二
名例律下　計二十七条
犯レ罪存留養レ親
婦女犯レ罪
徒流人又犯レ罪
老小廃疾収贖
犯レ罪時未二老疾一
給二没贓物一
犯レ罪自首
二罪俱発以レ重論
犯レ罪共逃
同僚犯二公罪一
公事失錯
共犯レ罪分二首従一
犯レ罪事発逃亡
親属相二為容隠一
本条別有二罪名一
加減罪例
再犯加等罪例
称二乗輿車駕一
称二同罪一
称二監臨主守一
称二日者以二十二時一
称レ両者以二金両一
称二等内人一
称二奴婢雇人一
僧尼於二受業師一
断二罪無二正条一
断レ罪依二新頒律一
巻三
職制律　計一十五条
遺二失詔書一
棄二毀官文書一
詔書有レ違
上書奏事錯誤
事応レ奏不レ奏
失二誤朝賀一
失儀
擅離二職役一
無レ故不二朝参公座一
衝二突儀仗一
至二下馬牌一不レ下
出納有レ違
那《ない》移出納
私二借官物一
不レ覚レ被レ盗
戸婚律　計一十一条
差役不レ均
欺二隠田糧一
盗二売田宅一
重二典売田宅一
棄二毀器物稼穡一
立レ嫡違レ法
遂レ婿嫁レ女

匿二父母夫喪一
子弟私擅用レ財
逃亡
奴婢逃亡
賊盗律　計二十二条
盗二大祀神御物一
盗二乗輿服御物一
盗二官文書一
盗二官印一
盗二兵器一
盗二園陵内草木一
監守自盗
常人盗
強盗
劫《きょう》レ囚
窃盗
盗二官私牛馬一
盗二田野穀麦一
親属相盗
奴婢盗二家長財物一
恐喝取レ財
詐欺取レ財
略二売人一

兇徒聚レ衆
夜無レ故入二人家一
盗賊窩主《かしゅ》
共謀為レ盗
人命律上　計一十条
謀殺
謀二殺本属長官一
謀二殺祖父母父母一
謀二殺家長一
殺二死姦夫一
殺二一家三人一
魘《えん》二魅《み》人一
毒薬殺レ人
闘殴及故殺
屏二去服食一
巻四
人命律下　計一十六条
戯二殺傷人一
誤二殺傍人一
詐称殺レ人
過二失殺傷人一
殴二死有罪妻妾一
殺二奴婢一

将レ屍図頼
弓銃殺二傷人一
車馬殺二傷人一
庸医殺二傷人一
威逼致レ死
瘋癲殺レ人
謀二同死一
私二和人命一
移二地界内死屍一
同行知レ有二謀害一
闘殴律　計一十四条
闘殴
宮殿内紛争
殴二本属長官一
拒二殴官司差人一
殴二受業師一
威力制縛
殴二家長一
殴レ夫
殴二傷妻妾一
殴二三等親以下尊長一
殴二二等親尊長一
殴二祖父母父母一

妻妾与二夫親属一相殴
父祖被レ殴
罵詈律　計五条
罵レ人
罵二本属長官一
罵二家長一
罵二有服尊長一
罵二祖父母父母一
訴訟律　計八条
越訴
承レ告不レ理
聴レ訟回避
誣告
干レ名犯レ義
子孫違レ教
教二唆詞訟一
官吏詞訟
受贓律　計一十条
官吏受レ財
坐贓致レ罪
事後受レ財
聴二許財物一
以レ財請求

官吏求㆓借財物㆒
家人求索
因㆑公科斂
剋《こくりゅう》㆓留盗贓㆒
受㆓外国人餽《き》送㆒
巻五
詐偽律　計九条
詐㆓為官文書㆒
対詔上書詐不㆑以㆑実
偽㆓造官印㆒
偽㆓造宝貨㆒
偽㆓造斛斗秤尺㆒
偽㆓造私印㆒
詐㆓称官㆒
詐㆓称病死傷㆒
詐教㆓誘人㆒犯㆑法
犯姦律　計五条
犯㆑姦
親族相姦
姦㆓家長妻女㆒
姦㆓部民妻女㆒
居㆑喪及僧尼犯㆑姦
雑犯律　計一十条
折㆓毀掲榜場㆒
販㆓売鴉片《アヘン》烟㆒
賭博
嘱㆓託公事㆒
失火
放火
費㆓用受寄財産㆒
得㆓遺失物㆒
違令
不応為
捕亡律　計六条
追㆓捕罪人㆒
罪人拒㆑捕
獄囚脱㆑監及反㆑獄逃走
徒流人逃
主守不㆑覚㆑失㆑囚
藏㆓匿罪人㆒
断獄律　計一十一条
故㆓禁無罪人㆒
陵㆓虐罪囚㆒
与㆓囚金刃㆒
教㆑囚翻異
老幼不㆓拷訊㆒
獄囚誣㆓指無罪人㆒
出㆓入人罪㆒
笞杖不㆑如㆑法
婦人犯㆑罪
死囚奏請待㆑報
断㆑罪不㆑当
以上通計　一百九十二条

五刑

笞刑五

一十　二十　三十　四十　五十

凡《およそ》笞ハ。数一十ニ起リ。五十ニ止ル。倘《も》シ罪。笞五十ヨリ重キ者ハ。笞ヲ出シ。杖ニ従ヒ。以テ軽重ノ衡ヲ別ツ。

杖刑五

六十　七十　八十　九十　一百

凡杖ハ。六十ニ始リ。一百ニ止ル。蓋《けだ》シ頑梗弗率《カタクナニシテオキテニタカフ》ノ徒。恥心已ニ冥シ。笞以テ其懼心ヲ動ス可キニ非ス。故ニ杖ニ入レ。以テ警ヲ示ス。

徒刑五

一年　一年半　二年　二年半　三年

凡徒ハ。各府藩県。其徒場ニ入レ。地方ノ便宜ニ従ヒ。強弱ノ力ヲ量リ。各業ヲ与ヘテ役使ス。毎日。凡人雇工銭十分ノ一分ヲ給シ。其半ヲ官ニ領置《アツカリ》シ。徒限満レハ。放チテ郷里ニ還シ。生業ヲ営ムノ資ト為ス。罪。杖一百ヨリ過レハ。杖ヲ出シ。徒ニ入ル。徒ハ。一年ニ起リ。三年ニ止ル。蓋シ労役苦使シ。以テ悪ヲ改メ。善ニ遷ラシム。

流刑三

一等　役一年　二等　一年半　三等　二年

凡流ハ。北海道ニ発遣シ。罪ノ軽重ニ従ヒ。役ヲ三等ニ別チ。一年ニ始リ。二年ニ止ル。役満レハ。彼地ノ籍ニ編入シ。便ニ随ヒ。生業ヲ営マシム。

死刑二

絞　斬

凡絞ハ。其首ヲ絞リ。其命ヲ畢ルニ止メ。猶ホ其體ヲ全クス。遺骸ハ。親族請フ者アレハ下付ス。凡斬ハ。其首ヲ斬ル。遺骸ハ。親族請フ者アレハ下付ス。

絞。斬。二死ノ外。仍ホ梟示《きょうじ》ナル者アリ。其首ヲ斬リ。刑場ニ梟示シ。看守人《バンニン》ヲ置キ。犯由牌《ステフダ》ニ罪状ヲ書シ。其側。及ヒ各所ニ立テ。三日ヲ経テ除毀ス。兇残ノ甚シキ者ヲ。待ツ所以ナリ。

閏刑五

凡士族。罪ヲ犯シ。本罪。笞刑ニ該《アタ》ル者ハ。謹慎ニ処シ。杖刑ニ該ル者ハ。閉門ニ処シ。徒刑ニ該ル者ハ。禁錮ニ処シ。流刑ニ該ル者ハ。辺戍ニ処シ。死刑ニ該ル者ハ。自裁ニ処ス。若シ賊盗。及ヒ賭博等ノ罪ヲ犯シ。廉恥ヲ破ル事甚シキ者。笞杖ニ該ルハ。廃シテ庶人ト為スニ止メ。徒以上ハ。仍《な》ホ本刑ヲ加フ。罪科未タ定ラサル者ハ。監倉《アガリヤ》ニ入レ。庶人ト別異ス。卒モ亦之ニ準ス。

官吏犯㆓私罪㆒

凡内外官吏。死罪ヲ犯シ。及ヒ有心故造シテ。笞刑ニ該ル者ハ。士族。罪ヲ犯ス法ノ如ク。謹慎ニ処シ。日満テ復原任《マタモトノヤク》ニ還ス。杖刑ヲ犯ス者ハ。官一等ヲ降シ。徒刑ヲ犯ス者ハ。免職ニ止ム。仍ホ其才能用ルニ堪ル者ハ。一年ヲ経テ。収用スル事ヲ聴《ユル》ス。流刑以上ハ。士族ノ法ノ如シ。但タ賊盗。枉法《おうほう》。賭博。部民ノ婦女ヲ姦スル等。廉恥ヲ破ル事甚シキ者。笞杖ニ該ルハ。廃シテ庶人ト為スニ止メ。徒以上ハ。仍ホ本刑ヲ加フ。罪科未タ定ラサル者ハ。監倉ニ入レ。庶人ト別異ス。

断㆑罪無㆓正条㆒

凡律令ニ。該載シ尽サヽル事理。若クハ罪ヲ断スルニ。正条ナキ者ハ。他律ヲ援引《ヒキアハセ》比附シテ。加フ可キハ加ヘ。減ス可キハ減シ。罪名ヲ定擬シテ。上司ニ申シ。議定ツテ奏聞ス。若シ輙《たやす》ク罪ヲ断シ。出入アルコトヲ致ス者ハ。故失ヲ以テ論ス。

断㆑罪依㆓新頒律㆒

凡律ハ。頒降ノ日ヨリ始ト為ス。若《も》シ所犯頒降已前ニ在ル者モ。并《ならび》ニ新律ニ依テ擬断シ。旧律ヲ援引スルコトヲ得ス。

不応為

凡律令ニ正条ナシト雖モ情理ニ於テ。為スヲ得応カラサルノ事ヲ為ス者ハ。笞三十。事理重キ者ハ。杖七十。

9　戸籍法（壬申戸籍の編製）　一八七一年（明治四年）四月四日太政官第一七〇号

今般府藩県一般戸籍ノ法別紙ノ通改正被仰出《おおせいだされ》候条《そうろうじょう》管内普《あまね》ク布告致シ可申事

戸数人員ヲ詳《つまびらか》ニシテ猥《みだ》リナラサラシムルハ政務ノ最モ先シ重スル所ナリ夫《そ》レ全国人民ノ保護ハ大政ノ本務ナルコト素ヨリ云フヲ待タス然ルニ其保護スヘキ人民ヲ詳ニセス何ヲ以テ其保護スヘキコトヲ施スヲ得ンヤ是レ政府戸籍ヲ詳ニセラルヘカラサル儀ナリ又人民ノ各安康ヲ得テ其生ヲ遂ル所以ノモノハ政府保護ノ庇蔭ニヨラサルハナシ去レハ其籍ヲ逃レ其数ニ漏ルルモノハ其保護ヲ受ケサル理ニテ自ラ国民ノ外タルニ近シ此レ人民戸籍ヲ納メサルヲ得サルノ儀ナリ中古以来各方民治趣ヲ異ニセシヨリ僅ニ東西ヲ隔ツレハ忽《たちま》チ情態ヲ殊ニシ聊《いささ》カ遠近アレハ即チ志行ヲ同フセス随テ戸籍ノ法モ終ニ錯雑ノ弊ヲ免レス或ハ此籍ヲ逃レ或ハ彼籍ヲ欺キ去就心ニ任セ往来規ニヨラス沿襲ノ習人々自ラ度外ニ附スルニ至ル故ニ今般全国総体ノ戸籍法ヲ定メラルルヲ以テ普ク上下ノ通義ヲ弁《わきま》ヘ宜シク粗略ノコトナカルヘシ

第一則

戸籍旧習ノ錯雑アル所以ハ族属ヲ分ツテ之ヲ編製シ地ニ就テ之ヲ収メサルヲ以テ遺漏ノ事アリト雖モ之ヲ検査スルノ便ヲ得サルニ依レリ故ニ此度編製ノ法臣民一般華族士族卒祠官僧侶平民迄ヲ云以下准之其住居ノ地ニ就テ之ヲ収メ専ラ遺スナキヲ旨トス故ニ各地方土地ノ便宜ニ随ヒ予《あらかじ》メ区画ヲ定メ毎区戸長並ニ副ヲ置キ長並ニ副ヲシテ其区内戸数人員生死出入等ヲ詳ニスル事ヲ掌ラシムヘシ

10　廃藩置県の詔　一八七一年（明治四年）七月一四日太政官第三五〇号

朕惟《おも》フニ更始ノ時ニ際シ内以テ億兆ヲ保安シ外以テ万国ト対峙セント欲セハ宜《よろし》ク名実相副《そ》ヒ政令一ニ帰セシムヘシ朕曩《さき》ニ諸藩版籍奉還ノ議ヲ聴納シ新ニ知藩事ヲ命シ各其職ヲ奉セシム然ルニ数百年因襲ノ久キ或ハ其名アリテ其実挙ラサル者アリ何ヲ以テ億兆ヲ保安シ万国ト対峙スルヲ得ンヤ朕深ク之ヲ慨ス仍《よっ》テ今更ニ藩ヲ廃シ県ト為ス是務《これつとめ》テ冗ヲ去リ簡ニ就キ有名無実ノ弊ヲ除キ政令多岐ノ憂《うれい》無ラシメントス汝群臣其レ朕カ意ヲ体セヨ

11　太政官職制・正院事務章程　一八七一年（明治四年）七月二九日太政官第三八六号

太政官職制並事務章程別冊之通被定候尚諸官省章程之儀ハ追テ可被相定事

（別冊）

太政官職制

天皇親臨

正院

太政大臣　一員

天皇ヲ補翼シ庶政ヲ総判シ祭祀外交宣戦講和立約ノ権海陸軍ノ事ヲ統知ス

納言

職掌大臣ニ亜《つ》ク大臣闕席ノトキハ其事ヲ代理スルヲ得ル

参議

大政ニ参与シ官事ヲ議判シ大臣納言ヲ補佐シ庶政ヲ賛成スルヲ掌《つかさど》ル

（略）

左院

議長 参議ヨリ兼任シ又ハ一等議員ヨリ任ス

議事ヲ判スルヲ掌ル

一等議員　二等議員　三等議員

諸立法ノ事ヲ議スルヲ掌ル

書記

文書ヲ検シ議案ヲ草スル事ヲ掌ル

右院

諸省長官　次官

当務ノ法案ヲ草シ諸省ノ議事ヲ審調スルヲ掌ル

書記 各本官ノ秘録任之

文案ヲ検シ法案ヲ草スルヲ掌ル

正院事務章程

正院ハ　天皇臨御シテ万機ヲ総判シ大臣納言之ヲ輔弼《ほひつ》シ参議之ニ参与シテ庶政ヲ奨督スル所ナリ

太政大臣ハ一員ヲ限リ納言参議ハ定員ナシ三職ノ等級ハ官ヲ以順次トシ同官ハ位ヲ以テ次トシ同位ハ叙爵ノ先後ヲ以次トス

勅任官ノ進退ハ　宸断《しんだん》ニ出ルト雖モ三職之ヲ補賛スルヲ得ル

本院中奏任官ノ薦挙免黜ヲ司ル判任官ノ進退ハ其所轄ノ薦挙免黜ノ具状ヲ得テ之ヲ命ス

凡《およそ》立法施政司法ノ事務ハ其章程ニ照シテ左右院ヨリ之ヲ上達セシメ本院之ヲ裁制ス

左院ヨリ上ル奏事行政実際ニ係ル者ハ右院ニ下シテ利害ヲ案セシメ其可否ヲ審判シ之ヲ可トセハ其奏書ニ鈐印《けんいん》シ制可ヲ得レハ其証印ヲ押シ然ル後主任ニ付シテ之ヲ処分セシム

左院ヨリ上ル奏事行政実際ノ利害ヲ案セシムルニ及ハサル者ハ

右院ニ下サス直ニ其可否ヲ審判シ前条ノ例ニ従テ之ヲ処置ス
右院ヨリ上ル奏事議員ノ公論ヲ採ルヘキ者ハ左院ニ下シテ当否ヲ議セシメ其可否ヲ審判シ前条ノ例ニ従テ之ヲ処置ス
左右両院ノ奏事取捨ノ便宜施行ノ緩急ハ本院ノ特権タリ
左院議事ノ章程及ヒ其開閉或ハ諸官省等ヲ廃立分合スルモ本院ノ特権タリ
凡全国一般ニ布告スル制度条例ニ係ル事件及ヒ　勅旨特例等ノ事件ハ太政官ヨリ之ヲ発令ス全国一般ニ布告スル事件ト雖モ制度条例ニ係ラサル告諭ノ如キハ其主任ノ官省ヨリ直ニ布達セシム

（略）

12　賤民廃止令　一八七一年（明治四年）八月二八日太政官

第四四八号

穢多非人《えたひにん》等之称被廃候条《そうろうじょう》自今身分職業共平民同様可為事

穢多非人等ノ称被廃候条一般民籍ニ編入シ身分職業共都《すべ》テ同一ニ相成候様可取扱尤《もっと》モ地租其外除蠲《じょけん》ノ仕来《しきたり》モ有之候ハハ引直シ方見込取調大蔵省ヘ可伺出事

13　条約改正の為の米欧遣使に付諮問書　一八七一年（明治四年）九月一日

（略）

故ニ痛ク其然ル所以《ゆえん》ヲ反顧シ、分裂セシ国体ヲ一ニシ、渙散セシ国権ヲ復シ、制度法律駁雑ナル弊ヲ改メ、専ラ専断拘束ノ余習ヲ除キ、寛縦簡易ノ政治ニ帰セシメ、勉テ民権ヲ復スルコトニ従事シ、漸《ようや》ク政令一途ノ法律同轍ニ至リ、正ニ列国ト並肩スルノ基礎ヲ立ントス、宜《よろし》ク従前ノ条約ヲ改正シ独立不羈《ふき》ノ体裁ヲ定ムヘシ、従前ノ条約ヲ改正セント欲セハ、列国公法ニ拠ラサルヘカラス、列国公法ニ拠ル、我国律、民律、貿易律、刑法律、税法等公法ト相反スルモノ之ヲ変革改正セサルヘカラス、之ヲ変革改正スルニ其方法処置ヲ考案セサル可ラス、之ヲ考案スルニ之ヲ実際ニ施行スル或ハ一年ヲ期シ乃至二三年ヲ期スヘキモノ有リテ一朝一夕ニ其事ヲ了スヘキニ非スト考ヘサルヲ得ス、而《しこうし》テ条約改正ノ期限来申年五月中即《すなわち》西暦千八百七十二年第七月一日ヨリ其議ヲ始ムヘキ明文アリ、我政府此際ニ当テ此事アル、頗《すこぶ》ル盛業ヲ興スヘキ一大機会ヲ得タルモノト雖、現場ノ形勢ニ由リ其事ヲ督促サレ、順序及時限猶予ナク切迫ニ及フトキハ、亦困難ヲ受クルノ一大機会ニ当レリト云フヘシ、如何トナレハ各国公使ニシテ此改正ノ議ヲ考案スルモノ、各自其国ノ利益ヲ網羅セント目的シ、我国ノ政俗公法ニ当ラサルヲ以テ却テ自恣ノ所志ヲ逞《たくまし》フスル為メ、正大公明ノ理ニ託シ、制度法律教宗ヨリ百般ノ諸規則普通ノ公義ニ反セルヲ責メ、定期ノ時限ヨリ直ニ普通ノ公法ヲ施行スヘシト請求スヘシ、然ルニ事情急速行ヒ難キヲ以テ之ヲ拒辞スルトキハ、必ス之ニ換フルノ請求ヲナシ、終ニ威力ノ談判ニ渉リ其弊害ヲ招クモ量ルヘカラス、故ニ姑息ノ改正ハ益国ノ権利ヲ失フ基トナル事未来ニ考ヘテ判然タリ、此レ改正ノ機会困難ヲ受クルノ憂アリトスル所以ナリ、故ニ此困難ヲ受クヘキ機会ヲ転シテ盛業ヲ起スヘキ機会トスルハ枢機ノ一転間ニ在リテ、其関捩《かんれい》特ニ全権ノ使節ヲ各国ヘ差遣《さしつかわ》シ、一ハ我政体更新ニ由テ更ニ和親ヲ篤クスル為メ聘問ノ礼ヲ修メ、一ハ条約改正ニヨリ我政府ノ目的ト期望スル所トヲ各国政府ニ報告商議スルニ在リ、此報告ト商議ハ彼ヨリ論セントスル事件ヲ我ヨリ先発シ、彼ヨリ求ムル所ヲ我ヨリ彼ニ求ムル所以ナレハ、議論モ伸ル処アリ、必ス我論説ヲ至当ナル事トシ之ニ同意シ、相当ノ目的ト考案トヲ与フヘシ、其目的ト考案ヲ採リ商量合議セハ其事ヲ実地ニ施行スル時限ヲ大凡三年ヲ目的トス延フルノ談判ヲ整ヘ了ルモ至難ノ事ニアラサルヘシ、

（略）

〔出典：歴史学研究会編『日本史史料』〔4〕近代〕

14　学制頒布に付被仰出書　一八七二年（明治五年）八月二日太政官第二一四号

人々自《みづか》ら其身を立て其産《さん》《しんだい》を治《をさ》め其業《げふ》《とせひ》を昌《さかん》にして以て其生《せい》《いつしやう》を遂《とぐ》るゆゑんのものは他《た》なし身を脩《をさ》め智《ち》《ちへ》を開《ひら》き才芸《さい げい》《きりやうわざ》を長《ちやう》《ます》するによるなり而て其身を脩め智を開き才芸を長ずるは学《がく》にあらざれば能《あた》はず是れ学校《がく かう》《がくもんじよ》の設《もうけ》あるゆゑんにして日用常行言《にち よう じやうこう げん》《ひびのみのおこないことばづかひ》語書算《ぎよ しよ さん》《てならいそろばん》を初《はじ》め士官農商百工技芸《し くわん のう しやう ひやくこう ぎ げい》《やくにんひやくしやうあきんどしよくにんげいにん》及び法律政治天文《ほうりつせいぢてんもん》《おきて》医療《い れう》《やまひいやす》等に至る迄凡人の営《いとな》むところの事学《がくもん》あらさるはなし人能く其才のあるところに応《おう》《まかせ》し勉励《べんれい》《つとめはげみ》して之に従事《じうじ》《よりしたがひ》ししかして後初て生を治め産を興《おこ》し業を昌にするを得べしされは学問《がくもん》は身を立るの財本《ざいほん》《もとで》ともいふべきものにして人たるもの誰《だれ》か学はずして可ならんや夫《か》の道路《どうろ》《みち》に迷《まよ》ひ飢餓《き が》《くひものなき》に陥《おちひ》り家を破り身を喪《うしなふ》《なくする》の徒《と》《ともがら》の如きは畢竟不学《ひつきやうふがく》《つまりがくもんせぬ》よりしてかゝる過《あやま》ちを生ずるなり従来《じうらい》《もとから》学校の設ありてより年を歴《ふ》ること久しといへども或は其道を得ざるよりして人其方向《ほうこう》《めあて》を誤《あやま》《まちがひ》り学問は士人《しじん》《さむらひ》以上の事とし農工商及婦女子《ふじよし》《をんなこども》に至つては之を度外《どぐわい》《のけもの》におき学問の何物《なにもの》たるを弁《べん》ぜず又士人以上の稀《まれ》に学ふものも動《やや》もすれは国家《こくか》《くに》の為にすと唱《とな》へ身を立るの基《もとゐ》たるを知《しら》すして或は詞章記誦《し しやう き しよう》《ことばのあやそらよみ》の末に趨《はし》り空理《くうり》《むだりく》

虚談《きよだん》《つそらばなし》の途《と》に陥《おちい》《はまり》り其論高尚《ろんかうしやう》《りつぱ》に似たりといへども之を身に行《おこな》ひ事に施《ほどこ》すこと能《あたわ》ざるもの少からず是すなはち沿襲《えんしう》《しきたり》の習弊《しうへい》《わるきくせ》にして文明《ぶんめい》《ひらけかた》普《あま》ねからす才芸の長ぜすして貧乏《びんぼう》破《は》産《さん》喪《さう》家《か》《まづしくしんだいくづしいへをなくす》の徒《と》《ともがら》多きゆゑんなり是故に人たるものは学はずんはあるべからす之を学ふに宜しく其旨を誤るべからず之に依て今般文部省《もんぶしやう》に於て学制《がくせい》《がくもんのしかた》を定め追々教則《きやうそく》《をしへかた》をも改正《かいせい》し布告に及ぶべきにつき自今以後《じこんいご》《いまよりのち》一般《いつぱん》《いちどう》の人民《ひとびと》華士族農工商及婦女子必ず邑《いふ》《むら》に不学の戸なく家に不学の人なからしめん事を期《き》《まつ》す人の父兄《ふけい》《ちちあに》たるもの宜しく此意を体認《たいにん》《こころえ》し其愛育《あいいく》《かわいがる》の情《じやう》《こころ》を厚《あつ》くし其子弟をして必ず学に従事せしめざるべからざるものなり高上の学に至ては其人の材能に任かすといへども幼童の子弟は男女の別なく小学に従事せしめざるものは其父兄の越度たるべき事

但従来沿襲《じうらいえんしう》《これまでしきたり》の弊《へい》《くせ》学問は士人以上の事とし国家の為にすと唱ふるを以て学費《がくひ》《けいこいりよう》及其衣食《いしよく》《きものくひもの》の用に至る迄多く官《くわん》《やくしよ》に依頼《いらい》《よりもたれ》し之を給《きふ》《くださる》するに非されは学《まなば》ざる事と思ひ一生を自《じ》《じぶん》棄《き》《からすて》するもの少からず是皆惑《まど》へるの甚《はなはだ》しきもの也自今以後《いまからのち》此等の弊《へい》を改め一般《いちどう》の人民他事《たじ》《ほかのこと》を抛《なげう》《すてをき》ち自ら奮《ふるつ》《はげみ》て必ず学《がくもん》に従事《じうじ》《よりしたがい》せしむべき様心得べき事

15　司法職務定制　一八七二年（明治五年）八月三日太政官

無号

本省職制並ニ事務章程御渡相成候事

但仮定之心得ヲ以テ施行可致事

司法職務定制目次

第一章　綱領
第二章　本省職制
第三章　本省章程
第四章　本省分課
第五章　判事職制附断刑課
第六章　検事職制
第七章　検事章程
第八章　地方邏卒《らそつ》兼逮部職制
第九章　捕亡章程
第十章　証書人代書人代言人職制
第十一章　司法省臨時裁判所章程
第十二章　司法省裁判所章程
第十三章　司法省裁判所分課
第十四章　出張裁判所章程
第十五章　府県裁判所章程
第十六章　府県裁判所分課
第十七章　各区裁判所章程

第十八章　各区裁判所分課
第十九章　明法寮職制
第二十章　明法寮章程
第廿一章　司法省及司法省裁判所処務順序
第廿二章　監倉規則

司法職務定制

第一章

第一条　省中官ヲ分チ事務ヲ弁理ス官ニ職制アリ務ニ章程アリ課目アリ以テ統紀ヲ明ニシ諸官ヲシテ遵守スルコト有シム凡各務懈怠スルコトヲ得ス各課権限アリテ互ニ相干犯スルコトヲ得ス従前規条此レト相矛盾スル者沿習スルコトヲ得ス簿書定冊アリテ丞巻首ニ押印シ之ヲ合併シ或ハ更ニ設クルニハ丞ヲ経テ卿ノ決ヲ取ラサルコトヲ得ス之ヲ司法職務定制トス

第二条　司法省ハ全国法憲ヲ司リ各裁判所ヲ統括ス

第三条　省務支分スル者三トス

裁判所　　検事局

明法寮

（略）

16　人身売買禁止令に関する司法省達　一八七二年（明治五年）一〇月九日司法省第二二号達

本月二日太政官第二百九十五号ニ而被　仰出候次第ニ付左之件々可心得事

一　人身ヲ売買スルハ古来ノ制禁ノ処年季奉公等種々ノ名目ヲ以テ其実売買同様ノ所業ニ至ルニ付娼妓芸妓等雇入ノ資本金ハ贓金ト看做ス故ニ右ヨリ苦情ヲ唱フル者ハ取糺ノ上其金ノ全額ヲ可取揚事

一　同上ノ娼妓芸妓ハ人身ノ権利ヲ失フ者ニテ牛馬ニ異ナラス人ヨリ牛馬ニ物ノ返弁ヲ求ムルノ理ナシ故ニ従来同上ノ娼妓芸妓ヘ借ス所ノ金銀並ニ売掛滞金等ハ一切償ルヘカラサル事

但シ本月二日以来ノ分ハ此限ニアラス

一　人ノ子女ヲ金談上ヨリ養女ノ名目ニ為シ娼妓芸妓ノ所業ヲ為サシムル者ハ其実際上則チ人身売買ニ付従前今後可及厳重ノ所置事

17　地方官、戸長等に対する人民の出訴　一八七二年（明治五年）一一月二八日司法省第四六号達

一　地方官及ヒ其戸長等ニテ太政官ノ御布告及ヒ諸省ノ布達ニ悖リ規則ヲ立或ハ処置ヲ為ス時ハ各人民（華士族卒平民ヲ併セ称ス）ヨリ其地方裁判所ヘ訴訟シ又ハ司法省裁判所ヘ訴訟苦シカラサル事

一　地方官及ヒ其戸長等ニテ各人民ヨリ願伺届等ニ付之ヲ壅閉《ようへい》スル時ハ各人民ヨリ其地方裁判所エ訴訟シ亦ハ司法省裁判所ヘ訴訟苦シカラサル事

一　各人民此地ヨリ彼地ヘ移住シ或ハ此地ヨリ彼地ヘ往来スルヲ地方官ニテ之ヲ抑制スル等人民ノ権利ヲ妨ル時ハ各人民ヨリ其地方ノ裁判所亦ハ司法省裁判所ヘ訴訟苦シカラサル事

一　太政官ノ御布告及ヒ諸省ノ布達ヲ地方官ニテ其隣県ノ地方掲示ノ日ヨリ十日ヲ過クルモ猶延滞布達セサル時ハ各人民ヨリ其地方ノ裁判所ヘ訴訟シ亦ハ司法省裁判所エ訴訟苦シカラサル事

一　太政官ノ御布告及ヒ諸省ノ布達ニ付地方官ニテ誤解等ノ故ヲ以テ右御布告布達ノ旨ニ悖ル説得書等ヲ頒布スル時ハ各人民ヨリ其地方裁判所又ハ司法省裁判所エ訴訟苦シカラサル事

一　各人民ニテ地方裁判所及ヒ地方官ノ裁判ニ服セサル時ハ司法省裁判所エ訴訟苦シカラサル事

18　徴兵に関する詔書及び太政官告諭　一八七二年（明治五年）一一月二八日太政官第三七九号

詔書写

朕惟《おもんみ》ルニ、古昔郡県ノ制、全国ノ丁壮ヲ募リ軍団ヲ設ケ、以テ国家ヲ保護ス、固ヨリ兵農ノ分ナシ、中世以降兵権武門ニ帰シ、兵農始テ分レ、遂ニ封建ノ治ヲ成ス、戊辰ノ一新ハ実ニ千有余年来ノ一大変革ナリ、此際ニ当リ海陸兵制モ亦時ニ従ヒ、宜ヲ制セサルヘカラス、今本邦古昔ノ制ニ基キ、海外各国ノ式ヲ斟酌《しんしゃく》シ、全国募兵ノ法ヲ設ケ、国家保護ノ基ヲ立ント欲ス、汝百官有司、厚ク朕カ意ヲ体シ、普《あまね》ク之ヲ全国ニ告諭セヨ

明治五年壬申十一月廿八日

徴兵告諭

（略）

然ルニ太政維新、列藩版図ヲ奉還シ、辛未《しんみ》ノ歳ニ及ヒ、遠ク郡県ノ古ニ復ス、世襲坐食ノ士ハ、其禄ヲ減シ、刀剣ヲ脱スルヲ許シ、四民漸《ようや》ク自由ノ権ヲ得セシメントス、是レ上下ヲ平均シ、人権ヲ斉一ニスル道ニシテ、則チ兵農ヲ合一ニスル基ナリ、是ニ於テ、士ハ従前ノ士ニ非ス、民ハ従前ノ民ニアラス、均シク皇国一般ノ民ニシテ、国ニ報スルノ道モ、固ヨリ其別ナカルヘシ、凡《およ》ソ天地ノ間、一事一物トシテ税アラサルハナシ、以テ国用ニ充ツ、然ラハ則チ人タルモノ、固ヨリ心力ヲ尽シ、国ニ報セサルヘカラス、西人之ヲ称シテ血税ト云フ、其生血ヲ以テ、国ニ報スルノ謂ナリ、且ツ国家ニ災害アレハ、人々其災害ノ一分ヲ受サルヲ得ス、是故ニ人々心力ヲ尽シ、国家ノ災害ヲ防クハ、則チ自己ノ災害ヲ防クノ基タルヲ知ルヘシ、苟《いやしく》モ国アレハ、則チ兵備アリ、兵備アレハ、則チ人々其役ニ就カサルヲ得

ス、是ニ由テ之ヲ観レハ、民兵ノ法タル、固ヨリ天然ノ理ニシテ、偶然作意ノ法ニ非ス、然而《しかりしか》シテ其制ノ如キハ、古今ヲ斟酌シ、時ト宜ヲ制セサルヘカラス、西洋諸国、数百年来研究実践、以テ兵制ヲ定ム、故ヲ以テ其法極メテ精密ナリ、然レトモ政体地理ノ異ナル、悉《ことごと》ク之ヲ用フ可カラス、故ニ今其長スル所ヲ取リ、古昔ノ軍制ヲ補ヒ、海陸二軍ヲ備ヘ、全国四民、男児二十歳ニ至ル者ハ、尽ク兵籍ニ編入シ、以テ緩急ノ用ニ備フヘシ、郷長里正厚ク此　御趣意ヲ奉シ、徴兵令ニ依リ、民庶ヲ説諭シ、国家保護ノ大本ヲ知ラシムヘキモノ也

19　訴答文例　一八七三年（明治六年）七月一七日太政官第二四七号

訴答文例

第一巻　原告人ノ訴状

第一章　原告人ヨリ被告人住所身分ノ書付ヲ取ル事

第一条　訴訟ヲ為サントスル原告人ハ其管轄ノ町村役場ノ添翰ヲ以テ被告人ノ現住管轄ノ町村役場ニ至リ被告人ノ身分ノ書附ヲ取タル後訴状ヲ作ル可シ若シ住所氏名身分明瞭ナラハ其書付ヲ取ルニ及ハス

住所トハ某府県管下某国某郡某町村住居又ハ寄留ト記スノ類

身分トハ官名役名華族士族神職僧尼百姓何職何商売何渡世ト記スノ類

若シ一戸ノ本主ニ非スシテ子弟又ハ厄介ノ類ハ某ノ子弟又ハ某厄介ト記ス可シ

第二条　原告人被告人ト管轄ヲ異ニシ道路隔絶ナラハ原告人我管轄ノ町村役場ニ願ヒ役場ノ文通ヲ以テ被告人ノ氏名住所身分ノ書附ヲ取ルモ亦妨ケ無シトス但シ役場文通ノ入費ハ原告人ヨリ償フ可シ

但此章原告外国人ナル時ハ本人名前本国職分及寄留ノ処ヲ訴状中ニ記載シ次ニ被告ノ名前職分住所等委細記載ス可シ

第二章　代書人ヲ用フル事

第三条　原告人訴状ヲ作ルハ必ス代書人ヲ撰ミ代書セシメ自ラ書スルコトヲ得ス但シ従前ノ差添人ヲ廃シ之ニ代ルニ代書人ヲ以テス

第四条　訴訟中訴状ニ関係スルノ事件ニ付被告人ト往復スルノ文書モ亦代書人ヲシテ書セシメ且代書人ノ氏名ヲ記入セシム可シ若シ代書人ヲ経サル者ハ訴訟ノ証ト為スコトヲ得ス

第五条　代書人疾病事故アリテ之ヲ改撰スル時ハ即日頼主ヨリ裁判所ニ届ケ且ツ相手方ニ報告ス可シ其裁判所ニ届ケス被告人ニ報告セサル以前ハ仮令《たとい》代書スルモ代書人ト看做《みな》スコトヲ得ス

但外国人ハ此章ノ限ニアラス

第三章　訴状ノ定則ノ事

第六条　訴状ヲ作ルニハ左ノ定則ニ循フ可シ

第一　訴状ハ簡明確実ニシテ憑拠ト為ス可キ事件ヲ掲ケ文飾冗長ナラサルコトニ注意シ自己ノ想像ヲ以テ踪跡ナキ事件ヲ述ルコトヲ得ス

第二　一切ノ訴状ハ首ニ原被告人ノ氏名ヲ記シ住所身分ヲ肩書ニシ其末ニ年月日ヲ記シ原告人ト代書人トノ氏名連印スヘシ附録第一号ヲ見合ス可シ

但外国人ノ為ニハ第一章但シ書ヲ見ル可シ

第三　訴状ノ末ニ署スル氏名ハ某本人自署ス可シ若シ自署スルコト能ハサル時ハ其旨ヲ氏名ノ肩ニ記スヘシ

第四　訴状ハ十六行ニシテ一行十五字詰ニ認メ正副二通ヲ具ス可シ

但外国人ノ訴状ハ銘々英仏語ヲ以認ルコトヲ得ヘシ其日本翻訳ハ裁判所ニ於テ正副二通ヲ認メ其手数料ヲ取立ツヘシ

第五　被告人ノ住所呼出ヲ受ク可キ裁判所ノ八里ノ距離外ニ在ル時ハ其里数ヲ被告人ノ氏名ノ左側ニ記載ス可シ若シ八里以内ナル時ハ其里数ヲ記載スルニ及ハス

（略）

第十章　代言人ノ事

第三十条　原告人ノ情願ニ因テ代言人ヲシテ代言セシムルコトヲ許ス代言人ヲ用フル者ハ其訴状ノ奥書ニ代言人ニ依頼シタル旨ヲ記載シテ原告人及ヒ代言人ノ連印ヲ為ス可シ若シ連印ナケレハ代言セシムルコトヲ許サス附録第十一号ヲ見合ス可シ

（略）

第二巻　被告人ノ答書

第一章　答書ノ定則ノ事

第三十三条　答書ヲ作ルニハ左ノ定則ニ循フ可シ

第一　被告人裁判所ノ呼出状ト共ニ原告人ノ訴状ヲ受取ル時原告人ノ陳述スル所条理アラハ速ニ熟議シ原告人之ヲ許諾セハ解訟ヲ請フ事ヲ得ヘシ其場合ニ於テハ代書人ヲシテ熟議解訟ノ答書ヲ作ラシメ之ヲ裁判所ニ呈ス可シ第四十七条及四十八条ヲ見合ス可シ

第二　原告人ノ述ル所非理不実ニシテ弁解ス可キ確証アラハ其書類ノ全文ヲ写載シ次ニ非理不実ノ事ヲ書ス可シ

第三　答書ノ首ニ被告人ノ氏名ヲ記シ住所身分ヲ肩書ニシ答書ノ末ニ年月日ヲ記シ被告人ト代書人トノ氏名連印アル可シ附録第十三号ヲ見合ス可シ

第四　答書ノ末ニ署スル氏名ハ其本人ノ自筆ヲ用ユ可シ若シ本人自署スルコト能サル時ハ其旨ヲ氏名ノ肩ニ記ス可シ

第五　答書ハ十六行ニシテ一行十五字詰ニ認メ正副二通ヲ具ス可シ

第二章　代書人ヲ用フル事

第三十四条　被告人自ラ答書ヲ書スルヲ許サス必ス代書人ヲシテ代書セシム可シ其代書人ヲ撰ミタル時ハ即日裁判所ニ届ケ且原告人ニ報告スヘシ其他代書人ヲ用フル方法ハ第三条第四

条第五条第六条ニ照ス可シ

第三章　代言人ノ事

第三十五条　被告人ノ代言人ヲ用ルモ亦其情願ニ任ス然レトモ必ス本人自ラ同伴シテ訟庭ニ出席シ其結局ハ本人ヨリ決答ヲ為ス可シ

（略）

20　地租改正条例　一八七三年（明治六年）七月二八日太政官第二七二号布告

今般地租改正ニ付、旧来田畑貢納ノ法ハ悉皆相廃シ、更ニ地券調査相済次第、土地ノ代価ニ随ヒ、百分ノ三ヲ以テ地租ト可相定旨被　仰出候条《そうろうじょう》、改正ノ旨趣別紙条例ノ通可相心得、且従前官庁並郡村入費等地所ニ課シ取立来候分ハ、総《すべ》テ地価ニ賦課可致、尤《もっとも》其金高ハ本税金ノ三ケ一ヨリ超過スヘカラス候、此旨布告候事

（別紙）

地租改正条例

第一章　今般地租改正ノ儀ハ、不容易事業ニ付、実際ニ於テ反覆審按ノ上調査可致、尤土地ニ寄リ緩急難易ノ差別有之、各地方共一時改正難出来ハ勿論ニ付、必シモ成功ノ速ナルヲ要セス、詳密整理ノ見据相立候上ハ、大蔵省ヘ申立、允許ヲ得ルノ後旧税法相廃シ、新法施行イタシ候儀ト可相心得事

但一管内悉皆整理無之候共、一郡一区調査済ノ部分ヨリ施行イタシ不苦候事

第二章　地租改正施行相成候上ハ、土地ノ原価ニ随ヒ賦税致シ候ニ付、以後仮令《たとい》豊熟ノ年ト雖モ増税不申付ハ勿論、違作ノ年柄有之候トモ、減租ノ儀一切不相成候事

第三章　天災ニ因リ地所変換致シ候節ハ、実地点検ノ上、損隤《そんがい》ノ厚薄ニヨリ其年限リ免税又ハ起返ノ年限ヲ定メ、年季中無税タルヘキ事

第四章　地租改正ノ上ハ田畑ノ称ヲ廃シ総テ耕地ト相唱、其余牧場・山林・原野等ノ種類ハ、其名目ニ寄リ何地ト可称事

第五章　家作有之一区ノ地ハ、自今総テ宅地ト可相唱事

第六章　従前地租ノ儀ハ、自ラ物品ノ税・家屋ノ税等混淆《こんこう》致シ居候ニ付、改正ニ当テハ判然区分シ、地租ハ則地価ノ百分一ニモ可相定ノ処、未タ物品等ノ諸税目興ラサルニヨリ、先ツ以テ地価百分ノ三ヲ税額ニ相定候得共、向後茶・煙草・材木其他ノ物品税追々発行相成、歳入相増、其収入ノ額二百万円以上ニ至リ候節ハ、地租改正相成候土地ニ限リ、其地租ニ右新税ノ増額ヲ割合、地租ハ終ニ百分ノ一ニ相成候迄漸次減少可致事

第七章　地租改正相成候迄ハ、固ヨリ旧法据置《すえおき》ノ筈ニ付、従前租税ノ甘苦ニ因リ苦情等申立候トモ、格別偏重偏経［軽］ノ

者ニ無之分ハ、一切取上無之候条、其旨可相心得、尤検見ノ地ヲ定免ト成シ、定免ノ地無余義願ニ因リ破免等ノ儀ハ、総テ旧貫［慣］ノ通タルヘキ事

21　民撰議院設立建白書　一八七四年（明治七年）一月一八日（『日新真事誌』）

臣等伏して方今《ほうこん》政権の帰する所を察するに、上《かみ》帝室に在《あ》らず、下《しも》人民に在らず、而《しか》も独り有司に帰す。夫《そ》れ有司上帝室を尊ぶと曰《い》はざるには非ず、〈而《しかも》帝室漸く其尊栄を失ふ〉下人民を保つと云《い》はざるにはあらず、而も政令百端、朝出暮改、政刑情実に成り、賞罰愛憎に出づ、言路壅蔽《ようへい》、困苦告るなし。夫　如是《かくのごとく》にして天下の治安ならん事を欲す、三尺の童子も猶其不可なるを知る。因仍改めず、恐くは国家土崩の勢を致さん。臣等愛国の情自ら止む能はず、即ち之を振救《しんきゅう》するの道を講求するに、唯《ただ》天下の公議を張るに在る而巳《のみ》。天下の公議を張るは、民撰議院を立つるに在る而巳。則有司の権限る所あつて、而《しこう》して上下其安全幸福を受る者あらん。請遂に之を陳ぜん。

夫れ人民政府に対して租税を払ふの義務ある者は、乃其政府の事を与知可否《よちかひ》するの権理を有す。是れ天下の通論にして、又喋々《ちょうちょう》臣等の之を贅言《ぜいげん》するを待さる者なり。故に臣等竊《ひそか》に願ふ、有司亦是大理に抗抵《こうてい》せざらん事を。今民撰議院を立るの議を拒《こば》む者は曰く、我民不学無智、未だ開明の域に進まず故に今日民撰議院を立る尚応さに早かるべしと。臣等以為《おもえ》らく、若し果して真に其謂ふ所の如き乎、則之をして学且智、而して急に開明の域に進ましむるの道、即ち民撰議院を立るに在り。何となれば則ち、今日我人民をして学且智に、開明の域に進ましめんとす、先づ其通義権理を保護せしめ、之をして自尊自重、天下と憂楽を共にするの気象を起さしめ〈んとするは〉〔ずんばある可らず、自尊自重天下と憂楽を共にするの気象を起さしめんとするは〕、之をして天下の事に与《あずか》らしむるに在り。

（略）

〔出典：『自由党史』上、岩波文庫〕

22　漸次立憲政体樹立の詔　一八七五年（明治八年）四月一四日太政官第五八号布告

朕即位ノ初首トシテ群臣ヲ会シ、五事ヲ以テ神明ニ誓ヒ、国是ヲ定メ万民保全ノ道ヲ求ム、幸ニ祖宗ノ霊ト群臣ノ力トニ頼リ、以テ今日ノ小康ヲ得タリ、顧《かえりみる》ニ中興日浅ク、内治ノ事当《まさ》ニ振作更張スヘキ者少シトセス、朕今誓文ノ意ヲ拡充シ、茲《ここ》ニ元老院ヲ設ケ、以テ立法ノ源ヲ広メ、大審院ヲ置キ、以テ審判ノ権

ヲ鞏《かた》クシ、又地方官ヲ召集シ、以テ民情ヲ通シ公益ヲ図リ、漸次ニ国家立憲ノ政体ヲ立テ、汝衆庶ト倶《とも》ニ其慶ニ頼ント欲ス、汝衆庶或ハ旧ニ泥《なず》ミ故ニ慣ル、コト莫ク、又或ハ進ムニ軽ク為スニ急ナルコト莫ク、其レ能朕カ旨ヲ体シテ翼賛スル所アレ

23　大審院諸裁判所職制章程　一八七五年（明治八年）五月二四日太政官第九一号布告

今般大審院諸裁判所職制章程別冊ノ通被定《さだめられ》候条《そうろうじょう》此旨布告候事

（別冊）

大審院職制

長　一人　一等判事ヲ以テ之ニ充ツ

第一　本院判事ノ長トシ各課長ヲ命シ事務ヲ分付シ随時各庭ニ臨ミ重要事件ヲ聴理シ及ヒ司法卿ト往復スルコトヲ掌ル

第二　合員会議ノ議長トシ判事審論二岐ニ分ル、モノハ多数ニ決シ両議平分スルモノハ自ラ之ヲ決スルコトヲ掌ル

判事

第一　民事刑事ノ上告ヲ判理シ裁判ノ不法ナル者ヲ破毀シ及ヒ国事犯内外交渉ノ事件重大ナルモノ並ニ判事ノ犯罪ヲ審判スルヲ掌ル

第二　死罪ノ案ヲ審閲スルコトヲ掌ル

第三　法律ノ疑条ヲ弁明スルコトヲ掌ル

属

事ヲ判事ニ受ケ上抄シ及簿書ヲ掌ル

大審院章程

第一条　大審院ハ民事刑事ノ上告ヲ受ケ上等裁判所以下ノ審判ノ不法ナル者ヲ破毀セシメ全国法憲ノ統一ヲ主持スルノ所トス

第二条　審判ノ不法ナル者ヲ破毀スルノ後它《た》ノ裁判所ニ移セシメ之ヲ審判セシム又便宜ニ大審院自ラ之ヲ審判スルコトヲ得

第三条　已ニ它ノ裁判所ニ移セシメ之ヲ審判セシムルノ後其裁判所亦大審院ノ旨ニ循ハサル時ハ大審院更ニ自ラ之ヲ審判ス此ノ時ハ本院判事合員会議セシメ判決スヘシ

第四条　陸海軍裁判所ノ裁判権限ヲ越ユル者ハ其ノ裁判ヲ破毀セシメ之ヲ当然ノ裁判所ニ付ス

第五条　各判事ノ犯罪其ノ違警犯ヲ除クノ外大審院之ヲ審判ス

第六条　国事犯ノ重大ナル者及内外交渉民刑事件ノ重大ナル者ヲ審判ス

第七条　各上等裁判所ヨリ送呈スル所ノ死罪案ヲ審閲シ批可シテ送還ス其否トスルモノハ合員会議シ更ニ律ヲ擬セシメ還付ス

第八条　大審院ノ審判ハ判事五人以上廷ニ列ス五人廷ニ列セサレハ審判スルコトヲ得ス

第九条　法律疑条アレハ大審院之ヲ弁明ス

第十条　法律闕失アル者ハ補正ノ意見ヲ具ヘ司法卿ヲ経由シテ上奏スルコトヲ得

第十一条　大審院判決録ヲ編纂シ上告ヲ破毀シ疑条ヲ弁明シタル者ハ逐項記載シ其議決ノ原由ヲ叙録シ之ヲ司法省江送致シ刊行セシム

第十二条　課ヲ設ケ務メヲ分ツコト左ノ如シ

第一　民事課

第二　刑事課

（略）

24　裁判事務心得　一八七五年（明治八年）六月八日太政官第一〇三号布告

今般裁判事務心得左ノ通相定候此旨布告候事

第一条

一　各裁判所ハ民事刑事共法律ニ従ヒ遅滞ナク裁判スヘシ疑難アルヲ以テ裁判ヲ中止シテ上等ナル裁判所ニ伺出ルコトヲ得ス但シ刑事死罪終身懲役ハ此例ニアラス

第二条

一　凡《およそ》裁判ニ服セサル旨申立ル者アル時ハ其裁判所ニテ弁解ヲ為スヘカラス定規ニ依リ期限内ニ控訴若クハ上告スヘキコトヲ言渡スヘシ

第三条

一　民事ノ裁判ニ成文ノ法律ナキモノハ習慣ニ依リ習慣ナキモノハ条理ヲ推考シテ裁判スヘシ

第四条

一　裁判官ノ裁判シタル言渡ヲ以テ将来ニ例行スル一般ノ定規トスルコトヲ得ス

第五条

一　頒布セル布告達ヲ除クノ外諸官省随時事ニ就《つい》テノ指令ハ将来裁判所ノ準拠スヘキ一般ノ定規トスルコトヲ得ス

25　讒謗律　一八七五年（明治八年）六月二八日太政官第一一〇号布告

第一条

凡《およ》ソ事実ノ有無ヲ論セス、人ノ栄誉ヲ害スヘキノ行事ヲ摘発公布スル者、之ヲ讒毀《ざんき》トス、人ノ行事ヲ挙ルニ非スシテ、悪名ヲ以テ人ニ加ヘ公布スル者、之ヲ誹謗トス、著作・文書、若クハ画図・肖像ヲ用ヒ、展観シ若クハ発売シ若クハ貼示シテ、人ヲ讒毀シ若クハ誹謗スル者ハ、下ノ条別ニ従テ罪ヲ科ス

第二条

第一条ノ所為《しょい》ヲ以テ、乗輿ヲ犯スニ渉ル者ハ、禁獄三月以上三年以下、罰金五十円以上千円以下（二罰并セ科シ、或ハ偏ヘニ一罰ヲ科ス、以下之ニ倣ヘ）

第三条

皇族ヲ犯スニ渉ル者ハ、禁獄十五日以上二年半以下、罰金十五円以上七百円以下

第四条

官吏ノ職務ニ関シ讒毀スル者ハ、禁獄十日以上二年以下、罰金十円以上五百円以下、誹謗スル者ハ、禁獄五日以上一年以下、罰金五円以上三百円以下

26　刑法編纂方法に関する基本方針（『刑法編集日誌』より）

一八七五年（明治八年）九月二〇日

明治八年五月決定ノ司法省職制章程第五条ニ循ヒ刑法改正ノ草案ヲ起サンカ為メ新ニ別局ヲ開キ同年九月十五日司法卿左ノ各員ニ刑法草案取調掛ヲ命シタリ

四等出仕　鶴田　皓
五等判事　平賀義質
六等出仕　小原重哉
同　藤田高之
七等出仕　名村泰蔵
同　福原芳山
同　草野允素
八等出仕　昌谷千里
同　横山　尚
裁判所中属渋谷文毅
十二等出仕浜口惟長

同月二十日草案ヲ起ス目的ト方法ヲ定ムル為メ卿大輔以下取調掛各員別局ニ集会ス

明治八年九月廿日　福原七等出仕欠席

（起案ノ大意）

一　起案ノ目的トナス所ハ欧洲大陸諸国ノ刑法ヲ以テ骨子トナシ本邦ノ時勢人情ニ参酌シテ編纂スルコト尤《もっと》モ欧洲諸国ノ刑法中仏国ノ刑法飜訳先成リ各員目能ク慣レ且《かつ》仏国教師雇中ニ付質問ニ便ナルニヨリ先仏国ノ刑法ヲ以テ基礎ト為シ其他各国ノ刑法ニ及フヘキコト

一　文字ノ用法ハ従来慣行ノ律文ニ依ルコト

一　仏国教師ボワソナード氏ヲシテ現今日本ニ施行スヘキ刑法見込書ヲ出サシメ今般纂集ノ草案ト比較シテ纂集ノ助トナスコト

一　仏国教師午前日ヲ定メ仏国ノ刑法ヲ講解シ其原由ヲ説明シテ纂集ノ助トナスコト

一　各員別局集会ノ時限ハ毎日午飯後ヨリ第二時ニ至ル

右議畢《おわ》リ卿纂集長ヲ鶴田四等出仕ニ任セリ

右本日決議

同二十一日休

同二十二日　福原七等出仕欠席

一　本日各員受持ノ刑法幷《ならび》ニ事務ヲ定ムル左ノ如シ

一　独逸刑法　白耳義《ベルギー》刑法　鶴田

加利州《カリフォルニア》典　蘭律小言　平賀

英律　小原

仏律　藤田

独逸刑法　名村

埃及《エジプト》刑法　草野

英律　福原

加利州典　昌谷

埃及刑法　横山

独逸刑法　渋谷

白耳義刑法　浜口

〔出典：鶴田文書研究会編『日本刑法草案会議筆記』Ⅰ〕

27 勧解手続概略　一八七五年（明治八年）一二月二八日

（司法大丞ヨリ各府県裁判所へ通牒）

第一条　凡《およ》ソ勧解ヲ乞フ原告者ハ第一号書式ノ如キ名刺ヲ訴所ニ進達セシム

第二条　訴所詰名刺ヲ収メ第一号書式ノ如ク番号ヲ朱書シ属ニ出シ原告人ハ直ニ勧解席ニ至ラシム

第三条　属ハ其名刺ヲ受取リ第二号書式ノ如ク請取録ニ記載シ順次判事補ニ分賦ス

第四条　掛リ判事補之ヲ受取リ直ニ名刺ヲ携ヘ勧解席ニ臨ミ原告人ヲシテ願意ヲ陳述セシメ直ニ召喚状ヲ下付ス

但シ証拠アル物ハ検閲印ヲ押ス

一召喚之期ハ三日ヲ不可過《すぎるべからず》

第五条　期日至リ原被出頭ヲ届出レハ直ニ勧解席ニ至ラシメ而《しか》シテ掛リ判事補ニ申通スレハ掛リハ直ニ席ニ臨ム

第六条　勧解ニ服シタル節ハ双方連印ノ日延書或ハ願下紙面ヲ出スヘキ旨ヲ命ス

第七条　願下ヲ為ス時ハ紙面検印ノ上名刺ヲ朱抹シ属ニ付ス属請取録ヲ朱抹シ編冊ニ入ル

第八条　若シ勧解ニ服セサル者アレハ名刺ヘ勧解不調ト朱書シ属ニ通ス属請取録ニ調印スルコト書式ノ如シ

第九条　若シ原被同行出頭シテ勧解ヲ乞フ者アルモ亦妨ケナシトス

第十条　勧解中財産分配ヲ以テ済方致度旨申出ル時ハ各債主へ
　示談ノ上分配スヘキ旨原被連印ノ紙面ヲ徴シテ一件落着トス
勧解願名刺ノ書
　但シ半紙二ツ折ヲ用ユ
　（略）

28　代言人規則　一八七六年（明治九年）二月二二日司法省甲第一号布達

今般代言人規則別紙ノ通相設ケ候条《そうろうじょう》来ル四月一日ヨリ以後ハ右規則通リ免許ヲ経サル者ヘ代言相頼候儀不相成候条此旨布達候事

　但四月一日以後代言人無之且本人疾病事故ニテ不得已《やむをえぬ》場合ニ於テハ其至親父子兄弟又ハ叔姪ノ内之ニ代ルヲ得ヘク若シ至親無之者ハ区戸長ノ証書ヲ以テ相当ノ代人ヲ出ス亦不苦

　（別紙）

代言人規則

第一条　凡《およ》ソ代言人タラントスル者ハ先ツ専ラ代言ヲ行ハント欲スル裁判所ヲ示シタル願書ヲ記シ所管地方官ノ検査ヲ乞フヘシ地方官之ヲ検査スルノ後状ヲ具シテ司法省ニ出ス然ル後其許スヘキ者ハ司法卿之レニ免許状ヲ下付ス

第二条　代言人ヲ検査スルハ左ノ件々ニ照スヘシ
　一　布告布達沿革ノ概略ニ通スル者
　二　刑律ノ概略ニ通スル者
　三　現今裁判上手続ノ概略ニ通スル者
　四　本人品行並ニ履歴如何

29　日朝修好条規　一八七六年（明治九年）二月二六日

第一款　朝鮮国ハ自主ノ邦《くに》ニシテ、日本国ト平等ノ権ヲ保有セリ、嗣後《じご》両国和親ノ実ヲ表セント欲スルニハ、彼此《ひし》互ニ同等ノ礼儀ヲ以テ相接待シ、毫《ごう》モ侵越猜嫌《しんえつさいけん》スル事アルヘカラス

（略）

第八款　嗣後日本国政府ヨリ朝鮮国指定各口ヘ時宜ニ随ヒ日本商民ヲ管理スルノ官ヲ設ケ置クヘシ
若シ両国ニ交渉スル事件アル時ハ、該官ヨリ其所ノ地方長官ニ会商シテ弁理セン

第十款　日本国人民、朝鮮国指定ノ各口ニ留在中、若《も》シ罪科ヲ犯シ朝鮮国人民ニ交渉スル事件ハ、総《すべ》テ日本国官員ノ審断ニ帰スヘシ、若シ朝鮮国人民罪科ヲ犯シ日本国人民ニ交渉スル事件ハ、均《ひと》シク朝鮮国官員ノ査弁ニ帰スヘシ、尤《もっとも》双方トモ各其国律ニ拠リ裁判シ、毫モ回護袒庇スル事ナク務メテ公平

允当《いんとう》ノ裁判ヲ示スヘシ

第十一款　両国既《すで》ニ通好ヲ経《へ》タレハ、別ニ通商章程ヲ設立シ両国商民ノ便利ヲ与《あた》フヘシ、且《かつ》現今議立セル各款中更ニ細目ヲ補添《ほてん》シテ以テ遵照《じゅんしょう》ニ便ニスヘキ条件共、自今六ヶ月ヲ過スシテ両国別ニ委員ヲ命シ、朝鮮国京城又ハ江華府ニ会シテ商議定立セン

30　国憲編纂の勅命　一八七六年（明治九年）九月六日詔勅

朕爰《ここ》ニ我カ建国ノ体ニ基キ広ク海外各国ノ成法ヲ斟酌《しんしゃく》シ以テ国憲ヲ定メントスソレ宜《よろ》シク汝等之カ草按ヲ起創シ以テ聞セヨ朕将《まさに》之ヲ撰ハントス

31　参謀本部条例　一八七八年（明治一一年）一二月五日陸軍省達号外

第一条　参謀本部ハ東京ニ於テ之ヲ置キ近衛各鎮台ノ参謀部ヲ統轄ス

第二条　本部長ハ将官一人勅ニ依テ之ヲ任ス、部事ヲ統轄シ帷《い》幕《ばく》ノ機務ニ参画スルヲ司トル

第三条　次長一人将官ヨリ之ヲ任ス、本部長ト相終始シテ部事ヲ整理ス、但之ヲ置クハ事務ノ繁閑ニ従フ、而《しこう》シテ其官階モ予《あらか》シメ定メス時宜ニ依ル

第四条　凡《およ》ソ平時ニ在リ陸軍ノ定制節度団隊ノ編制布置ヲ審《つまびら》カニシ予メ地理ヲ詳密ニシ材用ヲ料量シ戦区ノ景況ヲ慮《おもんぱか》リ兼テ異邦ノ形勢ヲ洞悉《どうしつ》シテ参画ニ当リ遺算ナキハ本部長ノ任ニシテ之ニ就《つい》テ其利害ヲ陳スルヲ得

第五条　凡ソ軍中ノ機務戦略上ノ動静進軍駐軍転軍ノ令行軍路程ノ規運輸ノ方法軍隊ノ発差［着］等其軍令ニ関スル者ハ専ラ本部長ノ管知スル所ニシテ参画シ親裁ノ後直《ただち》ニ之ヲ陸軍卿ニ下シテ施行セシム

第六条　其戦時ニ在《あり》テハ凡《すべ》テ軍令ニ関スルモノ親裁ノ後直ニ之ヲ監軍部長若クハ特命司令将官ニ下ス、是カ為メニ其将官ハ直ニ大纛《たいとう》ノ下ニ属シ本部長之ヲ参画シ上裁ヲ仰クコトヲ得

32　拷訊に関する全規則を廃止　一八七九年（明治一二年）一〇月八日太政官第四二号布告

明治九年六月第八拾六号布告改定律例第三百拾八条改正後拷訊ハ無用ニ属シ候儀ニ付右ニ関スル法令ハ総《すべ》テ刪除候《そうろう》条此旨布告

候事

33　刑法（明治一三年）一八八〇年（明治一三年）七月一七日太政官第三六号布告

刑法別冊ノ通改定候《そうろう》条《じょう》此旨布告候事
　但実際施行ノ期日ハ追テ布告スベキ事

（別冊）

刑　法

刑法目録
　第一編　総則
　　第一章　法例
　　第二章　刑例
　　　第一節　刑名
　　　第二節　主刑処分
　　　第三節　附加刑処分
　　　第四節　徴償処分
　　　第五節　刑期計算
　　　第六節　仮出獄
　　　第七節　期満免除
　　　第八節　復権
　　第三章　加減例
　　第四章　不論罪及ビ減軽
　　　第一節　不論罪及ビ宥恕減軽
　　　第二節　自首減軽
　　　第三節　酌量減軽
　　第五章　再犯加重
　　第六章　加減順序
　　第七章　数罪俱発
　　第八章　数人共犯
　　　第一節　正犯
　　　第二節　従犯
　　第九章　未遂犯罪
　　第十章　親属例
　第二編　公益ニ関スル重罪軽罪
　　第一章　皇室ニ対スル罪
　　第二章　国事ニ関スル罪
　　　第一節　内乱ニ関スル罪
　　　第二節　外患ニ関スル罪
　　第三章　静謐ヲ害スル罪
　　　第一節　兇徒聚衆ノ罪
　　　第二節　官吏ノ職務ヲ行フヲ妨害スル罪

第三節　囚徒逃走ノ罪及ビ罪人ヲ蔵匿スル罪
第四節　附加刑ノ執行ヲ遁ル、罪
第五節　私ニ軍用ノ銃礮《じゅうほう》弾薬ヲ製造シ及ビ所有スル罪
第六節　往来通信ヲ妨害スル罪
第七節　人ノ住所ヲ侵ス罪
第八節　官ノ封印ヲ破棄スル罪
第九節　公務ヲ行フヲ拒ム罪
第四章　信用ヲ害スル罪
第一節　貨幣ヲ偽造スル罪
第二節　官印ヲ偽造スル罪
第三節　官ノ文書ヲ偽造スル罪
第四節　私印私書ヲ偽造スル罪
第五節　免状鑑札及ビ疾病証書ヲ偽造スル罪
第六節　偽証ノ罪
第七節　度量衡ヲ偽造スル罪
第八節　身分ヲ詐称スル罪
第九節　公選ノ投票ヲ偽造スル罪
第五章　健康ヲ害スル罪
第一節　阿片烟ニ関スル罪
第二節　飲料ノ浄水ヲ汚穢スル罪
第三節　伝染病予防規則ニ関スル罪
第四節　危害品及ビ健康ヲ害ス可キ物品製造ノ規則ニ関スル罪
第五節　健康ヲ害ス可キ飲食物及ビ薬剤ヲ販売スル罪
第六節　私ニ医業ヲ為ス罪
第六章　風俗ヲ害スル罪
第七章　死屍ヲ毀棄シ及ビ墳墓ヲ発掘スル罪
第八章　商業及ビ農工ノ業ヲ妨害スル罪
第九章　官吏瀆職ノ罪
第一節　官吏公益ヲ害スル罪
第二節　官吏人民ニ対スル罪
第三節　官吏財産ニ対スル罪
第三編　身体財産ニ対スル重罪軽罪
第一章　身体ニ対スル罪
第一節　謀殺故殺ノ罪
第二節　殴打創傷ノ罪
第三節　殺傷ニ関スル宥恕及ビ不論罪
第四節　過失殺傷ノ罪
第五節　自殺ニ関スル罪
第六節　擅《ほしいまま》ニ人ヲ逮捕監禁スル罪
第七節　脅迫ノ罪
第八節　堕胎ノ罪
第九節　幼者又ハ老疾者ヲ遺棄スル罪
第十節　幼者ヲ略取誘拐スル罪
第十一節　猥褻姦淫重婚ノ罪
第十二節　誣告及ビ誹毀ノ罪

第十三節　祖父母父母ニ対スル罪
第二章　財産ニ対スル罪
第一節　窃盗ノ罪
第二節　強盗ノ罪
第三節　遺失物埋蔵物ニ関スル罪
第四節　家資分散ニ関スル罪
第五節　詐欺取財ノ罪及ビ受寄財物ニ関スル罪
第六節　贓物ニ関スル罪
第七節　放火失火ノ罪
第八節　決水ノ罪
第九節　船舶ヲ覆没スル罪
第十節　家屋物品ヲ毀壊シ及ビ動植物ヲ害スル罪
第四編　違警罪

刑　法

第一編　総　則

第一章　法　例

第一条　凡法律ニ於テ罰ス可キ罪別テ三種ト為ス
一重罪
二軽罪
三違警罪

第二条　法律ニ正条ナキ者ハ何等ノ所為ト雖モ之ヲ罰スルコトヲ得ズ

第三条　法律ハ頒布以前ニ係ル犯罪ニ及ホスコトヲ得ズ
若シ所犯頒布以前ニ在テ未夕判決ヲ経サル者ハ新旧ノ法ヲ比照シ軽キニ従テ処断ス

第二編　公益ニ関スル重罪軽罪

第一章　皇室ニ対スル罪

第一一六条　天皇三后皇太子ニ対シ危害ヲ加ヘ又ハ加ヘントシタル者ハ死刑ニ処ス

第一一七条　天皇三后皇太子ニ対シ不敬ノ所為アル者ハ三月以上五年以下ノ重禁錮ニ処シ二十円以上二百円以下ノ罰金ヲ附加ス皇陵ニ対シ不敬ノ所為アル者亦同シ

第一一八条　皇族ニ対シ危害ヲ加ヘタル者ハ死刑ニ処ス其危害ヲ加ヘントシタル者ハ無期徒刑ニ処ス

第一一九条　皇族ニ対シ不敬ノ所為アル者ハ二月以上四年以下ノ重禁錮ニ処シ十円以上百円以下ノ罰金ヲ附加ス

第一二〇条　此章ニ記載シタル罪ヲ犯シ軽罪ノ刑ニ処スル者ハ六月以上二年以下ノ監視ニ付ス

第二章　国事ニ関スル罪

第一節　内乱ニ関スル罪

第一二一条　政府ヲ顚覆シ又ハ邦土ヲ僭窃《せんせつ》シ其他朝憲ヲ紊乱《びんらん》スルコトヲ目的ト為シ内乱ヲ起シタル者ハ左ノ区別ニ従テ処断ス
一首魁及ヒ教唆者ハ死刑ニ処ス

二群衆ノ指揮ヲ為シ其他枢要ノ職務ヲ為シタル者ハ無期流刑ニ処シ其情軽キ者ハ有期流刑ニ処ス

三兵器金穀ヲ資給シ又ハ諸般ノ職務ヲ為シタル者ハ重禁獄ニ処シ其情軽キ者ハ軽禁獄ニ処ス

四教唆ニ乗シテ附和随行シ又ハ指揮ヲ受ケテ雑役ニ供シタル者ハ二年以上五年以下ノ軽禁錮ニ処ス

第一二二条　内乱ヲ起スノ目的ヲ以テ兵器弾薬船舶金穀其他軍備ノ物品ヲ劫掠シタル者ハ已ニ内乱ヲ起シタル者ノ刑ニ同シ

第一二三条　政府ヲ変乱スルノ目的ヲ以テ人ヲ謀殺シタル者ハ兵ヲ挙ルニ至ラスト雖モ内乱ト同ク論シ其教唆者及ヒ下手者ヲ死刑ニ処ス

第一二四条　前三条ノ罪ハ未遂犯罪ノ時ニ於テ乃チ本刑ヲ科ス

第三章　静謐ヲ害スル罪

第一節　兇徒聚衆ノ罪

第一三六条　兇徒多衆ヲ嘯聚《しょうしゅう》シテ暴動ヲ謀リ官吏ノ説諭ヲ受クルト雖モ仍《な》ホ解散セサル者首魁及ヒ教唆者ハ三月以上三年以下ノ重禁錮ニ処ス附和随行シタル者ハ二円以上五円以下ノ罰金ニ処ス

第一三七条　兇徒多衆ヲ嘯聚シテ官庁ニ喧鬧《けんどう》シ官吏ニ強逼《きょうひつ》シ又ハ村市ヲ騒擾シ其他暴動ヲ為シタル者首魁及ヒ教唆者ハ重懲役ニ処ス其嘯聚ニ応シ煽動シテ勢ヲ助ケタル者ハ軽懲役ニ処シ其情軽キ者ハ一等ヲ減ス附和随行シタル者ハ二円以上二十円以下ノ罰金ニ処ス

第三編　身体財産ニ対スル重罪軽罪

第一章　身体ニ対スル罪

第一節　謀殺故殺ノ罪

第二百九十二条　予メ謀テ人ヲ殺シタル者ハ謀殺ノ罪ト為シ死刑ニ処ス

第二百九十三条　毒物ヲ施用シテ人ヲ殺シタル者ハ謀殺ヲ以テ論ジ死刑ニ処ス

第二百九十四条　故意ヲ以テ人ヲ殺シタル者ハ故殺ノ罪ト為シ、無期徒刑ニ処ス

第二百九十五条　支解折割其他惨刻《さんこく》ノ所為ヲ以テ人ヲ故殺シタル者ハ死刑ニ処ス

第二百九十六条　重罪、軽罪ヲ犯スニ便利ナル為メ又ハ已ニ犯シテ其罪ヲ免カル、為メ人ヲ故殺シタル者ハ死刑ニ処ス

第二百九十七条　人ヲ殺スノ意ニ出テ詐称誘導シテ危害ニ陥レ死ニ致シタル者ハ故殺ヲ以テ論シ其予メ謀ル者ハ謀殺ヲ以テ論ズ

第二百九十八条　謀殺故殺ヲ行ヒ誤テ他人ヲ殺シタル者ハ仍《な》ホ謀故殺ヲ以テ論ズ

34 治罪法 一八八〇年（明治一三年）七月一七日太政官第三七号布告

治罪法別冊ノ通創定候《そうろう》条《じょう》此旨布告候事
但実際施行ノ期日ハ追テ布告スベキ事

治罪法

治罪法目録

第一編　総則
第二編　刑事裁判所ノ構成及ビ権限
第一章　通則
第二章　違警罪裁判所
第三章　軽罪裁判所
第四章　控訴裁判所
第五章　重罪裁判所
第六章　大審院
第七章　高等法院
第三編　犯罪ノ捜査、起訴、及ビ予審
第一章　捜査
第一節　告訴及ビ告発
第二節　現行犯罪
第二章　起訴
第一節　検察官ノ起訴
第二節　民事原告人ノ起訴
第三章　予審
第一節　令状
第二節　密室監禁
第三節　証拠
第四節　被告人ノ訊問及ビ対質
第五節　検証及ビ物件差押
第六節　証人訊問
第七節　鑑定
第八節　現行犯ノ予審
第九節　保釈
第十節　予審終結
第四章　予審上訴
第四編　公判
第一章　通則
第二章　違警罪公判
第三章　軽罪公判
第四章　重罪公判
第五編　大審院ノ職務
第一章　上告
第二章　再審ノ訴
第三章　裁判管轄ヲ定ムルノ訴

第四章　公安又ハ嫌疑ノ為メ裁判管轄ヲ移スノ訴
第六編　裁判執行、復権、及ビ特赦
第一章　裁判執行
第二章　復権
第三章　特赦

35　国憲草案起草の報告書（第三次案）　一八八〇年（明治一三年）一二月二七日

本官等承《う》ク明治九年九月七日皇帝陛下ヨリ前議長熾仁《たるひと》親王殿下ヲ召サレ詔シテ曰ハク朕将《まさ》ニ我カ建国ノ体ニ基ツキ海外各国ノ成法ヲ斟酌《しんしゃく》シテ以テ国憲ヲ定メントス汝等其レ宜《よろし》ク之カ草按ヲ起創シ以テ聞セヨ朕将ニ択ハントスト親王殿下乃《すなわ》チ命ヲ奉シテ退キ翌八日元老院各議官ヲ集メ告クルニ此事ヲ以テシ且《かつ》議官柳原前光議官福羽美静議官中島信行議官細川潤次郎ヲ以テ国憲編纂ノ委員ト為ス本官等命ヲ承ケテ中外ノ載籍ヲ蒐輯《しゅうしゅう》シ其国憲ニ関スル者ヲ取リ夫ノ建国ノ体ト海外各国ノ成法トニ於テ参互比照シテ以テ国憲草按ヲ作リ将ニ以テ皇帝陛下ノ採択ニ供セントス本官等謹《つつしみ》テ按スルニ我カ祖宗天命ヲ受ケ人心ニ順ヒ聖子神孫歴世相承ケ既ニ一百二十余代二千五百三十余年ノ久キヲ経タリ建国ノ体動クコトナシト雖モ祖宗以来ノ例習多端ナリ裁定シテ一ニ帰セサレハ以テ国憲ト為ス可カラス加フルニ古今宜キヲ異ニスルヲ以テ旧制ニ於テモ亦或ハ変更セサル事ヲ得ス海外各国ノ成法ニ至テハ毎国同シカラス英国ハ立憲君主ノ称首タリ然レトモ真ノ成文国憲ヲ制セス合衆国ハ民主ノ国トス我国ノ体ト異ナリ仏国ハ屢々《るる》革命ヲ経テ君主ト為リ民主ト為ル国憲ノ文断爛《だんらん》ニ失ス故ニ此諸国ニ於テハ只其意ヲ取リテ孛《プロシヤ》、澳《オーストリー》、荷蘭《オランダ》、比日義《ベルギー》、伊太利亜《イタリア》、伊斯把泥亜《イスパニア》、葡萄牙《ポルトガル》諸国ノ国憲ニ於テハ多ク其文ヲ取ル之ヲ要スルニ大旨君民ノ権ヲ分ツヲ以テ主ト為シテ而シテ君権ハ則チ亦之ヲ政府ノ各部ニ分チ立法行政司法ノ三大支ト為シ以テ各其職ヲ守リ各其責ニ任セシメ以テ上下相安シ国隆運ニ膺《あた》リ人景福ヲ享《う》クル事ヲ期ス庶幾《こいねがわ》クハ聖旨ノ所謂建国ノ体ニ基ツキ海外各国ノ成法ヲ斟酌スル者ニ於テ大ニ相戻ラサラン事ヲ伏シテ請フ議長殿下之ヲ皇帝陛下乙夜《いつや》ノ覧ニ進メン事ヲ

明治十三年十二月廿七日　国憲取調委員
議官　福羽美静
幹事　細川潤次郎

議長大木喬任殿

〔出典：家永三郎ほか編『明治前期の憲法構想（増補版）』〕

36 大隈重信国会開設奏議　一八八一年（明治一四年）三月

臣謹《つつしみ》テ按ズルニ、根本立テ而《しこうし》テ枝葉栄へ、大綱ヲ挙ケ而テ細目定ル。今日ノ政務ニ於ケル、応《まさ》ニ立ツベキノ根本有リ、応ニ挙グベキノ大綱有リ。今ヤ廟議方《まさ》ニ明治八年ノ聖勅国議院設立ノ事ニ及ブ。則チ意見ヲ論述シテ以テ進ム。垂鑑採納ヲ賜ラバ、何ノ幸カ是《これ》ニ若《し》カン。臣重信誠惶誠恐頓首謹言。

明治十四年三月

参議大隈重信

第一　国議院開立ノ年月ヲ公布セラルベキ事
第二　国人ノ輿望ヲ察シテ政府ノ顕官ヲ任用セラルベキ事
第三　政党官ト永久官トヲ分別スル事
第四　宸裁《しんさい》ヲ以テ憲法ヲ制定セラルベキ事
第五　明治十五年末ニ議員ヲ撰挙シ十六年首ヲ以テ議院ヲ開クベキ事
第六　施政ノ主義ヲ定ムベキ事
第七　総論

第一　国議院開立ノ年月ヲ公布セラルベキ事

人心大《おおい》ニ進テ而テ法制太《はなは》ダ後ル、トキハ、其弊ヤ法制ヲ暴壊ス。人心猶ホ後レテ而テ法制太ダ進ムトキハ、法制国ヲ益セズ。故ニ其進ム者未ダ甚ダ多カラズ、其後ル、者稍《ようや》ク少キノ時ニ当リ、法制ヲ改進シテ以テ人心ニ称《かな》フハ則チ治国ノ良図ナリ。

去歳以来国議院ノ設立ヲ請願スル者少カラズ。其人品素行ニ至テハ種々ノ品評アリト雖ドモ、要スルニ是等ノ人民ヲシテ斯ノ如キ請願ヲ為スニ至ラシムル者ハ、則チ是レ人心稍ク将《まさ》ニ進マントスルノ兆候ニシテ、自余一般ノ人心ヲ察スルニ、其後ル、者亦タ甚ダ稀少ナラントス。然ラバ則チ、法制ヲ改進シテ以テ国議院ヲ開立セラル、ノ時機、稍ク方ニ熟スト云フモ可ナリ。

又人心稍ク進ミ法制稍ク後ル、トキハ、人心ノ注著スル所一ニ法制ノ改進ニ在ルガ為メニ、夫ノ人民ニ緊要ナル外国ニ対峙スルノ思想ト内国ヲ改良スルノ思想トハ殆ント其ノ胸裏ヨリ放離シ去リ、唯《ただ》制法改革ノ一辺ニ熱中セシムルニ至ラントス。是亦国家ノ不利ナリ。

故ニ民智ノ度位ヲ察シ、国内ノ清平ヲ謀リ、制法ヲ改進シテ以テ漸次立憲ノ政ヲ布《し》セラルベキ聖勅ヲ決行アラセラレン事、是則今日応ニ挙グベキノ大綱、応ニ立ツベキノ根本ナリ。請フ、速ニ議院開立ノ年月ヲ布告セラレ、憲法制定ノ委員ヲ定メラレ、議事堂ノ創築ニ着手セラレンコトヲ。

（開立ノ年月ハ第五条ニ詳記ス。）

（略）

〔出典：『日本近代思想大系9憲法構想』〕

37　岩倉具視憲法大綱領　一八八一年（明治一四年）七月五日

憲法起草可レ被二仰出一《おおせいださるべく》候ニ付、先ヅ大綱領数件聖断被レ為レ在《あらせられ》、其他ノ条目ハ此主旨ニ拠リ起草可レ致旨、御沙汰被レ為レ在可レ然《しかるべし》ト存候事。

大綱領

一、欽定憲法之体裁可レ被レ用《もちいらるべき》事

一、帝位継承法ハ祖宗以来ノ遺範アリ、別ニ皇室ノ憲則ニ載セラレ、帝国ノ憲法ニ記載ハ要セザル事。

一、天皇ハ陸海軍ヲ統率スルノ権ヲ有スル事。

一、天皇ハ宣戦講和及《および》外国締約ノ権ヲ有スル事。

一、天皇ハ貨幣ヲ鋳造スルノ権ヲ有スル事。

一、天皇ハ大臣以下文武重官任免ノ権ヲ有スル事。

一、天皇ハ位階勲章及貴号等授与ノ権ヲ有スル事。

一、天皇ハ恩赦ノ権ヲ有スル事。

一、天皇ハ議院開閉及解散ノ権ヲ有スル事。

一、大臣ハ天皇ニ対シ重キ責任アル事。

一、法律命令ニ大臣署名ノ事。

一、立法ノ権ヲ分ツ為ニ、元老院、民選議院ヲ設クル事。

一、元老院ハ特撰議員ト華士族中ノ公撰議員トヲ以テ組織スル事。

一、民撰議院之議員撰挙法ハ財産ノ制限ヲ用ウル事。

一、歳計ノ予算、政府ト議院ト協同ヲ得ザルトキハ、総テ前年度ノ予算ニ依リ施行スル事。

一、臣民一般ノ権利及義務ヲ定ムル事。

一、議院ノ権限ニ関スル事。

一、裁判所ノ権限ニ関スル事。

〔出典：『日本近代思想大系9憲法構想』〕

38　千葉卓三郎ほか「日本帝国憲法」（五日市憲法草案）　一八八一年（明治一四年）四月から九月の間に浄書

日本帝国憲法

第一篇　国帝

第一章　帝位相続

第二章　摂政官

第三章　国帝権理

第二篇　公法

第一章　国民権理

第三篇　立法権

第一章　民撰議院

第二章　元老議院

第三章　国会権任

第四章　国会開閉
第五章　国憲改正
第四篇　行政権
第五篇　司法権

日本帝国憲法

陸陽仙台　千葉卓三郎草

第一篇　国　帝

第一章　帝位相続

〔一〕　日本国ノ帝位ハ神武帝ノ正統タル今上帝ノ子裔ニ世伝ス。其相続スル順序ハ左ノ条款ニ従フ。

〔二〕　日本国ノ帝位ハ嫡皇子及其男統ニ世伝シ、其男統ナキトキハ嫡庶子及其男統ニ世伝シ、其男統ナキトキハ庶皇子及其男統ニ世伝ス。

〔三〕　嫡皇子孫、庶皇子孫、及其男統ナキトキハ、国帝ノ兄弟及其男統ニ世伝ス。

〔四〕　国帝ノ嫡庶子孫、兄弟、及其男統ナキトキハ、国帝ノ伯叔父（上皇ノ兄弟）及其男統ニ世伝ス。

〔五〕　国帝ノ嫡庶子孫、兄弟、伯叔父、及其男統ナキトキハ、皇族中当世ノ国帝ニ最近ノ血縁アル男及其男統〔ヲ〕シテ帝位ヲ襲受セシム。

〔六〕　皇族中男無キトキハ、皇族中当世ノ国帝ニ最近ノ女ヲシテ帝位ヲ襲受セシム。但シ女帝ノ配偶ハ帝権ニ干与スルコトヲ得ズ。

〔七〕　以上承継ノ順序ハ、総テ長〔ハ〕幼ニ先ダチ、嫡ハ庶ニ先ダチ、卑族ハ尊族ニ先ダツ。

〔八〕　特殊ノ時機ニ逢ヒ、帝位相続ノ順次ヲ超ヘテ次ノ相続者ヲ定ムルコトヲ必要トスルトキハ、国帝其方案ヲ国会ニ出シ、議員三分二以上ノ可決アルヲ要ス。

〔九〕　帝室及皇族ノ歳費ハ、国庫ヨリ相当ニ之ヲ供奉ス可シ。

〔一〇〕　皇族ハ三世ニシテ止ム。四世以下ハ姓ヲ賜フテ人臣ニ列ス。

（略）

〔出典：『日本近代思想大系9憲法構想』〕

39　植木枝盛「日本国国憲案」　一八八一年（明治一四年）八月二八日以後に起草

〔日本国々憲按〕

第一編　国家大則及権限

第一章　国家ノ大則

第二章　国家ノ権限

第二編　聯邦大則及権限並ニ各州ト相関スル法

第一章　聯邦ノ大則

第二章　聯邦ノ権限並ニ各州ト相関スル法

第三編　各州ノ権限及聯邦ト相関スル法
第四編　日本国民及日本人民ノ自由権限
第五編　皇帝皇族及摂政
　第一章　皇帝ノ威厳
　第二章　皇帝ノ権限
　第三章　皇帝及皇帝ノ継承
　第四章　皇帝ノ即位
　第五章　皇帝ノ婚姻
　第六章　皇帝ノ歳俸
　第七章　皇帝ノ年齢
　第八章　摂政
　第九章　皇族
第六編　立法権ニ関スル諸規則
　第一章　立法権ニ関スル大則
　第二章　立法権ノ権限
　第三章　立法議員権力
　第四章　議員選挙及被選挙ノ法
　第五章　議員ノ任期
　第六章　議員償給費
　第七章　議員ノ制限
　第八章　立法会議ノ時日
　第九章　立法会議開閉集散
　第十章　会議ノ規則
　第十一章　立法院ノ決議ヲ国法ト為スニ就テ皇帝ト相関スル規則
第七編　行政権ニ関スル諸規則
　第一章　行政権ニ関スル大則
　第二章　行政官
　第三章　行政府
　第四章　統計局
第八編　司法権ニ関スル諸則
　第一章　司法権ニ関スル大則
　第二章　法官
　第三章　法衙
　第四章　裁判
　第五章　高等法院
第九編　土地
第十編　租税
第十一編　国金
第十二編　財政
第十三編　会計
第十四編　用軍兵
第十五編　外国人帰化
第十六編　特法学事
第十七編　鉄道電信陸路水利
第十八編　憲法改正

附則

第一編　国家ノ大則及権利

第一章　国家ノ大則

第一条　日本国ハ日本国憲法ニ循テ之ヲ立テ之ヲ持ス。

第二条　日本国ニ、一、立法院　一、行政府　一、司法庁ヲ置ク。憲法其規則ヲ設ク。

第二章　国家ノ権限

第三条　日本ノ国家ハ国家政府ヲ達行センガ為メニ必要ナル事物ヲ備フルヲ得。

第四条　日本〔ノ〕国家ハ外国ニ対シテ交際ヲ為シ条約ヲ結ブヲ得。

第五条　日本ノ国家ハ日本各人ノ自由権利ヲ殺減スル規則ヲ作リテ之ヲ行フヲ得ズ。

第六条　日本ノ国家ハ日本国民各自ノ私事ニ干渉スルコトヲ施スヲ得ズ。

（略）

〔出典：『日本近代思想大系9憲法構想』〕

40　国会開設に関する勅諭　一八八一年（明治一四年）一〇月一二日詔勅

朕祖宗二千五百有余年ノ鴻緒ヲ嗣キ、中古紐ヲ解クノ乾綱《けんこう》ヲ振張シ、大政ノ統一ヲ総攬シ、又夙《つと》ニ立憲ノ政体ヲ建テ、後世子孫継クヘキノ業ヲ為サンコトヲ期ス、嚮《さき》ニ明治八年ニ、元老院ヲ設ケ、十一年ニ、府県会ヲ開カシム、此レ皆漸次基ヲ創メ、序ニ循テ歩ヲ進ムルノ道ニ由ルニ非サルハ莫シ、爾有衆、亦朕カ心ヲ諒トセン

顧ミルニ、立国ノ体、国各宜《よろし》キヲ殊ニス、非常ノ事業、実ニ軽挙ニ便ナラス、我祖我宗、照臨シテ上ニ在リ、遺烈ヲ揚ケ、洪謨ヲ弘メ、古今ヲ変通シ、断シテ之ヲ行フ、責朕カ躬《み》ニ在リ、将《まさ》ニ明治二十三年ヲ期シ、議員ヲ召シ、国会ヲ開キ、以テ朕カ初志ヲ成サントス、今在廷臣僚ニ命シ、仮《か》スニ時日ヲ以テシ、経画ノ責ニ当ラシム、其組織権限ニ至テハ、朕親《みずか》ラ衷ヲ裁シ、時ニ及テ公布スル所アラントス

朕惟《おも》フニ、人心進ムニ偏シテ、時会速ナルヲ競フ、浮言相動カシ、竟《つい》ニ大計ヲ遺ル、是レ宜シク今ニ及テ、謨訓ヲ明徴シ、以テ朝野臣民ニ公示スヘシ、若シ仍《な》ホ故サラニ躁急ヲ争ヒ、事変ヲ煽シ、国安ヲ害スル者アラハ、処スルニ国典ヲ以テスヘシ、特ニ茲《ここ》ニ言明シ、爾有衆ニ諭ス

41　軍人勅諭　一八八二年（明治一五年）一月四日陸軍省達

（略）

一、軍人は忠節を尽すを本分とすへし（略）

一、軍人は礼儀を正くすへし（略）

一、軍人は武勇を尚ふへし（略）

一、軍人は信義を重んすへし（略）

一、軍人は質素を旨とすへし（略）

右の五ヶ条は軍人たらんもの暫《しばし》も忽《ゆるがせ》にすへからす。さて之を行はんには一の誠心《まごゝろ》こそ大切なれ。抑《そもそも》此五ヶ条は我軍人の精神にして一の誠心は又五ヶ条の精神なり。心誠《まこと》ならされは如何なる嘉言も善行も皆うはへの装飾《かざり》にて何の用にかは立つへき。心たに誠あれは何事も成るものそかし。況《ま》してや此五ヶ条は天地の公道人倫の常経なり、行ひ易く守り易し。汝等軍人能く朕か訓《をしへ》に遵《したが》ひて此道を守り行ひ、国に報ゆるの務を尽さは日本国の蒼生挙《こぞ》りて之を悦《よろこ》ひなん。朕一人の懌《よろこび》のみならんや。

42　勧解略則　一八八四年（明治一七年）六月二四日司法省丁第二三号達

第一条　治安裁判所ニ勧解掛ヲ置キ専ラ訴訟事件ヲ勧解セシム

第二条　勧解掛ハ判事補二名ヲ以テ之ニ充ツヘシ
但治安裁判所長ハ随時勧解掛トナリ勧解ヲ為スコトヲ得

第三条　勧解掛ハ年令三十以上ノ者ニ非レハ之ニ充ツルコトヲ得ス

43　華族令　一八八四年（明治一七年）七月七日宮内省達無号

第一条　凡ソ爵ヲ授クルハ勅旨ヲ以テシ宮内卿之ヲ奉行ス

第二条　爵ヲ分テ公侯伯子男ノ五等トス

第三条　爵ハ男子嫡長ノ順序ニ依リ之ヲ襲ガシム女子ハ爵ヲ襲グコトヲ得ズ。但現在女戸主ノ華族ハ、将来相続ノ男子ヲ定ムルトキニ於テ親戚中同族ノ者ノ連署ヲ以テ宮内卿ヲ経由シ授爵ヲ請願スベシ

II 近代法体制の確立期（一八八五―一九一四）

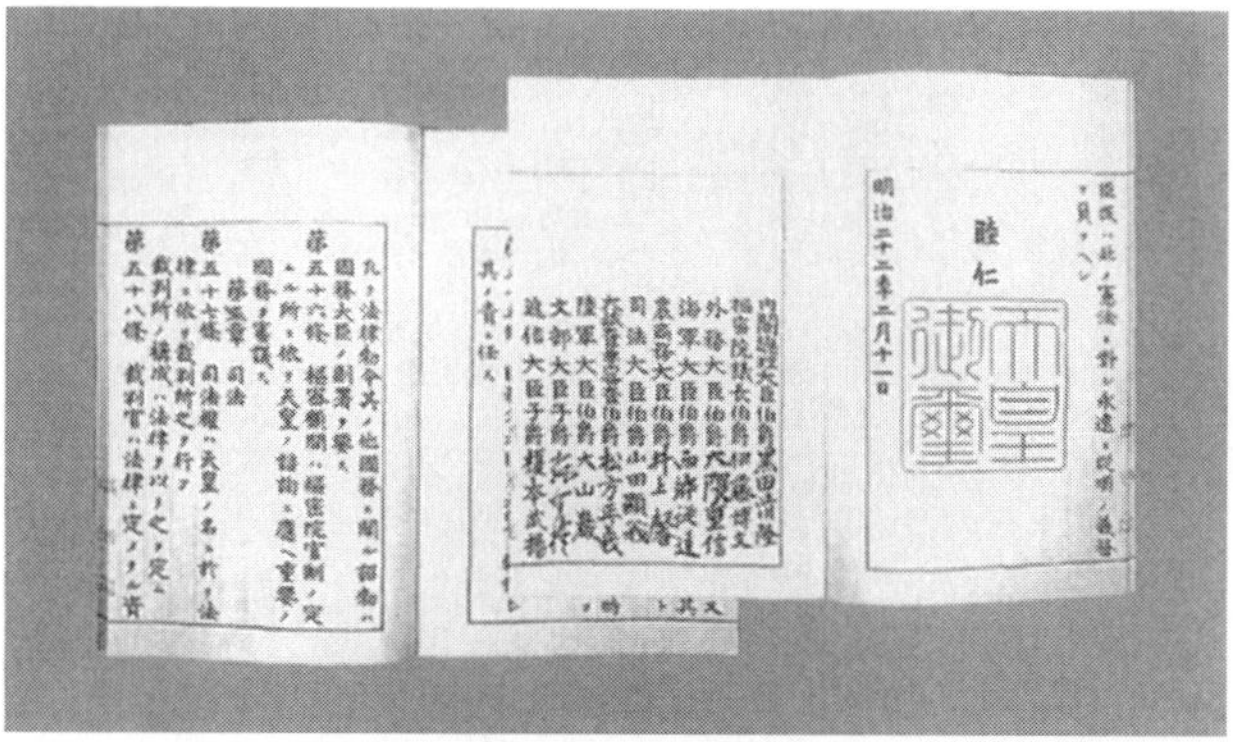

大日本帝国憲法（原本）

大日本帝国憲法発布式典の図

〔解　説〕近代法体制の確立

この時期は、地主制と資本主義の連関からなる経済構造の上に近代天皇制国家が確立する時期である。法的には、大日本帝国憲法を基本的枠組みとする国家法体系の全面的成立、条約改正の達成による国家的独立、さらに植民地の領有を内容として近代法体制が確立する時期である。また、この時期の後半には、日清・日露戦争の勝利を通じて台湾と韓国を植民地にするなど、東アジア地域に大きな影響力をもつ帝国主義国家へ移行していく。

一八九四年七月、片務的領事裁判権の撤廃と関税自主権の一部回復・双務的最恵国待遇を内容とする日英通商航海条約が調印された（税権の完全回復は、一九一一年に達成される）。同年一一月の日米通商航海条約をはじめ一八九七年までに順次各国との平等条約が締結され、九九年から実施されることになった。また内地開放が進み、永代借地権の存続を条件として居留地（外国人の居住・営業を認めた地域）は、日本市区に編入され解消した。

一八八五年一二月、太政官制を廃して内閣制度が創設された。三大臣・参議ならびに各省卿は廃官となり、かわって内閣総理大臣および宮内・外務・内務・大蔵・陸軍・海軍・司法・文部・農商務・逓信の各大臣をおき、宮内以外の諸大臣で内閣を組織することになった。工部省・参事院・制度取調局は廃止され、宮中に内大臣・宮中顧問官がおかれ（三条実美太政大臣を内大臣に任命）、また内閣に法制局が設置された。

翌八六年二月公文式が制定され、法令を法律と命令（勅令・省令・閣令）に分け、その公布手続などを定めて法令形式の統一が図られた（一九〇七年公式令により廃止）。

内閣制度の創設と並行して官僚制の整備が進められた。八六年二月各省官制を制定して、大臣以下の職務・権限を明らかにし、省務の条目を整理した。また八七年七月の文官試験試補及見習規則で官吏の試験採用制度を定め、前年の諸学校令による帝国大学を頂点とする学校体系の確立とあいまって、官僚制の再生産機構が構築された。さらに官吏服務紀律を改正し、官吏は天皇および天皇の政府に対し忠順勤勉を主とする旨を規定した。

一八八八年四月、天皇最高の輔翼機関として枢密院が設置され、皇室典範ならびに憲法草案の審議にあたった（憲法では第五六条に枢密顧問官の規定があるにとどまる）。また、官制上の根拠をもたないが、天皇による重要国務の諮詢に答える最高の輔翼機関として元老がおかれた。

一八九〇年一〇月教育に関する勅語が発布され、同年一一月二九日に第一回帝国議会が開会した（同日憲法施行）。帝国議会は、貴族院と衆議院によって構成された。貴族院は、皇族・華族・勅任議員で組織され、衆議院は、国民の選挙による議員で組織されたが、選挙権者は満二五歳以上の男子で、直接国税一五円以上の納付者に限られていた。両院の権限は、衆議院が予算先議権をもつほかは対等であった。議会には法律および予算に関する審議・議定権が与えられていたが、議会を通過した法律案は、天皇の裁可を得てはじめて公布され、また議会で予算案が否決された場合、政府は前年度予算を執行できた。さらに議会の権限は、広範な天皇大権によって制約されていた。

一八八八年から九〇年にかけて地方制度は、体系的に整備され確立された。八八年四月市制町村制が公布され、市町村は、内務大臣および上級監督庁の強い監督・統制下におかれ、市町村の固有事務のほか国または府県からの委任事務の執行に当たることになった。九〇年五月府県制・郡制が公布され、府県と郡の執行機関は、官選の府県知事と郡長で、議決機関としておかれた府県会・郡会の権限は、予算・決算の議決以外は限定されていた。市町村長や各議員選挙においては、制限選挙・等級選挙・間接選挙制度が導入された。

一八八六年五月裁判所官制が公布され、大審院・高等法院・控訴院・重罪裁判所・始審裁判所・治安裁判所の裁判所体系と職務権限が規定され、九〇年二月には、裁判所構成法が公布され、裁判所体系を大審院・控訴院（七ヵ所）・地方裁判所（四八ヵ所）・区裁判所（執達吏をおく）の四種に整理した。

帝国憲法第五七条は、「司法権ハ天皇ノ名ニ於テ法律ニ依リ裁判所之ヲ行フ」と定めたが、司法権の及ぶ範囲は民事・刑事の裁判権に限られ、行政事件を扱う行政裁判所・皇族に関する特別裁判所・軍法会議などの特別裁判所が別に設置された。

憲法をはじめ諸法典が編纂され施行された。憲法は、伊藤博文の主導のもと井上毅らによって起草され、枢密院の審議を経て一八八九年二月一一日に発布された（憲法と並ぶ最高法規である皇室典範は、官報に登載しなかった）。同日憲法の付属法令として議院法・貴族院令（勅令）・衆議院議員選挙法・会計法が公布された。

民法は、一八九〇年四月に財産編・財産取得編（前半）・債権担保編・証拠編が、同年一〇月に人事編・財産取得編（後半）が、元老院・枢密院の審議・修正を経て公布され、一八九三年一月から施行されることになった。しかし実施の可否をめぐる法典論争（延期派と断行派の対立）の結果、施行は延期となり、九三年三月設置の法典調査会で、穂積陳重・富井政章・梅謙次郎によって修正案が作成され、九六年四月に前三編（総則・物権・債権）が、九八年六月に後二編（親族・相続）が公布され、同年七月から全編が施行された。

商法は、一八九〇年四月に全編（第一編商ノ通則・第二編海商・第三編破産）が公布され、翌九一年一月から施行されることになった（のちに民法と同じく九三年一月から施行されることになる）。しかし法典論争の結果、施行は延期され（九三年七月商法中、会社・手形・小切手および破産の部分を修正施行）、法典調査会で岡野敬次郎・梅謙次郎・田部芳によって修正案が作成され、九九年三月公布、同年六月から施行された。

民事訴訟法は、一八八四年からヘルマン・テヒョーによって編纂が進められ、元老院・枢密院の審議・修正を経て九〇年四月に公布され、翌九一年一月から施行された。また九〇年一〇月刑事訴訟法が公布され（治罪法は廃止）、一一月から施行された。

刑法は、一九〇七年四月に全面改正され、翌年一〇月から施行された。

農業関係法として一八九九年三月に耕地整理法が、同年六月に農会法が、翌年三月に産業組合法が公布された（農業三法）。普通銀行の立法として一八九〇年八月銀行条例が、九六年四月には銀行合併法が公布された。また、特殊銀行の立法として九六年四月に日本勧業銀行法・農工銀行法が、九九年三月に北海道拓殖銀行法が、一九〇〇年三月に日本興行銀行法が公布された。一九一〇年代にこれら一連の農業関係法や特殊銀行法は、大幅な改正がなされる。

財団抵当制度については、一九〇五年三月に工場抵当法・鉄道抵当法・鉱業抵当法が公布され、生産信用の担保制度が整備された。

一九〇〇年三月治安警察法が公布され、政治結社・集会の規制や示威運動・労働運動・農民運動の取締りを規定した（一八九三年の集会及政社法廃止）。

同年五月陸軍省海軍省官制を改正し、軍部大臣の現役大・中将制を確立した。また一九〇七年四月「日本帝国国防方針」「国務ニ要スル兵力量」「帝国軍ノ用兵綱領」といった国防方針が元帥府会議で決議され、同年九月には軍令第一号が公示され、陸海軍の統帥に関し勅定を経た規定を軍令とし、内閣総理大臣の副署を必要としないものとした。

一九〇八年一〇月国民教化のための戊申詔書が発布された。翌〇九年二月には、登極令・摂政令・立儲令・皇室成年式令が公布され、皇室制度に関する法的整備がなされた（一九〇七年の公式令で新たな法令形式として皇室令を設けた）。

植民地については、一八九六年三月「台湾ニ施行スヘキ法令ニ関スル件」を公布し、台湾総督に「法律ノ効力ヲ有スル命令」（律令という）を発する権限を認めた（違憲論がおこる＝「六三問題」）。また朝鮮に対し三次にわたる日韓協約によって支配権を強めるとともに、統治機関として韓国統韓府を設置し（韓国併合直後に朝鮮総督府に改組）、一九一〇年八月には韓国併合に関する日韓条約を締結して完全な植民地とした。なお、「朝鮮ニ施行スヘキ法令ニ関スル件」を公布し、朝鮮総督には法律に代る命令（制令という）を発布する権限が与えられた。

44　内閣職権　一八八五年（明治一八年）一二月二二日

奉勅
太政大臣公爵三条実美

第一条　内閣総理大臣ハ各大臣ノ首班トシテ機務ヲ奉宣シ旨ヲ承《うけ》テ大政ノ方向ヲ指示シ行政各部ヲ統督ス
第二条　内閣総理大臣ハ行政各部ノ成績ヲ考ヘ其説明ヲ求メ及ヒ之ヲ検明スルコトヲ得
第三条　内閣総理大臣ハ須要ト認ムルトキハ行政各部ノ処分又ハ命令ヲ停止セシメ親裁ヲ待ツコトヲ得
第四条　内閣総理大臣ハ各科法律起案委員ヲ監督ス
第五条　凡《およ》ソ法律命令ニハ内閣総理大臣之ニ副署シ其各省主任ノ事情ニ属スルモノハ内閣総理大臣及主任大臣之ニ副署スヘシ
第六条　各省大臣ハ其主任ノ事務ニ付時々状況ヲ内閣総理大臣ニ報告スヘシ但事ノ軍機ニ係リ参謀本部長ヨリ直ニ上奏スルモノト雖トモ陸軍大臣ハ其事件ヲ内閣総理大臣ニ報告スヘシ
第七条　各大臣事故アルトキハ臨時命ヲ承テ他ノ大臣其事務ヲ管理スルコトアルヘシ

45　公文式　一八八六年（明治一九年）二月二六日勅令第一号

第一　法律命令

第一条　法律勅令ハ上諭ヲ以テ之ヲ公布ス
法律ノ元老院ノ議ヲ要スルモノハ旧ニ依ル
第二条　法律勅令ハ内閣ニ於テ起草シ又ハ各省大臣案ヲ具《そな》ヘテ内閣ニ提出シ総《すべ》テ内閣総理大臣ヨリ上奏裁可ヲ請フ
第三条　法律勅令ハ親署ノ後御璽ヲ鈐《けん》シ内閣総理大臣之ニ副署シ年月日ヲ記入ス其各省主任ノ事務ニ属スルモノハ内閣総理大臣及主任大臣之ニ副署ス
第四条　内閣総理大臣及各省大臣ハ法律勅令ノ範囲内ニ於テ其職権若クハ特別ノ委任ニ依リ法律勅令ヲ施行シ又ハ安寧秩序ヲ保持スル為メニ閣令又ハ省令ヲ発スルコトヲ得
第五条　閣令ハ内閣総理大臣之ヲ発シ省令ハ各省大臣之ヲ発ス
第六条　閣令ハ年月日ヲ記入シ内閣総理大臣之ニ署名ス
第七条　省令ハ年月日ヲ記入シ主任大臣之ニ署名ス
第八条　各官庁一般ニ関スル規則ハ内閣総理大臣之ヲ定メ各庁処務細則ハ其主任大臣之ヲ定ム
第九条　内閣総理大臣及各省大臣ノ所轄官吏及其監督ニ属スル官吏ニ達スル訓令モ亦第六条第七条ノ例ニ依ル

46　帝国大学令　一八八六年（明治一九年）三月二日勅令第

三号

第一条　帝国大学ハ国家ノ須要ニ応スル学術技芸ヲ教授シ及其蘊奥《うんおう》ヲ攷究《こうきゅう》スルヲ以テ目的トス

第二条　帝国大学ハ大学院及分科大学ヲ以テ構成ス大学院ハ学術技芸ノ蘊奥ヲ攷究シ分科大学ハ学術技芸ノ理論及応用ヲ教授スル所トス

第三条　分科大学ノ学科ヲ卒《お》ヘ定規ノ試験ヲ経タル者ニハ卒業証書ヲ授与ス

第四条　分科大学ノ卒業生若クハ之ト同等ノ学力ヲ有スル者ニシテ大学院ニ入リ学術技芸ノ蘊奥ヲ攷究シ定規ノ試験ヲ経タル者ニハ学位ヲ授与ス

47　**登記法**　一八八六年（明治一九年）八月一三日法律第一号

第一章　総則

第一条　地所建物船舶ノ売買譲与質入書入ノ登記ヲ請ントスル者ハ本法ニ従ヒ地所建物ハ其所在地船舶ハ其定繋場ノ登記所ニ登記ヲ請フ可シ

第二条　地所建物船舶ノ売買譲与質入書入ノ登記ハ始審裁判所長之ヲ監督ス可シ

第三条　登記事務ハ治安裁判所ニ於テ之ヲ取扱フモノトス治安裁判所遠隔ノ地方ニ於テハ郡区役所其他司法大臣指定スル所ニ於テ之ヲ取扱ハシム

第五条　登記官吏ハ登記事務取扱ニ付テハ始審裁判所長ノ監督ヲ受クルモノトス

第六条　登記簿ニ登記ヲ為ササル地所建物船舶ノ売買譲与質入書入ハ第三者ニ対シ法律上其効ナキモノトス

48　**文官試験試補及見習規則**　一八八七年（明治二〇年）七月二五日勅令第三七号

第一　通則

第一条　本令ニ於テ文官ト称スルハ奏任判任ノ文官ヲ総称シ試補ト称スルハ勅令第十三号学位令ニ依リ法学博士文学博士ノ学位ヲ受ケ又ハ法科大学文科大学及旧東京大学法学部文学部ヲ卒業シ又ハ高等試験ヲ経当選シテ高等官ノ実務ヲ練習スル者ヲ云ヒ見習トハ官立府県立中学校又ハ之ト同等ナル官立府県立学校及帝国大学ノ監督ヲ受クル私立法学校及司法省旧法学校ノ卒業証書ヲ有シ及普通試験ヲ経当選シテ判任官ノ事務ヲ練習スル者ヲ云フ

本令ニ於テ司法官ト称スルハ裁判官及検察官ヲ総称ス

第二条　第三条第四条ニ掲クルモノヲ除クノ外本令ニ依リ定規ノ試験ヲ経当選シタル者ニアラサレハ試補及見習ニ任命スルコトヲ得ス又実務練習ヲ終リタル者ニアラサレハ本官ニ任スルコトヲ得ス

第三条　三年以上分科大学ノ教授ニ任シタル者ハ高等試験及実務練習ヲ要セス直《ただち》ニ本官ニ任シ法学博士文学博士ノ学位ヲ受ケタル者又ハ法科大学文科大学及旧東京大学法学部文学部ノ卒業生ハ高等試験ヲ要セス試補ニ任スルコトヲ得

司法官タルノ資格ヲ有スル者ニシテ他官ヨリ司法官ニ転スルトキ又ハ司法官タルノ資格ヲ有シ三年以上代言人タル者ハ実務練習ヲ要セス直ニ本官ニ任スルコトヲ得

第四条　官立府県立中学校又ハ之ト同等ナル官立府県立学校及帝国大学ノ監督ヲ受クル私立法学校及司法省旧法学校ノ卒業証書ヲ有スル者ハ普通試験ヲ要セス判任官見習ヲ命スルコトヲ得

49　官吏服務紀律改正　一八八七年（明治二〇年）七月三〇日

日勅令第三九号

第一条　凡《およ》ソ官吏ハ天皇陛下及天皇陛下ノ政府ニ対シ忠順勤勉ヲ主トシ法律命令ニ従ヒ各其職務ヲ尽スヘシ

第二条　官吏ハ其職務ニ付本属長官ノ命令ヲ遵守スヘシ但其命令ニ対シ意見ヲ述ルコトヲ得

第三条　官吏ハ職務ノ内外ヲ問ハス廉恥ヲ重シ貪汚ノ所為アルヘカラス

官吏ハ職務ノ内外ヲ問ハス威権ヲ濫用セス謹慎懇切ナルコトヲ務ムヘシ

第四条　官吏ハ己ノ職務ニ関スルト又ハ他ノ官吏ヨリ聞知シタルトヲ問ハス官ノ機密ヲ漏洩スルコトヲ禁ス其職ヲ退ク後ニ於テモ亦同様トス

裁判所ノ召喚ニヨリ証人又ハ鑑定人ト為リ職務上ノ秘密ニ就キ訊問ヲ受クルトキハ本属長官ノ許可ヲ得タル件ニ限リ供述スルコトヲ得

第五条　官吏ハ私ニ職務上未発ノ文書ヲ関係人ニ漏示スルコトヲ禁ス

50　市制及町村制理由　一八八八年（明治二一年）四月二五日

本制ノ旨趣ハ自治及分権ノ原則ヲ実施セントスルニ在《あ》リテ現今ノ情勢ニ照シ程度ノ宜《よろし》キニ従ヒ以テ立法上其端緒ヲ開キタルモ

ノナリ此法制ヲ施行セントスルニハ必先ツ地方自治ノ区ヲ造成セサル可カラス地方ノ自治区ハ特立ノ組織ヲ為シ公法民法ノ二者ニ於テ共ニ一個人民ト権利ヲ同クシ之カ理事者タルノ機関ヲ有スルモノナリ其機関ハ法制ノ定ムル所ニ依テ組織シ自治体ハ即《すなわ》チ之ニ依テ其意想ヲ表発シ之ヲ執行スルコトヲ得ルモノトス故ニ自治区ハ法人トシテ財産ヲ所有シ之ヲ授受売買シ他人ト契約ヲ結ヒ権利ヲ得義務ヲ負ヒ又其区域内ハ自ラ独立シテ之ヲ統治スルモノナリ然リト雖モ其区域ハ素《も》ト国ノ一部分ニシテ国ノ統轄ノ下ニ於テ其義務ヲ尽サルヲ得ス故ニ国ハ法律ヲ以テ其組織ヲ定メ其負担ノ範囲ヲ設ケ常ニ之ヲ監督ス可キモノトス

（略）

維新ノ後政務ヲ集攬《しゅうらん》シテ一ニ之ヲ中央ノ政府ニ統《す》ヘ地方官ハ各其職権アリト雖モ政府ノ委任ニ依テ代テ事ヲ処スルニ過キス今地方ノ制度ヲ改ムルハ即チ政府ノ事務ヲ地方ニ分任シ又人民ヲシテ之ニ参与セシメ以テ政府ノ繁雑ヲ省キ併セテ人民ノ本務ヲ尽サシメントスルニ在リ而シテ政府ハ政治ノ大綱ヲ握リ方針ヲ授ケ国家統御ノ実ヲ挙クルヲ得可ク人民ハ自治ノ責任ヲ分チ以テ専ラ地方ノ公益ヲ計ルノ心ヲ起スニ至ル可シ蓋《けだし》人民参政ノ思想発達スルニ従ヒ之ヲ利用シテ地方ノ公事ニ練習セシメ施政ノ難易ヲ知ラシメ漸《ようや》ク国事ニ任スルノ実力ヲ養成セントス是《これ》将来立憲ノ制ニ於テ国家百世ノ基礎ヲ立ツルノ根源タリ

故《ゆえ》ニ分権ノ主義ニ依リ行政事務ヲ地方ニ分任シ国民ヲシテ公同ノ事務ヲ負担セシメ以テ自治ノ実ヲ全《まった》カラシメントスルニハ技術専門ノ職若クハ常職トシテ任ス可キ職務ヲ除クノ外概《おおむ》ネ地方ノ人民ヲシテ名誉ノ為メ無給ニシテ其職ヲ執《と》ラシムルヲ要ス而《しこう》シテ之ヲ担任スルハ其地方人民ノ義務ト為ス是国民タル者国ニ尽スノ本務ニシテ丁壮ノ兵役ニ服スルト原則ヲ同クシ更《さら》ニ一歩ヲ進ムルモノナリ然《しか》レトモ人民ヲシテ普《あまね》ク此《この》義務ヲ帯ハシムルトキハ其任又軽シト為サス故ニ一朝ニシテ此制ヲ実行セントスルハ頗《すこぶ》ル雑事ニ属スト雖モ其目的タル国家永遠ノ計ニ在リテ効課ヲ速成ニ期セス漸次参政ノ道ヲ拡張シテ公務ニ練熟セシメントスルニ在リ是ヲ以テ力《つと》メテ多ク地方ノ名望アル者ヲ挙ケテ此任ヲ当ラシメ其地位ヲ高クシ待遇ヲ厚クシ無用ノ労費ヲ負ハシメス倦怠ノ念ヲ生セサラシムルトキハ漸ク其責任ノ重キヲ知リ参政ノ名誉タルヲ弁スルニ至ラントス且《かつ》本邦旧来ノ制ヲ考フルニ無給職ニシテ町村ノ事務ニ任スルノ例アリ各地方ノ習慣固ヨリ一定ナルニ非ス且維新後数次ノ変革ニ依テ頗ル此習慣ヲ破リタリト雖モ今日ニ及テ之ヲ襲用スルコト猶難《かた》カラサル可シ是此制ヲ実施スルニ方《あたり》テ多少ノ困難アルニ拘《かかわ》ラス漸次其目的ヲ達センコトヲ期シテ疑ハサル所以ナリ

51　特別認可学校規則　一八八八年（明治二一年）五月五日

文部省令第三号

第一条　本令ニ於テ特別認可学校ト称スルハ、明治二十年〈七月〉勅令第三十七号文官試験試補及見習規則第十七条第三項文部大臣ノ認可ヲ経タル学則ニ依リ、法律学、政治学又ハ理財学ヲ教授スル私立学校ヲ謂フ。

第二条　特別認可学校ハ、修業年限三箇年以上ニシテ、法理学、法学通論、憲法、行政法、民法、訴訟法、刑法、治罪法、商法、国際法、財政学、理財学、統計学、史学、論理学等ノ諸学科中七科目以上ヲ学修スル為メ一定ノ課程ヲ設クルモノタルベシ。但法律学ヲ主トスル学校ニ於テハ擬律擬判ノ課ヲ設クルヲ要ス。

52　枢密院憲法制定会議における伊藤博文の演説　一八八八年（明治二一年）六月一八日

（略）已《すで》ニ各位ノ暁知《ぎょうち》セラルヽ如ク、欧洲ニ於テハ当世紀ニ及ンデ憲法政治ヲ行ハサルモノアラスト雖《いえども》、是《こ》レ即《すなわ》チ歴史上ノ沿革ニ成立スルモノニシテ、其萌芽遠ク往昔ニ発《ひら》カサルハナシ。反レ之《これにはんし》我国ニ在《あり》テハ事全ク新面目ニ属ス。故《ゆえ》ニ今憲法ヲ制定セラルヽニ方《あたり》テハ、先ツ我国ノ機軸ヲ求メ、我国ノ機軸ハ何ナリヤト云フコトヲ確定セサルヘカラス。機軸ナクシテ政治ヲ人民ノ妄議ニ任ス時ハ、政其統紀ヲ失ヒ国家亦随《したがい》テ廃亡ス。苟《いやしく》モ国家カ国家トシテ生存シ人民ヲ統治セントセハ、宜《よろし》ク深ク慮《おもんばか》ツテ以テ統治ノ効用ヲ失ハサランコトヲ期スヘキナリ。抑《そもそも》欧洲ニ於テハ憲法政治ノ萌芽セルコト千余年、独《ひと》リ人民ノ此制度ニ習熟セルノミナラス、又タ宗教ナル者アリテ之カ機軸ヲ為シ、深ク人心ニ浸潤シテ人心此ニ帰一セリ。然ルニ我国ニ在テハ宗教ナル者其力微弱ニシテ一モ国家ノ機軸タルヘキモノナシ。（略）我国ニ在テ機軸トスヘキハ独リ皇室アルノミ。是ヲ以テ此憲法草案ニ於テハ専ラ意ヲ此点ニ用ヒ、君権ヲ尊重シテ成ルヘク之ヲ束縛セサランコトヲ勉メタリ。或ハ君権甚タ強大ナルトキハ濫用ノ虞《おそれ》ナキニアラスト云フモノアリ。一応其理ナキニアラスト雖モ、若シ果シテ之アルトキハ宰相其責ニ任スヘシ。或ハ其他其濫用ヲ防クノ道ナキニアラス。徒《いたずら》ニ濫用ヲ恐レテ君権ノ区域ヲ狭縮セントスルカ如キハ、道理ナキノ説ト云ハサルヘカラス。乃チ此草案ニ於テハ君権ヲ機軸トシ、偏《ひとへ》ニ之ヲ毀損セサランコトヲ期シ、敢テ彼ノ欧洲ノ主権分割ノ精神ニ拠ラス、固ヨリ欧洲数国ノ制度ニ於テ君権民権共同スルト其揆ヲ異ニセリ。是レ起案ノ大綱トス。

〔出典：『樞密院会議議事録』〕

53　大日本帝国憲法　一八八九年（明治二二年）二月一一日

告　文

皇《すめら》朕《わ》レ謹《つつし》ミ畏《かしこ》ミ
皇祖
皇宗ノ神霊ニ誥《つ》ケ白《もう》サク皇朕レ天壌無窮ノ宏謨《こうぼ》ニ循ヒ惟神《かんながら》ノ
宝祚ヲ承継シ旧図ヲ保持シテ敢テ失墜スルコト無シ顧ミルニ世
局ノ進運ニ膺《あた》リ人文ノ発達ニ随ヒ宜《よろし》ク
皇祖
皇宗ノ遺訓ヲ明徴ニシ典憲ヲ成立シ条章ヲ昭示シ内ハ以テ子孫
ノ率由スル所ト為シ外ハ以テ臣民翼賛ノ道ヲ広メ永遠ニ遵行セ
シメ益々国家ノ丕基《ひき》ヲ鞏固ニシ八洲民生ノ慶福ヲ増進スヘシ茲《ここ》
ニ皇室典範及憲法ヲ制定ス惟《おも》フニ此レ皆
皇祖
皇宗ノ後裔《こうえい》ニ貽《のこ》シタマヘル統治ノ洪範ヲ紹述スルニ外ナラス而《しか》
シテ朕カ躬《み》ニ逮《およ》テ時ト倶《とも》ニ挙行スルコトヲ得ルハ洵《まこと》ニ
皇祖
皇宗及我カ
皇考ノ威霊ニ倚藉《いしゃ》スルニ由《よ》ラサルハ無シ皇朕レ仰《あおぎ》テ
皇祖
皇宗及
皇考ノ神祐ヲ禱《まつ》リ併セテ朕カ現在及将来ニ臣民ニ率先シ此ノ憲
章ヲ履行シテ愆《あやま》ラサラムコトヲ誓フ庶幾《こひねがは》クハ
神霊此レヲ鑒《かんが》ミタマヘ

憲法発布勅語

朕国家ノ隆昌ト臣民ノ慶福トヲ以テ中心ノ欣栄トシ朕カ祖宗ニ
承《う》クルノ大権ニ依リ現在及将来ノ臣民ニ対シ此ノ不磨ノ大典ヲ
宣布ス
惟フニ我カ祖我カ宗ハ我カ臣民祖先ノ協力輔翼ニ倚《よ》リ我カ帝国
ヲ肇造《ちょうぞう》シ以テ無窮ニ垂レタリ此レ我カ神聖ナル祖宗ノ威徳ト
並ニ臣民ノ忠実勇武ニシテ国ヲ愛シ公ニ殉《したが》ヒ以テ此ノ光輝アル
国史ノ成跡ヲ貽シタルナリ朕我カ臣民ハ即《すなわ》チ祖宗ノ忠良ナル臣
民ノ子孫ナルヲ回想シ其ノ朕カ意ヲ奉体シ朕カ事ヲ奨順シ相与《とも》
ニ和衷協同シ益々我カ帝国ノ光栄ヲ中外ニ宣揚シ祖宗ノ遺業ヲ
永久ニ鞏固ナラシムルノ希望ヲ同クシ此ノ負担ヲ分ツニ堪フル
コトヲ疑ハサルナリ

朕祖宗ノ遺烈ヲ承ケ万世一系ノ帝位ヲ践ミ朕カ親愛スル所ノ臣
民ハ即チ朕カ祖宗ノ恵撫慈養シタマヒシ所ノ臣民ナルヲ念《おも》ヒ其
ノ康福ヲ増進シ其ノ懿徳《いとく》良能ヲ発達セシメムコトヲ願ヒ又其ノ
翼賛ニ依リ与ニ倶ニ国家ノ進運ヲ扶持セムコトヲ望ミ乃《すなわ》チ明治
十四年十月十二日ノ詔命ヲ履践シ茲ニ大憲ヲ制定シ朕カ率由ス
ル所ヲ示シ朕カ後嗣及臣民及臣民ノ子孫タル者ヲシテ永遠ニ循
行スル所ヲ知ラシム
国家統治ノ大権ハ朕カ之ヲ祖宗ニ承ケテ之ヲ子孫ニ伝フル所ナ
リ朕及朕カ子孫ハ将来此ノ憲法ノ条章ニ循ヒ之ヲ行フコトヲ愆
ラサルヘシ

朕ハ我カ臣民ノ権利及財産ノ安全ヲ貴重シ及之ヲ保護シ此ノ憲法及法律ノ範囲内ニ於テ其ノ享有ヲ完全ナラシムヘキコトヲ宣言ス
帝国議会ハ明治二十三年ヲ以テ之ヲ召集シ議会開会ノ時ヲ以テ此ノ憲法ヲシテ有効ナラシムルノ期トスヘシ
将来若此ノ憲法ノ或ル条章ヲ改定スルノ必要ナル時宜ヲ見ルニ至ラハ朕及朕カ継統ノ子孫ハ発議ノ権ヲ執リ之ヲ議会ニ付シ議会ハ此ノ憲法ニ定メタル要件ニ依リ之ヲ議決スルノ外朕カ子孫及臣民ハ敢テ之カ紛更ヲ試ミルコトヲ得サルヘシ
朕カ在廷ノ大臣ハ朕カ為ニ此ノ憲法ヲ施行スルノ責ニ任スヘク朕カ現在及将来ノ臣民ハ此ノ憲法ニ対シ永遠ニ従順ノ義務ヲ負フヘシ

御　名　御　璽

明治二十二年二月十一日

内閣総理大臣　伯爵　黒田清隆
枢密院議長　伯爵　伊藤博文
外務大臣　伯爵　大隈重信
海軍大臣　伯爵　西郷従道
農商務大臣　伯爵　井上　馨
司法大臣　伯爵　山田顕義
大蔵大臣兼内務大臣　伯爵　松方正義
陸軍大臣　伯爵　大山　巌
文部大臣　子爵　森　有礼
逓信大臣　子爵　榎本武揚

大日本帝国憲法

第一章　天皇

第一条　大日本帝国ハ万世一系ノ天皇之ヲ統治ス
第二条　皇位ハ皇室典範ノ定ムル所ニ依リ皇男子孫之ヲ継承ス
第三条　天皇ハ神聖ニシテ侵スヘカラス
第四条　天皇ハ国ノ元首ニシテ統治権ヲ総攬シ此ノ憲法ノ条規ニ依リ之ヲ行フ
第五条　天皇ハ帝国議会ノ協賛ヲ以テ立法権ヲ行フ
第六条　天皇ハ法律ヲ裁可シ其ノ公布及執行ヲ命ス
第七条　天皇ハ帝国議会ヲ召集シ其ノ開会閉会停会及衆議院ノ解散ヲ命ス
第八条　天皇ハ公共ノ安全ヲ保持シ又ハ其ノ災厄ヲ避クル為緊急ノ必要ニ由リ帝国議会閉会ノ場合ニ於テ法律ニ代ルヘキ勅令ヲ発ス
此ノ勅令ハ次ノ会期ニ於テ帝国議会ニ提出スヘシ若議会ニ於テ承諾セサルトキハ政府ハ将来ニ向テ其ノ効力ヲ失フコトヲ公布スヘシ
第九条　天皇ハ法律ヲ執行スル為ニ又ハ公共ノ安寧秩序ヲ保持シ及臣民ノ幸福ヲ増進スル為ニ必要ナル命令ヲ発シ又ハ発セシム但シ命令ヲ以テ法律ヲ変更スルコトヲ得ス

第一〇条　天皇ハ行政各部ノ官制及文武官ノ俸給ヲ定メ及文武官ヲ任免ス但シ此ノ憲法又ハ他ノ法律ニ特例ヲ掲ケタルモノハ各〻其ノ条項ニ依ル
第一一条　天皇ハ陸海軍ヲ統帥ス
第一二条　天皇ハ陸海軍ノ編制及常備兵額ヲ定ム
第一三条　天皇ハ戦ヲ宣シ和ヲ講シ及諸般ノ条約ヲ締結ス
第一四条　天皇ハ戒厳ヲ宣告ス
戒厳ノ要件及効力ハ法律ヲ以テ之ヲ定ム
第一五条　天皇ハ爵位勲章及其ノ他ノ栄典ヲ授与ス
第一六条　天皇ハ大赦特赦減刑及復権ヲ命ス
第一七条　摂政ヲ置クハ皇室典範ノ定ムル所ニ依ル
摂政ハ天皇ノ名ニ於テ大権ヲ行フ

第二章　臣民権利義務

第一八条　日本臣民タルノ要件ハ法律ノ定ムル所ニ依ル
第一九条　日本臣民ハ法律命令ノ定ムル所ノ資格ニ応シ均ク文武官ニ任セラレ及其ノ他ノ公務ニ就クコトヲ得
第二〇条　日本臣民ハ法律ノ定ムル所ニ従ヒ兵役ノ義務ヲ有ス
第二一条　日本臣民ハ法律ノ定ムル所ニ従ヒ納税ノ義務ヲ有ス
第二二条　日本臣民ハ法律ノ範囲内ニ於テ居住及移転ノ自由ヲ有ス
第二三条　日本臣民ハ法律ニ依ルニ非スシテ逮捕監禁審問処罰ヲ受クルコトナシ
第二四条　日本臣民ハ法律ニ定メタル裁判官ノ裁判ヲ受クルノ権ヲ奪ハル、コトナシ
第二五条　日本臣民ハ法律ニ定メタル場合ヲ除ク外其ノ許諾ナクシテ住所ニ侵入セラレ及捜索セラル、コトナシ
第二六条　日本臣民ハ法律ニ定メタル場合ヲ除ク外信書ノ秘密ヲ侵サル、コトナシ
第二七条　日本臣民ハ其ノ所有権ヲ侵サル、コトナシ
公益ノ為必要ナル処分ハ法律ノ定ムル所ニ依ル
第二八条　日本臣民ハ安寧秩序ヲ妨ケス及臣民タルノ義務ニ背カサル限ニ於テ信教ノ自由ヲ有ス
第二九条　日本臣民ハ法律ノ範囲内ニ於テ言論著作印行集会及結社ノ自由ヲ有ス
第三〇条　日本臣民ハ相当ノ敬礼ヲ守リ別ニ定ムル所ノ規程ニ従ヒ請願ヲ為スコトヲ得
第三一条　本章ニ掲ケタル条規ハ戦時又ハ国家事変ノ場合ニ於テ天皇大権ノ施行ヲ妨クルコトナシ
第三二条　本章ニ掲ケタル条規ハ陸海軍ノ法令又ハ紀律ニ牴触セサルモノニ限リ軍人ニ準行ス

第三章　帝国議会

第三三条　帝国議会ハ貴族院衆議院ノ両院ヲ以テ成立ス
第三四条　貴族院ハ貴族院令ノ定ムル所ニ依リ皇族華族及勅任セラレタル議員ヲ以テ組織ス
第三五条　衆議院ハ選挙法ノ定ムル所ニ依リ公選セラレタル議員ヲ以テ組織ス

第三六条　何人モ同時ニ両議院ノ議員タルコトヲ得ス
第三七条　凡《すべ》テ法律ハ帝国議会ノ協賛ヲ経ルヲ要ス
第三八条　両議院ハ政府ノ提出スル法律案ヲ議決シ及各〻法律案ヲ提出スルコトヲ得
第三九条　両議院ノ一ニ於テ否決シタル法律案ハ同会期中ニ於テ再ヒ提出スルコトヲ得ス
第四〇条　両議院ハ法律又ハ其ノ他ノ事件ニ付各〻其ノ意見ヲ政府ニ建議スルコトヲ得但シ其ノ採納ヲ得サルモノハ同会期中ニ於テ再ヒ建議スルコトヲ得ス
第四一条　帝国議会ハ毎年之ヲ召集ス
第四二条　帝国議会ハ三箇月ヲ以テ会期トス必要アル場合ニ於テハ勅命ヲ以テ之ヲ延長スルコトアルヘシ
第四三条　臨時緊急ノ必要アル場合ニ於テ常会ノ外臨時会ヲ召集スヘシ
臨時会ノ会期ヲ定ムルハ勅命ニ依ル
第四四条　帝国議会ノ開会閉会会期ノ延長及停会ハ両院同時ニ之ヲ行フヘシ
衆議院解散ヲ命セラレタルトキハ貴族院ハ同時ニ停会セラルヘシ
第四五条　衆議院解散ヲ命セラレタルトキハ勅命ヲ以テ新ニ議員ヲ選挙セシメ解散ノ日ヨリ五箇月以内ニ之ヲ召集スヘシ
第四六条　両議院ハ各〻其ノ総議員三分ノ一以上出席スルニ非サレハ議事ヲ開キ議決ヲ為スコトヲ得ス
第四七条　両議院ノ議事ハ過半数ヲ以テ決ス可否同数ナルトキハ議長ノ決スル所ニ依ル
第四八条　両議院ノ会議ハ公開ス但シ政府ノ要求又ハ其ノ院ノ決議ニ依リ秘密会ト為スコトヲ得
第四九条　両議院ハ各〻天皇ニ上奏スルコトヲ得
第五〇条　両議院ハ臣民ヨリ呈出スル請願書ヲ受クルコトヲ得
第五一条　両議院ハ此ノ憲法及議院法ニ掲クルモノ、外内部ノ整理ニ必要ナル諸規則ヲ定ムルコトヲ得
第五二条　両議院ノ議員ハ議院ニ於テ発言シタル意見及表決ニ付院外ニ於テ責ヲ負フコトナシ但シ議員自ラ其ノ言論ヲ演説刊行筆記又ハ其ノ他ノ方法ヲ以テ公布シタルトキハ一般ノ法律ニ依リ処分セラルヘシ
第五三条　両議院ノ議員ハ現行犯罪又ハ内乱外患ニ関ル罪ヲ除ク外会期中其ノ院ノ許諾ナクシテ逮捕セラル、コトナシ
第五四条　国務大臣及政府委員ハ何時タリトモ各議院ニ出席シ及発言スルコトヲ得

第四章　国務大臣及枢密顧問

第五五条　国務各大臣ハ天皇ヲ輔弼シ其ノ責ニ任ス
凡テ法律勅令其ノ他国務ニ関ル詔勅ハ国務大臣ノ副署ヲ要ス
第五六条　枢密顧問ハ枢密院官制ノ定ムル所ニ依リ天皇ノ諮詢ニ応ヘ重要ノ国務ヲ審議ス

第五章　司法

第五七条　司法権ハ天皇ノ名ニ於テ法律ニ依リ裁判所之ヲ行フ

裁判所ノ構成ハ法律ヲ以テ之ヲ定ム

第五八条　裁判官ハ法律ニ定メタル資格ヲ具フル者ヲ以テ之ニ任ス

裁判官ハ刑法ノ宣告又ハ懲戒ノ処分ニ由ルノ外其ノ職ヲ免セラル、コトナシ

懲戒ノ条規ハ法律ヲ以テ之ヲ定ム

第五九条　裁判ノ対審判決ハ之ヲ公開ス但シ安寧秩序又ハ風俗ヲ害スルノ虞アルトキハ法律ニ依リ又ハ裁判所ノ決議ヲ以テ対審ノ公開ヲ停《や》ムルコトヲ得

第六〇条　特別裁判所ノ管轄ニ属スヘキモノハ別ニ法律ヲ以テ之ヲ定ム

第六一条　行政官庁ノ違法処分ニ由リ権利ヲ傷害セラレタリトスルノ訴訟ニシテ別ニ法律ヲ以テ定メタル行政裁判所ノ裁判ニ属スヘキモノハ司法裁判所ニ於テ受理スルノ限ニ在ラス

第六章　会計

第六二条　新ニ租税ヲ課シ及税率ヲ変更スルハ法律ヲ以テ之ヲ定ムヘシ

但シ報償ニ属スル行政上ノ手数料及其ノ他ノ収納金ハ前項ノ限ニ在ラス

国債ヲ起シ及予算ニ定メタルモノヲ除ク外国庫ノ負担トナルヘキ契約ヲ為スハ帝国議会ノ協賛ヲ経ヘシ

第六三条　現行ノ租税ハ更ニ法律ヲ以テ之ヲ改メサル限ハ旧ニ依リ之ヲ徴収ス

第六四条　国家ノ歳出歳入ハ毎年予算ヲ以テ帝国議会ノ協賛ヲ経ヘシ

予算ノ款項ニ超過シ又ハ予算ノ外ニ生シタル支出アルトキハ後日帝国議会ノ承諾ヲ求ムルヲ要ス

第六五条　予算ハ前ニ衆議院ニ提出スヘシ

第六六条　皇室経費ハ現在ノ定額ニ依リ毎年国庫ヨリ之ヲ支出シ将来増額ヲ要スル場合ヲ除ク外帝国議会ノ協賛ヲ要セス

第六七条　憲法上ノ大権ニ基ツケル既定ノ歳出及法律ノ結果ニ由リ又ハ法律上政府ノ義務ニ属スル歳出ハ政府ノ同意ナクシテ帝国議会之ヲ廃除シ又ハ削減スルコトヲ得ス

第六八条　特別ノ須要ニ因リ政府ハ予メ年限ヲ定メ継続費トシテ帝国議会ノ協賛ヲ求ムルコトヲ得

第六九条　避クヘカラサル予算ノ不足ヲ補フ為ニ又ハ予算ノ外ニ生シタル必要ノ費用ニ充ツル為ニ予備費ヲ設クヘシ

第七〇条　公共ノ安全ヲ保持スル為緊急ノ需要アル場合ニ於テ内外ノ情形ニ因リ政府ハ帝国議会ヲ召集スルコト能ハサルトキハ勅令ニ依リ財政上必要ノ処分ヲ為スコトヲ得

前項ノ場合ニ於テハ次ノ会期ニ於テ帝国議会ニ提出シ其ノ承諾ヲ求ムルヲ要ス

第七一条　帝国議会ニ於テ予算ヲ議定セス又ハ予算成立ニ至ラサルトキハ政府ハ前年度ノ予算ヲ施行スヘシ

第七二条　国家ノ歳出歳入ノ決算ハ会計検査院之ヲ検査確定シ政府ハ其ノ検査報告ト倶《とも》ニ之ヲ帝国議会ニ提出スヘシ

会計検査院ノ組織及職権ハ法律ヲ以テ之ヲ定ム

第七章　補則

第七三条　将来此ノ憲法ノ条項ヲ改正スルノ必要アルトキハ勅命ヲ以テ議案ヲ帝国議会ノ議ニ付スヘシ

此ノ場合ニ於テ両議院ハ各〻其ノ総員三分ノ二以上出席スルニ非サレハ議事ヲ開クコトヲ得ス出席議員三分ノ二以上ノ多数ヲ得ルニ非サレハ改正ノ議決ヲ為スコトヲ得ス

第七四条　皇室典範ノ改正ハ帝国議会ノ議ヲ経ルヲ要セス

皇室典範ヲ以テ此ノ憲法ノ条規ヲ変更スルコトヲ得ス

第七五条　憲法及皇室典範ハ摂政ヲ置クノ間之ヲ変更スルコトヲ得ス

第七六条　法律規則命令又ハ何等ノ名称ヲ用ヰタルニ拘ラス此ノ憲法ニ矛盾セサル現行ノ法令ハ総《すべ》テ遵由ノ効力ヲ有ス

歳出上政府ノ義務ニ係ル現在ノ契約又ハ命令ハ総テ第六十七条ノ例ニ依ル

54　皇室典範　一八八九年（明治二二年）二月一一日

天佑ヲ享有シタル我カ日本帝国ノ宝祚ハ万世一系歴代継承シ以テ朕カ躬《み》ニ至ル惟《おも》フニ祖宗肇国《ちょうこく》ノ初大憲一タヒ定マリ昭ナルコト日星ノ如シ今ノ時ニ当リ宜《よろし》ク遺訓ヲ明徴ニシ皇家ノ成典ヲ制立シ以テ丕基《ひき》ヲ永遠ニ鞏固ニスヘシ茲《ここ》ニ枢密顧問ノ諮詢ヲ経皇室典範ヲ裁定シ朕カ後嗣及子孫ヲシテ遵守スル所アラシム

皇室典範

第一章　皇位継承

第一条　大日本国皇位ハ祖宗ノ皇統ニシテ男系ノ男子之ヲ継承ス

第二条　皇位ハ皇長子ニ伝フ

第三条　皇長子在ラサルトキハ皇長孫ニ伝フ皇長子及其ノ子孫皆在ラサルトキハ皇次子及其ノ子孫ニ伝フ以下皆之ニ例ス

第二章　践祚即位

第一〇条　天皇崩スルトキハ皇嗣即チ践祚シ祖宗ノ神器ヲ承ク

第一一条　即位ノ礼及大嘗祭ハ京都ニ於テ之ヲ行フ

第一二条　践祚ノ後元号ヲ建テ一世ノ間ニ再ヒ改メサルコト明治元号ノ定制ニ従フ

55　貴族院令　一八八九年（明治二二年）二月一一日勅令第一一号

第一条　貴族院ハ左ノ議員ヲ以テ組織ス

一　皇族

二 公侯爵
三 伯子男爵各々其ノ同爵中ヨリ選挙セラレタル者
四 国家ニ勲労アリ又ハ学識アル者ヨリ特ニ勅任セラレタル者
五 各府県ニ於テ土地或ハ工業商業ニ付多額ノ直接国税ヲ納ムル者ノ中ヨリ一人ヲ互選シテ勅任セラレタル者

56 **内閣官制** 一八八九年（明治二二年）一二月二四日勅令第一三五号

第一条 内閣ハ国務大臣ヲ以テ組織ス
第二条 内閣総理大臣ハ各大臣ノ首班トシテ機務ヲ奏宣シ旨ヲ承ケテ行政各部ノ統一ヲ保持ス
第三条 内閣総理大臣ハ須要ト認ムルトキハ行政各部ノ処分又ハ命令ヲ中止セシメ勅裁ヲ待ツコトヲ得
第四条 凡《およ》ソ法律及一般ノ行政ニ係ル勅令ハ内閣総理大臣及主任大臣之ニ副署スヘシ勅令ノ各省専任ノ行政事務ニ属スル者ハ主任ノ各省大臣之ニ副署スヘシ
第五条 左ノ各件ハ閣議ヲ経ヘシ
一 法律案及予算決算案
二 外国条約及重要ナル国際条件
三 官制又ハ規則及法律施行ニ係ル勅令
四 諸省ノ間主管権限ノ争議
五 天皇ヨリ下付セラレ又ハ帝国議会ヨリ送致スル人民ノ請願
六 予算外ノ支出
七 勅任官及地方長官ノ任命及進退
其ノ他各省主任ノ事務ニ就キ高等行政ニ関係シ事体稍《やや》重キ者ハ総《すべ》テ閣議ヲ経ヘシ
第六条 主任大臣ハ其ノ所見ニ由リ何等ノ件ヲ問ハス内閣総理大臣ニ提出シ閣議ヲ求ムルコトヲ得
第七条 事ノ軍機軍令ニ係リ奏上スルモノハ天皇ノ旨ニ依リ之ヲ内閣ニ下付セラルルノ件ヲ除ク外陸軍大臣海軍大臣ヨリ内閣総理大臣ニ報告スヘシ

57 **裁判所構成法** 一八九〇年（明治二三年）二月一〇日法律第六号

第一編 裁判所及検事局
第一章 総則
第一条 左ノ裁判所ヲ通常裁判所トス
第一 区裁判所

第二　地方裁判所
第三　控訴院
第四　大審院

第二条　通常裁判所ニ於テハ民事刑事ヲ裁判スルモノトス
　但シ法律ヲ以テ特別裁判所ノ管轄ニ属セシメタルモノハ此ノ限ニ在ラス

第三条　地方裁判所控訴院及大審院ヲ合議裁判所トシ数人ノ判事ヲ以テ組立テタル部ニ於テ総《すべ》テノ事件ヲ審問裁判ス但シ訴訟法又ハ特別法ニ別段規定シタルモノハ此ノ限ニ在ラス

第六条　民事地方裁判所ヲ除ク外各裁判所ニ検事局ヲ附置ス検事ハ刑事ニ付公訴ヲ起シ其ノ取扱上必要ナル手続ヲ為シ法律ノ正当ナル適用ヲ請求シ及判決ノ適当ニ執行セラルルヤヲ監視シ又民事ニ於テモ必要ナリト認ムルトキハ通知ヲ求メ其ノ意見ヲ述フルコトヲ得又裁判所ニ属シ若ハ之ニ関ル司法及行政事件ニ付公益ノ代表者トシテ法律上其ノ職権ニ属スル監督事務ヲ行フ（略）

第九条　区裁判所ニ執達吏《しったつり》ヲ置ク執達吏ハ裁判所ヨリ発スル文書ヲ送達シ及裁判所ノ裁判ヲ施行ス
　前項ノ外執達吏ハ此ノ法律又ハ他ノ法律ニ定メタル特別ノ職務ヲ行フ

58　民法財産編・財産取得編（前半）・債権担保編・証拠編

一八九〇年（明治二三年）四月二一日法律第二八号、
財産取得編（後半）・人事編　一〇月七日法律第九八号

民法目録

財産編
総則　財産及ヒ物ノ区別
第一部　物権
第一章　所有権
第二章　用益権、使用権及ヒ住居権
第一節　用益権
第二節　使用権及ヒ住居権
第三章　賃借権、永借権及ヒ地上権
第一節　賃借権
第二節　永借権及ヒ地上権
第四章　占有
第一節　占有ノ種類及ヒ占有スルコトヲ得ヘキ物
第二節　占有ノ取得
第三節　占有ノ効力
第四節　占有ノ喪失
第五章　地役
総則
第一節　法律ヲ以テ設定シタル地役

前諸款ニ共通ナル規則
第二節　人為ヲ以テ設定シタル地役
第二部　人権及ヒ義務
総則
第一章　義務ノ原因
総則
第一節　合意
第二節　不当ノ利得
第三節　不正ノ損害即チ犯罪及ヒ准犯罪
第四節　法律ノ規定
第二章　義務ノ効力
総則
第一節　直接履行ノ訴権
第二節　損害賠償ノ訴権
第三節　担保
第四節　義務ノ諸種ノ体様
人事編
第一章　私権ノ享有及ヒ行使
第二章　国民分限
第一節　国民分限ノ取得
第二節　国民分限ノ喪失及ヒ回復
第三節　国民分限変更ノ方式及ヒ効力
第三章　親属及ヒ姻属
第四章　婚姻
第一節　婚姻ヲ為スニ必要ナル条件
第二節　婚姻ノ儀式
第三節　日本人外国ニ於テ為シ及ヒ外国人日本ニ於テ為ス
婚姻
第四節　婚姻成立ノ証拠
第五節　婚姻不成立及ヒ無効
第六節　婚姻ノ効力
第七節　罰則
第五章　離婚
第一節　協議ノ離婚
第二節　特定原因ノ離婚
第三節　離婚ノ効力
第六章　親子
第一節　親子ノ分限ノ証拠
第二節　否認訴権
第三節　庶子及ヒ私生子ノ適出子ト為ル権
第七章　養子縁組
第一節　養子縁組ニ必要ナル条件
第二節　養子縁組ノ儀式
第三節　養子縁組ノ証拠
第四節　養子縁組ノ不成立及ヒ無効
第五節　養子縁組ノ効力

第六節　罰則
第八章　養子ノ離縁
第一節　協議ノ離縁
第二節　特定原因ノ離縁
第三節　離縁ノ効力
第九章　親権
第一節　子ノ身上ニ対スル権
第二節　子ノ財産ノ管理
第三節　嫡母、継父及ヒ継母ニ特別ナル規則
第十章　後見
総則
第一節　後見人
第二節　後見監督人
第三節　親族会
第四節　後見ノ免除
第五節　後見人及ヒ親族会員ノ欠格、除斥及ヒ罷黜《ひちゅう》
第六節　後見人ノ管理
第七節　後見監督人ノ任務
第八節　後見人ノ終了
第九節　後見ノ計算
第十一章　自治産
第十二章　禁治産
第一節　民事上禁治産
第二節　准禁治産
第三節　刑事上禁治産
第四節　瘋癲《ふうらい》者ノ財産ノ仮管理
第十三章　戸主及ヒ家族
第十四章　住所
第十五章　失踪
第一節　失踪ノ推定
第二節　失踪ノ宣言
第三節　失踪ノ宣言ノ効力
第四節　失踪ノ推定及ヒ宣言ニ関スル通則
第五節　不在者ニ関スル規則
第十六章　身分ニ関スル証書
財産取得編
総則
第一章　先占
第二章　添附
第一節　不動産上ノ添附
第二節　動産上ノ添附
第三章　売買
第一節　売買ノ通則
第二節　売買契約ノ効力
第三節　売買ノ解除及ヒ銷除《しょうじょ》
第四節　不分物ノ競売

第四章　交換
第五章　和解
第六章　会社
　第一節　会社ノ性質及ヒ設立
　第二節　社員ノ権利及ヒ義務
　第三節　会社ノ解散
　第四節　会社ノ清算及ヒ分割
第七章　射倖契約
　総則
　第一節　博戯及ヒ賭事
　第二節　終身年金権
第八章　消費貸借及ヒ無期年金権
　第一節　消費貸借
　第二節　無期年金権ノ契約
第九章　使用貸借
　第一節　使用貸借ノ性質
　第二節　使用貸借ヨリ生シ又ハ其貸借ニ際シテ生スル義務
第十章　寄託及ヒ保管
　第一節　寄託
　第二節　保管
第十一章　代理
　第一節　代理ノ性質
　第二節　代理人ノ義務
　第三節　委任者ノ義務
　第四節　代理ノ終了
第十二章　雇傭及ヒ仕事請負ノ契約
　第一節　雇傭契約
　第二節　習業契約
　第三節　仕事請負契約
第十三章　相続
　総則
　第一節　家督相続
　第二節　遺産相続
　第三節　国ニ属スル相続
　第四節　相続ノ受諾及ヒ拋棄
第十四章　贈与及ヒ遺贈
　総則
　第一節　贈与又ハ遺贈ヲ為シ又ハ収受スル能力
　第二節　贈与
　第三節　夫婦間ノ贈与ノ特例
　第四節　遺贈
　第五節　包括ノ贈与又ハ遺贈ニ基ク不分財産ノ分割
第十五章　夫婦財産契約
　第一節　総則
　第二節　法定ノ制
債権担保編

総則
第一部　対人担保
第一章　保証
第一節　保証ノ目的及ヒ性質
第二節　保証ノ効力
第三節　保証ノ消滅
第四節　法律上及ヒ裁判上ノ保証ニ特別ナル規則
第二章　債務者間及ヒ債権者間ノ連帯
総則
第一節　債務者間ノ連帯
第二節　債権者間ノ連帯
第三章　任意ノ不可分
第二部　物上担保
第一章　留置権
第二章　動産質
第一節　動産質契約ノ性質及ヒ成立
第二節　動産質契約ノ効力
第三章　不動産質
第一節　不動産質ノ目的性質及ヒ組成
第二節　不動産質ノ効力
第四章　先取特権
総則
第一節　動産及ヒ不動産ニ係ル一般ノ先取特権
第二節　動産ニ係ル特別ノ先取特権
第三節　不動産ニ係ル特別ノ先取特権
第五章　抵当
第一節　抵当ノ性質及ヒ目的
第二節　抵当ノ種類
第三節　抵当ノ公示
第四節　債権者間ノ抵当ノ効力及ヒ順位
第五節　第三所持者ニ対スル抵当ノ効力
総則
第六節　登記官吏ノ責任
第七節　抵当ノ消滅
証拠編
第一部　証拠
総則
第一章　判事ノ考覈《こうかく》
第一節　当事者申述ノ聴取、係争物並ニ証書外ノ書類ノ調査及ヒ法律ノ解釈
第二節　臨検
第三節　鑑定
第二章　直接証拠
第一節　私書
第二節　口頭自白
第三節　公正証書

第四節　反対証書
第五節　追認証書
第六節　証書ノ謄本
第七節　証人ノ陳述
第八節　世評
第三章　間接証拠
第一節　法律上ノ推定
第二節　事実ノ推定
第二部　時効
第一章　時効ノ性質及ヒ適用
第二章　時効ノ抛棄
第三章　時効ノ中断
第四章　時効ノ停止
第五章　不動産ノ取得時効
第六章　動産ノ取得時効
第七章　免責時効
第八章　特別ノ時効
附則

財産編
総則　財産及ヒ物ノ区別
第二条　物権ハ直《ただ》チニ物ノ上ニ行ハレ且総《すべ》テノ人ニ対抗スルコトヲ得ヘキモノニシテ主タル有リ従タル有リ
主タル物権ハ之ヲ左ニ掲ク
第一　完全又ハ虧缺《きけつ》ノ所有権
第二　用益権、使用権及ヒ住居権
第三　賃借権、永借権及ヒ地上権
第四　占有権
従タル物権ハ之ヲ左ニ掲ク
第一　地役権
第二　留置権
第三　動産質権
第四　不動産質権
第五　先取特権
第六　抵当権
右地役権ハ所有権ノ従タル物権ニシテ留置権以下ハ人権ノ担保ヲ為ス従タル物権ナリ
第一部　物権
第一章　所有権
第三十条　所有権トハ自由ニ物ノ使用、収益及ヒ処分ヲ為ス権利ヲ謂フ
此権利ハ法律又ハ合意又ハ遺言ヲ以テスルニ非サレハ之ヲ制限スルコトヲ得ス
第三章　賃借権、永借権及ヒ地上権
第二節　永借権及ヒ地上権
第一款　永借権

第百五十五条　永借権トハ期間三十カ年ヲ超ユル不動産ノ賃貸借ヲ謂フ
永借権ハ五十カ年ヲ超ユルコトヲ得ス
此期間ヲ超ユル貸借ハ之ヲ五十カ年ニ短縮ス
永貸借ハ常ニ之ヲ更新スルコトヲ得然レトモ其更新ノ時ヨリ五十カ年ヲ超ユルコトヲ得ス
当事者カ永代借契約ナルコトヲ明示シ其期間ヲ定メサルトキハ其貸借ハ四十年ニシテ終了ス
本法実施以前ニ期間ヲ定メテ為シタル不動産ノ賃貸借ハ五十カ年ヲ超ユルモノト雖モ其全期間有効ナリ
本法実施以前ニ期間ヲ定メスシテ為シタル荒蕪《こうぶ》地又ハ未耕地ノ賃貸借及ヒ永小作ト称スル賃貸借ノ終了ノ時期及ヒ条件ハ日後特別法ヲ以テ之ヲ規定ス

59　商法（明治二三年）

一八九〇年（明治二三年）四月二六日法律第三二号

商法目録

総則

第一編　商ノ通則

第一章　商事及ヒ商人
第二章　商業登記簿
第三章　商号
第四章　商業帳簿
第五章　代務人及ヒ商業使用人
第六章　商事会社及ヒ共算商業組合
商事会社総則
第一節　合名会社
第二節　合資会社
第三節　株式会社
第四節　罰則
第五節　共算商業組合
第七章　商事契約
第一節　契約ノ種類
第二節　契約ノ取結
第三節　契約ノ履行
第四節　価格賠償、損害賠償及ヒ割引
第五節　違約金
第六節　代理
第七節　時効
第八節　交互計算
第九節　質権
第十節　留置権
第十一節　指図証券及ヒ無記名証券

第八章　代弁人、仲立人、仲買人、運送取扱人及ヒ運送人
第一節　総則
第二節　代弁人
第三節　仲立人
第四節　取引所仲立人
第五節　仲買人
第六節　運送取扱人
第七節　運送人
第八節　旅客運送
第九章　売買
第一節　売買契約
第二節　供給契約
第三節　競売
第四節　取戻権
第十章　信用
第一節　消費貸借
第二節　信用約束
第三節　寄託
第十一章　保険
第一節　総則
第二節　火災及ヒ震災ノ保険
第三節　土地ノ産物ノ保険
第四節　運送保険
第五節　生命保険、病傷保険及ヒ年金保険
第六節　保険営業ノ公行
第十二章　手形及ヒ小切手
総則
第一節　為替手形
第二節　約束手形
第三節　小切手
第二編　海商
第一章　船舶
第二章　船舶所有者
第一節　船舶所有権ノ取得及ヒ移転
第二節　船舶所有者ノ権利及ヒ義務
第三章　船舶債権者
第四章　船長及ヒ海員
第一節　船長
第二節　海員
第五章　運送契約
第一節　船舶賃貸借契約
第二節　船荷証書
第三節　運送賃
第四節　旅客運送
第六章　海損
第七章　冒険貸借

第八章　保険
　第一節　保険契約ノ取結
　第二節　保険者及ヒ被保険者ノ権利義務
　第三節　委棄
第九章　時効
第三編　破産
第一章　破産宣告
第二章　破産ノ効力
第三章　別除権
第四章　保全処分
第五章　財団ノ管理及ヒ換価
第六章　債権者
　第一節　債権ノ届出及ヒ確定
　第二節　特種ノ債権者
　第三節　債権者集会
第七章　協諧契約
第八章　配当
第九章　有罪破産
第十章　破産ヨリ生スル身上ノ結果
第十一章　支払猶予

60　行政裁判法　一八九〇年（明治二三年）六月三〇日法律第四八号

第一章　行政裁判所組織

第一条　行政裁判所ハ之ヲ東京ニ置ク
第二条　行政裁判所ニ長官一人及評定官ヲ置ク評定官ノ員数ハ勅令ヲ以テ之ヲ定ム
行政裁判所ニ書記ヲ置ク其員数及職務ハ勅令ヲ以テ之ヲ定ム
第一三条　行政裁判所ノ処務規程ハ勅令ヲ以テ之ヲ定ム
第一四条　行政訴訟ノ弁護人タルコトヲ得ルハ行政裁判所ノ認許シタル弁護士ニ限ル

第二章　行政裁判所権限

第一五条　行政裁判所ハ法律勅令ニ依リ行政裁判所ニ出訴ヲ許シタル事件ヲ審判ス
第一六条　行政裁判所ハ損害要償ノ訴訟ヲ受理セス
第一七条　行政訴訟ハ法律勅令ニ特別ノ規程アルモノヲ除ク外地方上級行政庁ニ訴願シ其裁決ヲ経タル後ニ非サレハ之ヲ提起スルコトヲ得ス
各省大臣ノ処分又ハ内閣直轄官庁又ハ地方上級行政庁ノ処分ニ対シテハ直《ただち》ニ行政訴訟ヲ提起スルコトヲ得
各省又ハ内閣ニ訴願ヲ為シタルトキハ行政訴訟ヲ提起スルコトヲ得ス

61 集会及政社法 一八九〇年（明治二三年）七月二五日法律第五三号

第一条 此ノ法律ニ於テ政談集会ト称フルハ何等ノ名義ヲ以テスルニ拘ラス政治ニ関ル事項ヲ講談論議スル為公衆ヲ会同スルモノヲ謂フ政社ト称フルハ何等ノ名義ヲ以テスルニ拘ラス政治ニ関ル事項ヲ目的トシテ団体ヲ組成スルモノヲ謂フ

第二条 政談集会ニハ発起人ヲ定ムヘシ政談集会ヲ開クトキハ発起人ヨリ開会四十八時間以前ニ会場所在地ノ管轄警察官署ニ届出ヘシ

前項ノ届出アリタルトキハ警察官署ハ直ニ其ノ領収証ヲ交付スヘシ

届書ニハ集会ノ場所年月日時並ニ発起人及講談論議者ノ氏名住所年令ヲ記載シ発起人署名捺印スヘシ

届書ニ記載シタル時刻ヨリ三時間ヲ過キテ開会セサルトキハ届出ノ効ヲ失フモノトス

第三条 日本臣民ニシテ公権ヲ有スル成年ノ男子ニアラサレハ政談集会ノ発起人タルコトヲ得ス

第四条 現役及召集中ニ係ル予備後備ノ陸海軍軍人警察官官立公立私立学校ノ教員学生生徒未成年者及女子ハ政談集会ニ会同スルコトヲ得ス

法律ヲ以テ組織シタル議会ノ議員選挙準備ノ為ニ開ク所ノ集会ハ投票ノ日ヨリ前三十日間ハ選挙権ヲ行フヘキ者及被選挙権ヲ有スル者ニ限リ本条ノ制限ニ依ルヲ要セス

第五条 政談集会ニ於テハ外国人ヲシテ講談論議者タラシムルコトヲ得ス

第六条 政談集会ハ屋外ニ於テ開クコトヲ得ス

（略）

62 銀行条例 一八九〇年（明治二三年）八月二五日法律第七二号

第一条 公ニ開キタル店舗ニ於テ営業トシテ証券ノ割引ヲ為シ又ハ為替事業ヲ為シ又ハ諸預リ及貸付ヲ併セ為ス者ハ何等ノ名称ヲ用ヰルニ拘ラス総《すべ》テ銀行トス

第二条 銀行ノ事業ヲ営マントスル者ハ其資本金額ヲ定メ地方長官ヲ経由シテ大蔵大臣ノ認可ヲ受クヘシ

第三条 銀行ハ毎半箇年営業ノ報告書ヲ製シ地方長官ヲ経由シテ大蔵大臣ニ送付スヘシ

第四条 銀行ハ毎半箇年財産目録貸借対照表ヲ製シ新聞紙其他ノ方法ヲ以テ之ヲ公告スヘシ

第五条 銀行ハ一人又ハ一会社ニ対シ資本金高ノ十分ノ一ヲ超

過スル金額ヲ貸付又ハ割引ノ為ニ使用スルコトヲ得ス
資本金総額ノ払込ヲ了ラサル銀行ニ於テハ一人又ハ一会社ニ対シ其払込高ノ十分ノ一ヲ超過スル金額ヲ貸付又ハ割引ノ為ニ使用スルコトヲ得ス

63　行政庁の違法処分として行政裁判所に出訴できる事件

一八九〇年（明治二三年）一〇月一〇日法律第一〇六号

法律勅令ニ別段ノ規程アルモノヲ除ク外左ニ掲クル事件ニ付行政庁ノ違法処分ニ由リ権利ヲ毀損セラレタリトスル者ハ行政裁判所ニ出訴スルコトヲ得

一　海関税ヲ除ク外租税及手数料ノ賦課ニ関スル事件
二　租税滞納処分ニ関スル事件
三　営業免許ノ拒否又ハ取消ニ関スル事件
四　水利及土木ニ関スル事件
五　土地ノ官民有区分ノ査定ニ関スル事件

64　教育に関する勅語　一八九〇年（明治二三年）一〇月三〇日

勅語

朕惟《おも》フニ我《わ》カ皇祖皇宗国ヲ肇《はじ》ムルコト宏遠ニ徳ヲ樹ツルコト深厚ナリ我カ臣民克ク忠ニ克ク孝ニ億兆心ヲ一ニシテ世々厥《そ》ノ美ヲ済セルハ此レ我カ国体ノ精華ニシテ教育ノ淵源亦実ニ此ニ存ス爾《なんじ》臣民父母ニ孝ニ兄弟ニ友ニ夫婦相和シ朋友相信シ恭倹己レヲ持シ博愛衆ニ及ホシ学ヲ修メ業ヲ習ヒ以テ智能ヲ啓発シ徳器ヲ成就シ進テ公益ヲ広メ世務ヲ開キ常ニ国憲ヲ重シ国法ニ遵ヒ一旦緩急アレハ義勇公ニ奉シ以テ天壌無窮ノ皇運ヲ扶翼スヘシ是《かく》ノ如キハ独《ひと》リ朕カ忠良ノ臣民タルノミナラス又以テ爾祖先ノ遺風ヲ顕彰スルニ足ラン

斯《かく》ノ道ハ実ニ我カ皇祖皇宗ノ遺訓ニシテ子孫臣民ノ倶《とも》ニ遵守スヘキ所之ヲ古今ニ通シテ謬ラス之ヲ中外ニ施シテ悖ラス朕爾臣民ト倶ニ拳々服膺シテ咸《みな》其徳ヲ一ニセンコトヲ庶幾《こひねが》フ

明治二十三年十月三十日

御名御璽

65　穂積八束「民法出テヽ忠孝亡フ」　一八九一年（明治二四年）八月（『法学新報』五号）

我国ハ祖先教ノ国ナリ家制ノ郷ナリ権力ト法トハ家ニ生レタ

リ不羈自由ノ個人ガ森林原野ニ敵対ノ衝突ニ由リテ生レタルニアラザルナリ氏族ト云ヒ国家ト云フモ家制ヲ推拡シタルモノニ過ギズ権力相関ヲ指摘スルノ呼称ハ異ナリト雖皇室ノ嬖臣《へいしん》ニ臨ミ氏族首長ノ其族類ニ於ケル家父ノ家族ヲ制スル皆其権力ノ種ヲ一ニス而《しこう》シテ之ヲ統一シテ全カラシムルモノハ祖先教ノ国風ニシテ公私ノ法制習慣之ニ由ルニアラザレバ解スベカラザル者比々皆然リ之ヲ要スルニ我固有ノ国俗法度ハ耶蘇《やそ》教以前ノ欧羅巴《ヨーロッパ》ト酷相似タリ然ルニ我法制家ハ専ラ標準ヲ耶蘇教以後ニ発達シタル欧州ノ法理ニ採リ殆ント我ノ耶蘇教国ニアラザルコトヲ忘レタルニ似タルハ怪ムベシ（略）

一男一女情愛ニ由リテ其居ヲ同フス之ヲ耶蘇教以後ノ家トス我新民法亦此ノ主義ニ依レリ是レ我国固有ノ家制ニアラザルナリ是レ欧州固有ノ家制ニアラザルナリ（略）我国未ダ他教ヲ以テ祖先ヲ一洗シタルニアラザルナリ然ルニ民法ノ法文先ヅ国教ヲ排斥シ家制ヲ破壊スルノ精神ニ成リ僅ニ「家」「戸主」等ノ文字ヲ看ルト雖却テ之ガ為メニ法理ノ不明ヲ招ク空文無キノ優レルニ若カザルナリ嗚呼《ああ》極端個人本位ノ民法ヲ布キテ三千余年ノ信仰ニ戻《もと》ラントス（略）

耶蘇教ノ希望スル個人ヲ本位トシ世界ヲ合同スルハ欧土尚之ヲ実践スル能ハズ家制ヲ脱シ族制ニ遷リ方今ハ国家ヲ以テ相依リ相携フノ根拠トセリ家制主義既ニ及バズトスルモ国家主義ヲ以テ法制ノ本位ト為スベキナリ史家ハ一躍三千年来ノ家制ヲ看ルコト弊履《へいり》ノ如ク隻手《せきしゅ》極端個人本位ノ法制ヲ迎ヘントスル我立法家ノ大胆ナルニ駭《おどろ》クナルベシ（略）

66　梅謙次郎「法典実施意見」一八九二年（明治二五年）五月（『明法誌叢』三号）

一、法典ハ急ニ之レヲ実施スルノ需要アリ

我輩熟々《つらつら》我邦《わがくに》今日ノ情態ヲ察スルニ、実ニ一日モ法典ノ実施ヲ猶予スルコトヲ許サヾルノ需要アルヲ見ルナリ。夫《そ》レ裁判所ノ構成粗《ほ》ボ其緒ニ就キ、法官大率《おおむね》其人ヲ得タリト雖ドモ、其裁判所ニ於テ適用スル所ノ法律、其法官ガ遵奉スベキ規程ハ、漠トシテ捕捉スルコト能ハズ。故ニ其裁判常ニ支吾シ、人民ハ其権利義務ノ在ル所ヲ知ルニ苦シムハ、誠ニ今日我ガ法律界ノ現況ニシテ、敢《あえ》テ争フベカラザルノ事実タリ。論者請フ、道《い》フコトヲ休《や》メヨ、成文ノ法典ナキモ自《おのずか》ラ慣行ノ習例アリト。論者ハ知ラズヤ、二十余年前ノ我邦ノ慣習ハ、封建国、閉鎖国ノ慣習ニシテ、今日ノ立憲国ニ適セザルコトヲ。又二十余年来ノ慣習ハ、日尚ホ浅クシテ真ノ慣習ト看做《みな》スコト能ハザルヲ。況《いわ》ンヤ其所謂《いわゆる》慣習ハ、殆ド年々ニ変更シテ確定セシ所アラザルヲヤ。彼《か》ノ英国及ビ独逸《ドイツ》帝国ニ民法典ナキヲ見テ、遽《にわ》カニ我邦ニ法典ノ要ナシト論ズルモノ、如キハ、実ニ彼我ノ異同ヲ察セズ、時勢ヲ洞見《どうけん》スルノ明ナキ迂僻者流《うへきしゃりゅう》ト謂《い》フベキノミ。

夫レ涯《かぎ》リアル人智ヲ以テ涯リナキ人事ヲ規定ス。法律ヲシテ一点ノ瑕疵《かし》アラザラシメント欲スルモ得ベカラザルハ、誠ニ理ノ覩易《みやす》キモノナリ。故ニ毛ヲ吹テ疵《きず》ヲ求メテ、之《こ》レヲ改メンガ為メニ法典ノ実施ヲ延期セント欲セバ、何《いず》レノ日カ法官ヲシテ適従スル所ヲ知ラシメ、人民ヲシテ権利義務ノ在ル所ヲ明カニセシムルコトヲ得ンヤ。蓋《けだ》シ法典ノ規定スル所其関繋《かんけい》極メテ広シ。而《しこう》シテ一旦之レヲ修正セント欲セバ、必ズ両議院ノ丁寧ナル議決ヲ経《ふ》ルニ非ザレバ能ハズ。是《こ》レ今日ノ情態ヨリ観察スルトキハ、到底三五年ノ短日月ヲ以テ能ク成シ得ル所ニ非ザルナリ。若《も》シ偏《ひとえ》ニ拙速ヲ貴《たつと》バ、、是レゾ法典ヲシテ愈々《いよいよ》不完全ナラシムルニ終ランノミ。是レ我輩ノ断然法典ヲ実施セザルベカラズト確信セル所以ナリ。

二、条約ヲ改正セント欲セバ必ズ先ヅ法典ヲ実施セザルベカラズ（略）

三、学理ノ新古ヲ以テ遽カニ法典ノ良否ヲ占ス可カラズ（略）

四、民法ガ憲法ト牴触《ていしょく》スト曰《い》フハ誤解ナリ（略）

五、民法ハ行政命令ヲ束縛セズ（略）

六、民法ハ税法ヲ改メズ（略）

七、民法ハ倫常ヲ壊乱スト曰フハ譏誣《ざんぶ》ナリ（略）

八、民法ハ栄誉信用ヲモ保護ス（略）

九、債権ノ譲渡ハ敢テ慣習ニ悖《もと》ラズ（略）

〔出典：『日本近代思想大系20家と村』〕

67　弁護士法　一八九三年（明治二六年）三月四日法律第七号

第一章　弁護士ノ資格及職務

第一条　弁護士ハ当事者ノ委任ヲ受ケ又ハ裁判所ノ命令ニ従ヒ通常裁判所ニ於テ法律ニ定メタル職務ヲ行フモノトス但シ特別法ニ因リ特別裁判所ニ於テ其ノ職務ヲ行フコトヲ妨ケス

第二条　弁護士タラムト欲スル者ハ左ノ条件ヲ具フルコトヲ要ス

第一　日本臣民ニシテ民法上ノ能力ヲ有スル成年以上ノ男子タルコト

第二　弁護士試験規則ニ依リ試験ニ及第シタルコト

第三条　弁護士試験ニ関スル規則ハ司法大臣之ヲ定ム

第四条　左ニ掲クル者ハ試験ヲ要セスシテ弁護士タルコトヲ得

第一　判事検事タル資格ヲ有スル者又ハ弁護士ニシテ其ノ請求ニ因リ登録ヲ取消シタル者

第二　法律学ヲ修メタル法学博士、帝国大学法律科卒業生、旧東京大学法学部卒業生、司法省旧法学校正則部卒業生及司法官試補タリシ者

68　法典調査会規則　一八九三年（明治二六年）三月二五日

勅令第一一号

第一条　法典調査会ハ内閣総理大臣ノ監督ニ属シ民法商法及附属法律ヲ調査審議ス

第二条　法典調査会ハ総裁副総裁各一人主査委員二十人以内査定委員三十人以内ヲ以テ之ヲ組織ス

第三条　総裁副総裁ハ勅任官ヲ以テ之ニ充ツ

第四条　委員ハ高等行政官司法官帝国大学教授帝国議会議員其他学識経験アル者ノ中ヨリ内閣総理大臣ノ奏請ニ依リ之ヲ任ス

第五条　法典調査会ノ議事及会務整理ニ関スル規則ハ内閣総理大臣之ヲ定ム

第六条　総裁ハ議事ヲ整理シ其決議ヲ内閣総理大臣ニ具申ス

第七条　総裁事故アルトキハ副総裁ヲシテ事務ヲ代理セシム

第八条　委員ニハ一箇年千円以内ノ手当ヲ給ス

第九条　法典調査会ニ書記ヲ置ク上官ノ指揮ヲ承ケ議事ノ筆記及庶務ニ従事ス

第十条　書記ニハ一箇年三百円以内ノ手当ヲ給ス

69　日英通商航海条約　一八九四年（明治二七年）七月一六日

通商航海条約

日本国皇帝陛下及大不列顚愛蘭《だいブリテンアイルランド》聯合王国兼印度《インド》国皇帝陛下ハ両国臣民ノ交際ヲ皇張増進シ以テ幸ニ両国間ニ存在スル所ノ厚誼ヲ維持セムコトヲ欲シ而《しこう》シテ此ノ目的ヲ達セムニハ従来両国間ニ存在スル所ノ条約ヲ改正スルニ如《し》カサルヲ確信シ公正ノ主義ト相互ノ利益ヲ基礎トシ其ノ改正ヲ完了スルコトニ決定シ之カ為メニ日本国皇帝陛下ハ英国駐劄帝国特命全権公使従二位勲一等子爵青木周蔵ヲ、大不列顚愛蘭聯合王国兼印度国皇帝陛下ハ其ノ外務大臣ガーター勲章ノ「ナイト」、ゼー、ライト、オノレーブル、ジョン、キムバーレー伯爵ヲ各其ノ全権委員ニ任命セリ因テ各全権委員ハ互ニ其ノ委任状ヲ示シ其ノ良好妥当ナルヲ認メ以テ左ノ諸条ヲ協議決定セリ

第一条

両締盟国ノ一方ノ臣民ハ他ノ一方ノ版図内何《いず》レノ所ニ到リ、旅行シ或ハ住居スルモ全ク随意タルヘク而シテ其ノ身体及財産ニ対シテハ完全ナル保護ヲ享受スヘシ

該臣民ハ其ノ権利ヲ伸張シ及防護セムカ為メ自由ニ且容易ニ裁判所ニ訴出ルコトヲ得ヘク又該裁判所ニ於テ其ノ権利ヲ伸張シ及防護スルニ付内国臣民ト同様ニ代言人弁護人及代人ヲ選択

シ且使用スルコトヲ得ヘク而シテ右ノ外司法取扱ニ関スル各般ノ事項ニ関シテ内国臣民ノ享有スル総《すべ》テノ権利及特典ヲ享有スヘシ

住居権、旅行権及各種動産ノ所有、遺嘱又ハ其ノ他ノ方法ニ因ル所ノ動産ノ相続並ニ合法ニ得ル所ノ各種財産ヲ如何《いか》ニ処分スルコトニ関シ両締盟国ノ一方ノ臣民ハ他ノ一方ノ版図内ニ在リテ内国若ハ最恵国ノ臣民或ハ人民ト同様ノ特典、自由及権利ヲ享有シ且此等ノ事項ニ関シテハ内国若ハ最恵国ノ臣民或ハ人民ニ比シテ多額ノ税金若ハ賦課金ヲ徴収セラルルコトナカルヘシ

両締盟国ノ一方ノ臣民ハ他ノ一方ノ版図内ニ於テ良心ニ関シ完全ナル自由、及法律、勅令及規則ニ従テ公私ノ礼拝ヲ行フノ権利、並ニ其ノ宗教上ノ慣習ニ従ヒ埋葬ノ為メ設置保存セラルル所ノ適当適宜ノ地ニ自国人ヲ埋葬スルノ権利ヲ享有スヘシ

何等ノ名義ヲ以テスルモ該臣民ヲシテ内国若ハ最恵国ノ臣民或ハ人民ノ納ムル所若《もしく》ハ納ムヘキ所ニ異ナルカ又ハ之ヨリ多額ノ取立金若ハ租税ヲ納メシムルヲ得ス

70　日清講和条約　一八九五年（明治二八年）四月一七日

第一条　清国ハ朝鮮国ノ完全無欠ナル独立自主ノ国タルコトヲ確認ス、因テ右独立自主ヲ損害スヘキ朝鮮国ヨリ清国ニ対スル貢献典礼等ハ将来全ク之ヲ廃止スヘシ

第二条　清国ハ左記ノ土地ノ主権並ニ該地方ニ在ル城塁、兵器製造所及官有物ヲ永遠日本国ニ割与ス

一　左ノ経界内ニ在ル奉天省南部ノ地

鴨緑江口ヨリ該江ヲ溯リ安平河口ニ至リ該河口ヨリ鳳凰城、海城、営口ニ亙《わた》リ遼河口ニ至ル折線以南ノ地、併セテ前記ノ各城市ヲ包含ス。而シテ遼河ヲ以テ界トスル処ハ該河ノ中央ヲ以テ経界トスルコトト知ルヘシ

遼東湾東岸及黄海北岸ニ在テ奉天省ニ属スル諸島嶼《しょ》

二　台湾全島及其ノ附属諸島嶼

三　澎湖列島即英国「グリーンウィチ」東経百十九度乃至百二十度及北緯二十三度乃至二十四度ノ間ニ在ル諸島嶼

（略）

第四条　清国ハ軍費賠償金トシテ庫平銀二億両ヲ日本国ニ支払フヘキコトヲ約ス（略）

第五条　日本国ヘ割与セラレタル地方ノ住民ニシテ右割与セラレタル地方ノ外ニ住居セムト欲スルモノハ、自由ニ其ノ所有不動産ヲ売却シテ退去スルコトヲ得ヘシ、其ノ為メ本約批准交換ノ日ヨリ二箇年間ヲ猶予スヘシ、但シ右年限ノ満チタルトキハ、未タ該地方ヲ去ラサル住民ヲ日本国ノ都合ニ因リ日本国臣民ト視為《みな》スコトアルヘシ（略）

第六条　日清両国間ノ一切ノ条約ハ交戦ノ為メ消滅シタレハ、

清国ハ本約批准交換ノ後速ニ全権委員ヲ任命シ日本国全権委員ト通商航海条約及陸路交通貿易ニ関スル約定ヲ締結スヘキコトヲ約ス、而《しこう》シテ現ニ清国ト欧洲各国トノ間ニ存在スル諸条約章程ヲ以テ該日清両国間諸条約ノ基礎ト為スヘシ

71　台湾に施行すべき法令に関する件　一八九六年（明治二九年）三月三一日法律第六三号

第一条　台湾総督ハ其ノ管轄区域内ニ法律ノ効力ヲ有スル命令ヲ発スルコトヲ得

第二条　前条ノ命令ハ台湾総督府評議会ノ議決ヲ取リ拓殖務大臣ヲ経テ勅裁ヲ請フヘシ

台湾総督府評議会ノ組織ハ勅令ヲ以テ之ヲ定ム

第三条　臨時緊急ヲ要スル場合ニ於テ台湾総督ハ前条第一項ノ手続ヲ経スシテ直《ただち》ニ第一条ノ命令ヲ発スルコトヲ得

第四条　前条ニ依リ発シタル命令ハ発布後直ニ勅裁ヲ請ヒ且之ヲ台湾総督府評議会ニ報告スヘシ

勅裁ヲ得サルトキハ総督ハ直ニ其ノ命令ノ将来ニ向テ効力ナキコトヲ公布スヘシ

第五条　現行ノ法律又ハ将来発布スル法律ニシテ其ノ全部又ハ一部ヲ台湾ニ施行スルヲ要スルモノハ勅令ヲ以テ之ヲ定ム

第六条　此ノ法律ハ施行ノ日ヨリ満三箇年ヲ経タルトキハ其ノ効力ヲ失フモノトス

72　民法第一編第二編第三編　一八九六年（明治二九年）四月二七日法律第八九号、第四編第五編　一八九八年（明治三一年）六月二一日法律第九号、ともに一八九八年七月一六日施行

民法目次

第一編　総　則

第一章　人

第一節　私権ノ享有

第二節　能　力

第三節　住　所

第四節　失　踪

第二章　法　人

第一節　法人ノ設立

第二節　法人ノ管理

第三節　法人ノ解散

第四節　罰　則

第三章　物

Ⅱ　近代法体制の確立期（1885—1914）

第四章　法律行為
第一節　総　則
第二節　意思表示
第三節　代　理
第四節　無効及ヒ取消
第五節　条件及ヒ期限
第五章　期　間
第六章　時　効
第一節　総　則
第二節　取得時効
第三節　消滅時効
第二編　物　権
第一章　総　則
第二章　占有権
第一節　占有権ノ取得
第二節　占有権ノ効力
第三節　占有権ノ消滅
第四節　準占有
第三章　所有権
第一節　所有権ノ限界
第二節　所有権ノ取得
第三節　共　有
第四章　地上権
第五章　永小作権
第六章　地役権
第七章　留置権
第八章　先取特権
第一節　総　則
第二節　先取特権ノ種類
第三節　先取特権ノ順位
第四節　先取特権ノ効力
第九章　質　権
第一節　総　則
第二節　動産質
第三節　不動産質
第四節　権利質
第十章　抵当権
第一節　総　則
第二節　抵当権ノ効力
第三節　抵当権ノ消滅
第三編　債　権
第一章　総　則
第一節　債権ノ目的
第二節　債権ノ効力
第三節　多数当事者ノ債権
第四節　債権ノ譲渡

第五節　債権ノ消滅
第二章　契　約
第一節　総　則
第二節　贈　与
第三節　売　買
第四節　交　換
第五節　消費貸借
第六節　使用貸借
第七節　賃貸借
第八節　雇　傭
第九節　請　負
第十節　委　任
第十一節　寄　託
第十二節　組　合
第十三節　終身定期金
第十四節　和　解
第三章　事務管理
第四章　不当利得
第五章　不法行為
第四編　親　族
第一章　総　則
第二章　戸主及ヒ家族
第一節　総　則
第二節　戸主及ヒ家族ノ権利義務
第三節　戸主権ノ喪失
第三章　婚　姻
第一節　婚姻ノ成立
第二節　婚姻ノ効力
第三節　夫婦財産制
第四節　離　婚
第四章　親　子
第一節　実　子
第二節　養　子
第五章　親　権
第一節　総　則
第二節　親権ノ効力
第三節　親権ノ喪失
第六章　後　見
第一節　後見ノ開始
第二節　後見ノ機関
第三節　後見ノ事務
第四節　後見ノ終了
第七章　親族会
第八章　扶養ノ義務
第五編　相　続
第一章　家督相続

第一節　総　則
第二節　家督相続人
第三節　家督相続ノ効力
第二章　遺産相続
第一節　総　則
第二節　遺産相続人
第三節　遺産相続ノ効力
第三章　相続ノ承認及ヒ抛棄
第一節　総　則
第二節　承　認
第三節　抛　棄
第四章　財産ノ分離
第五章　相続人ノ曠欠
第六章　遺　言
第一節　総　則
第二節　遺言ノ方式
第三節　遺言ノ効力
第四節　遺言ノ執行
第五節　遺言ノ取消
第七章　遺留分
附　則

民　法

民法第一編第二編第三編

朕帝国議会ノ協賛ヲ経タル民法中修正ノ件ヲ裁可シ茲《ここ》ニ之ヲ公布セシム

民法第一編第二編第三編別冊ノ通定ム

此法律施行ノ期日ハ勅令ヲ以テ之ヲ定ム

明治二十三年法律第二十八号民法財産編財産取得編債権担保編証拠編ハ此法律発布ノ日ヨリ廃止ス

民　法

第一編　総　則

第一章　人

第一節　私権ノ享有

第一条　私権ノ享有ハ出生ニ始マル

第二条　外国人ハ法令又ハ条約ニ禁止アル場合ヲ除ク外私権ヲ享有ス

第二節　能　力

第三条　満二十年ヲ以テ成年トス

第四条　未成年者カ法律行為ヲ為スニハ其法定代理人ノ同意ヲ得ルコトヲ要ス但単ニ権利ヲ得又ハ義務ヲ免ルヘキ行為ハ此限ニ在ラス

前項ノ規定ニ反スル行為ハ之ヲ取消スコトヲ得

第六条　一種又ハ数種ノ営業ヲ許サレタル未成年者ハ其営業ニ関シテハ成年者ト同一ノ能力ヲ有ス

前項ノ場合ニ於テ未成年者カ未タ其営業ニ堪ヘサル事跡アルトキハ其法定代理人ハ親族編ノ規定ニ従ヒ其許可ヲ取消シ又ハ之ヲ制限スルコトヲ得

第七条　心神喪失ノ常況ニ在ル者ニ付テハ裁判所ハ本人、配偶者、四親等内ノ親族、戸主、後見人、保佐人又ハ検事ノ請求ニ因リ禁治産ノ宣告ヲ為スコトヲ得

第八条　禁治産者ハ之ヲ後見ニ付ス

第九条　禁治産者ノ行為ハ之ヲ取消スコトヲ得

第十一条　心神耗弱者、聾者、唖者、盲者及ヒ浪費者ハ準禁治産者トシテ之ニ保佐人ヲ附スルコトヲ得

第十二条　準禁治産者カ左ニ掲ケタル行為ヲ為スニハ其保佐人ノ同意ヲ得ルコトヲ要ス

一　元本ヲ領収シ又ハ之ヲ利用スルコト
二　借財又ハ保証ヲ為スコト
三　不動産又ハ重要ナル動産ニ関スル権利ノ得喪ヲ目的トスル行為ヲ為スコト
四　訴訟行為ヲ為スコト
五　贈与、和解又ハ仲裁契約ヲ為スコト
六　相続ヲ承認シ又ハ之ヲ抛棄スルコト
七　贈与若クハ遺贈ヲ拒絶シ又ハ負担附ノ贈与若クハ遺贈ヲ受諾スルコト
八　新築、改築、増築又ハ大修繕ヲ為スコト
九　第六百二条ニ定メタル期間ヲ超ユル賃貸借ヲ為スコト

裁判所ハ場合ニ依リ準禁治産者カ前項ニ掲ケサル行為ヲ為スニモ亦其保佐人ノ同意アルコトヲ要スル旨ヲ宣告スルコトヲ得

前二項ノ規定ニ反スル行為ハ之ヲ取消スコトヲ得

第十四条　妻カ左ニ掲ケタル行為ヲ為スニハ夫ノ許可ヲ受クルコトヲ要ス

一　第十二条第一項第一号乃至第六号ニ掲ケタル行為ヲ為スコト
二　贈与若クハ遺贈ヲ受諾シ又ハ之ヲ拒絶スルコト
三　身体ニ羈絆《きはん》ヲ受クヘキ契約ヲ為スコト

前項ノ規定ニ反スル行為ハ之ヲ取消スコトヲ得

第十五条　一種又ハ数種ノ営業ヲ許サレタル妻ハ其営業ニ関シテ独立人ト同一ノ能力ヲ有ス

第十六条　夫ハ其与ヘタル許可ヲ取消シ又ハ之ヲ制限スルコトヲ得但其取消又ハ制限ハ之ヲ以テ善意ノ第三者ニ対抗スルコトヲ得ス

第十七条　左ノ場合ニ於テハ妻ハ夫ノ許可ヲ受クルコトヲ要セス

一　夫ノ生死分明ナラサルトキ
二　夫カ妻ヲ遺棄シタルトキ
三　夫カ禁治産者又ハ準禁治産者ナルトキ
四　夫カ瘋癲《ふうらい》ノ為メ病院又ハ私宅ニ監置セラルルトキ
五　夫カ禁錮一年以上ノ刑ニ処セラレ其刑ノ執行中ニ在ル

トキ
六　夫婦ノ利益相反スルトキ
第十八条　夫カ未成年者ナルトキハ第四条ノ規定ニ依ルニ非サレハ妻ノ行為ヲ許可スルコトヲ得ス
第三節　住　所
第二十一条　各人ノ生活ノ本拠ヲ以テ其住所トス

民法第四編第五編別冊ノ通之ヲ定ム
此法律施行ノ期日ハ勅令ヲ以テ之ヲ定ム
明治二十三年法律第九十八号民法財産取得編人事編ハ此法律発布ノ日ヨリ之ヲ廃止ス
民法
第四編　親族
第一章　総則
第七二五条　左ニ掲ケタル者ハ之ヲ親族トス
一　六親等内ノ血族
二　配偶者
三　三親等内ノ姻族
第二章　戸主及ヒ家族
第一節　総則
第七三二条　戸主ノ親族ニシテ其家ニ在ル者及ヒ其配偶者ハ之ヲ家族トス
戸主ノ変更アリタル場合ニ於テハ旧戸主及ヒ其家族ハ新戸主ノ家族トス
第七三三条　子ハ父ノ家ニ入ル
父ノ知レサル子ハ母ノ家ニ入ル
父母共ニ知レサル子ハ一家ヲ創立ス
第七三五条　家族ノ庶子及ヒ私生子ハ戸主ノ同意アルニ非サレハ其家ニ入ルコトヲ得ス
庶子カ父ノ家ニ入ルコトヲ得サルトキハ母ノ家ニ入ル
私生子カ母ノ家ニ入ルコトヲ得サルトキハ一家ヲ創立ス
第二節　戸主及ヒ家族ノ権利義務
第七四六条　戸主及ヒ家族ハ其家ノ氏ヲ称ス
第七四七条　戸主ハ其家族ニ対シテ扶養ノ義務ヲ負フ
第七四八条　家族カ自己ノ名ニ於テ得タル財産ハ其特有財産トス
戸主又ハ家族ノ孰《いず》レニ属スルカ分明ナラサル財産ハ戸主ノ財産ト推定ス
第七四九条　家族ハ戸主ノ意ニ反シテ其居所ヲ定ムルコトヲ得ス
第七五〇条　家族カ婚姻又ハ養子縁組ヲ為スニハ戸主ノ同意ヲ得ルコトヲ要ス
第三章　婚姻
第一節　婚姻ノ成立
第一款　婚姻ノ要件
第七六五条　男ハ満十七年女ハ満十五年ニ至ラサレハ婚姻ヲ為

スコトヲ得ス
第七七二条　子カ婚姻ヲ為スニハ其家ニ在ル父母ノ同意ヲ得ルコトヲ要ス但男カ満三十年女カ満二十五年ニ達シタル後ハ此限ニ在ラス

第二節　婚姻ノ効力

第七八八条　妻ハ婚姻ニ因リテ夫ノ家ニ入ル
第七八九条　妻ハ夫ト同居スル義務ヲ負フ

第二款　法定財産制

第八〇一条　夫ハ妻ノ財産ヲ管理ス

第四章　親子

第一節　実子

第一款　嫡出子

第八二〇条　妻カ婚姻中ニ懐胎シタル子ハ夫ノ子ト推定ス

第二款　庶子及ヒ子

第八二七条　私生子ハ其父又ハ母ニ於テ之ヲ認知スルコトヲ得
父カ認知シタル私生子ハ之ヲ庶子トス

第八章　扶養ノ義務

第九五四条　直系血族及ヒ兄弟姉妹ハ互ニ扶養ヲ為ス義務ヲ負フ夫婦ノ一方ト他ノ一方ノ直系尊属ニシテ其家ニ在ル者トノ間亦同シ
第九五五条　扶養ノ義務ヲ負フ者数人アル場合ニ於テハ其義務ヲ履行スヘキ者ノ順序左ノ如シ
第一　配偶者
第二　直系卑属
第三　直系尊属
第四　戸主
第五　前条第二項ニ掲ケタル者
第六　兄弟姉妹
直系卑属又ハ直系尊属ノ間ニ於テハ其親等ノ最モ近キ者ヲ先ニス前条第二項ニ掲ケタル直系尊属間亦同シ
第九五六条　同順位ノ扶養義務者数人アルトキハ各其資力ニ応シテ其義務ヲ分担ス但家ニ在ル者ト家ニ在ラサル者トノ間ニ於テハ家ニ在ル者先ツ扶養ヲ為スコトヲ要ス

第五編　相続

第一章　家督相続

第二節　家督相続人

第九七〇条　被相続人ノ家族タル直系卑属ハ左ノ規定ニ従ヒ家督相続人ト為ル
一　親等ノ異ナリタル者ノ間ニ在リテハ其近キ者ヲ先ニス
二　親等ノ同シキ者ノ間ニ在リテハ男ヲ先ニス
三　親等ノ同シキ男又ハ女ノ間ニ在リテハ嫡出子ヲ先ニス
四　親等ノ同シキ嫡出子、庶子及ヒ私生子ノ間ニ在リテハ嫡出子及ヒ庶子ハ女ト雖モ之ヲ私生子ヨリ先ニス
五　前四号ニ掲ケタル事項ニ付キ相同シキ者ノ間ニ在リテハ年長者ヲ先ニス

第三節　家督相続ノ効力

第九八六条　家督相続人ハ相続開始ノ時ヨリ前戸主ノ有セシ権利義務ヲ承継ス但前戸主ノ一身ニ専属セルモノハ此限ニ在ラス

第九八七条　系譜、祭具及ヒ墳墓ノ所有権ハ家督相続ノ特権ニ属ス

73　台湾総督府官制　一八九七年（明治三〇年）一〇月二一日勅令第三六二号

第一条　台湾総督府ニ台湾総督ヲ置ク

総督ハ台湾及澎湖列島ヲ管轄ス

第二条　総督ハ親任トス、陸海軍大将若ハ中将ヲ以テ之ニ充ツ

第三条　総督ハ委任ノ範囲内ニ於テ陸海軍ヲ統率シ内閣総理大臣ノ監督ヲ承ケ諸般ノ政務ヲ統理ス

第四条　総督ハ軍政及海陸軍人軍属ノ人事ニ関シテハ陸軍大臣若《もしく》ハ海軍大臣、防禦作戦並動員計画ニ関シテハ参謀総長若ハ海軍々令部長、陸軍々隊教育ニ関シテハ監軍ノ区処ヲ承《う》ク

第五条　総督ハ其ノ職権若ハ特別ノ委任ニ依リ総督府令ヲ発シ、之ニ禁錮一年以下又ハ罰金二百円以内ノ罰則ヲ附スルコトヲ得

第六条　総督ハ其ノ管轄区域内ノ防備ノ事ヲ掌ル

第七条　総督ハ其ノ管轄内ノ安寧秩序ヲ保持スル為ニ必要ト認ムルトキハ兵力ヲ使用スルコトヲ得

前項ノ場合ニ於テハ直ニ内閣総理大臣陸軍大臣海軍大臣参謀総長及海軍々令部長ニ之ヲ報告スヘシ

74　法例　一八九八年（明治三一年）六月二一日法律第一〇号

第一条　法律ハ公布ノ日ヨリ起算シ満二十日ヲ経テ之ヲ施行ス但法律ヲ以テ之ニ異ナリタル施行時期ヲ定メタルトキハ此限ニ在ラス

台湾、北海道、沖縄県其他島地ニ付テハ勅令ヲ以テ特別ノ施行時期ヲ定ムルコトヲ得

第二条　公ノ秩序又ハ善良ノ風俗ニ反セサル慣習ハ法令ノ規定ニヨリテ認メタルモノ及ヒ法令ニ規定ナキ事項ニ関スルモノニ限リ法律ト同一ノ効力ヲ有ス

第三条　人ノ能力ハ其本国法ニ依リテ之ヲ定ム

外国人カ日本ニ於テ法律行為ヲ為シタル場合ニ於テ其外国人カ本国法ニ依レハ無能力者タルヘキトキト雖モ日本ノ法律ニ依レハ能力者タルヘキトキハ前項ノ規定ニ拘ハラス之ヲ能力者ト看做ス（略）

第四条　禁治産ノ原因ハ禁治産者ノ本国法ニ依リ其宣告ノ効力ハ宣告ヲ為シタル国ノ法律ニ依ル（略）
第七条　法律行為ノ成立及ヒ効力ニ付テハ当事者ノ意思ニ従ヒ其何レノ国ノ法律ニ依ルヘキカヲ定ム（略）
第八条　法律行為ノ方式ハ其行為ノ効力ヲ定ムル法律ニ依ル（略）
第九条　法律ヲ異ニスル地ニ在ル者ニ対シテ為シタル意思表示ニ付テハ其通知ヲ発シタル地ヲ行為地ト看做ス（略）
第十条　動産及ヒ不動産ニ関スル物権其他登記スヘキ権利ハ其目的物ノ所在地法ニ依ル（略）
第十三条　婚姻成立ノ要件ハ各当事者ニ付キ其本国法ニ依リテ之ヲ定ム但其方式ハ婚姻挙行地ノ法律ニ依ル
前項ノ規定ハ民法第七百七十七条ノ適用ヲ妨ケス
第十四条　婚姻ノ効力ハ夫ノ本国法ニ依ル（略）
第十五条　夫婦財産制ハ婚姻ノ当時ニ於ケル夫ノ本国法ニ依ル（略）
第十七条　子ノ嫡出ナルヤ否ヤハ其出生ノ当時母ノ夫ノ属シタル国ノ法律ニ依リテ之ヲ定ム若シ其夫カ子ノ出生前ニ死亡シタルトキハ其最後ニ属シタル国ノ法律ニ依リテ之ヲ定ム
第二十条　親子間ノ法律関係ハ父ノ本国法ニ依ル若シ父アラサルトキハ母ノ本国法ニ依ル
第二十一条　扶養ノ義務ハ扶養義務者ノ本国法ニ依リテ之ヲ定ム
第二十五条　相続ハ被相続人ノ本国法ニ依ル
第二十七条　当事者ノ本国法ニ依ルヘキ場合ニ於テ其当事者カ二箇以上ノ国籍ヲ有スルトキハ最後ニ取得シタル国籍ニ依リテ其本国法ヲ定ム但其一カ日本ノ国籍ナルトキハ日本ノ法律ニ依ル
国籍ヲ有セサル者ニ付テハ其住所地法ヲ以テ本国法ト看做ス其住所カ知レサルトキハ其居所地法ニ依ル
地方ニ依リ法律ヲ異ニスル国ノ人民ニ付テハ其者ノ属スル地方ノ法律ニ依ル
第三十条　外国法ニ依ルヘキ場合ニ於テ其規定カ公ノ秩序又ハ善良ノ風俗ニ反スルトキハ之ヲ適用セス

75　商法（明治三二年）　一八九九年（明治三二年）三月九日法律第四八号

商法目次

Ⅱ　近代法体制の確立期（1885−1914）

第四章　商　号
第五章　商業帳簿
第六章　商業使用人
第七章　代理商
第二編　会　社
第一章　総　則
第二章　合名会社
第一節　設　立
第二節　会社ノ内部ノ関係
第三節　会社ノ外部ノ関係
第四節　社員ノ退社
第五節　解　散
第六節　清　算
第三章　合資会社
第四章　株式会社
第一節　設　立
第二節　株　式
第三節　会社ノ機関
第四節　会社ノ計算
第五節　社　債
第六節　定款ノ変更
第七節　解　散
第八節　清　算
第五章　株式合資会社
第六章　外国会社
第七章　罰　則
第三編　商行為
第一章　総　則
第二章　売　買
第三章　交互計算
第四章　匿名組合
第五章　仲立営業
第六章　問屋営業
第七章　運送取扱営業
第八章　運送営業
第一節　物品運送
第二節　旅客運送
第九章　寄　託
第一節　総　則
第二節　倉庫営業
第十章　保　険
第一節　損害保険
第二節　生命保険
第四編　手　形
第一章　総　則
第二章　為替手形

第一節　振　出
第二節　裏　書
第三節　引　受
第四節　担保ノ請求
第五節　支　払
第六節　償還ノ請求
第七節　保　証
第八節　参　加
第九節　拒絶証書
第十節　為替手形ノ複本及ヒ謄本
第三章　約束手形
第四章　小切手
第五編　海　商
第一章　船舶及ヒ船舶所有者
第二章　船　員
第一節　船　長
第二節　海　員
第三章　運　送
第一節　物品運送
第二節　旅客運送
第四章　海　損
第五章　海難救助
第六章　保　険
第七章　船舶債権者
附　則（商法中改正法律）

商　法

朕帝国議会ノ協賛ヲ経タル商法修正ノ件ヲ裁可シ茲《ここ》ニ之ヲ公布セシム
商法別冊ノ通之ヲ定ム
此法律施行ノ期日ハ勅令ヲ以テ之ヲ定ム
明治二十三年法律第三十二号商法ハ第三編ヲ除ク外此法律施行ノ日ヨリ之ヲ廃止ス

商　法

第一編　総　則

第一章　法　例

第一条　商事ニ関シ本法ニ規定ナキモノニ付テハ商慣習法ヲ適用シ商慣習法ナキトキハ民法ヲ適用ス
第二条　公法人ノ商行為ニ付テハ法令ニ別段ノ定ナキトキニ限リ本法ノ規定ヲ適用ス
第三条　当事者ノ一方ノ為メニ商行為タル行為ニ付テハ本法ノ規定ヲ双方ニ適用ス

第二章　商　人

第四条　本法ニ於テ商人トハ自己ノ名ヲ以テ商行為ヲ為スヲ業トスル者ヲ謂フ
第五条　未成年者又ハ妻カ商業ヲ営ムトキハ登記ヲ為スコトヲ

要ス

第六条　会社ノ無限責任社員ト為ルコトヲ許サレタル未成年者又ハ妻ハ其会社ノ業務ニ関シテハ之ヲ能力者ト看做ス

第七条　法定代理人カ親族会ノ同意ヲ得テ無能力者ノ為メニ商業ヲ営ムトキハ登記ヲ為スコトヲ要ス

法定代理人ノ代理権ニ加ヘタル制限ハ之ヲ以テ善意ノ第三者ニ対抗スルコトヲ得ス

76　国籍法　一八九九年（明治三二年）三月一六日法律第六六号

第一条　子ハ出生ノ時其父カ日本人ナルトキハ之ヲ日本人トス其出生前ニ死亡シタル父カ死亡ノ時日本人ナリシトキ亦同シ

第二条　父カ子ノ出生前ニ離婚又ハ離縁ニ因リテ日本ノ国籍ヲ失ヒタルトキハ前条ノ規定ハ懐胎ノ始ニ遡リテ之ヲ適用ス

（略）

第三条　父カ知レサル場合又ハ国籍ヲ有セサル場合ニ於テ母カ日本人ナルトキハ其子ハ之ヲ日本人トス

第四条　日本ニ於テ生マレタル子ノ父母カ共ニ知レサルトキ又ハ国籍ヲ有セサルトキハ其子ハ之ヲ日本人トス

第五条　外国人ハ左ノ場合ニ於テ日本ノ国籍ヲ取得ス

一　日本人ノ妻ト為リタルトキ

二　日本人ノ入夫ト為リタルトキ

三　日本人タル父又ハ母ニ依リテ認知セラレタルトキ

四　日本人ノ養子ト為リタルトキ

五　帰化ヲ為シタルトキ

第六条　外国人カ認知ニ因リテ日本ノ国籍ヲ取得スルニハ左ノ条件ヲ具備スルコトヲ要ス

一　本国法ニ依リテ未成年者タルコト

二　外国人ノ妻ニ非サルコト

三　父母ノ中先ツ認知ヲ為シタル者カ日本人ナルコト

四　父母カ同時ニ認知ヲ為シタルトキハ父カ日本人ナルコト

第七条　外国人ハ内務大臣ノ許可ヲ得テ帰化ヲ為スコトヲ得

内務大臣ハ左ノ条件ヲ具備スル者ニ非サレハ其帰化ヲ許可スルコトヲ得ス

一　引続キ五年以上日本ニ住所ヲ有スルコト

二　満二十年以上ニシテ本国法ニ依リ能力ヲ有スルコト

三　品行端正ナルコト

四　独立ノ生計ヲ営ムニ足ルヘキ資産又ハ技能アルコト

五　国籍ヲ有セス又ハ日本ノ国籍ノ取得ニ因リテ其国籍ヲ失フヘキコト

第八条　外国人ノ妻ハ其夫ト共ニスルニ非サレハ帰化ヲ為スコトヲ得ス

第十六条　帰化人、帰化人ノ子ニシテ日本ノ国籍ヲ取得シタル者及ヒ日本人ノ養子又ハ入夫ト為リタル者ハ左ニ掲ケタル権利ヲ有セス

（略）

七　帝国議会ノ議員ト為ルコト

第十八条　日本ノ女カ外国人ト婚姻ヲ為シタル時ハ日本ノ国籍ヲ失フ

第二十条　自己ノ志望ニ依リテ外国ノ国籍ヲ取得シタル者ハ日本ノ国籍ヲ失フ

77　治安警察法　一九〇〇年（明治三三年）三月一〇日法律第三六号

第一条　政事ニ関スル結社ノ主幹者（支社ニ在《あ》リテハ支社ノ主幹者）ハ結社組織ノ日ヨリ三日以内ニ社名、社則、事務所及其ノ主幹者ノ氏名ヲ其ノ事務所所在地ノ管轄警察官署ニ届出ツヘシ其ノ届出ノ事項ニ変更アリタルトキ亦同シ

第二条　政事ニ関シ公衆ヲ会同スル集会ヲ開カムトスル者ハ発起人ヲ定ムヘシ

発起人ハ到達スヘキ時間ヲ除キ開会三時間以前ニ集会ノ場所、年月日時ヲ会場所在地ノ管轄警察官署ニ届出ツヘシ

届出ノ時刻ヨリ三時間ヲ過キテ開会セス若ハ三時間以上中断スルトキハ届出ハ其ノ効ヲ失フ（略）

第三条　公事ニ関スル結社又ハ集会ニシテ政事ニ関セサルモノト雖安寧秩序ヲ保持スル為届出ヲ必要トスルモノアルトキハ命令ヲ以テ第一条又ハ第二条ノ規定ニ依ラシムルコトヲ得

第四条　屋外ニ於テ公衆ヲ会同シ若ハ多衆運動セムトスルトキハ発起人ヨリ十二時間以前ニ会同スヘキ場所、年月日時及其ノ通過スヘキ路線ヲ管轄警察官署ニ届出ツヘシ但シ祭葬、講社、学生、生徒ノ体育運動其ノ他慣例ノ許ス所ニ係ルモノハ此ノ限ニ在ラス

第五条　左ニ掲クル者ハ政事上ノ結社ニ加入スルコトヲ得ス

一　現役及召集中ノ予備後備ノ陸海軍軍人

二　警察官

三　神官神職僧侶其ノ他諸宗教師

四　官立公立私立学校ノ教員学生生徒

五　女子

六　未成年者

七　公権剝奪及停止中ノ者

女子及未成年者ハ公衆ヲ会同スル政談集会ニ会同シ若ハ其ノ発起人タルコトヲ得ス

（略）

第六条　日本臣民ニ非サル者ハ政事上ノ結社ニ加入シ又ハ公衆ヲ会同スル政談集会ノ発起人タルコトヲ得ス（略）

第一七条　左ノ各号ノ目的ヲ以テ他人ニ対シテ暴行、脅迫シ若ハ公然誹毀シ又ハ第二号ノ目的ヲ以テ他人ヲ誘惑若ハ煽動スルコトヲ得ス

一　労務ノ条件又ハ報酬ニ関シ協同ノ行動ヲ為スヘキ団結ニ加入セシメ又ハ其ノ加入ヲ妨クルコト

二　同盟解雇若ハ同盟罷業ヲ遂行スルカ為使用者ヲシテ労務者ヲ解雇セシメ若ハ労務ニ従事スルノ申込ヲ拒絶セシメ又ハ労務者ヲシテ労務ヲ停廃セシメ若ハ労務者トシテ雇傭スルノ申込ヲ拒絶セシムルコト

三　労務ノ条件又ハ報酬ニ関シ相手方ノ承諾ヲ強ユルコト

耕作ノ目的ニ出ツル土地賃貸借ノ条件ニ関シ承諾ヲ強ユルカ為相手方ニ対シ暴行、脅迫シ若ハ公然誹毀スルコトヲ得ス

（略）

第三〇条　第十七条ニ違背シタル者ハ一月以上六月以下ノ重禁錮ニ処シ三円以上三十円以下ノ罰金ヲ附加ス使用者ノ同盟解雇又ハ労務者ノ同盟罷業ニ加盟セサル者ニ対シテ暴行、脅迫シ若ハ公然誹毀スル者亦同シ

（略）

78　刑法改正ノ要旨　一九〇一年（明治三四年）二月法典調査会

（略）現行刑法ノ実施以来僅《わず》カニ二十年ニシテ年月ヲ閲《け》ミスル未タ多カラスト雖モ此二十年間ニ於テ我国ノ文物ハ長足ノ進歩ヲ為シ以テ今日ノ隆盛ヲ致セシハ我国民ノ齊《ひと》シク是認スル所ナリ然ルニ現行刑法ハ殆ト百年前ノ制定ニ係ル仏国刑法ヲ模倣シテ編制セシ所ナルヲ以テ其我国情ニ諧合セサル所鮮少ナラサルハ固ヨリ怪ムニ足ラス殊ニ犯罪ノ情状ト犯人ノ種類トニ随ヒ刑罰ノ寛厳ヲ自由ナラシムルコトヲ得サルハ其欠点ノ最ナルモノナリ故ニ其明文規定ノ結果或ハ懲治シ難キ犯人ニ対シテ寛刑ヲ用ヒ或ハ懲治シ易キ犯人ニ対シテ厳刑ヲ科スルコトアリ刑罰ノ権衡其中庸ヲ失スルニ至ル曾《かつ》テ二三府県ノ監獄署ニ就キ之ヲ検セシニ在監人ノ十中八九ハ概子《おおむね》其犯人ナリト云フ初犯ハ姑《しばら》ク之ヲ舎《お》キ既刑ノ奸悪国典ヲ侮蔑シテ犯罪ヲ数ハスルニ至リテハ刑罰ノ目的ヲ達スルモノト謂フヘケン乎《や》世人又云フ現行刑法中規定ノ不備不完ナル条項ヲ指摘シ之レニ改正ヲ加フレハ即《すなわ》チ足レリト然レトモ現行刑法ハ其大体ニ於テ既ニ不可ナル所アリ一部ノ改正ヲ企ツルモ寧《なん》ソ改正ノ目的ヲ達スルニ足ランヤ故ニ刑法ノ全部ニ亘リ改正ヲ加ヘ殆ト其旧条項ヲ存セサルニ至ルモ亦之レカ為メナリ今刑法ノ根本ニ係ル改正ノ重要ナル部分ヲ挙クレハ左ノ如シ（略）

〔出典：『花井卓蔵文書』〕

79 専門学校令　一九〇三年（明治三六年）三月二七日勅令第六一号

第一条　高等ノ学術技芸ヲ教授スル学校ハ専門学校トス
専門学校ハ特別ノ規定アル場合ヲ除クノ外本令ノ規定ニ依ルヘシ
第二条　北海道府県又ハ市ハ土地ノ情況ニ依リ必要アル場合ニ限リ専門学校ヲ設置スルコトヲ得但シ沖縄県ハ此ノ限ニ在ラス
第三条　私人ハ専門学校ヲ設置スルコトヲ得
第四条　公立又ハ私立ノ専門学校ノ設置廃止ハ文部大臣ノ認可ヲ受クヘシ
第五条　専門学校ノ入学資格ハ中学校若ハ修業年限四箇年以上ノ高等女学校ヲ卒業シタル者又ハ之ト同等ノ学力ヲ有スルモノト検定セラレタル者以上ノ程度ニ於テ之ヲ定ムヘシ但シ美術、音楽ニ関スル学術技芸ヲ教授スル専門学校ニ就テハ文部大臣ハ別ニ其ノ入学資格ヲ定ムルコトヲ得
前項検定ニ関スル規定ハ文部大臣之ヲ定ム
第六条　専門学校ノ修業年限ハ三箇年以上トス
第七条　専門学校ニ於テハ予科、研究科及別科ヲ置クコトヲ得
第八条　官立専門学校ノ修業年限、学科、学科目及其ノ程度並予科、研究科及別科ニ関スル規程ハ文部大臣之ヲ定ム
公立又ハ私立ノ専門学校ノ修業年限、学科、学科目及其ノ程度並予科、研究科及別科ニ関スル規程ハ公立学校ニ在リテハ管理者、私立学校ニ在リテハ設立者文部大臣ノ認可ヲ経テ之ヲ定ム
第九条　公立又ハ私立ノ専門学校ノ教員ノ資格ニ関スル規程ハ文部大臣之ヲ定ム
第十二条　第一条ニ該当セサル学校ハ専門学校ト称スルコトヲ得ス

附　則

第十六条　千葉医学専門学校、仙台医学専門学校、岡山医学専門学校、金沢医学専門学校、長崎医学専門学校、東京外国語学校、東京美術学校及東京音楽学校ハ本令施行ノ日ヨリ専門学校トス

80 工場抵当法　一九〇五年（明治三八年）三月一三日法律第五四号

第一条　本法ニ於テ工場ト称スルハ営業ノ為物品ノ製造若ハ加工又ハ印刷若ハ撮影ノ目的ニ使用スル場所ヲ謂フ
営業ノ為電気又ハ瓦斯《ガス》ノ供給ノ目的ニ使用スル場所ハ之ヲ工場ト看做ス

第二条　工場ノ所有者カ工場ニ属スル土地ノ上ニ設定シタル抵当権ハ建物ヲ除クノ外其ノ土地ニ附加シテ之ト一体ヲ成シタル物及其ノ土地ニ備附ケタル機械、器具其ノ他工場ノ用ニ供スル物ニ及フ但シ設定行為ニ別段ノ定アルトキ及民法第四百二十四条ノ規定ニ依リ債権者カ債務者ノ行為ヲ取消スコトヲ得ル場合ハ此ノ限ニ在ラス

前項ノ規定ハ工場ノ所有者カ工場ニ属スル建物ノ上ニ設定シタル抵当権ニ之ヲ準用ス

第三条　工場ノ所有者カ工場ニ属スル土地又ハ建物ニ付抵当権設定ノ登記ヲ申請スル場合ニ於テハ其ノ土地又ハ建物ニ備附ケタル機械、器具其ノ他工場ノ用ニ供スル物ニシテ前条ノ規定ニ依リ抵当権ノ目的タルモノノ目録ヲ提出スヘシ

第二十二条第二項、第三十五条及第三十八条乃至第四十二条ノ規定ハ前項ノ目録ニ之ヲ準用ス

81　公式令　一九〇七年（明治四〇年）二月一日勅令第六号

第一条　皇室ノ大事ヲ宣誥シ及大権ノ施行ニ関スル勅旨ヲ宣誥スルハ別段ノ形式ニ依ルモノヲ除クノ外詔書ヲ以テス

詔書ニハ親署ノ後御璽ヲ鈐《けん》シ其ノ皇室ノ大事ニ関スルモノニハ宮内大臣年月日ヲ記入シ内閣総理大臣ト倶《とも》ニ之ニ副署ス其ノ大権ノ施行ニ関スルモノニハ内閣総理大臣年月日ヲ記入シ之ニ副署シ又ハ他ノ国務各大臣ト倶ニ之ニ副署ス

第二条　文書ニ由リ発スル勅旨ニシテ宣誥セサルモノハ別段ノ形式ニ依ルモノヲ除クノ外勅書ヲ以テス

勅書ニハ親署ノ後御璽ヲ鈐シ其ノ皇室ノ事務ニ関スルモノニハ宮内大臣年月日ヲ記入シ之ニ副署ス其ノ国務大臣ノ職務ニ関スルモノニハ内閣総理大臣年月日ヲ記入シ之ニ副書ス

第三条　帝国憲法ノ改正ハ上諭ヲ附シテ之ヲ公布ス

前項ノ上諭ニハ枢密顧問ノ諮詢及帝国憲法第七十三条ニ依ル帝国議会ノ議決ヲ経タル旨ヲ記載シ親署ノ後御璽ヲ鈐シ内閣総理大臣年月日ヲ記シ他ノ国務各大臣ト倶ニ之ニ副署ス

第四条　皇室典範ノ改正ハ上諭ヲ附シテ之ヲ公布ス

前項ノ上諭ニハ皇族会議及枢密顧問ノ諮詢ヲ経タル旨ヲ記載シ親署ノ後御璽ヲ鈐シ宮内大臣年月日ヲ記入シ国務各大臣ト倶ニ之ニ副署ス

第五条　皇室典範ニ基ツク諸規則、宮内官制其ノ他皇室ノ事務ニ関シ勅定ヲ経タル規程ニシテ発表ヲ要スルモノハ皇室令トシ上諭ヲ附シテ之ヲ公布ス

前項ノ上諭ニハ親署ノ後御璽ヲ鈐シ宮内大臣年月日ヲ記入シ之ニ副署ス国務大臣ノ職務ニ関連スル皇室令ノ上諭ニハ内閣総理大臣又ハ内閣総理大臣及主任ノ国務大臣ト倶ニ之ニ副署ス

皇族会議及枢密顧問又ハ其ノ一方ノ諮詢ヲ経タル皇室令ノ

上諭ニハ其ノ旨ヲ記載ス

第六条　法律ハ上諭ヲ附シテ之ヲ公布ス

前項ノ上諭ニハ帝国議会ノ協賛ヲ経タル旨ヲ記載シ親署ノ後御璽ヲ鈐シ内閣総理大臣年月日ヲ記入シ之ニ副署シ又ハ他ノ国務各大臣若ハ主任ノ国務大臣ト倶ニ副署ス

枢密顧問ノ諮詢ヲ経タル法律ノ上諭ニハ其ノ旨ヲ記載ス

第七条　勅令ハ上諭ヲ附シテ之ヲ公布ス

前項ノ上諭ニハ親署ノ後御璽ヲ鈐シ内閣総理大臣年月日ヲ記入シ之ニ副署シ又ハ他ノ国務大臣若ハ主任ノ国務大臣ト倶ニ之ニ副署ス（略）

82　刑法（明治四〇年）　一九〇七年（明治四〇年）四月二四日法律第四五号

刑　法

刑法目次

第十四章　阿片煙ニ関スル罪
第十五章　飲料水ニ関スル罪
第十六章　通貨偽造ノ罪
第十七章　文書偽造ノ罪
第十八章　有価証券偽造ノ罪
第十九章　印章偽造ノ罪
第二十章　偽証ノ罪
第二十一章　誣告ノ罪
第二十二章　猥褻、姦淫及ヒ重婚ノ罪
第二十三章　賭博及ヒ富籤ニ関スル罪
第二十四章　礼拝所及ヒ墳墓ニ関スル罪
第二十五章　瀆職ノ罪
第二十六章　殺人ノ罪
第二十七章　傷害ノ罪
第二十八章　過失傷害ノ罪
第二十九章　堕胎ノ罪
第三十章　遺棄ノ罪
第三十一章　逮捕及ヒ監禁ノ罪
第三十二章　脅迫ノ罪
第三十三章　略取及ヒ誘拐ノ罪
第三十四章　名誉ニ対スル罪
第三十五章　信用及ヒ業務ニ対スル罪
第三十六章　窃盗及ヒ強盗ノ罪
第三十七章　詐欺及ヒ恐喝ノ罪
第三十八章　横領ノ罪
第三十九章　贓物ニ関スル罪
第四十章　毀棄及ヒ隠匿ノ罪

83 **軍令第一号（軍令に関する件）**　一九〇七年（明治四〇年）九月一二日軍令第一号

第一条　陸海軍ノ統帥ニ関シ勅定ヲ経タル規程ハ之ヲ軍令トス
第二条　軍令ニシテ公示ヲ要スルモノニハ上諭ヲ附シ親署ノ後御璽ヲ鈐《けん》シ主任ノ陸軍大臣海軍大臣年月日ヲ記入シ之ニ副署ス
第三条　軍令ノ公示ハ官報ヲ以テス
第四条　軍令ハ別段ノ施行時期ヲ定ムルモノノ外直ニ之ヲ施行ス

84 **戊申詔書**（上下一心忠実勤倹自彊タルヘキ件）　一九〇八年（明治四一年）一〇月一三日詔書

朕惟《おも》フニ方今人文日ニ就《な》リ月ニ将《すす》ミ東西相倚《よ》リ彼此相済《せい》シ以テ其ノ福利ヲ共ニス朕ハ爰《ここ》ニ益々国交ヲ修メ友義ヲ惇《じゅん》シ列国ト与《とも》ニ永ク其ノ慶ニ頼ラムコトヲ期ス顧ミルニ日進ノ大勢ニ伴ヒ文明ノ恵沢ヲ共ニセムトスル固ヨリ内国運ノ発展ニ須《ま》ツ戦後日尚浅ク庶政益々更張ヲ要ス宜《よろし》ク上下心ヲ一ニシ忠実業ニ服シ勤倹産ヲ治メ惟《こ》レ信惟レ義醇厚《じゅんこう》俗ヲ成シ華ヲ去リ実ニ就キ荒怠相誡《いまし》メ自彊息《やす》マサルヘシ

抑《そもそも》々我カ神聖ナル祖宗ノ遺訓ト我カ光輝アル国史ノ成跡トハ炳《へい》トシテ日星ノ如シ寔《まこと》ニ克《よ》ク恪守シ淬礪《さいれい》ノ誠ヲ輸《つく》サハ国運発展ノ本近ク斯《ここ》ニ在リ朕ハ方今ノ世局ニ処シ我カ忠良ナル臣民ノ協翼ニ倚藉《いしゃ》シテ維新ノ皇猷《こうゆう》ヲ恢弘《かいこう》シ祖宗ノ威徳ヲ対揚セムコトヲ庶幾《こひねが》フ爾《なんじ》臣民其レ克ク朕カ旨ヲ体《たい》セヨ

御　名　御　璽

明治四十一年十月十三日（官報掲載　十月一四日）

85　登極令　一九〇九年（明治四二年）二月一一日皇室令第四号

第一条　天皇践祚ノ時ハ即チ掌典長ヲシテ賢所《かしこどころ》ニ祭典ヲ行ハシメ且践祚ノ旨ヲ皇霊殿神殿ニ奉告セシム

第二条　天皇践祚ノ後ハ直ニ元号ヲ改ム

元号ハ枢密顧問ニ諮詢シタル後之ヲ勅定ス

第三条　元号ハ詔書ヲ以テ之ヲ公布ス

第四条　即位ノ礼及大嘗祭ハ秋冬ノ間ニ於テ之ヲ行フ

大嘗祭ハ即位ノ礼ヲ訖《おわ》リタル後続テ之ヲ行フ

第五条　即位ノ礼及大嘗祭ヲ行フトキハ其ノ事務ヲ掌理セシムル為宮中ニ大礼使ヲ置ク

大礼使ノ官制ハ別ニ之ヲ定ム

第六条　即位ノ礼及大嘗祭ヲ行フ期日ハ宮内大臣国務各大臣ノ連署ヲ以テ之ヲ公告ス

第七条　即位ノ礼及大嘗祭ヲ行フ期日定マリタルトキハ之ヲ賢所皇霊殿神殿ニ奉告シ勅使ヲシテ神宮神武天皇山陵並前帝四代ノ山陵ニ奉幣セシム

86　日韓併合条約（韓国併合ニ関スル条約）　一九一〇年（明治四三年）八月二二日

日本国天皇陛下及韓国皇帝陛下ハ両国間ノ特殊ニシテ親密ナル関係ヲ顧ヒ相互ノ幸福ヲ増進シ東洋ノ平和ヲ永久ニ確保セムコトヲ欲シ此ノ目的ヲ達セムカ為ニハ韓国ヲ日本帝国ニ併合スルニ如カサルコトヲ確信シ茲《ここ》ニ両国間ニ併合条約ヲ締結スルコトニ決シ之カ為日本国皇帝陛下ハ統監子爵寺内正毅ヲ韓国皇帝

陛下ハ内閣総理大臣李完用ヲ各其ノ全権委員ニ任命セリ因テ右全権委員ハ会同協議ノ上左ノ諸条ヲ協定セリ

第一条　韓国皇帝陛下ハ韓国全部ニ関スル一切ノ統治権ヲ完全且永久ニ日本国皇帝陛下ニ譲与ス

第二条　日本国皇帝陛下ハ前条ニ掲ケタル譲与ヲ受諾シ且全然韓国ヲ日本帝国ニ併合スルコトヲ承諾ス

第三条　日本国皇帝陛下ハ韓国皇帝陛下、太皇帝陛下、皇太子殿下並其ノ后妃及後裔ヲシテ各其ノ地位ニ応シ相当ナル尊称、威厳及名誉ヲ享有セシメ且之ヲ保持スルニ十分ナル歳費ヲ供給スヘキコトヲ約ス

第四条　日本国皇帝陛下ハ前条以外ノ韓国皇族及其ノ後裔ニ対シ各相当ノ名誉及待遇ヲ享有セシメ且之ヲ維持スルニ必要ナル資金ヲ供与スルコトヲ約ス

第五条　日本国皇帝陛下ハ勲功アル韓人ニシテ特ニ表彰ヲ為スヲ適当ナリト認メタル者ニ対シ栄爵ヲ授ケ且恩金ヲ与フヘシ

第六条　日本国政府ハ前記併合ノ結果トシテ全然韓国ノ施政ヲ担任シ同地ニ施行スル法規ヲ遵守スル韓人ノ身体及財産ニ対シ十分ナル保護ヲ与ヘ且其ノ福利ノ増進ヲ図ルヘシ

第七条　日本国政府ハ誠意忠実ニ新制度ヲ尊重スル韓人ニシテ相当ノ資格アル者ヲ事情ノ許ス限リ韓国ニ於ケル帝国官吏ニ登用スヘシ

第八条　本条約ハ日本国皇帝陛下及韓国皇帝陛下ノ裁可ヲ経タルモノニシテ公布ノ日ヨリ之ヲ施行ス

右証拠トシテ両全権委員ハ本条約ニ記名調印スルモノナリ

明治四十三年八月二十二日

統　監　子爵寺内正毅

隆熙四年八月二十二日

内閣総理大臣　李　完　用

87　朝鮮に施行すべき法令に関する件　一九一〇年（明治四三年）八月二九日緊急勅令第三二四号

朕茲《ここ》ニ緊急ノ必要アリト認メ枢密顧問ノ諮詢ヲ経テ帝国憲法第八条ニ依リ朝鮮ニ施行スヘキ法令ニ関スル件ヲ裁可シ之ヲ公布セシム（略）

勅令第三百二十四号

第一条　朝鮮ニ於テハ法律ヲ要スル事項ハ朝鮮総督ノ命令ヲ以テ之ヲ規定スルコトヲ得

第二条　前条ノ命令ハ内閣総理大臣ヲ経テ勅裁ヲ請フヘシ

第三条　臨時緊急ヲ要スル場合ニ於テ朝鮮総督ハ直ニ第一条ノ命令ヲ発スルコトヲ得

前項ノ命令ハ発布後直ニ勅裁ヲ請フヘシ若シ勅裁ヲ得サルトキハ朝鮮総督ハ直ニ其ノ命令ノ将来ニ向テ効力ナキコトヲ公

布スヘシ

第四条　法律ノ全部又ハ一部ヲ朝鮮ニ施行スルヲ要スルモノハ勅令ヲ以テ之ヲ定ム

第五条　第一条ノ命令ハ第四条ニ依リ朝鮮ニ施行シタル法律及特ニ朝鮮ニ施行スル目的ヲ以テ制定シタル法律及勅令ニ違背スルコトヲ得ス

第六条　第一条ノ命令ハ制令ト称ス

88　朝鮮総督府官制　一九一〇年（明治四三年）九月三〇日勅令第三五四号

第一条　朝鮮総督府ニ朝鮮総督ヲ置ク

総督ハ朝鮮ヲ管轄ス

第二条　総督ハ親任トス陸海軍大将ヲ以テ之ニ充ツ

第三条　総督ハ天皇ニ直隷シ委任ノ範囲内ニ於テ陸海軍ヲ統率シ及朝鮮防備ノ事ヲ掌ル

総督ハ諸般ノ政務ヲ統轄シ内閣総理大臣ヲ経テ上奏ヲ為シ及裁可ヲ受ク

第四条　総督ハ其ノ職権又ハ特別ノ委任ニ依リ朝鮮総督府令ヲ発シ之ニ一年以下ノ懲役若ハ禁錮、拘留、二百円以下ノ罰金又ハ科料ノ罰則ヲ附スルコトヲ得

第五条　総督ハ所轄官庁ノ命令又ハ処分ニシテ制規ニ違ヒ公益ヲ害シ又ハ権限ヲ犯スモノアリト認ムルトキハ其ノ命令又ハ処分ヲ取消シ又ハ停止スルコトヲ得

第六条　総督ハ所部ノ官吏ヲ統督シ奏任文官ノ進退ハ内閣総理大臣ヲ経テ之ヲ上奏シ判任文官以下ノ進退ハ之ヲ専行ス

第七条　総督ハ内閣総理大臣ヲ経テ所部文官ノ叙位叙勲ヲ上奏ス

第八条　総督府ニ政務総監ヲ置ク

政務総監ハ親任トス

政務総監ハ総督ヲ輔佐シ府務ヲ統理シ各部局ノ事務ヲ監督ス

89　工場法　一九一一年（明治四四年）三月二九日法律第四六号

第一条　本法ハ左ノ各号ノ一ニ該当スル工場ニ之ヲ適用ス

一　常時十五人以上ノ職工ヲ使用スルモノ

二　事業ノ性質危険ナルモノ又ハ衛生上有害ノ虞アルモノ

本法ノ適用ヲ必要トセサル工場ハ勅令ヲ以テ之ヲ除外スルコトヲ得

第二条　工場主ハ十二歳未満ノ者ヲシテ工場ニ於テ就業セシム

ルコトヲ得ス但シ本法施行ノ際十歳以上ノ者ヲ引続キ就業セシムル場合ハ此ノ限ニ在ラス

行政官庁ハ軽易ナル業務ニ付就業ニ関スル条件ヲ附シテ十歳以上ノ者ノ就業ヲ許可スルコトヲ得

第三条　工業主ハ十五歳未満ノ者及女子ヲシテ一日ニ付十二時間ヲ超エテ就業セシムルコトヲ得ス

主務大臣ハ業務ノ種類ニ依リ本法施行後十五年間ヲ限リ前項ノ就業時間ヲ二時間以内延長スルコトヲ得

就業時間ハ工場ヲ異ニスル場合ト雖前二項ノ規定ノ適用ニ付テハ之ヲ通算ス

第四条　工業主ハ十五歳未満ノ者及女子ヲシテ午後十時ヨリ午前四時ニ至ル間ニ於テ就業セシムルコトヲ得ス

大審院（明治29年竣工）

III　近代法体制の再編期（一九一五―一九三一）

普通選挙法の成立を祝う集会（1925年）

治安維持法反対集会（1925年）

〔解　説〕近代法体制の再編

この時期は、日本資本主義が独占段階へと移行し、帝国主義国家として本格化する時期である。これにともなう急激な社会変動を背景に、政治・社会・文化など各方面にわたって自由主義的・民主主義的思潮が広がるとともに、普選運動をはじめとする社会諸運動が展開していく（大正デモクラシー）中で、法体制が再編成される。

第一次世界大戦中の一九一五年（大正四）一月、加藤高明外相は、中国大総統袁世凱に五号二一カ条の要求を提出し、山東省のドイツ利権の譲渡や南満州・東部内蒙古における日本権益の拡大強化などを要求し、満州進出の足場を固めていった（一九一九年五月、中国全土に大規模な反日運動「5・4運動」が広がる）。また、第一次大戦後の一九二〇年一月には、国際連盟の発足にあたって、日本は常任理事国となって国際社会へ積極的に乗り出していった。

国内では第一次護憲運動の結果、一九一三年二月第三次桂内閣が総辞職においこまれ（大正政変）、後継の第一次山本権兵衛内閣もシーメンス事件をきっかけに総辞職においこまれた。一九一八年八月、政府はロシア革命後のシベリアへの出兵を宣言、また富山県で起こった米騒動が全国に波及する中、同年九月最初の政党内閣である原内閣が成立した。

普選運動が一段と高揚する中、一九二〇年代にかけて労働運動（一九二〇年五月最初のメーデー、労働組合同盟会の結成）・農民運動（一九二二年四月日本農民組合創立）・部落解放運動（一九二二年三月全国水平社結成）・女性運動（一九二〇年三月新婦人協会発会式）・学生運動（一九二二年学生連合会結成）・都市住民運動（一九二二年借家人同盟結成）・無産政党運動（一九二六年三月労働農民党結成）などの社会諸運動がいっせいにくりひろげられ、また植民地では民族解放運動（一九一九年の「3・1運動」、「5・4運動」）が盛り上がっていた。

一九二四年六月、第二次護憲運動の結果、第一次加藤高明内閣（護憲三派内閣）が成立し、以降一九三二年五月に犬養毅内閣が総辞職するまでの間、政党内閣制の慣行が確立した。

統治機構の再編は、臨時的な国家機関を系統的に設置する形で進められた。防務会議（一九一四年六月）・経済調査会（一九一六年四月）・臨時外交調査会（一九一七年六月）・臨時教育会議（同年九月）・臨時法制審議会（一九一九年七月）・臨時財政経済調査会（同上）などの諸機関の設置がそれである。

一九一九年一月臨時教育会議は、淳風美俗・家族制度に調和しない法律の改正などを建議した。同年七月、法体制の再編作業を担う臨時法制審議会（総裁穂積陳重・副総裁平沼騏一郎）に対し政府は、淳風美俗にもとづく民法改正（諮問第一号）および陪審法制定（同二号）について諮問した。その後政府は、一九二三年にかけて信託法制定（同三号）・刑法改正（同四号）・衆議院議員選挙法改正（同五号）・行政裁判法ならびに訴願法改正（同六号）について諮問した。

一九二五年五月衆議院議員選挙法改正が公布された。一九〇〇年三月の改正で、選挙法中の納税要件は直接国税一〇円以上に引き下げられ、ついで一九一九年五月の改正で三円以上に緩和されたが、今回の改正で納税要件は撤廃され、普通選挙制が実現した（男女平等の普通選挙制の実現は、一九四五年一二月）。同時に有爵議員の減員などを内容とする貴族院令の改正がなされた。

一九二〇年五月文官任用令および関係勅令の改正がなされ、高級官吏の任用については自由任用となり、また、一九一八年一二月に臨時教育会議の答申にもとづいて公布された大学令で新たに公・私立大学の設立が認められ、官僚養成の基盤が拡大することになった。

一九二一年四月、市制町村制を改正して、納税要件の緩和など公民権を拡張し、また郡制を廃止して郡長・郡役所を国の行政官庁とした。さらに一九二六年六月、府県制・市制・町村制を改正して普通選挙制を採用し、自治権の拡張を図った。

一九一六年九月から最初の労働者保護法である工場法（一九一一年三月公布）が施行され、ついで一九二一年四月職業紹介所法が公布され（翌年施行）、一九二三年三月には工場法改正、工業労働者最低年齢法が公布された（二六年七月施行）。また、一九二二年四月と二六年四月に治安警察法が改正され、前者で女性の政談集会禁止条項が、後者で争議扇動禁止条項が削除された。

一九二五年四月治安維持法が公布され、翌年一月に京都帝国大学の学生などが検挙され、初めての適用例となった（京都学連事件）。二八年三月の共産党員の大検挙（3・15事件）後、同年六月に緊急勅令で死刑・無期刑を追加する改正法を公布し即日施行した（その後治安維持法は四一年三月再度改正され、保護観察・予防拘禁制を追加した）。

法体制再編の一環として各種の調停法が制定された。借地法・借家法が公布された翌一九二二年四月、借地借家紛争について訴訟外の方法（調停）で解決を図る制度として借地借家調停法が公布され、一〇月東京など五府県に施行された。ついで二四年七月小作調停法が、二六年三月商事調停法が、同年四月労働争議調停法が公布され、さらに三二年九月金銭債務臨時調停法が、三九年三月には人事調停法が公布された。

第一次大戦の終結に先立つ一九一八年四月、軍の強い要求により戦時に民間工場・事業場・付属施設などを軍需品の生産に動員する権限を政府に与える軍需工業動員法が公布された（一九三八年五月の国家総動員法の施行で廃止）。また一九三一年四月には重要産業統制法が公布され、重要産業部門におけるカルテル結成に強制力を付与するなど経済・産業統制が本格化する。

一九二二年四月には一八歳未満の非行・犯罪少年の処分など

を想定した少年法と矯正院法が公布され、また信託行為・信託業務の基本法として信託法が公布された。なお臨時法制審議会への諮問事項に関して、同審議会において一九二五年五月に「民法親族編中改正ノ要綱」が、一九二七年一二月に「民法相続編中改正ノ要綱」が議決され、両者は同月公表された。一九二六年一〇月には「刑法改正ノ綱領」が内閣に答申された。

一九二三年四月陪審法が公布され、二八年一〇月から施行された。陪審事件には法定陪審と請求陪審があり、皇室に対する罪・軍事機密関係の犯罪・治安維持法違反事件などは陪審事件から除外された（一九四三年四月「陪審法ノ停止ニ関スル件」により陪審法は停止となる）。

一九一八年四月、民事刑事について内地と外地間の法令の連絡・適用について規定した共通法が公布され、翌年四月に関東庁官制が、八月に朝鮮総督府官制改正および台湾総督府官制改正が公布されて、植民地支配のあり方が再編された。

この時期には、法思想・法学の面においても新しい展開がみられ、官僚法学に対して市民法学がいっせいに開花した。美濃部達吉の憲法学、末弘厳太郎の民法・法社会学、牧野英一の刑法学、中田薫の法制史学、そして平野義太郎のマルクス主義法学などがそれである。

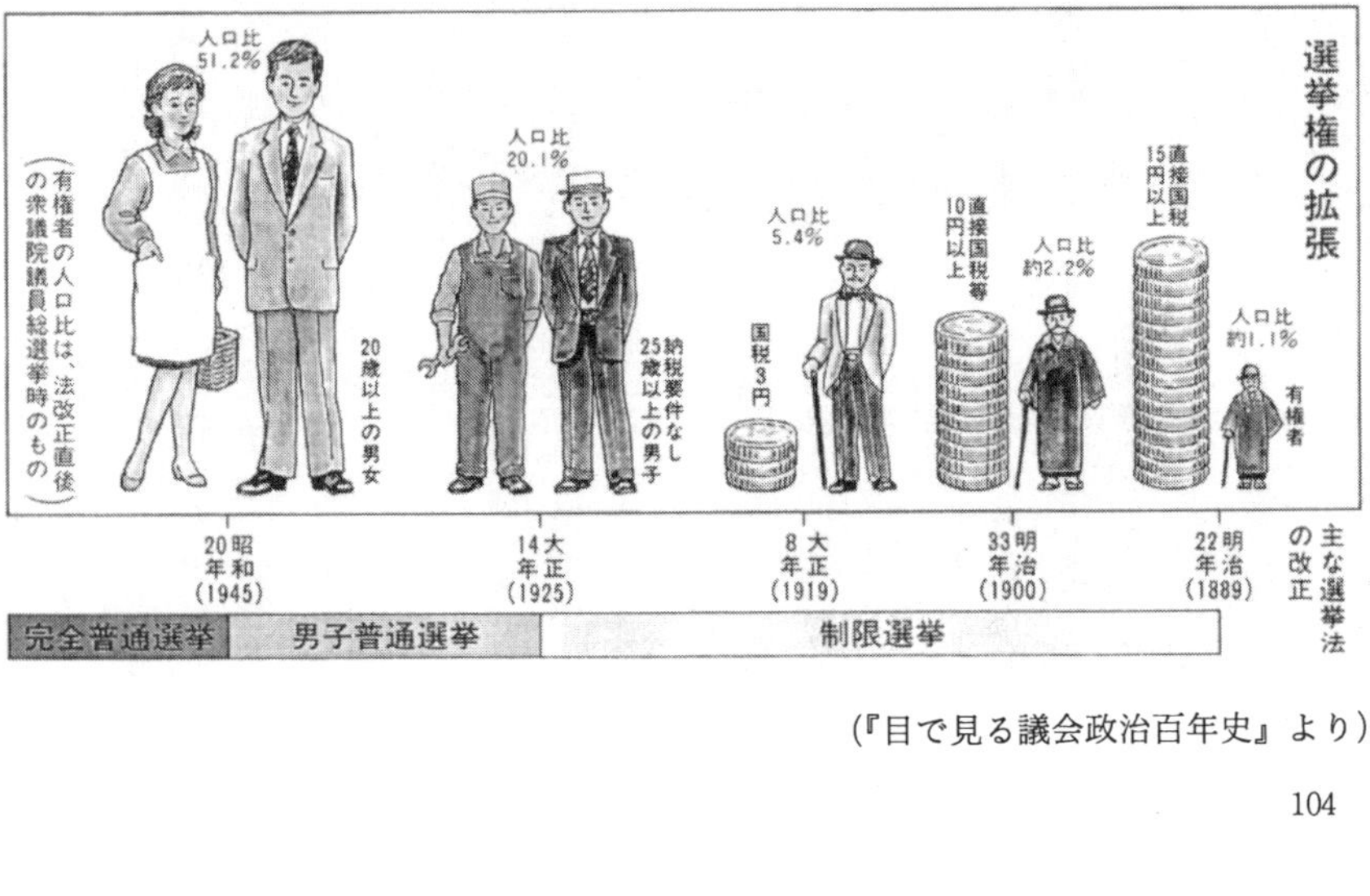

（『目で見る議会政治百年史』より）

90　二十一ヵ条要求　一九一四年（大正三年）一二月三日

訓令（一九一五年一月一八日提出）

第一号（略）

第一条　支那国政府ハ、独逸《ドイツ》国カ山東省ニ関シ条約其他ニ依リ支那国ニ対シテ有スル一切ノ権利、利益、譲与等ノ処分ニ付、日本国政府カ独逸国政府ト協定スヘキ一切ノ事項ヲ承認スヘキコトヲ約ス

第三条　支那国政府ハ、芝罘《チーフー》又ハ竜口ト膠州湾ヨリ済南《チーナン》ニ至ル鉄道トヲ連絡スヘキ鉄道ノ敷設ヲ日本国ニ允許ス

第二号　日本国政府及支那国政府ハ、支那国政府カ南満州及東部内蒙古ニ於ケル日本国ノ優越ナル地位ヲ承認スルニヨリ、茲《ここ》ニ左ノ条款ヲ締約セリ

第一条　両締約国ハ、旅順大連租借期限並南満州及安奉両鉄道各期限ヲ何《いず》レモ更ニ九十九ヶ年ツツ延長スヘキコトヲ約ス

第四条　支那国政府ハ、本条約付属書ニ列記セル南満州及東部内蒙古ニ於ケル諸鉱山ノ採掘権ヲ日本国臣民ニ許与ス

第三号（略）

第一条　両締約国ハ、将来適当ノ時機ニ於テ漢冶萍公司《かんやひょうコンス》ヲ両国ノ合弁トナスコト並ニ支那国政府ハ日本国政府ノ同意ナクシテ同公司ニ属スル一切ノ権利財産ヲ自ラ処分シ又ハ同公司ヲシテ処分セシメサルヘキコトヲ約ス

第四号（略）

支那国政府ハ、支那国沿岸ノ港湾及島嶼《しょ》ヲ他国ニ譲与シ若クハ貸与セサルヘキコトヲ約ス

第五号

一、中央政府ニ政治財政及軍事顧問トシテ有力ナル日本人ヲ傭聘《ようへい》セシムルコト

三、従来日支間ニ警察事故ノ発生ヲ見ルコト多ク、不快ナル論争ヲ醸《かも》シタルコトモ少カラサルニ付、此際必要ノ地方ニ於ケル警察ヲ日支合同トシ、又ハ此等地方ニ於ケル支那警察官庁ニ多数ノ日本人ヲ傭聘セシメ、以テ一面支那警察機関ノ刷新確立ヲ図ルニ資スルコト

四、日本ヨリ一定ノ数量（例ヘハ支那政府所要兵器ノ半数）以上ノ兵器ノ供給ヲ仰キ、又ハ支那ニ日支合弁ノ兵器廠《しょう》ヲ設立シ日本ヨリ技師及材料ノ供給ヲ仰クコト

五、武昌ト九江南昌線トヲ連絡スル鉄道及南昌杭州間、南昌潮州間鉄道敷設権ヲ日本ニ許与スルコト

六、福建省ニ於ケル鉄道、鉱山、港湾ノ設備（造船所ヲ含ム）ニ関シ、外国資本ヲ要スル場合ニハ先ツ日本ニ協議スベキコト

91　共通法　一九一八年（大正七年）四月一七日法律第三九号

第一条　本法ニ於テ地域ト称スルハ内地、朝鮮、台湾、関東州又ハ南洋群島ヲ謂フ

前項ノ内地ニハ樺太《カラフト》ヲ包含ス

第二条　民事ニ関シ一ノ地域ニ於テ他ノ地域ノ法令ニ依ルコトヲ定メタル場合ニ於テハ各地域ニ於テ其ノ他ノ法令ヲ適用ス二以上ノ地域ニ於テ同一ノ他ノ地域ノ法令ニ依ルコトヲ定メタル場合ニ於テ其ノ相互ノ間亦同シ

民事ニ関シテハ前項ノ場合ヲ除クノ外法例ヲ準用ス此ノ場合ニ於テハ各当事者ノ属スル地域ノ法令ヲ以テ其ノ本国法トス

第三条　一ノ地域ノ法令ニ依リ其ノ地域ノ家ニ入ル者ハ他ノ地域ノ家ヲ去ル（略）

第四条　一ノ地域ニ於テ成立シタル法人ハ他ノ地域ニ於テ其ノ成立ヲ認ム

前項ノ法人ハ他ノ地域ノ法令ニ依リ同種又ハ類似ノ法人ノ為スコトヲ得サル事項ハ其ノ地ニ於テ之ヲ為スコトヲ得ス

第九条　民事訴訟及非訟事件ニ付一ノ地域内ニ住所ヲ有セサル者ノ裁判管轄又ハ他ノ地域ノ法人ノ裁判管轄ニ関シテハ民事訴訟法、人事訴訟手続法及非訟事件手続法中日本ニ住所ヲ有セサル者又ハ外国法人ノ裁判管轄ニ関スル規定ヲ準用ス

前項ノ規定ノ適用ニ付裁判管轄ノ指定ニ関スル司法大臣ノ職務ハ朝鮮、台湾、関東州又ハ南洋群島ニ在リテハ朝鮮総督、台湾総督、関東長官又ハ南洋庁長官之ヲ行フ

第十二条　一ノ地域ニ於テ作成シタル公正証書其ノ他法令ニ依リ官署公署ノ作成シタル文書ハ他ノ地域ニ於テ其ノ地ノ法令ニ依リ作成シタルモノト同一ノ公正ノ効力ヲ有ス

第十三条　一ノ地域ニ於テ罪ヲ犯シタル者ハ他ノ地域ニ於テ之ヲ処罰スルコトヲ得

第十四条　刑事ニ関シ一ノ地域ニ於テ他ノ地域ノ法令ニ依ルコトヲ定メタル場合ニ於テハ各地域ニ於テ其ノ地ノ法令ヲ適用ス二以上ノ地域ニ於テ同一ノ他ノ地域ノ法令ニ依ルコトヲ定メタル場合ニ於テ其ノ相互ノ間亦同シ（略）

犯罪地ノ法令ニ依リ処断スル場合ニ於テ処断地ノ法令ニ笞刑ニ関スル規定アルトキハ其ノ規定ニ依リ笞刑ノ言渡ヲ為スコトヲ得

第十六条　一箇ノ刑事事件又ハ牽連スル数箇ノ刑事事件カ地域ヲ異ニスル数箇ノ裁判官庁ノ管轄ニ属スルトキハ刑事訴訟法第五条及第十条第一項ノ規定ヲ準用ス

第十八条　一ノ地域ニ於テ刑事ノ訴訟若ハ即決処分又ハ仮出獄ニ関シテ為シタル裁判、処分其ノ他ノ手続上ノ行為ハ他ノ地域ニ於ケル法令ノ適用ニ関シテハ其ノ地ニ於テ為シタルモノト同一ノ効力ヲ有ス（略）

附　則

（略）

本法ハ本法施行前ニ生シタル事項ニ付亦之ヲ適用ス但シ第十一条第一項及第十八条第一項ノ規定ノ適用ニ付テハ人ノ資格ニ基ク既成ノ効果ヲ妨ケス

本法施行前ニ宣告シタル破産ニ付テハ仍《すなわち》従前ノ例ニ依ル

92 大学令　一九一八年（大正七年）一二月六日勅令第三八八号

第一条　大学ハ国家ニ須要ナル学術ノ理論及応用ヲ教授シ並其ノ蘊奥《うんおう》ヲ攻究《こうきゅう》スルヲ以テ目的トシ兼《かね》テ人格ノ陶冶及国家思想ノ涵養《かんよう》ニ留意スヘキモノトス

第二条　大学ニハ数個ノ学部ヲ置クヲ常例トス但シ特別ノ必要アル場合ニ於テハ単ニ一個ノ学部ヲ置クモノヲ以テ一大学ト為スコトヲ得

学部ハ法学、医学、工学、文学、理学、農学、経済学及商学ノ各部トス

特別ノ必要アル場合ニ於テ実質及規模一学部ヲ構成スルニ適スルトキハ前項ノ学部ヲ分合シテ学部ヲ設クルコトヲ得

第三条　学部ニハ研究科ヲ置クヘシ

数個ノ学部ヲ置キタル大学ニ於テハ研究科間ノ聯絡協調ヲ期スル為之ヲ総合シテ大学院ヲ設クルコトヲ得

第四条　大学ハ帝国大学其ノ他官立ノモノノ外本令ノ規定ニ依リ公立又ハ私立ト為スコトヲ得

第八条　公立及私立ノ大学ノ設立廃止ハ文部大臣ノ認可ヲ受クヘシ学部ノ設置廃止亦同シ

前項ノ認可ハ文部大臣ニ於テ勅裁ヲ請フヘシ

第十条　学部ニ三年以上在学シ一定ノ試験ヲ受ケ之ニ合格シタル者ハ学士ト称スルコトヲ得

前項ノ在学年限ハ医学ヲ修ムル者ニ在リテハ四年以上トス

第十六条　大学及大学予科ノ学則ハ法令ノ範囲内ニ於テ当該大学之ヲ定メ文部大臣ノ認可ヲ受クヘシ

第十八条　私立大学ノ教員ノ採用ハ文部大臣ノ認可ヲ受クヘシ

公立大学ノ教員ニシテ官吏ノ待遇ヲ受ケサル者ニ付亦同シ

第十九条　公立及私立ノ大学ハ文部大臣ノ監督ニ属ス

93 臨時教育会議建議　一九一九年（大正八年）一月一七日臨時教育会議決議

教育ノ効果ヲ完カラシムヘキ一般施設ニ関スル建議

教育ノ事タル国家経論ノ大本ニシテ皇道ノ振起国運ノ隆昌一ニ之ヲ其ノ力ニ俟《ま》タサルヘカラス政府夙《つと》ニ此ニ観ル所アリ常ニ教育ノ振興ヲ図リ神聖建極ノ遺訓ト祖宗恢弘《かいこう》ノ皇謨トニ遵ヒ之

カ達成ニ努ムルハ今復喋々《ちょうちょう》ヲ要セサルナリ然レトモ社会ノ状態ニシテ健全ナラサランカ当局ノ経営教職ノ苦心モ其ノ功ヲ奏スルコト能ハス故ニ学校教育ニ従事スル者ノミノ能ク成シ得ヘキ所ニアラス必スヤ朝野一切経営者ノ協力戮力《りくりょく》ニ頼ラサルヘカラサルナリ熟々《つらつら》社会ノ状勢ヲ観ルニ維新ノ後開国進取ニ急ニシテ欧米ノ文物制度ノ移入ニ忙ハシク或ハ薫蕕《くんゆう》ヲ判ツノ遑《いとま》アラサリシカ為ニ一面ニ於テハ我カ文化ヲ裨補《ひほ》シ富強ノ実漸《ようや》ク現ハルルモノアルニ拘ラス他ノ一面ニ於テハ主トシテ物質偏重ノ弊ニ因リ国民思想ノ整飭《せいちょく》ヲ失シ醇美《じゅんび》ノ風敦厚ノ俗次第ニ頽敗セントスルノ勢ヲ呈スルニ至レリ殊ニ時局各般ノ影響ニ因リ我カ思想界ノ変調漸ク測ルヘカラサルモノアラントス誠ニ憂慮ニ堪ヘサルナリ苟《いやしく》モ時弊ヲ救ハント欲セハ国民思想ノ帰嚮ヲ一ニシ其ノ適従スル所ヲ定ムルヨリ要ナルハナシ而《しこう》シテ其ノ帰嚮スル所ハ建国以降扶植培養セル本邦固有ノ文化ヲ基址《し》トシ時世ノ進運ニ伴ヒ益々之ヲ発達大成ヲ期スルニ在リ今其ノ要目ヲ挙クレハ国体ノ本義ヲ明徴ニシ之ヲ中外ニ顕彰スルカ如キ我国固有ノ淳風美俗ヲ維持シ法律制度ノ之ニ副ハサルモノヲ改正スルカ如キ各国文化ノ長ヲ採ルト共ニ徒ニ之カ模倣ニ安ンセス独創的精神ヲ振作セシムルカ如キ建国ノ精神ニ基キ正義公道ニ依リ世界ノ大勢ニ処スルカ如キ社会ノ協調ヲ図リ一般国民ヲシテ生活ノ安定ヲ得シムルカ如キ即《すなわ》チ是《これ》ナリ之ヲ要スルニ前述ノ趣旨ヲ貫徹シ現下ノ状勢ヲ改善スルニアラスンハ教育ノ効果得テ望ムヘカラス須《すべから》ク朝野一致協同シテ事ニ此ニ従ヒ内ハ以テ国家百年ノ長計ヲ立テ外ハ以テ世界ノ文明ニ貢献スル所アルヘキナリ当局者ニ於テハ深ク思ヲ此ニ致シ相当ノ措置ヲ取ラレンコトヲ望ム右及建議候也

94　臨時法制審議会官制　一九一九年（大正八年）七月九日

勅令第三三二号

第一条　臨時法制審議会ハ内閣総理大臣ノ監督ニ属シ其ノ諮詢ニ応シテ法律制度ヲ調査審議ス

第二条　臨時法制審議会ハ総裁一人、副総裁一人及委員三十人以内ヲ以テ之ヲ組織ス

特別ノ事項ヲ調査審議スル為必要アルトキハ臨時委員ヲ置クコトヲ得

総裁、副総裁、委員及臨時委員ハ内閣総理大臣ノ奏請ニ依リ内閣ニ於テ之ヲ命ス

第三条　総裁ハ会務ヲ総理ス

副総裁ハ総裁ヲ佐《たす》ケ総裁事故アルトキハ其ノ職務ヲ代理ス

第四条　臨時法制審議会ニ幹事ヲ置ク内閣総理大臣ノ奏請ニ依リ関係各庁高等官ノ中ヨリ内閣ニ於テ之ヲ命ス

幹事ハ総裁及副総裁ノ指揮ヲ承《う》ケ庶務ヲ整理シ臨時命ヲ承ケ法令ノ調査ニ従事ス

第五条　臨時法制審議会ニ書記ヲ置ク関係各庁判任官ノ中ヨリ内閣ニ於テ之ヲ命ス
書記ハ総裁、副総裁及幹事ノ指揮ヲ承ケ庶務ニ従事ス

附　則

本令ハ公布ノ日ヨリ之ヲ施行ス
法律取調委員会規則ハ之ヲ廃止ス

95　臨時法制審議会への諮問

諮問第一号　（大正八年七月二十五日）
政府ハ民法ノ規定中我邦古来ノ淳風美俗ニ副ハサルモノアリト認ム之カ改正ノ要綱如何《いかん》

諮問第二号　（大正八年七月二十五日）
政府ハ司法裁判所ニ付陪審制度ヲ採用セムトス其可否ヲ審議シ可トセハ其綱領ハ如何ニ定ムヘキヤ

諮問第三号　（大正九年六月二十八日）
信託ニ関スル法規ヲ定ムルノ可否ヲ審議シ可トセハ其ノ綱領ハ如何ニ之ヲ定ムヘキヤ

諮問第四号　（大正十年十一月二十八日）
政府ハ主トシテ左ノ理由ニ基キ現刑法ノ規定中改正スヘキモノアリト認ム其可否如何若シ可トセハ改正ノ綱領如何

一、現行刑法ノ規定ハ之ヲ我国固有ノ道徳及美風良習ニ稽《かんが》ヘ改正ノ必要アルヲ認ム
一、現行刑法ノ規定ハ人身及名誉ノ保護ヲ完全ニスル為改正ノ必要アルヲ認ム
一、輓近《ばんきん》人心ノ趨向ニ見テ犯罪防遏《ぼうあつ》ノ効果ヲ確実ナラシムル為刑事制裁ノ種類及執行方法ヲ改ムルノ必要アルヲ認ム

諮問第五号　（大正十二年六月二十三日）
衆議院議員選挙法中改正ノ要アリヤ、アラバ其ノ要領如何

諮問第六号　（大正十二年六月二十八日）
行政裁判及訴願ニ関スル法規ヲ改正スルノ要ナキカ要アリトセバ其綱領如何

〔出典：福島正夫編『穂積陳重博士と明治・大正期の立法事業』〕

96　新婦人協会の綱領・宣言　一九二〇年（大正九年）三月二八日『女性同盟』一号

綱　領

一、婦人の能力を自由に発達せしめるため男女の機会均等を主張すること。

一、男女の価値同等観の上に立ちて其の差別を認め協力を主張すること。
一、家庭の社会的意義を闡明《せんめい》すること。
一、婦人、母、子供の権利を擁護し、彼等の利益の増進を計ると共に之に反する一切を排除すること。

宣　言

婦人も亦婦人全体のために、その正しき義務と権利の遂行のために団結すべき時が来ました。今こそ婦人は婦人自身の教養、その自我の充実を期するのみならず、相互の堅き団結の力によつて、その社会的地位の向上改善を計り、婦人としての、母としての権利の獲得のため、男子と協力して戦後の社会改造の実際運動に参加すべき時であります。若しこの時に於て、婦人が立たなければ、当来の社会も亦婦人を除外した男子中心のものとなるに相違ありません。そしてそこに世界、人類の禍の大半が置かれるのだと思ひます。

私共は日本婦人がいつまで無智無能であるとは信じません。否、既に我が婦人界は今日見るべき学識あり、能力ある幾人かの新婦人を有《も》つてゐます。しかも私共は是等《これら》の現はれたる婦人以外に、なほ多くの更に識見高き、思慮あり、実力ある隠れたる婦人のあることを疑ひません。然るに是等の婦人の力が一つとして社会的に若しくは社会的勢力となつて活動して来ないのは何故でありませう。全く婦人相互の間に何の聯絡もなく、各自孤立の状態にあつて、少しもその力を婦人共同の目的のために一つにしやうといふやうな努力もなく、又そのための機関もないからではないでせうか。私共はさう信ずるものであります。是れ私共が微力を顧ず、同志を糾合し、茲《ここ》に婦人の団体的活動の一機関として「新婦人協会」を組織し、婦人相互の団結を計り、堅忍持久の精神をもつて、婦人擁護のため、その進歩向上のため、或は利益の増進、権利の獲得のため努力し、その目的を達せんことを期する所以であります。

〔出典：歴史学研究会編『日本史史料』〔4〕近代〕

97　全国水平社の綱領・宣言　一九二二年（大正一一年）三月

綱　領

一、我々特殊部落民は部落民自身の行動によつて絶対の解放を期す
一、我々特殊部落民は絶対に経済の自由と職業の自由を社会に要求し以て獲得を期す
一、我等は人間性の原理に覚醒し人類最高の完成に向つて突進す

宣　言

全国に散在する我が特殊部落民よ団結せよ。

長い間虐められて来た兄弟よ、

過去半世紀間に種々なる方法と、多くの人々とによつてなされた我等の為の運動が、何等の有難い効果を齎《もたら》さなかつた事実は、夫等のすべてが我々によつて又他の人々に依つて毎《つね》に人間を冒瀆されてゐた罰であつたのだ。そして、これ等の人間を勦《いたわ》るかの如き運動は、かへつて多くの兄弟を堕落させた事を想へば、此際我等の中より人間を尊敬する事によつて自ら解放せんとする者の集団運動を起せるは寧《むし》ろ必然である。

兄弟よ。

我々の祖先は自由、平等の渇仰者であり、実行者であつた。陋劣《ろうれつ》なる階級政策の犠牲者であり、男らしき産業的殉教者であつたのだ。ケモノの皮剥《は》ぐ報酬として、生々しき人間の皮を剥取られ、ケモノの心臓を裂く代価として、暖かい人間の心臓を引裂かれ、そこへクダラナイ嘲笑の唾まで吐きかけられた呪はれの夜の悪夢のうちにも、なほ誇り得る人間の血は、涸れづにあつた。そうだ、そうして我々は、この血を享《う》けて人間が神にかはらうとする時代にあうたのだ。犠牲者がその烙印を投げ返す時が来たのだ。殉教者が、その荊冠《けいかん》を祝福される時が来たのだ。

我々がエタである事を誇り得る時が来たのだ。

我々は、かならず卑屈なる言葉と怯懦《きようだ》なる行為によつて、祖先を辱しめ人間を冒瀆してはならぬ。そうして人の世の冷たさが、何《ど》んなに冷たいか、人間を勦はる事が何んであるかをよく知つている吾々は、心から人世の熱と光を願求礼讃するものである。

水平社はかくして生れた。

人の世に熱あれ、人間に光あれ。

大正十一年三月三日

全国水平社

〔出典：歴史学研究会編『日本史史料』〔4〕近代〕

98　借地借家調停法　一九二二年（大正一一年）四月一二日

法律第四一号

第一条　土地又ハ建物ノ貸借、地代、家賃其ノ他借地借家関係ニ付争議ヲ生シタルトキハ当事者ハ争議ノ目的タル土地又ハ建物ノ所在地ヲ管轄スル区裁判所ニ調停ノ申立ヲ為スコトヲ得

当事者ハ合意ヲ以テ前項ノ区裁判所ノ所在地ヲ管轄スル地方裁判所ニ調停ノ申立ヲ為スコトヲ得

第一項ニ於テ借地借家ト称スルハ借地法及借家法ニ於ケル借地借家ヲ謂フ

第八条　調停手続ハ之ヲ公開セス但シ裁判所ハ相当ト認ムル者ノ傍聴ヲ許スコトヲ得
第一二条　調停ハ裁判上ノ和解ト同一ノ効力ヲ有ス
第一三条　裁判所ハ調停前調停ノ為必要ト認ムル処分ヲ命スルコトヲ得
第一四条　裁判所調停ノ申立ヲ受理シタルトキハ調停委員会ヲ開クコトヲ得
当事者双方ノ申立アルトキハ裁判所ハ調停委員会ヲ開クコトヲ要ス
第一五条　調停委員会ハ調停主任一人及調停委員二人以上ヲ以テ之ヲ組織ス
第一六条　調停主任ハ判事ノ中ヨリ毎年予メ地方裁判所長之ヲ指定ス
調停委員ハ特別ノ知識経験アル者ニ就キ毎年予メ地方裁判所長ノ選任シタル者又ハ当事者ノ合意ニ依リ選定セラレタル者ノ中ヨリ各事件ニ付調停主任之ヲ指定ス
第二一条　調停委員会ノ評議ハ之ヲ秘密トス

99　少年法　一九二二年（大正一一年）四月一七日法律第四二号

第一章　通則

第一条　本法ニ於テ少年ト称スルハ十八歳ニ満タサル者ヲ謂フ
第二条　少年ノ刑事処分ニ関スル事項ハ本法ニ定ムルモノノ外一般ノ例ニ依ル

第二章　保護処分

第四条　刑罰法令ニ触ルル行為ヲ為シ又ハ刑罰法令ニ触ルル行為ヲ為ス虞アル少年ニ対シテハ左ノ処分ヲ為スコトヲ得
一　訓誡ヲ加フルコト
二　学校長ノ訓誡ニ委スルコト
三　書面ヲ以テ改心ノ誓約ヲ為サシムルコト
四　条件ヲ附シテ保護者ニ引渡スコト
五　寺院、教会、保護団体又ハ適当ナル者ニ委託スルコト
六　少年保護司ノ観察ニ付スルコト
七　感化院ニ送致スルコト
八　矯正院ニ送致スルコト
九　病院ニ送致又ハ委託スルコト
前項各号ノ処分ハ適宜併セテ之ヲ為スコトヲ得
第六条　少年ニシテ刑ノ執行猶予ノ言渡ヲ受ケ又ハ仮出獄ヲ許サレタル者ハ猶予又ハ仮出獄ノ期間内少年保護司ノ観察ニ付ス（略）

第三章　刑事処分

第七条　罪ヲ犯ス時十六歳ニ満タサル者ニハ死刑及無期刑ヲ科セス死刑又ハ無期刑ヲ以テ処断スヘキトキハ十年以上十五年

以下ニ於テ懲役又ハ禁錮ヲ科ス
刑法第七十三条、第七十五条又ハ第二百条ノ罪ヲ犯シタル者ニハ前項ノ規定ヲ適用セス
第八条　少年ニ対シ長期三年以上ノ有期ノ懲役又ハ禁錮ヲ以テ処断スヘキトキハ其ノ刑ノ範囲内ニ於テ短期ト長期トヲ定メ之ヲ言渡ス但シ短期五年ヲ超ユル刑ヲ以テ処断スヘキトキハ短期ヲ五年ニ短縮ス
前項ノ規定ニ依リ言渡スヘキ刑ノ短期ハ五年長期ハ十年ヲ超ユルコトヲ得ス
刑ノ執行猶予ノ言渡ヲ為スヘキ場合ニハ前二項ノ規定ヲ適用セス
第九条　懲役又ハ禁錮ノ言渡ヲ受ケタル少年ニ対シテハ特ニ設ケタル監獄又ハ監獄内ノ特ニ分界ヲ設ケタル場所ニ於テ其ノ刑ヲ執行ス
本人十八歳ニ達シタル後ト雖二十三歳ニ至ル迄ハ前項ノ規定ニ依リ執行ヲ継続スルコトヲ得
第一〇条　少年ニシテ懲役又ハ禁錮ノ言渡ヲ受ケタル者ニハ左ノ期間ヲ経過シタル後仮出獄ヲ許スコトヲ得
一　無期刑ニ付テハ七年
二　第七条第一項ノ規定ニ依リ言渡シタル刑ニ付テハ三年
三　第八条第一項及第二項ノ規定ニ依リ言渡シタル刑ニ付テハ其ノ刑ノ短期ノ三分ノ一

100　陪審法　一九二三（大正一二年）四月一八日法律第五〇号

第一章　総則

第一条　裁判所ハ本法ノ定ムル所ニ依リ刑事事件ニ付陪審ノ評議ニ付シテ事実ノ判断ヲ為スコトヲ得
第二条　死刑又ハ無期ノ懲役若ハ禁錮ニ該ル事件ハ之ヲ陪審ノ評議ニ付ス
第三条　長期三年ヲ超ユル有期ノ懲役又ハ禁錮ニ該ル事件ニシテ地方裁判所ノ管轄ニ属スルモノニ付被告人ノ請求アリタルトキハ之ヲ陪審ノ評議ニ付ス
第四条　左ニ掲クル罪ニ該ル事件ハ前二条ノ規定ニ拘ラス之ヲ陪審ノ評議ニ付セス
一　大審院ノ特別権限ニ属スル罪
二　刑法第二編第一章乃至第四章及第八章ノ罪
三　治安維持法ノ罪
四　軍機保護法、陸軍刑法又ハ海軍刑法ノ罪其ノ他軍機ニ関シ犯シタル罪
五　法令ニ依リテ行フ公選ニ関シ犯シタル罪
第七条　被告人公判又ハ公判準備ニ於ケル取調ニ於テ公訴事実ヲ認メタルトキハ事件ヲ陪審ノ評議ニ付スルコトヲ得ス但シ

共同被告人中公訴事実ヲ認メサル者アルトキハ此ノ限ニ在ラス

第八条　地方ノ情況ニ由リ陪審ノ評議公平ヲ失スルノ虞アルトキハ検察官ハ直近上級裁判所ニ管轄移転ノ請求ヲ為スコトヲ得（略）

第一一条　上訴裁判所ニ於テハ事件ヲ陪審ノ評議ニ付スルコトヲ得ス

第二章　陪審員及陪審ノ構成

第一二条　陪審員ハ左ノ各号ニ該当スル者タルコトヲ要ス

一　帝国臣民タル男子ニシテ三十歳以上タルコト

二　引続キ二年以上同一市町村内ニ住居スルコト

三　引続キ二年以上直接国税三円以上ヲ納ムルコト

四　読ミ書キヲ為シ得ルコト

前項第二号及第三号ノ要件ハ其ノ年九月一日ノ現在ニ依ル

101　小作調停法　一九二四年（大正一三年）七月二二日法律第一八号

第一条　小作料其ノ他小作関係ニ付争議ヲ生シタルトキハ当事者ハ争議ノ目的タル土地ノ所在地ヲ管轄スル地方裁判所ニ調停ノ申立ヲ為スコトヲ得

当事者ハ合意ヲ以テ争議ノ目的タル土地ノ所在地ヲ管轄スル区裁判所ニ調停ノ申立ヲ為スコトヲ得

第二条　当事者不当ノ目的ヲ以テ濫《みだり》ニ調停ノ申立ヲ為シタリト認ムルトキハ裁判所ハ其ノ申立ヲ却下スルコトヲ得

第三条　調停ノ申立ハ争議ノ目的タル土地ノ所在地ノ市町村長又ハ郡長ヲ経テ之ヲ為スコトヲ得

第四条　前条ノ規定ニ依ル調停ノ申立アリタルトキハ市町村長又ハ郡長ハ遅滞ナク申立ニ関スル書類ヲ裁判所ニ送付シ且町村長ニ在リテハ郡長ニ、郡長ニ在リテハ町村長ニ申立アリタル旨ノ通知ヲ為スコトヲ要ス

争議ノ目的タル土地カ数郡市町村ニ亘ル場合ニ於テハ調停ノ申立ヲ受ケタル市町村長又ハ郡長ハ遅滞ナク関係市町村長及郡長ニ前項ノ通知ヲ為スコトヲ要ス

第五条　裁判所直接ニ調停ノ申立ヲ受ケタルトキハ遅滞ナク之ヲ争議ノ目的タル土地ノ所在地ノ市町村農業委員会及市町村長ニ通知スルコトヲ要ス但シ第八条第一項ノ規定ニ依リ事件ヲ移送スル場合ハ此ノ限ニ在ラス

第九条　調停ノ申立ヲ受理シタル事件ニ付訴訟カ繫属スルトキハ調停ノ終了ニ至ル迄訴訟手続ヲ中止ス

第九条ノ二　裁判所調停ノ申立ヲ受理シタルトキハ調停前当該争議ノ目的タル土地ノ所在地ノ市町村農業委員会ヲシテ勧解ヲ為サシムルコトヲ要ス但シ当該争議ニ付既ニ市町村農業委員会ノ勧解ヲ経タル場合其ノ他争議ノ実情ニ鑑ミ市町村農業

委員会ノ勧解ヲ不適当ト認ムル場合ハ此ノ限ニ在ラズ
第一〇条　裁判所調停ノ中立ヲ受理シタルトキハ調停委員会ヲ開クコトヲ要ス但シ争議ノ実情ニ鑑ミ之ヲ開カスシテ調停ヲ為スコトヲ得
当事者ノ中立アルトキハ前項但書ノ規定ニ拘ラス裁判所ハ調停委員会ヲ開クコトヲ要ス
第一一条　裁判所事情ニ依リ適当ナル者アリト認ムルトキハ何時ニテモ之ヲシテ勧解ヲ為サシムルコトヲ得

102　**治安維持法**　一九二五年（大正一四年）四月二二日法律第四六号

第一条　国体ヲ変革シ又ハ私有財産制度ヲ否認スルコトヲ目的トシテ結社ヲ組織シ又ハ情ヲ知リテ之ニ加入シタル者ハ十年以下ノ懲役又ハ禁錮ニ処ス
前項ノ未遂罪ハ之ヲ罰ス
第二条　前条第一項ノ目的ヲ以テ其ノ目的タル事項ノ実行ニ関シ協議ヲ為シタル者ハ七年以下ノ懲役又ハ禁錮ニ処ス
第三条　第一条第一項ノ目的ヲ以テ其ノ目的タル事項ノ実行ヲ煽動シタル者ハ七年以下ノ懲役又ハ禁錮ニ処ス
第四条　第一条第一項ノ目的ヲ以テ騒擾、暴行其ノ他生命、身体又ハ財産ニ害ヲ加フヘキ犯罪ヲ煽動シタル者ハ十年以下ノ懲役又ハ禁錮ニ処ス
第五条　第一条第一項及前三条ノ罪ヲ犯サシムルコトヲ目的トシテ金品其ノ他ノ財産上ノ利益ヲ供与シ又ハ其ノ申込若ハ約束ヲ為シタル者ハ五年以下ノ懲役又ハ禁錮ニ処ス情ヲ知リテ供与ヲ受ケ又ハ其ノ要求若ハ約束ヲ為シタル者亦同シ
第六条　前五条ノ罪ヲ犯シタル者自首シタルトキハ其ノ刑ヲ減軽又ハ免除ス
第七条　本法ハ何人ヲ問ハス本法施行区域外ニ於テ罪ヲ犯シタル者ニ亦之ヲ適用ス

103　**衆議院議員選挙法改正**　一九二五年（大正一四年）五月五日法律第四七号

第一章　選挙ニ関スル区域
第一条　衆議院議員ハ各選挙区ニ於テ之ヲ選挙ス
選挙区及各選挙区ニ於テ選挙スヘキ議員ノ数ハ別表ヲ以テ之ヲ定ム
第二条　投票区ハ市町村ノ区域ニ依ル
（略）
第三条　開票区ハ都市ノ区域ニ依ル

（略）

第二章　選挙権及被選挙権

第五条　帝国臣民タル男子ニシテ年齢二十五年以上ノ者ハ選挙権ヲ有ス

帝国臣民タル男子ニシテ年齢三十年以上ノ者ハ被選挙権ヲ有ス

第六条　左ニ掲クル者ハ選挙権及被選挙権ヲ有セス

一　禁治産者及準禁治産者

二　破産者ニシテ復権ヲ得サル者

三　貧困ニ因リ生活ノ為公私ノ救助ヲ受ケ又ハ扶助ヲ受クル者

四　一定ノ住居ヲ有セサル者

五　六年ノ懲役又ハ禁錮以上ノ刑ニ処セラレタル者

（略）

第七条　華族ノ戸主ハ選挙権及被選挙権ヲ有セス

陸海軍軍人ニシテ現役中ノ者（未タ入営セサル者及帰休下士官兵ヲ除ク）及戦時若ハ事変ニ際シ召集中ノ者ハ選挙権及被選挙権ヲ有セス兵籍ニ編入セラレタル学生生徒（勅令ヲ以テ定ムル者ヲ除ク）及志願ニ依リ国民軍ニ編入セラレタル者亦同シ

第九条　在職ノ宮内官、判事、（略）検事、（略）会計検査官、収税官吏及警察官吏ハ被選挙権ヲ有セス

第十条　官吏及待遇官吏ハ左ニ掲クル者ヲ除クノ外在職中議員ト相兼ヌルコトヲ得ス

一　国務大臣

二　内閣書記官長

三　法制局長官

四　各省政務次官

五　各省参与官

六　内閣総理大臣秘書官

七　各省秘書官

第十一条　北海道会議員及府県会議員ハ衆議院議員ト相兼ヌルコトヲ得ス

104　**民法親族編中改正ノ要綱**　一九二五年（大正一四年）五月一九日臨時法制審議会決議

第一　親族ノ範囲

親族ノ範囲ヲ左ノ如ク定ムルコト

一　直系血族

二　六親等内ノ傍系血族

三　配偶者

四　直系血族ノ配偶者

五　三親等内ノ姻族及ビ其配偶者

六　子ノ配偶者ノ父母
七　養子ノ父母及ビ子ノ養父母

第二　継親子

継親子ノ関係ハ父又ハ母ノ家ニ生マレタル子ト父又ハ母ノ後妻又ハ後夫トシテ其ノ家ニ入リタル者トノ間ニ生ズルモノトシ養子トノ関係亦之ニ準ズルモノトスルコト

附帯決議

成ルベク継親子ノ名称ヲ避クルコト

第三　庶子ノ入家

庶子ハ父ニ配偶者アル場合ニ於テハ其同意アルニ非ザレバ父ノ家ニ入ルコトヲ得ザルモノトスルコト

第四　分　家

一　直系尊属ニ非ザル成年ノ男子ニシテ独立ノ生計ヲ立ツルコトヲ得ル家族ハ戸主ニ於テ之ヲ分家セシムルコトヲ得ルモノトスルコト
二　成年ノ男子ニシテ独立ノ生計ヲ立ツルコトヲ得ル家族ハ戸主ノ同意ナクシテ分家ヲ為スコトヲ得ルモノトスルコト
三　前二項ノ場合ニ於テハ家ニ在ル父母、父母共ニ在ラザルトキハ家ニ在ル祖父母ノ同意ヲ得ベキモノトスルコト但父母、祖父母ハ正当ノ理由ナクシテ同意ヲ拒ムコトヲ得ザルモノトスルコト（略）

第五　廃絶家再興

一　廃絶家再興ニ付テハ民法第七百四十三条ノ要件ノ外廃家者又ハ絶家者ノ親族及ビ縁故者ヨリ成ル親族会ノ同意及ビ家事審判所ノ許可ヲ得ルコトヲ要スルモノトシ家事審判所其認可ヲ与フルニハ利害関係人ヲシテ異議ヲ述ブルコトヲ得シムルモノトスルコト（略）

第六　戸主ノ監督義務

戸主ハ家族ヲ監督シ且必要ナル保護ヲ為ス権利義務ヲ有スル旨ヲ明ニシ又責任能力ナキ家族ノ不法行為ニ付キ他ニ責任ヲ負フ者ナキ場合ニ於テハ監督義務ヲ怠ラザリシコトノ証明ナキ限リ其責ニ任ズベキモノトスルコト

第八　離籍及ビ復籍

一　成年ノ家族ニ家名ヲ汚辱スベキ重大ナル非行アルトキハ戸主ハ家事審判所ノ許可ヲ得テ之ヲ離籍スルコトヲ得ルモノトスルコト
二　民法第七百四十九条第三項ヲ削除スルコト
三　家族ガ戸主ノ同意ヲ得ズシテ婚姻又ハ養子縁組ヲ為シタルトキハ戸主ハ家事審判所ノ許可ヲ得テ之ヲ離籍スルコトヲ得ルモノトスルコト
四　実家ノ戸主ノ同意ヲ得ズシテ離婚又ハ離縁ヲ為シタル者ハ家事審判所ノ許可ヲ得テ之ヲ離籍スルコトヲ得ルモノトスルコト
五　戸主ハ離籍セラレタル者ヲ復籍セシムルコトヲ得ルモノトスルコト

第十　廃戸主

一　戸主ニ戸主権ヲ行ハシムベカラザル重大ナル事由アルトキハ家事審判所ハ戸主権ノ喪失ヲ宣告スルコトヲ得ルモノトスルコト但事情ニ依リ之ニ相当ノ財産ヲ与フルコトヲ得ルモノトスルコト（略）

第十一　婚姻ノ同意

一　子ガ婚姻ヲ為スニハ年齢ノ如何ヲ問ハズ「第四ノ三」ニ準ズルコト

二　子ガ前項ニ違反スル婚姻ヲ為シタル場合ニ付テハ相当ノ制裁ヲ定ムルコト

三　未成年者ガ第一項ニ違反スル婚姻ヲ為シタルトキハ父母、祖父母ニ於テ之ヲ取消シ得ベキモノトスルコト

第十二　婚姻ノ成立

一　婚姻ハ慣習上認メラレタル儀式ヲ挙グルニ因リテ成立スルモノトシ其成立証明ノ方法ヲ法律ニ定ムルコト

（略）

三　第一項ニ依ラザル場合ニ於テハ婚姻ハ届出ニ因リテ成立スルモノトスルコト

第十四　妻ノ能力及ビ夫婦財産制

一　妻ノ無能力及ビ夫婦財産制ニ関スル規定ヲ削除シ之ニ代ルベキ相当ノ規定ヲ「婚姻ノ効力」ノ下ニ設クルコト

二　妻ノ能力ハ適当ニ之ヲ拡張スルコト

三　夫婦ノ一方ガ婚姻前ヨリ有セル財産及ビ婚姻中自己ノ名ニ於テ得タル財産ハ其特有財産トスルヲ原則トシ夫又ハ女戸主ガ其配偶者ノ財産ニ対シテ使用及ビ収益ヲ為ス権利及ビ夫ノ妻ノ財産ニ対スル管理権ヲ廃止スルコト

105　商事調停法　一九二六年（大正一五年）三月三〇日法律第四二号

第一条　商事ニ関シ争議ヲ生シタルトキハ当事者ハ相手方ノ住所、居所、営業所若ハ事務所ノ所在地ヲ管轄スル区裁判所又ハ当事者ノ合意ニ依リテ定リタル地方裁判所若ハ区裁判所ニ調停ノ申立ヲ為スコトヲ得（略）

第二条　商事調停ニ関シテハ本法ニ別段ノ規定アルモノヲ除クノ外借地借家調停法ヲ準用ス

第三条　裁判所調停ヲ為スニ付必要アリト認ムルトキハ計算人ヲ選定シ之ヲシテ計算ヲ為サシムルコトヲ得

調停委員会ヲ開キタル場合ニ於テハ前項ニ規定スル裁判所ノ権限ハ調停委員会ニ属ス（略）

第四条　調停委員会ハ当事者ノ合意アル場合ニ於テハ第一条ノ争議ニ付民事訴訟法ニ依ル仲裁判断ヲ為スコトヲ得

前項ノ場合ニ於テハ当事者ノ指定シタル調停委員会ノ属スル裁判所ハ中立ニ因リ調停委員会ヲ開クコトヲ要ス

106　労働争議調停法　一九二六年（大正一五年）四月九日法律第五七号

第一条　左ニ掲クル事業ニ於テ労働争議発生シタルトキハ行政官庁ハ当事者ノ請求ニ依リ調停委員会ヲ開設スルコトヲ得当事者ノ請求ナキ場合ト雖行政官庁ニ於テ必要アリト認メタルトキ亦同シ
一　蒸気、電気其ノ他ノ動力ヲ使用スル鉄道、軌道又ハ船舶ニ依リ公衆ノ需要ニ応スル運輸事業
二　公衆ノ用ニ供スル郵便、電信又ハ電話ノ事業
三　公衆ノ需要ニ応スル水道、電気又ハ瓦斯《ガス》供給ノ事業
四　第一号乃至第三号ノ事業ニ電気ヲ供給スル事業ニシテ其ノ休止カ第一号乃至第三号ノ事業ノ進行ヲ著シク阻害スルモノ
五　其ノ他公衆ノ日常生活ニ直接関係アル事業ニシテ勅令ヲ以テ定ムルモノ
六　陸軍又ハ海軍ノ直営ニ係ル兵器艦船ノ製造修理ノ事業ニシテ勅令ヲ以テ定ムルモノ

前項ニ掲クル以外ノ事業ニ於テ労働争議発生シタルトキハ行政官庁ハ当事者双方ノ請求ニ依リ調停委員会ヲ開設スルコトヲ得

第二条　調停委員会ヲ開設セムトスルトキハ行政官庁ハ当事者双方ニ之ヲ通知スヘシ

第三条　調停員会ハ九人ノ委員ヲ以テ之ヲ組織ス委員ノ中六人ハ労働争議ノ当事者ヲシテ各同数ヲ選定セシメ他ノ三人ハ当事者ノ選定シタル委員ヲシテ争議ニ直接利害関係ヲ有セサル者ニ就キ選定セシメ行政官庁之ヲ嘱託ス（略）

第四条　労働争議ノ当事者第二条ノ規定ニ依ル通知ヲ受ケタルトキハ三日内ニ前条第一項ノ規定ニ依リ其ノ選定シタル委員ヲ行政官庁ニ届出ツルコトヲ要ス

当事者前項ノ規定ニ依ル届出ヲ為ササルトキハ行政官庁ハ当事者ニ代リ委員ヲ選定ス此ノ委員ハ当事者ノ選定シタルモノト看做ス（略）

第六条　委員定リタルトキハ行政官庁ハ直ニ調停委員会ヲ招集シ之ヲ開会スヘシ

第八条　調停委員会ハ労働争議ノ解決ニ必要ナル調査審理ヲ為シ其ノ調停ヲ為スモノトス

第九条　調停委員会ハ開会ノ日ヨリ十五日内ニ調停手続ヲ結了スルコトヲ要ス（略）

第一二条　調停委員会ノ議事ハ之ヲ公開セス
行政官庁ハ調停委員会ノ承認ヲ得テ当該官吏ヲシテ会議ニ臨

席セシムルコトヲ得

107　刑法改正ノ綱領　一九二六年（大正一五年）一〇月一五日臨時法制審議会決議

一　各罪ニ対スル刑ノ軽重ハ本邦ノ淳風美俗ヲ維持スルコトヲ目的トシ忠孝其ノ他ノ道義ニ関スル犯罪ニ付テハ特ニ其ノ規定ニ注意スルコト

二　刑ノ量定ニ関スル一般標準ヲ定メ特ニ前項ノ趣旨ニ適合スル規定ヲ設クルコト

三　公権ノ喪失及停止ヲ刑トスル規定ヲ設クルコト

四　譴責《けんせき》ヲ刑トスル規定ヲ設クルコト

五　有罪無罪ノ判決ヲ言渡シタル場合ニ於テ判決ノ公示又ハ之ニ類スル事項ノ処分ヲ為シ得ヘキ規定ヲ設クルコト

六　刑又ハ刑ノ附随処分トシテ居住制限ノ規定ヲ設クルコト

七　刑ニ代ヘ又ハ刑ノ附随処分トシテ懲罰償金ヲ徴スル如キ規定ヲ設クルコト

八　自由刑ノ執行猶予ヲ為シ得ヘキ要件、取消ノ要件ヲ寛大ニシ且宣告刑ノ範囲ヲ広クスル規定ヲ設クルコト

九　刑ノ執行猶予ノ範囲ヲ拡張シ罰金、科料、公権喪失及停止ニモ及ホスヘキ規定ヲ設クルコト

十　刑ノ執行猶予ノ効果ヲ寛大ニスヘキ規定ヲ設クルコト

十一　有罪判決ノ宣告猶予ヲ為シ得ヘキ規定ヲ設クルコト

十二　刑ノ免除ヲ受ケ又ハ刑ノ執行ヲ終リ若ハ刑ノ執行ノ免除ヲ受ケタル者ニ対シ法律上、裁判上判決ノ効力ヲ消滅セシムヘキ規定ヲ設クルコト

十三　懲役ニ該ル罪ニ付情状ニ因リ禁錮ヲ科シ禁錮ニ該ル罪ニ付情状ニ因リ懲役ヲ科スルコトヲ得ヘキ規定ヲ設クルコト

十四　自由刑ニ該ル罪ニ付情状ニ因リ罰金、居住制限ヲ科スルコトヲ得ヘキ規定ヲ設クルコト

十五　自由刑ニ該ル罪ニ付情状ニ因リ罰金ヲ併科スルコトヲ得ヘキ規定ヲ設クルコト

十六　罰金ニ該ル罪ニ付情状ニ因リ自由刑ヲ科シ又ハ自由刑ヲ併科スルコトヲ得ヘキ規定ヲ設クルコト

十七　常習犯ニ付テハ特ニ刑ヲ加重スヘキ規定ヲ設クルコト

十八　酌量減免ノ規定ヲ設クルコト

十九　不定期刑ノ言渡ヲ為スコトヲ得ヘキ規定ヲ設クルコト

二十　仮出獄ノ要件ヲ寛大ニシ其ノ他仮出獄ニ関シ受刑者ヲ保護スル規定ヲ設クルコト

二十一　保安処分トシテ労働嫌忌者、酒精中毒者、精神障礙者等ニ関スル規定ヲ設クルコト

二十二　犯罪ノ予防方法トシテ罪ヲ犯サザルヘキ誓約ヲ為シ保証ヲ提供セシムヘキ規定ヲ設クルコト

二十三　防衛行為、避難行為ニ付テハ其ノ要件タル行為ノ必要性ヲ行為ノ相当性トスル規定ヲ設クルコト
二十四　自救権ヲ認ムル規定ヲ設クルコト
二十五　法律ノ錯誤ニ因ル行為ハ情状ニ因リ刑ヲ減免スルコトヲ得ヘキ規定ヲ設クルコト
二十六　教唆罪ヲ独立罪トスル規定ヲ設クルコト
二十七　死刑、無期刑ニ該ル罪ヲ減少スルコト
二十八　皇室ニ対スル罪ノ中天皇ニ対スル罪ニ関シテハ独立ノ規定ヲ設クルコト
二十九　皇室ノ尊厳ヲ冒瀆スル罪ニ関スル規定ヲ刑法中ニ設クルコト
三　十　猥褻、姦淫ニ関スル現行法ノ不備ヲ補ヒ且刑ノ権衡ヲ適当ニスルコト
三十一　法令違反ノ行為ヲ目的トシテ団結ヲ為シタル者ヲ罰スル規定ヲ設クルコト
三十二　法令違反ノ行為ヲ賞揚シ、奨励シ、煽動シタル者ヲ罰スル規定ヲ設クルコト
三十三　生命、身体、自由、名誉又ハ財産ニ関スル罪ヲ犯シタル者其ノ被害者ト親族又ハ師弟等ノ関係ヲ有スルトキハ其ノ関係ヲ考慮シテ刑ヲ加重又ハ減免スル規定ヲ設クルコト
三十四　遺棄、扶養義務懈怠等家族制度ヲ破壊スルカ如キ行為ニ対スル現行法ノ不備ヲ補フコト
三十五　名誉毀損罪ハ之ヲ重キモノト軽キモノトニ区別シ其ノ重キモノハ之ヲ非親告罪ト為スコト但シ被害者ノ意思ニ反シテ訴追スルコトヲ得サル規定ヲ設クルコト
　　名誉毀損罪ノ刑ハ之ヲ重クシ生命、身体ニ対スル罪ノ刑ト権衡ヲ得シムルコト
三十六　名誉毀損罪ニ付被害者ハ事実ノ証明ヲ求ムルコトヲ得ヘキ規定ヲ設クルコト
三十七　暴行及毀棄ノ罪ハ之ヲ非親告罪トスルコト但シ被害者ノ意思ニ反シテ訴追スルヲ得サル規定ヲ設クルコト
　　前項ノ罪ニ付テハ其ノ刑ヲ重クスルコト
三十八　面会ヲ強請シ又ハ強談威迫ノ行為ヲ為シタル者ヲ処罰スル規定ヲ設ケ其ノ刑ヲ重クスルコト
三十九　財産ニ関スル罪ニ付テハ常習犯ヲ除クノ外損害ヲ賠償シタルトキハ其ノ刑ヲ免除シ得ヘキ規定ヲ設クルコト
四　十　犯罪終了後ニ刑ノ変更アリタルトキハ判決時法ニ依ルヘキ規定ヲ設クルコト但シ行為時法ニ於テ定メラレタル刑ノ最上限ヲ超エサルモノトスルコト

108　**民法相続編中改正ノ要綱**　一九二七年（昭和二年）一二月一日臨時法制審議会決議

第一　戸主ノ死亡ニ因ル家督相続

一　戸主ノ死亡ニ因ル家督相続ニ於テハ家督相続人ハ被相続人ノ直系尊属、配偶者及ビ直系卑属ニ対シ相続財産中家ヲ維持スルニ必要ナル部分ヲ控除シタル剰余ノ一部ヲ分配スルコトヲ要スルモノトスルコト

二　前項ノ分配ハ相続財産ノ状態ト分配ヲ受クル者ノ員数、資力、職業、家ニ在ルト否等諸般ノ事情ヲ斟酌シ相当ノ生活維持ヲ標準トシテ之ヲ定ムルモノトスルコト但親族会ノ意見ヲ聴クコトヲ得ルモノトスルコト

三　第一項ノ分配ガ決定セラレタルトキハ分配ヲ受ケタル者ハ遺贈ヲ受ケタルモノト看做シ分配決定前ハ相続財産ノ処分ヲ適当ニ制限スルコト

四　被相続人ガ生前行為又ハ遺言ヲ以テ財産ノ分配ヲ為シタルトキ第二項ノ分配額以上ニ当ル分配ヲ受ケタル者ニ付テハ前三項ノ適用ナキモノトスルコト

五　第一項ニ掲ゲタル者ハ自己ニ対スル分配ガ著シク不当ナル場合ニ於テ家事審判所ノ審判ヲ求ムルコトヲ得ルモノトスルコト

第二　戸主権喪失ノ宣告ニ因ル家督相続

戸主権喪失ノ宣告ニ因ル家督相続ニ付テハ第一ニ準ズルモノトスルコト

第三　隠居ニ因ル家督相続

戸主ノ隠居ニ因ル家督相続ニ付テハ第一ニ準ズルモノトシ被相続人ガ財産ヲ留保シタル場合ニ於テハ留保財産及ビ相続財産ノ双方又ハ一方ヨリ適宜ニ分配ヲ為スベキモノトスルコト

第四　女戸主ノ入夫婚姻等ニ因ル家督相続

一　女戸主ガ入夫婚姻ヲ為ス場合ニ於テハ反対ノ意思表示ナキ限リ家督相続ヲ開始セザルモノトスルコト

二　入夫ノ離婚又ハ入夫婚姻ノ取消ニ因ル家督相続ニ於テハ妻ヲ家督相続人トシ入夫ノ死亡又ハ隠居ニ因ル家督相続ニ於テハ妻ハ庶子ニ先チテ家督相続人タルモノトスルコト

三　女戸主ノ死亡、隠居、戸主権喪失又ハ国籍喪失ニ因ル家督相続ニ於テハ庶子ハ法定ノ推定家督相続人タラザルモノトシ入夫婚姻ノ取消ニ因ル家督相続ガ妻ノ死後ニ生ジタル場合亦之ニ準ズルコト

第五　国籍喪失ニ因ル家督相続

一　国籍喪失ニ因ル家督相続ハ法定ノ推定家督相続人アルトキ又ハ之ナキ場合ニ於テ戸主ガ予メ指定シタル家督相続人アルトキニ限リ開始スルモノトスルコト

二　戸主ガ国籍ヲ喪失シタル場合ニ於テ法定ノ推定家督相続人及ビ指定ノ家督相続人ナキトキハ絶家シタルモノトスルコト

三　国籍喪失者ノ家督相続人ハ戸主権及ビ家督相続ノ特権ニ属スル権利並ニ前戸主ガ指定シタル相続財産ヲ承継スルコトヲ原則トシ其指定シタル財産ナキカ又ハ著シ

ク少額ナル場合ニ於テハ家事審判所ノ審判ヲ以テ相当ノ財産ヲ承継セシムルコトヲ得ベキモノトスルコト

第六　遺産相続人ノ範囲及ビ相続分

一　遺産相続ニ於テハ配偶者ヲ直系卑属ト同一順位ノ相続人トシ其相続分ハ家ニ在ル嫡出ノ直系卑属ト同一トスルコト

二　家ニ在ラザル直系卑属ノ相続分ハ家ニ在ルモノノ二分ノ一トスルコト

三　遺産相続人中ニ兄弟姉妹ヲ加ヘ其相続順位ハ直系尊属ニ次グモノトスルコト

第七　数人ノ遺産相続人アル場合ニ於ケル相続債権者ノ権利

一　遺産相続人数人アル場合ニ於テハ相続債権者ハ相続財産ノ分割前ニ於テ其財産ニ対シ権利ヲ行フコトヲ得ルモノトスルコト

二　遺産相続人数人アル場合ニ於テ其一人ガ限定承認ヲ為シタルトキハ相続財産ノ全部ニ付キ限定承認ニ因ル清算手続ヲ為ス趣旨ヲ明ニスルコト

第八　胎児ノ利益保護

相続ニ関シ胎児ノ利益ヲ保護スル為メ管理人ヲ置クコトヲ得ルモノトシ且胎児ノ出生ニ因リテ家督相続人ノ順位ニ変更ヲ生ズルコトアルベキ場合ニ付キ相当ノ規定ヲ設クルコト

109　治安維持法改正　一九二八年（昭和三年）六月二九日緊急勅令第一二九号

治安維持法中左ノ通改正ス

第一条　国体ヲ変革スルコトヲ目的トシテ結社ヲ組織シタル者又ハ結社ノ役員其ノ他指導者タル任務ニ従事シタル者ハ死刑又ハ無期若ハ五年以上ノ懲役若ハ禁錮ニ処シ情ヲ知リテ結社ニ加入シタル者又ハ結社ノ目的遂行ノ為ニスル行為ヲ為シタル者ハ二年以上ノ有期ノ懲役又ハ禁錮ニ処ス

私有財産制度ヲ否認スルコトヲ目的トシテ結社ヲ組織シタル者、結社ニ加入シタル者又ハ結社ノ目的遂行ノ為ニスル行為ヲ為シタル者ハ十年以下ノ懲役又ハ禁錮ニ処ス

前二項ノ未遂罪ハ之ヲ罰ス

110　重要産業統制法　一九三一年（昭和六年）四月一日法律第四〇号

第一条　重要ナル産業ヲ営ム者生産又ハ販売ニ関シ命令ノ定ムル統制協定ヲ為シタル場合ニ於テ同業者二分ノ一以上ノ加盟アル時ハ命令ノ定ムル期間内ニ之ヲ主務大臣ニ届出ヅベシ之

ヲ変更廃止シタルトキ亦同ジ
前項ノ産業ノ種類ハ統制委員会ノ議ヲ経テ主務大臣之ヲ指定ス
前項ノ規定ニ依リ指定セラレタル産業ヲ営ム者ハ命令ノ定ムル事項ヲ主務大臣ニ届出ヅベシ
第二条　主務大臣前条ノ統制協定ノ加盟者三分ノ二以上ノ申請アリタル場合ニ於テ当該産業ノ公正ナル利益ヲ保護シ国民経済ノ健全ナル発達ヲ図ル為特ニ必要アリト認ムルトキハ統制委員会ノ議ヲ経テ当該統制協定ノ加盟者又ハ其ノ協定ニ加盟セザル同業者ニ対シテ其ノ協定ノ全部又ハ一部ニ依ルベキコトヲ命ズルコトヲ得
第三条　主務大臣第一条ノ統制協定ガ公益ニ反シ又ハ当該産業若ハ之ト密接ナル関係ヲ有スル産業ノ公正ナル利益ヲ害スト認ムルトキハ統制委員会ノ議ヲ経テ其ノ変更又ハ取消ヲ命ズルコトヲ得
第四条　主務大臣第一条ノ統制協定ニ対スル監督上必要アリト認ムルトキハ統制協定ノ加盟者ニ対シ又ハ協定ニ加盟セザル同業者ニシテ第二条ノ規定ニ従ヒ協定ニ依ルベキコトヲ命ゼラレタル者ニ対シ業務ニ関シ検査ヲ為シ又ハ報告ヲ為サシムルコトヲ得
（略）

戦前の東京地方裁判所陪審法廷

Ⅳ　準戦時・戦時法体制期

（一九三二―一九四五）

学徒出陣式

〔解　説〕準戦時・戦時法体制の形成・展開

この時期は、満州事変以降の準戦時法体制から日中戦争・太平洋戦争時に戦時法体制が形成・展開する過程で、法に対する政治の優位が極端に進むとともに、法体制はしだいにその重層的多元的構造からなる体系性を崩壊させていき、敗戦によって帝国主義国家・法体制が解体する時期である。

満州事変の翌年（一九三二年）三月、日本政府は清朝の廃帝溥儀を執政（三四年三月皇帝）とする満州国を発足させ、同年九月、日本の既得権益の尊重などを内容とする日満議定書に調印し満州国を承認した。国際連盟リットン調査団（満州事変調査のための委員会）の報告書が関東軍の軍事行動や満州国を正当とは認めなかったため、三三年三月政府は国際連盟を脱退し、国際的孤立を深める中で準戦時体制へ入っていくことになる。

政治権力の統合・強化を図り、集権体制を実現するために一九三五年五月、重要政策の調査審議にあたる内閣審議会および内閣調査会が設置された。日中戦争中の一九三七年一〇月には、戦時における統制経済の調査立案にあたる機関として、内閣の外局である企画庁と資源局を統合して企画院が設置され、戦時法体制の形成に重要な役割を果していく。

一九三六年の二・二六事件後、同年五月軍部大臣現役武官制が復活され、六月には帝国国防方針が改定されるなど、軍部の力が一段と増大していった。翌三七年一一月、戦時に強力な戦争指導を行う天皇直属の最高統帥機関として大本営が設置された。

一九四一年一〇月、現役陸軍大将で陸相である東条英機が内閣を組織（内相を兼任、のち軍需相、参謀総長を兼任）した。しかし、国務と統帥の一元化・統一化は結局国家機構上では果されず、政府大本営連絡会議がこれを担った。同年一二月対米英開戦を決定し（英米両国に宣戦の詔）、戦争指導体制ならびに翼賛政治体制を強化するため、翌四二年四月翼賛選挙を実施、五月には大政翼賛会（四〇年一〇月発足の国民統合組織）を改組して町内会・部落会などの指導を強化した。また、四三年三月には戦時行政特例法・戦時行政職権特例などを公布して首相の権限を強化した。さらに同年一一月、軍需生産行政の一元化を目指して軍需省を設置し、同時に省機関の再編・統合を図って運輸通信省・農商省を設けた。同月「大東亜共栄圏」の結束を図るため大東亜会議を開催し、会議後「大東亜共同宣言」を発表した。しかし戦局が悪化する中、東条内閣は四四年七月総辞職した。

一九三七年日中戦争の開始以降、国家の経済・産業への統制は拡大・強化されるとともに、戦時における人的・物的資源の総動員化が図られていく。同年九月には、「軍需工業動員法ノ適用ニ関スル件」・臨時資金調整法・工場事業場管理令・米穀応急措置法・臨時肥料配給統制法・輸出入品等臨時措置法・臨時船舶管理法などがいっせいに公布された。

一九三八年四月、国家総動員法が公布された。従来の統制諸法を総括し、「戦時（戦争ニ準ズベキ事変ノ場合ヲ含ム、以下之ニ同ジ）ニ際シ国防目的ノ為、国ノ全力ヲ最モ有効ニ発揮セシムル様、人的及物的資源ヲ統制運用スル」ことを目的とし、統制の具体的内容を勅令に委ねる委任立法であった。

人的資源の統制運用については、同年八月医療関係者職業能力申告令が、翌三九年一月国民職業能力申告令が公布され、さらに同年七月国民徴用令（四三年七月の改正ですべての職種の技能・技術者を対象とする）が、一〇月船員徴用令が公布された。四一年三月の国家総動員法改正で国民の根こそぎ動員が図られ、同年一一月に国民勤労報国協力令が、一二月に労務調整令が公布された。四三年六月、学徒戦時動員体制確立要綱を閣議決定し、同年一〇月在学徴集延期臨時特例を公布して学生・生徒の徴兵猶予を停止した。翌四四年八月、学徒動員令・女子挺身勤労令が公布され、四五年三月には国民徴用令など五勅令を廃止・統合して国民勤労動員令が公布された。

物的資源の統制運用については、三八年五月工場事業場管理令が、翌三九年一〇月には電力調整令が公布されるとともに、物価・賃金等の統制について価格等統制令・地代家賃統制令・賃金臨時措置令・会社職員給与臨時措置令が公布され、同年一二月小作料統制令が公布された。四〇年二月には陸軍統制令・海軍統制令が公布され、一一月宅地建物等価格統制令が公布され、国家統制が国民生活の広範囲におよんだ。さらに四一年四月生活必需物資統制令が公布され、五月貿易統制令が、八月金属類回収令・株式価格統制令・配電統制令が相次いで公布され、一二月には物資統制令が公布され、物資統制の基本法規となった。

一九三七年八月、軍事秘密保護を目的とする軍機保護法が、全面改正され重罰化がはかられた。さらに総動員法体制の一環として治安体制が強化された。一九四一年三月国防保安法が公布され、治安維持法の全面改正が行われ（予防拘禁制を追加）、また刑法が改正されて「安寧秩序ニ対スル罪」などが新設された。同年一二月には包括的言論統制法として言論出版集会結社等臨時取締法が公布された。戦時に対応する司法制度の整備については、一九四二年二月裁判所構成法戦時特例ならびに戦時刑事特別法・戦時民事特別法が公布され、裁判手続の簡易化などが図られた。

一九三二年九月、破綻した農家経営の更正のため金銭債務臨時調停法が、翌年三月には農村負債整理組合法が公布された。一九三八年四月農地調整法が公布された。農村の経済更正などのために農地諸関係の整理を行うことを目的として、自作農創設事業や小作調停の強化・農地委員会の創設などを規定した。戦争の進行にともなって食糧確保のために農業に対する国家統制が強化され、翌三九年一二月小作料統制令、四一年一月臨時農地価格統制令が公布されたほか、四二年二月食糧管理法・四三年三月農業団体法が相次いで公布された。

一九三七年三月日本と英米との間で、永代借地権制度解消に関する交換公文が調印され、永代借地権は土地所有権に転換されることになった（一九四二年三月永代借地権廃止）。また、植民地支配における皇民化政策の一環として、一九三九年一一月朝鮮民事令が改正されるとともに、「朝鮮人ノ氏名ニ関スル件」が公布された（創氏改名）。

この時期には、学問・思想の弾圧が強まった。一九三三年五月京都帝国大学教授滝川幸辰が休職処分となった（滝川事件）。また、一九三五年二月には、議会で美濃部達吉の憲法学説である天皇機関説が国体に反すると糾弾され、美濃部の弁明にもかかわらず、議員辞職に追いこまれ、著書は発禁となった（天皇機関説事件）。この時政府は、八月と一〇月の二度にわたって国体明徴に関する声明を出して事態の収拾を図った。さらに一九四〇年三月津田左右吉の記紀研究四部作（『古事記及日本書記の研究』など）が、皇室の尊厳冒涜罪で出版法違反に問われ、一九四二年五月の第一審判決で有罪となった（控訴審で時効により免訴）。

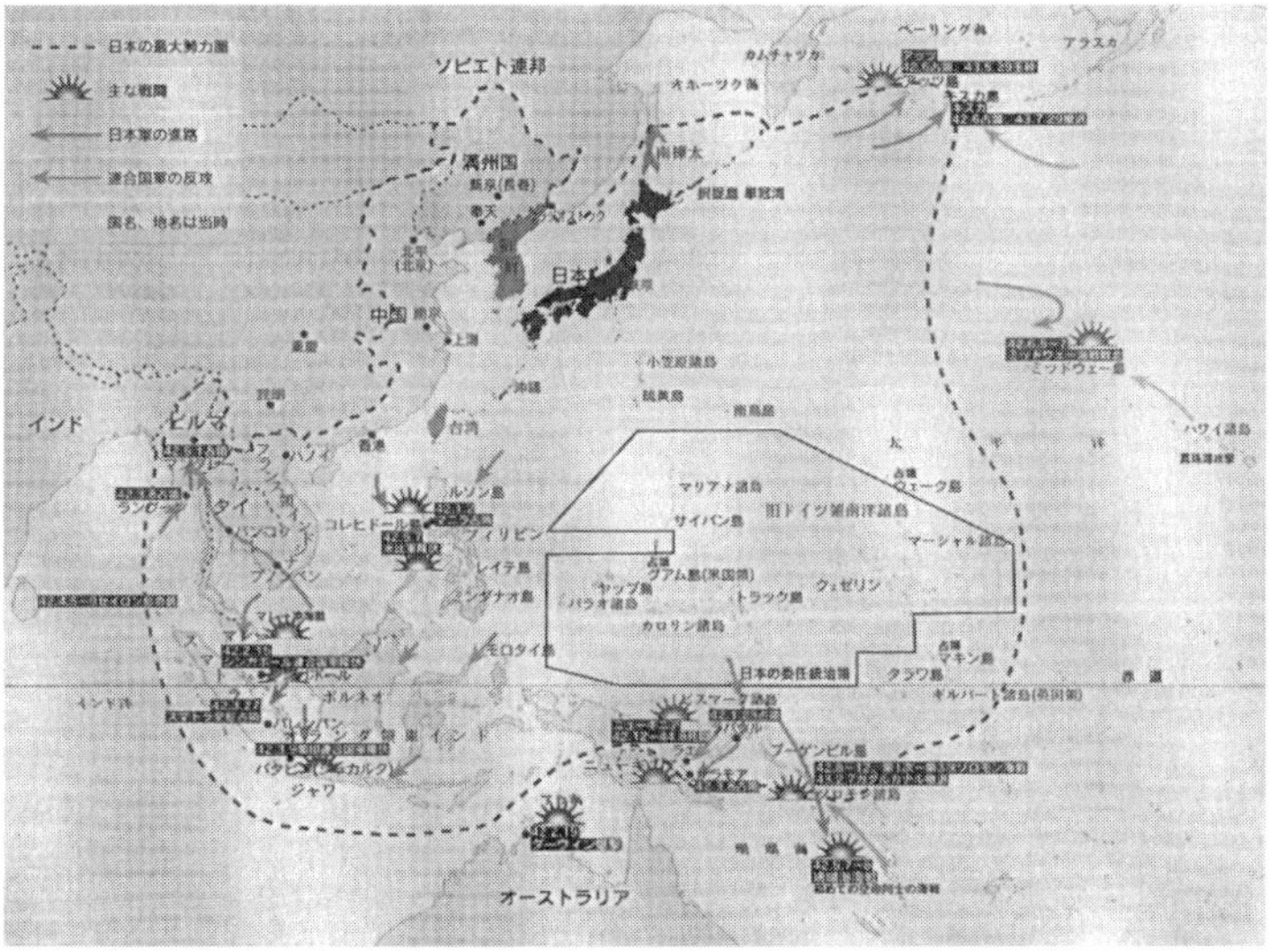

太平洋戦況図（1943年７月まで）（「週刊20世紀・1942」より）

111　金銭債務臨時調停法　一九三二年（昭和七年）九月七日

法律第二六号

第一条　負債ノ整理ニ依リ誠実ナル債務者ヲ更生セシムル為債権者債務者ノ互譲ヲ必要トスルトキハ当事者ハ本法ニ依リ調停ノ申立ヲ為スコトヲ得

第二条　調停ノ申立ハ昭和七年七月三十一日以前ニ発生シタル私法上ノ金銭債務ニシテ金額千円ヲ超過セザルモノニ付之ヲ為スコトヲ得但シ小作料其ノ他小作関係ヨリ生ジタルモノ及地代、家賃其ノ他借地借家関係ヨリ生ジタルモノニ付テハ此ノ限ニ在ラズ

前項ノ金額ニハ附帯ノ利息、違約金、費用又ハ手数料ノ額ヲ算入セズ既ニ元本ニ組入レタル此等ノモノニ付亦同ジ

第一項ノ金額ヲ超過スル債務ニ付調停ノ申立アリタル場合ト雖モ裁判所調停ヲ為スヲ相当ト認メ且相手方ニ異議ナキトキハ調停ヲ為スコトヲ得相手方期日ニ出頭シテ事件ノ内容ニ付陳述ヲ始メタルトキハ異議ナキモノト看做ス

第四条　本法ノ調停ニ関シテハ借地借家調停法第二条、第四条ノ二、第六条乃至第二十三条及第二十六条乃至第三十二条ノ規定ヲ準用ス

（略）

112　日満議定書　一九三二年（昭和七年）九月一五日新京にて調印公布

議定書

（日本文）

日本国ハ満洲国カ其ノ住民ノ意思ニ基キテ自由ニ成立シ独立ノ一国家ヲ成スニ至リタル事実ヲ確認シタルニ因リ

満洲国ハ中華民国ノ有スル国際約定ハ満洲国ニ適用シ得ヘキ限リ之ヲ尊重スヘキコトヲ宣言セルニ因リ

日本国政府及満洲国政府ハ日満両国間ノ善隣ノ関係ヲ永遠ニ鞏固ニシ互ニ其ノ領土権ヲ尊重シ東洋ノ平和ヲ確保センカ為左ノ如ク協定セリ

一、満洲国ハ将来日満両国間ニ別段ノ約定ヲ締結セサル限リ満洲国領域内ニ於テ日本国又ハ日本国臣民カ従来ノ日支間ノ条約、協定其ノ他ノ取極及公私ノ契約ニ依リ有スル一切ノ権利利益ヲ確認尊重スヘシ

二、日本国及満洲国ハ締約国ノ一方ノ領土及治安ニ対スル一切ノ脅威ハ同時ニ締約国ノ他方ノ安寧及存立ニ対スル脅威タルノ事実ヲ確認シ両国共同シテ国家ノ防衛ニ当ルヘキコトヲ約ス之カ為所要ノ日本国軍ハ満洲国内ニ駐屯スルモノトス

本議定書ハ署名ノ日ヨリ効力ヲ生スヘシ

本議定書ハ日本文及漢文ヲ以テ各二通ヲ作成ス日本文本文ト漢

文本文トノ間ニ解釈ヲ異ニスルトキハ日本文本文ニ拠ルモノトス

右証拠トシテ下名ハ各本国政府ヨリ正当ノ委任ヲ受ケ本議定書ニ署名調印セリ

昭和七年九月十五日即チ大同元年九月十五日新京ニ於テ之ヲ作成ス

日本帝国特命全権大使
武藤信義（印）
満洲国国務総理
鄭孝胥（印）

113　国際連盟脱退通告文　一九三三年（昭和八年）三月二七日

（略）

昭和六年九月日支事件ノ聯盟付託ヲ見ルヤ帝国政府ハ終始右確信ニ基キ聯盟ノ諸会議其ノ他ノ機会ニ於テ聯盟カ本事件ヲ処理スルニ公正妥当ナル方法ヲ以テシ真ニ東洋平和ノ増進ニ寄与スルト共ニ其ノ威信ヲ顕揚センカ為ニハ同方面ニ於ケル現実ノ事態ヲ的確ニ把握シ該事態ニ適応シテ規約ノ運用ヲ為スノ肝要ナルヲ提唱シ就中《なかんずく》支那カ完全ナル統一国家ニアラスシテ其ノ国内事情及国際関係ハ複雑難渋ヲ極メ変則、例外ノ特異性ニ富メルコト従テ一般国際関係ノ規準タル国際法ノ諸原則及慣例ハ支那ニ付テハ之カ適用ニ関シ著シキ変更ヲ加ヘラレ其ノ結果現ニ特殊且異常ナル国際慣行成立シ居レルコトヲ考慮ニ入ルルノ絶対ニ必要ナル旨力説強調シ来レリ

然ルニ過去十七箇月間聯盟ニ於ケル審議ノ経過ニ徴スルニ多数聯盟国ハ東洋ニ於ケル現実ノ事態ヲ把握セサルカ又ハ之ニ直面シテ正当ナル考慮ヲ払ハサルノミナラス聯盟規約其ノ他ノ諸条約及国際法ノ諸原則ノ適用殊ニ其ノ解釈ニ付帝国ト此等聯盟国トノ間ニ屢《しばしば》重大ナル意見ノ相違アルコト明カトナレリ其ノ結果本年二月二十四日臨時総会ノ採択セル報告書ハ帝国カ東洋ノ平和ヲ確保セントスル外何等異図ナキノ精神ヲ顧ミサルト同時ニ事実ノ認定及之ニ基ク論断ニ於テ甚シキ誤謬ニ陥リ就中九月十八日事件当時及其ノ後ニ於ケル日本軍ノ行動ヲ以テ自衛権ノ発動ニ非スト憶断シ又同事件前ノ緊張状態及事件後ニ於ケル事態ノ悪化カ支那側ノ全責任ニ属スルヲ看過シ為ニ東洋ノ政局ニ新ナル紛糾ノ因ヲ作レル一方満洲国成立ノ真相ヲ無視シ且同国ヲ承認セル帝国ノ立場ヲ否認シ東洋ニ於ケル事態安定ノ基礎ヲ破壊セントスルモノナリ殊ニ其ノ勧告中ニ掲ケラレタル条件カ東洋ノ康寧確保ニ何等貢献シ得サルハ本年二月二十五日帝国政府陳述書ニ詳述セル所ナリ

之ヲ要スルニ多数聯盟国ハ日支事件ノ処理ニ当リ現実ニ平和ヲ確保スルヨリハ適用不能ナル方式ノ尊重ヲ以テ一層重要ナリト

シ又将来ニ於ケル紛争ノ禍根ヲ芟除《さんじょ》スルヨリハ架空的ナル理論ノ擁護ヲ以テ一段貴重ナリトセルモノト見ル外ナク他面此等聯盟国ト帝国トノ間ノ規約其ノ他ノ条約ノ解釈ニ付重大ナル意見相違アルコト前記ノ如クナルヲ以テ茲《ここ》ニ帝国政府ハ平和維持ノ方策殊ニ東洋平和確立ノ根本方針ニ付聯盟ト全然其ノ所信ヲ異ニスルコトヲ確認セリ仍《よっ》テ帝国政府ハ此ノ上聯盟ト協力スルノ余地ナキヲ信シ聯盟規約第一条第三項ニ基キ帝国カ国際聯盟ヨリ脱退スルコトヲ通告スルモノナリ

114　京大法学部教授一同の辞職声明　一九三三年（昭和八年）五月二六日

政府が今回滝川教授休職のことあらしめたるの処置は甚だしく不当にして遂に吾人一同をして辞表を提出するのやむなきに至らしめたり、今回の事件は経過において文政当局が滝川教授をして教授の職を去らしむることを要すとするの理由として吾人に示したるものはその趣旨すこぶる明瞭を欠きかつ始めより一定せずして時に変更せり、

（略）

いま滝川教授の学説について見るに国家思想を破壊するが如きこと毫も存せずこれを明かにする為には氏の学説の大綱を知り得べき彼の『刑法読本』の内容を詳述するの必要あり、しかも同書は発売禁止されたるのものなり故に吾人はいまこゝに引用することを憚らざるを得ざるの立場に置かれたり、吾人すこぶるこれを遺憾とする、人格陶やのことは固より独り大学に限らず一般の学校においてもまたこれに類すべし、たゞ特に大学において人格の陶やに資する方法は学生をして真理の探究に熱心にしてかつその探究し得たる信念に忠実なるの性格を養はしむるにあり、これ学問研究の府たる大学において特に人格の陶やに資するの途とす、この途は教授が研究に熱中しかついやしくも国家思想を破壊せざる限り忠実にその学説を学生に講ずるの風あるにおいて始めて能くこれを達し得べし然らば滝川教授がその学説を忠実に学生に講じたるはむしろ大学令にいはゆる人格の陶やに資する所以にあらずや、政府が大学令の条項を引用して滝川教授の地位を奪ふの理由となしたるは全く特に大学において留意すべき人格陶やの途を知らざるものとす、かくの如くにして政府の滝川教授休職に関する処置は全く大学教授の職責を無視しもつて大学の使命の遂行を阻害するものとす、これ吾人をして辞職の止むなきに至らしめたる理由の一なり

（略）

然るに今回の滝川教授の休職は総長の具状なくかつ毫も教授会の同意を得るの手続存するところなくして行はれたり、かくの如きは実に我が京都帝国大学にあつて研究の自由を確保する方法としてつとに公に認められかつ久しくじゅん守し来れる規律

を破壊しもつて大学の使命の遂行を阻害する者とす吾人をして辞職するのやむなきに至らしめた理由の二なり

（略）

〔出典：歴史学研究会編『日本史史料』〔5〕現代〕

115　**美濃部達吉「一身上の弁明」**　一九三五年（昭和一〇年）二月二五日

菊池男爵ハ私ノ著書ヲ以テ、我ガ国体ヲ否認シ、君主主権ヲ否定スルモノノ如クニ論ゼラレテ居リマスガ、ソレコソ実ニ同君ガ私ノ著書ヲ読マレテ居リマセヌカ、又ハ読ンデモソレヲ理解セラレテ居ラナイ明白ナ証拠デアリマス、我ガ憲法上、国家統治ノ大権ガ天皇ニ属スルト云フコトハ、天下万民一人トシテ之ヲ疑フベキ者ノアルベキ筈ハナイノデアリマス、憲法ノ上諭ニハ「国家統治ノ大権ハ朕カ之ヲ祖宗ニ承《う》ケテ之ヲ子孫ニ伝フル所ナリ」ト明言シテアリマス、又憲法第一条ニハ「大日本帝国ハ万世一系ノ天皇之ヲ統治ス」トアリマス、更ニ第四条ニハ、「天皇ハ国ノ元首ニシテ統治権ヲ総攬シ此ノ憲法ノ条規ニ依リ之ヲ行フ」トアルノデアリマシテ、日月ノ如ク明白デアリマス、若シ之ヲシモ否定スル者ガアリマスナラバ、ソレコソ反逆思想デアルト言ハレマシテモ余儀ナイコトデアリマセウガ、私ノ著書ノ如何ナル場所ニ於キマシテモ、之ヲ否定シテ居ル所ハ決シテナイバカリカ、却テ反対ニソレガ日本憲法ノ最モ重要ナ基本原則デアルコトヲ繰返シ説明シテ居ルノデアリマス、例ヘバ菊池男爵ノ挙ゲラレマシタ憲法精義、十五頁カラ十六頁ノ所ヲ御覧ニナリマスルナラバ、日本ノ憲法ノ基本主義ト題シマシテ、其最モ重要ナ基本主義ハ、日本ノ国体ヲ基礎トシタ君主主権主義デアル、之ニ西洋ノ文明カラ伝ハッタ立憲主義ノ要素ヲ加ヘタノガ日本ノ憲法ノ主要ナ原則デアル、即チ君主主権主義ニ加フルニ立憲主義ヲ以テシタノデアルト云フコトヲ述ベテ居ルノデアリマス、又ソレハ万世動カスベカラザルモノデ、日本開闢以来曾テ変動ノナイ、又将来永遠ニ亙ッテ動カスベカラザルモノデアルト云フコトヲ言明シテ居ルノデアリマス、（略）唯ソレニ於キマシテ憲法上ノ法理論トシテ問題ニナリマスル点ハ、凡《およ》ソ二点ヲ挙ゲルコトガ出来ルノデアリマス、第一点ハ、此天皇ノ統治ノ大権ハ、天皇ノ御一身ニ属スル権利トシテ観念セラルベキモノデアルカ、又ハ天皇ガ国ノ元首タル御地位ニ於テ総攬シ給フ権能デアルカト云フ問題デアリマス、一言デ申シマスルナラバ、天皇ノ統治ノ大権ハ法律上ノ観念ニ於テ権利ト見ルベキデアルカ、権能ト見ルベキデアルカト云フコトニ帰スルノデアリマス、第二点ハ、天皇ノ統治ノ大権ハ絶対ニ無制限ナ万能ノ権力デアルカ、又ハ憲法ノ条規ニ依ッテ行ハセラレマスル制限アル権能デアルカ、此二点デアリマス、私ノ著書ニ於テ述ベテ居リマスル見解ハ、第一ニハ、天皇ノ統治ノ大権ハ、法律上ノ観念トシテハ権利ト見ルベキモノデハナクテ、権能デアルトナスモノデアリマスルシ、又第二ニ、ソレハ万能無制限ノ権力デハナク、憲法ノ条規ニ依ッテ行ハセラレル権能デアルトナスモノデアリマス、（略）而シテ天皇ガ天ノ下シロシメシマスルノハ天下国家ノ為デアリ、其目的ノ帰属スル所ハ永遠恒久ノ団体タル国家ニ外ナラヌノデアリマスルカラ、我々ハ統治ノ権利主体ハ国体トシテノ国家デアルト観念イタシマシテ、天皇ハ国ノ元首トシテ、言換レバ国ノ最高機関トシテ此国家ノ一切ノ権利ヲ総攬シ給ヒ、国家ノ一切ノ活動ハ立法モ行政モ司法モ総《すべ》テ、天皇ニ其最高ノ源ヲ発スルモノト観念スルノデアリマス、是ガ所謂《いわゆる》機関説ノ生ズル所以デアリマス、所謂機関説ト申シマスルノハ、国家ソレ自身ヲ一ツノ生命アリ、ソレ自身ニ目的ヲ有スル恒久的ノ団体、即チ法律学上ノ言葉ヲ以テ申セバ一ツノ法人ト観念イタシマシテ、天皇ハ此法人タル国家ノ元首タル地位ニ在《あら》マシ、国家ヲ代表シテ国家ノ一切ノ権利ヲ総攬シ給ヒ、天皇ガ憲法ニ従ッテ行ハセラレマスル行為ガ、即チ国家ノ行為タル効力ヲ生ズルト云フコトヲ言ヒ現ハスモノデアリマス、国家ヲ法人ト見ルト云フコトハ、勿論憲法ノ明文ニハ掲ゲテナイノデアリマスルガ、是ハ憲法ガ、法律学ノ教科書デハナイト云フコトカラ生ズル当然ノ事柄デアリマス、ガ併シ憲法ノ条文ノ中ニハ、国家ヲ法人ト見ナケレバ説明スルコトノ出来ナイ規定ハ少ナカラズ見エテ居ルノデアリマス、（略）

〔出典：歴史学研究会編『日本史史料』〔5〕現代〕

116　国体明徴に関する政府声明　一九三五年（昭和一〇年）八月三日・一〇月一五日

政府の国体明徴に関する声明

一九三五年八月三日

恭《うやうや》しく惟《おも》みるに、わが国体は、天孫降臨の際下し賜へる御神勅に依り明示せらるゝ所にして、万世一系の　天皇国を統治し給ひ、宝祚の隆は天地と与《とも》に窮なし。されば憲法発布の御上諭に「国家統治ノ大権ハ之ヲ祖宗ニ承《う》ケテ之ヲ子孫ニ伝フル所ナリ」と宣《のたま》ひ憲法第一条には「大日本帝国ハ万世一系ノ天皇之ヲ統治ス」と明示し給ふ。即ち大日本帝国統治の大権は儼として天皇に存すること明かなり。若し夫れ統治権が　天皇に存せずして　天皇は之を行使する為の機関なりと為すが如きは是れ全く万邦無比なる我が国体の本義を愆《あやま》るものなり。

近時憲法学説を繞《めぐ》り国体の本義に関聯して兎角の論議を見るに至れるは寔《まこと》に遺憾に堪へず。政府は愈々《いよいよ》国体の明徴に力を効し其の精華を発揚せんことを期す。乃ち茲《ここ》に意の在る所を述べて広く各方面の協力を要望す。

声明

一九三五年十月十五日

曩《さき》に政府は国体の本義に関し所信を披瀝し以て国民の嚮《むか》ふ所を明にし愈々其精華を発揚せんことを期したり、抑々《そもそも》我国に於ける統治権の主体が　天皇にましますことは我国体の本義にして帝国臣民の絶対不動の信念なり、帝国憲法の上諭並条章の精神亦茲に存するものと拝察す、然るに漫《みだ》りに外国の事例学説を援《ひ》いて我国体に擬し統治権の主体は　天皇にましまさずして国家なりとし　天皇は国家の機関なりとなすが如き所謂天皇機関説は神聖なる我国体に悖《もと》り基本義を愆るの甚しきものにして、厳に之を芟除《さんじょ》せざるべからず、政教其他百般の事項総て万邦無比なる我国体の本義を基とし其真髄を顕揚するを要す、政府は右の信念に基き茲に重ねて意のあるところを闡明《せんめい》し以て国体観念を愈々明徴をならしめ其実蹟を収むる為全幅の力を効さんことを期す。

〔出典：歴史学研究会編『日本史史料』〔5〕現代〕

117　永代借地権制度解消に関する交換公文　一九三七年（昭和一二年）三月二五日

以書翰《しょかんをもって》啓上致《いたしそうろう》　候陳者本日附貴翰《きかん》ヲ以テ左ノ如ク御通報相成敬承致候

千九百三十七年三月四日本使ハ合衆国政府カ合衆国日本国間ノ旧条約ニ起原ヲ有スル永代借地制度ニ付相互ニ満足ナル解決ヲ受諾スルノ用意アル旨日本帝国外務省ニ対シ通報致置候処右ノ基礎ニ於テ本使ハ茲《ここ》ニ本国政府ノ訓令ニ依リ「アメリカ」合衆国政府及大日本帝国政府間ノ左記了解ヲ閣下ニ対シ確認スルノ光栄ヲ有シ候

㈠　前記永代借地制度ハ昭和十七年四月一日即チ千九百四十二年四月一日ニ終止スヘク其ノ際永代借地権ハ何等ノ補償ナク日本国法令ノ規定ニ従ヒ所有権ニ転換セラルヘシ右転換ハ永代借用地及其ノ上ニ存スル建物ニ対スル登録税ノ賦課ナクシテ行ハルヘシ

㈡　昭和十七年三月三十一日即チ千九百四十二年三月三十一日迄免税ニ関スル現状ハ維持セラルヘク且紛議アリタル租税ニシテ未タ徴収セラレス滞納ト為リ居ルモノニ対シテハ日本国当局ニ依リ此ノ上納税ヲ要求セラルルコトナカルヘシ

本大臣ハ右了解ヲ本問題ノ最終的解決トシテ茲ニ確認スル旨閣下ニ通報スルノ光栄ヲ有シ候

本大臣ハ茲ニ重テ閣下ニ向テ敬意ヲ表シ候　敬具

昭和十二年（千九百三十七年）三月二十五日東京ニ於テ

佐藤尚武

「アメリカ」合衆国特命全権大使

ジオゼフ、クラーク、グルー閣下

118　**軍機保護法改正**　一九三七年（昭和一二年）八月一四日法律第七二号

第一条　本法ニ於テ軍事上ノ秘密ト称スルハ作戦、用兵、動員、出師其ノ他軍事上秘密ヲ要スル事項又ハ図書物件ヲ謂フ

前項ノ事項又ハ図書物件ノ種類範囲ハ陸軍大臣又ハ海軍大臣命令ヲ以テ之ヲ定ム

第二条　軍事上ノ秘密ヲ探知シ又ハ収集シタル者ハ六月以上十年以下ノ懲役ニ処ス

軍事上ノ秘密ヲ公ニスル目的ヲ以テ又ハ之ヲ外国若ハ外国ノ為ニ行動スル者ニ漏泄《ろうせつ》スル目的ヲ以テ前項ニ規定スル行為ヲ為シタル者ハ二年以上ノ有期懲役ニ処ス

第三条　業務ニ因リ軍事上ノ秘密ヲ知得シ又ハ領有シタル者之ヲ他人ニ漏泄シタルトキハ無期又ハ三年以上ノ懲役ニ処ス

（略）

第四条　軍事上ノ秘密ヲ探知シ又ハ収集シタル者之ヲ他人ニ漏泄シタルトキハ無期又ハ二年以上ノ懲役ニ処ス

軍事上ノ秘密ヲ探知シ又ハ収集シタル者之ヲ公ニシ又ハ外国若ハ外国ノ為ニ行動スル者ニ漏泄シタルトキハ死刑又ハ無期若ハ三年以上ノ懲役ニ処ス

第五条　偶然ノ原由ニ因リ軍事上ノ秘密ヲ知得シ又ハ領有シタル者之ヲ他人ニ漏泄シタルトキハ六月以上十年以下ノ懲役ニ処ス（略）

第八条　陸軍大臣又ハ海軍大臣ハ軍事上ノ秘密保護ノ為必要アルトキハ命令ヲ以テ左ニ掲グルモノニ付測量、撮影、模写、模造若ハ録取又ハ其ノ複写若ハ複製ヲ禁止シ又ハ制限スルコトヲ得

一　軍港、要港又ハ防禦港

二　堡塁、砲台、防備衛所其ノ他ノ国防ノ為建設シタル防禦営造物

三　軍用艦船、軍用航空機若ハ兵器又ハ陸軍大臣若ハ海軍大臣所管ノ飛行場、電気通信所、軍需品工場、軍需品貯蔵所其ノ他ノ軍事施設

前項ノ規定ニ依ル禁止又ハ制限ニ違反シタル者ハ七年以下ノ懲役又ハ三千円以下ノ罰金ニ処ス

119　**国家総動員法**　一九三八年（昭和一三年）四月一日法律第五五号

第一条　本法ニ於テ国家総動員トハ戦時（戦争ニ準ズベキ事変ノ場合ヲ含ム以下之ニ同ジ）ニ際シ国防目的達成ノ為国ノ全

力ヲ最モ有効ニ発揮セシムル様人的及物的資源ヲ統制運用スルヲ謂フ

第四条　政府ハ戦時ニ際シ国家総動員上必要アルトキハ勅令ノ定ムル所ニ依リ帝国臣民ヲ徴用シテ総動員業務ニ従事セシムルコトヲ得但シ兵役法ノ適用ヲ妨ゲズ

第五条　政府ハ戦時ニ際シ国家総動員上必要アルトキハ勅令ノ定ムル所ニ依リ帝国臣民及帝国法人其ノ他ノ団体ヲシテ国又ハ地方公共団体ノ行フ総動員業務ニ付協力セシムルコトヲ得

第六条　政府ハ戦時ニ際シ国家総動員上必要アルトキハ勅令ノ定ムル所ニ依リ従業者ノ使用、雇入若ハ解雇又ハ賃金其ノ他ノ労働条件ニ付必要ナル命令ヲ為スコトヲ得

第七条　政府ハ戦時ニ際シ国家総動員上必要アルトキハ勅令ノ定ムル所ニ依リ労働争議ノ予防若ハ解決ニ関シ必要ナル命令ヲ為シ又ハ作業所ノ閉鎖、作業若ハ労務ノ中止其ノ他ノ労働争議ニ関スル行為ノ制限若ハ禁止ヲ為スコトヲ得

第二〇条　政府ハ戦時ニ際シ国家総動員上必要アルトキハ勅令ノ定ムル所ニ依リ新聞紙其ノ他ノ出版物ノ掲載ニ付制限又ハ禁止ヲ為スコトヲ得

政府ハ前項ノ制限又ハ禁止ニ違反シタル新聞紙其ノ他ノ出版物ニシテ国家総動員上支障アルモノノ発売及頒布ヲ禁止シ之ヲ差押フルコトヲ得此ノ場合ニ於テハ併セテ其ノ原版ヲ差押フルコトヲ得

第二一条　政府ハ国家総動員上必要アルトキハ勅令ノ定ムル所ニ依リ帝国臣民及帝国臣民ヲ雇傭若ハ使用スル者ヲシテ帝国臣民ノ職業能力ニ関スル事項ヲ申告セシメ又ハ帝国臣民ノ職業能力ニ関シ検査スルコトヲ得

120　農地調整法　一九三八年（昭和一三年）四月二日法律第六七号

第一条　本法ハ互譲相助ノ精神ニ則リ農地ノ所有者及耕作者ノ地位ノ安定及農業生産力ノ維持増進ヲ図リ以テ農村ノ経済更生及農村平和ノ保持ヲ期スル為農地関係ノ調整ヲ為スヲ以テ目的トス

第二条　本法ニ於テ農地トハ耕作ヲ目的トスル土地ヲ謂フ

第四条　道府県、市町村其ノ他命令ヲ以テ定ムル団体ガ農村ノ経済更生ノ為命令ノ定ムル所ニ依リ自作農創設維持ニ要スル土地ヲ取得シ又ハ使用スルノ必要アルトキハ行政官庁ノ認可ヲ受ケ土地ノ所有者其ノ他之ニ関シ権利ヲ有スル者ニ対シ土地ノ譲渡又ハ使用収益ノ権利ノ設定若ハ譲渡ニ関スル協議ヲ求ムルコトヲ得

前項ノ団体ガ未墾地ヲ開発シテ同項ノ事業ヲ行ハントスル場合ニ於テ同項ノ規定ニ依ル協議調ハザルトキハ開発セントスル未墾地其ノ他其ノ開発ニ必要ナル土地又ハ其ノ使用収益ノ

権利ヲ収用又ハ使用スルコトヲ得
前項ノ規定ニ依ル収用又ハ使用ニ関シテハ土地収用法ヲ適用ス

第八条　農地ノ賃貸借ハ其ノ登記ナキモ農地ノ引渡アリタルトキハ爾後其ノ農地ニ付物権ヲ取得シタル者ニ対シ其ノ効力ヲ生ズ
民法第五百六十六条第一項及第三項ノ規定ハ登記セザル賃貸借ノ目的タル農地ガ売買ノ目的物ナル場合ニ之ヲ準用ス
民法第五百三十三条ノ規定ハ前項ノ場合ニ之ヲ準用ス

第九条　農地ノ賃貸人ハ賃借人ガ宥恕スベキ事情ナキニ拘ラズ小作料ヲ滞納スル等信義ニ反シタル行為ナキ限リ賃貸借ノ解約ヲ為シ又ハ更新ヲ拒ムコトヲ得ズ但シ土地使用ノ目的ノ変更又ハ賃貸人ノ自作ヲ相当トスル場合其ノ他正当ノ事由アル場合ハ此ノ限ニ在ラズ
当事者ガ農地ノ賃貸借ノ期間ヲ定メタルトキハ当事者ガ期間満了前六月乃至一年内ニ相手方ニ対シ更新拒絶ノ通知又ハ条件ヲ変更スルニ非ザレバ更新セザル旨ノ通知ヲ為サザルトキハ従前ノ賃貸借ト同一ノ条件ヲ以テ更ニ賃貸借ヲ為シタルモノト看做ス但シ賃貸人ノ疾病ニ因リテ自ラ耕作スルコト能ハザル為其ノ他特別ノ事由ニ因リテ一時賃貸借ヲ為シタルコト明ナル場合ハ此ノ限ニ在ラズ
農地ノ賃貸借ノ当事者賃貸借ノ解約ヲ為シ又ハ更新ヲ拒マントスルトキハ命令ノ定ムル所ニ依リ予メ其ノ旨ヲ市町村農地委員会ニ通知スベシ
第二項並ニ民法第六百十七条及第六百十八条ノ規定ニ異ル小作条件ニシテ賃借人ニ不利ナルモノハ之ヲ定メザルモノト看做ス

第一〇条　小作関係ノ争議ニ付公益上必要アリト認ムルトキハ小作官ハ小作調停法ニ依ル調停ノ申立ヲ為スコトヲ得
小作関係ノ争議ニ付訴訟ガ繫属スルトキハ受訴裁判所ハ職権ヲ以テ小作官ノ意見ヲ聴キ事件ヲ小作調停法ニ依ル調停ニ付スルコトヲ得

第一二条　小作調停法ニ依ル調停委員会ニ於テ調停成ラザル場合ニ裁判所相当ト認ムルトキハ職権ヲ以テ小作官及調停委員ノ意見ヲ聴キ当事者双方ノ利益ヲ衡平ニ考慮シ一切ノ事情ヲ斟酌シテ調停ニ代ヘ小作関係ノ存続、小作条件ノ変更其ノ他争議ノ解決上必要ナル裁判ヲ為スコトヲ得此ノ裁判ニ於テハ小作料ノ支払、小作地ノ引渡其ノ他財産上ノ給付ヲ命ズルコトヲ得（略）
第一項ノ規定ニ依ル裁判確定シタルトキハ裁判上ノ和解ト同一ノ効力ヲ有ス

第一五条　自作農創設維持、小作関係ノ調整、農地ノ交換分合其ノ他農地ニ関スル事項ヲ処理スル為市町村ニ市町村農地委員会ヲ、道府県ニ道府県農地委員会ヲ置クコトヲ得（略）

121　**人事調停法**　一九三九年（昭和一四年）三月一七日法律第一一号

第一条　家族親族間ノ紛争其ノ他一般ニ家庭ニ関スル事件ニ付テハ当事者ハ本法ニ依リ調停ノ申立ヲ為スコトヲ得
第二条　調停ハ道義ニ本ヅキ温情ヲ以テ事件ヲ解決スルコトヲ以テ其ノ本旨トス
第五条　調停ノ申立ガ淳風ニ副ハズ又ハ権利ノ濫用其ノ他不当ノ目的ニ出ヅルモノト認ムルトキハ裁判所ハ其ノ申立ヲ却下スルコトヲ得
第七条　調停ハ裁判上ノ和解ト同一ノ効力ヲ有ス但シ本人ノ処分ヲ許サザル事項ニ関スルモノニ付テハ此ノ限ニ在ラズ
第八条　借地借家調停法第二条、第四条ノ二乃至第六条、第八条乃至第十一条、第十三条乃至第十五条、第十六条第一項、第十八条乃至第二十三条及第二十六条乃至第三十二条ノ規定ハ本法ノ調停ニ付之ヲ準用ス
第九条　調停委員ハ徳望アル者其ノ他適当ト認メラルル者ニ就キ毎年予メ地方裁判所長ノ選任シタル者又ハ当事者ノ合意ニ依リ選定セラレタル者ノ中ヨリ各事件ニ付調停主任之ヲ指定ス
第一一条　調停委員会第五条ニ規定スル事由アリト認ムルトキハ調停ヲ為サザルコトヲ得
第一二条　調停委員又ハ調停委員タリシ者故ナク評議ノ顛末又ハ調停主任、調停委員ノ意見若ハ其ノ多少ノ数ヲ漏泄シタルトキハ千円以下ノ罰金ニ処ス
調停委員又ハ調停委員タリシ者故ナク其ノ職務上取扱ヒタルコトニ付知得タル人ノ秘密ヲ漏泄シタルトキハ三月以下ノ懲役又ハ千円以下ノ罰金ニ処ス
前項ノ罪ハ告訴ヲ待テ之ヲ論ズ

122　**朝鮮民事令中改正の件**　一九三九年（昭和一四年）一一月一〇日制令第一九号

朝鮮民事令中左ノ通改正ス
第十一条第一項中「但シ」ノ下ニ「氏、」ヲ、「認知、」ノ下ニ「裁判上ノ離縁、婿養子縁組ノ場合ニ於テ婚姻又ハ縁組カ無効ナルトキ又ハ取消サレタルトキニ於ケル縁組又ハ婚姻ノ取消、」ヲ加ヘ同条ニ左ノ一項ヲ加フ
氏ハ戸主（法定代理人アルトキハ法定代理人）之ヲ定ム
第十一条ノ二ヲ第十一条ノ三トシ以下第十一条ノ八迄順次一条宛繰下グ
第十一条ノ二　朝鮮人ノ養子縁組ニ在リテ養子ハ養親ト姓ヲ同シクスルコトヲ要セス但シ死後養子ノ場合ニ於テハ此ノ限ニ

在ラス

婿養子縁組ハ養子縁組ノ届出ト同時ニ婚姻ノ届出ヲ為スニ因リテ其ノ効力ヲ生ス

婿養子ハ妻ノ家ニ入ル

婿養子離縁又ハ縁組ノ取消ニ因リテ其ノ家ヲ去ルモ家女ノ直系卑属ハ其ノ家ヲ去ルコトナク胎児生レタルトキハ其ノ家ニ入ル

第十一条ノ九ヲ第十一条ノ十トシ同条中「第十一条ノ三及第十一条ノ四」ヲ「第十一条ノ四及第十一条ノ五」ニ改ム

附　則

本令施行ノ期日ハ朝鮮総督之ヲ定ム

朝鮮人戸主（法定代理人アルトキハ法定代理人）ハ本令施行後六月以内ニ新ニ氏ヲ定メ之ヲ府尹又ハ邑面長ニ届出ヅルコトヲ要ス

前項ノ規定ニ依ル届出ヲ為サザルトキハ本令施行ノ際ニ於ケル戸主ノ姓ヲ以テ氏トス但シ一家ヲ創立シタルニ非ザル女戸主ナルトキ又ハ戸主相続人分明ナラザルトキハ前男戸主ノ姓ヲ以テ氏トス

123　**朝鮮人の氏名に関する件**　一九三九年（昭和一四年）一一月一〇日制令第二〇号

第一条　御歴代御諱又ハ御名ハ之ヲ氏又ハ名ニ用フルコトヲ得ズ

自己ノ姓以外ノ姓ハ氏トシテ之ヲ用フルコトヲ得ズ但シ一家創立ノ場合ニ於テハ此ノ限ニ在ラズ

第二条　氏名ハ之ヲ変更スルコトヲ得ズ但シ正当ノ事由アル場合ニ於テ朝鮮総督ノ定ムル所ニ依リ許可ヲ受ケタルトキハ此ノ限ニ在ラズ

附　則

本令施行ノ期日ハ朝鮮総督之ヲ定ム

124　**大政翼賛会実践要綱**　一九四〇年（昭和一五年）一二月一四日

今や世界の歴史的転換期に直面し、八紘一宇の顕現を国是とする皇国は、一億一心全能力を挙げて天皇に帰一し奉り、物心一如の国家体制を確立し、もつて光輝ある世界の道義的指導者たらんとす。ここに本会は、互助相誡、皇国臣民たるの自覚に徹し、率先して国民の推進力となり、常に政府と表裏一体協力の関係に立ち、上意下達、下情上通を図り、もつて高度国防国家体制の実現に努む。左にその実践要綱を提唱す。

一、臣道の実践に挺身す。すなはち無上絶対普遍的真理の顕現たる国体を信仰し、歴代詔勅を奉体し、職分奉公の誠をいたし、ひたすら惟神の大道を顕揚す。
二、大東亜共栄圏の建設に協力す。すなはち大東亜の共栄体制を完備し、その興隆を図るとともに、進んで世界新秩序の確立に努む。
三、翼賛政治体制の建設に協力す。すなはち文化、経済、生活を翼賛精神に帰一し、強力なる綜合的翼賛政治体制の確立に努む。
四、翼賛政治体制の建設に協力す。すなはち創意と能力と科学を最高度に発揮し、翼賛精神に基く綜合的計画経済を確立し、もつて生産の飛躍的増強を図り、大東亜における自給自足経済の完成に努む。
五、文化新体制の建設に協力す。すなはち国体精神に基き雄渾、高雅、明朗にして科学性ある新日本文化を育成し、内は民族精神を振起し、外は大東亜文化の昂揚に努む。
六、生活新体制の建設に協力す。すなはち翼賛理念に基き、新時代を推進する理想と気魄を養ひ、忠孝一本、国民悉く一家族の成員として、国家理想に結集すべき科学性ある生活体制の樹立に努む。

〔出典：歴史学研究会編『日本史史料』〔5〕現代〕

125 国防保安法　一九四一年（昭和一六年）三月七日法律第四九号

第一章　罪

第一条　本法ニ於テ国家機密トハ国防上外国ニ対シ秘匿スルコトヲ要スル外交、財政、経済其ノ他ニ関スル重要ナル国務ニ係ル事項ニシテ左ノ各号ノ一ニ該当スルモノ及之ヲ表示スル図書物件ヲ謂フ
一　御前会議、枢密院会議、閣議又ハ之ニ準ズベキ会議ニ付セラレタル事項及其ノ会議ノ議事
二　帝国議会ノ秘密会議ニ付セラレタル事項及其ノ会議ノ議事
三　前二号ノ会議ニ付スル為準備シタル事項其ノ他行政各部ノ重要ナル機密事項
第二条　本章ノ罰則ハ何人ヲ問ハズ本法施行地外ニ於テ罪ヲ犯シタル者ニ付亦之ヲ適用ス
第三条　業務ニ因リ国家機密ヲ知得シ又ハ領有シタル者之ヲ外国（外国ノ為ニ行動スル者及外国人ヲ含ム以下之ニ同ジ）ニ漏泄《ろうせつ》シ又ハ公ニシタルトキハ死刑又ハ無期若ハ三年以上ノ懲役ニ処ス
第四条　外国ニ漏泄シ又ハ公ニスル目的ヲ以テ国家機密ヲ探知シ又ハ収集シタル者ハ一年以上ノ有期懲役ニ処ス

前項ノ目的ヲ以テ国家機密ヲ探知シ又ハ収集シタル者之ヲ外国ニ漏泄シ又ハ公ニシタルトキハ死刑又ハ無期若ハ三年以上ノ懲役ニ処ス

第五条　前二条ニ規定スル原由以外ノ原由ニ因リ国家機密ヲ知得シ又ハ領有シタル者之ヲ外国ニ漏泄シ又ハ公ニシタルトキハ無期又ハ一年以上ノ懲役ニ処ス

第六条　業務ニ因リ国家機密ヲ知得シ又ハ領有シタル者之ヲ他人ニ漏泄シタルトキハ五年以下ノ懲役又ハ五千円以下ノ罰金ニ処ス

第八条　国防上ノ利益ヲ害スベキ用途ニ供スル目的ヲ以テ又ハ其ノ用途ニ供セラルル虞アルコトヲ知リテ外国ニ通報スル目的ヲ以テ外交、財政、経済其ノ他ニ関スル情報ヲ探知シ又ハ収集シタル者ハ十年以下ノ懲役ニ処ス

第九条　外国ト通謀シ又ハ外国ニ利益ヲ与フル目的ヲ以テ治安ヲ害スベキ事項ヲ流布シタル者ハ無期又ハ一年以上ノ懲役ニ処ス

第十条　外国ト通謀シ又ハ外国ニ利益ヲ与フル目的ヲ以テ金融界ノ攪乱、重要物資ノ生産又ハ配給ノ阻害其ノ他ノ方法ニ依リ国民経済ノ運行ヲ著シク阻害スル虞アル行為ヲ為シタル者ハ無期又ハ一年以上ノ懲役ニ処ス

前項ノ罪ヲ犯シタル者ニハ情状ニ因リ十万円以下ノ罰金ヲ併科スルコトヲ得

126 治安維持法改正　一九四一年（昭和一六年）三月一〇日

法律第五四号

第一章　罪

第一条　国体ヲ変革スルコトヲ目的トシテ結社ヲ組織シタル者又ハ結社ノ役員其ノ他指導者タル任務ニ従事シタル者ハ死刑又ハ無期若ハ七年以上ノ懲役ニ処シ情ヲ知リテ結社ニ加入シタル者又ハ結社ノ目的遂行ノ為ニスル行為ヲ為シタル者ハ三年以上ノ有期懲役ニ処ス

第二条　前条ノ結社ヲ支援スルコトヲ目的トシテ結社ヲ組織シタル者又ハ結社ノ役員其ノ他指導者タル任務ニ従事シタル者ハ死刑又ハ無期若ハ五年以上ノ懲役ニ処シ情ヲ知リテ結社ニ加入シタル者又ハ結社ノ目的遂行ノ為ニスル行為ヲ為シタル者ハ二年以上ノ有期懲役ニ処ス

第三条　第一条ノ結社ノ組織ヲ準備スルコトヲ目的トシテ結社ヲ組織シタル者又ハ結社ノ役員其ノ他指導者タル任務ニ従事シタル者ハ死刑又ハ無期若ハ五年以上ノ懲役ニ処シ情ヲ知リテ結社ニ加入シタル者又ハ結社ノ目的遂行ノ為ニスル行為ヲ為シタル者ハ二年以上ノ有期懲役ニ処ス

第四条　前三条ノ目的ヲ以テ集団ヲ結成シタル者又ハ集団ヲ指導シタル者ハ無期又ハ三年以上ノ懲役ニ処シ前三条ノ目的ヲ

以テ集団ニ参加シタル者又ハ集団ニ関シ前三条ノ目的遂行ノ為ニスル行為ヲ為シタル者ハ一年以上ノ有期懲役ニ処ス

第五条　第一条乃至第三条ノ目的ヲ以テ其ノ目的タル事項ノ実行ニ関シ協議若ハ煽動ヲ為シ又ハ其ノ目的タル事項ヲ宣伝シ其ノ他其ノ目的遂行ノ為ニスル行為ヲ為シタル者ハ一年以上十年以下ノ懲役ニ処ス

第六条　第一条乃至第三条ノ目的ヲ以テ騒擾、暴行其ノ他生命、身体又ハ財産ニ害ヲ加フベキ犯罪ヲ煽動シタル者ハ二年以上ノ有期懲役ニ処ス

第七条　国体ヲ否定シ又ハ神宮若ハ皇室ノ尊厳ヲ冒瀆スベキ事項ヲ流布スルコトヲ目的トシテ結社ヲ組織シタル者又ハ結社ノ役員其ノ他指導者タル任務ニ従事シタル者ハ無期又ハ四年以上ノ懲役ニ処シ情ヲ知リテ結社ニ加入シタル者又ハ結社ノ目的遂行ノ為ニスル行為ヲ為シタル者ハ一年以上ノ有期懲役ニ処ス

第八条　前条ノ目的ヲ以テ集団ヲ結成シタル者又ハ集団ヲ指導シタル者ハ無期又ハ三年以上ノ懲役ニ処シ前条ノ目的ヲ以テ集団ニ参加シタル者又ハ集団ニ関シ前条ノ目的遂行ノ為ニスル行為ヲ為シタル者ハ一年以上ノ有期懲役ニ処ス

第九条　前八条ノ罪ヲ犯サシムルコトヲ目的トシテ金品其ノ他ノ財産上ノ利益ヲ供与シ又ハ其ノ申込若ハ約束ヲ為シタル者ハ十年以下ノ懲役ニ処ス情ヲ知リテ供与ヲ受ケ又ハ其ノ要求若ハ約束ヲ為シタル者亦同ジ

第一〇条　私有財産制度ヲ否認スルコトヲ目的トシテ結社ヲ組織シタル者又ハ情ヲ知リテ結社ニ加入シタル者若ハ結社ノ目的遂行ノ為ニスル行為ヲ為シタル者ハ十年以下ノ懲役又ハ禁錮ニ処ス

第一一条　前条ノ目的ヲ以テ其ノ目的タル事項ノ実行ニ関シ協議ヲ為シ又ハ其ノ目的タル事項ノ実行ヲ煽動シタル者ハ七年以下ノ懲役又ハ禁錮ニ処ス

第一二条　第十条ノ目的ヲ以テ騒擾、暴行其ノ他生命、身体又ハ財産ニ害ヲ加フベキ犯罪ヲ煽動シタル者ハ十年以下ノ懲役又ハ禁錮ニ処ス

第一三条　前三条ノ罪ヲ犯サシムルコトヲ目的トシテ金品其ノ他ノ財産上ノ利益ヲ供与シ又ハ其ノ申込若ハ約束ヲ為シタル者ハ五年以下ノ懲役又ハ禁錮ニ処ス情ヲ知リテ供与ヲ受ケ又ハ其ノ要求若ハ約束ヲ為シタル者亦同ジ

第一四条　第一条乃至第四条、第七条、第八条及第十条ノ未遂罪ハ之ヲ罰ス

第一五条　本章ノ罪ヲ犯シタル者自首シタルトキハ其ノ刑ヲ減軽又ハ免除ス

第一六条　本章ノ規定ハ何人ヲ問ハズ本法施行地外ニ於テ罪ヲ犯シタル者ニ亦之ヲ適用ス

127　宣戦の詔書　一九四一年（昭和一六年）一二月八日

天佑ヲ保有シ万世一系ノ皇祚ヲ践メル大日本帝国天皇ハ、昭ニ忠誠勇武ナル汝有衆ニ示ス。

朕茲《ここ》ニ米国及英国ニ対シテ戦ヲ宣ス。朕カ陸海将兵ハ全力ヲ奮テ交戦ニ従事シ、朕カ百僚有司ハ励精職務ヲ奉行シ、朕カ衆庶ハ各々其ノ本分ヲ尽シ、億兆一心国家ノ総力ヲ挙ケテ征戦ノ目的ヲ達成スルニ遺算ナカラムコトヲ期セヨ。

抑々《そもそも》東亜ノ安定ヲ確保シ、以テ世界ノ平和ニ寄与スルハ、丕《ひ》顕《けん》ナル皇祖考、丕承《ひしょう》ナル皇考ノ作述セル遠猷ニシテ、朕カ拳々《けんけん》措《お》カサル所、而《しこう》シテ列国トノ交誼ヲ篤クシ、万邦共栄ノ楽ヲ偕《とも》ニスルハ之亦帝国カ常ニ国交ノ要義ト為ス所ナリ。今ヤ不幸ニシテ米英両国ト釁端《きんたん》ヲ開クニ至ル、洵《まこと》ニ已ムヲ得サルモノアリ。豈《あに》朕カ志ナラムヤ。中華民国政府曩《さき》ニ帝国ノ真意ヲ解セス、濫《みだり》ニ事ヲ構ヘテ東亜ノ平和ヲ攪乱シ、遂ニ帝国ヲシテ干戈ヲ執ルニ至ラシメ、茲ニ四年有余ヲ経タリ。幸ニ国民政府更新スルアリ帝国ハ之ト善隣ノ誼ヲ結ヒ、相提携スルニ至レルモ、重慶ニ残存スル政権ハ、米英ノ庇蔭ヲ恃ミテ兄弟尚未タ牆《しょう》ニ相鬩《せめ》クヲ悛《あらた》メス、米英両国ハ残存政権ヲ支援シテ東亜ノ禍乱ヲ助長シ、平和ノ美名ニ匿レテ東洋制覇ノ非望ヲ逞《たくまし》ウセムトス。剰《あまつさ》ヘ与国ヲ誘ヒ帝国ノ周辺ニ於テ武備ヲ増強シテ我ニ挑戦シ、更ニ帝国ノ平和的通商ニ有ラユル妨害ヲ与ヘ、遂ニ経済断交ヲ敢テシ、帝国ノ生存ニ重大ナル脅威ヲ加フ。朕ハ政府ヲシテ事態ヲ平和ノ裡ニ回復セシメムトシ、隠忍久シキニ弥《わた》リタルモ、彼ハ毫モ交譲ノ精神ナク、徒ニ事局ノ解決ヲ遷延セシメテ、此ノ間却ツテ益々経済上軍事上ノ脅威ヲ増大シ、以テ我ヲ屈従セシメムトス。斯ノ如クニシテ推移セムカ、東亜安定ニ関スル帝国積年ノ努力ハ悉ク水泡ニ帰シ、帝国ノ存立亦正ニ危殆ニ瀕セリ。事既ニ此ニ至ル、帝国ハ今ヤ自存自衛ノ為蹶然起ツテ一切ノ障礙ヲ破砕スルノ外ナキナリ。

皇祖皇宗ノ神霊上ニ在リ朕ハ汝有衆ノ忠誠勇武ニ信倚シ、祖宗ノ遺業ヲ恢弘《かいこう》シ、速ニ禍根ヲ芟除《さんじょ》シテ、東亜永遠ノ平和ヲ確立シ、以テ帝国ノ光栄ヲ保全セシムコトヲ期ス。

御名御璽

昭和十六年十二月八日

各国務大臣副署

128　戦時刑事特別法　一九四二年（昭和一七年）二月二四日

法律第六四号

第一章　罪

第一条　戦時ニ際シ燈火管制中又ハ敵襲ノ危険其ノ他人心ニ動揺ヲ生ゼシムベキ状態アル場合ニ於テ火ヲ放チテ現ニ人ノ住居ニ使用シ又ハ人ノ現在スル建造物、汽車、電車、自動車、

艦船、航空機若ハ鉱坑ヲ焼燬シタル者ハ死刑又ハ無期若ハ十年以上ノ懲役ニ処ス

戦時ニ際シ燈火管制中又ハ敵襲ノ危険其ノ他人心ニ動揺ヲ生ゼシムベキ状態アル場合ニ於テ火ヲ放チテ現ニ人ノ住居ニ使用セズ又ハ人ノ現在セザル建造物、汽車、電車、自動車、艦船、航空機若ハ鉱坑ヲ焼燬シタル者ハ無期又ハ三年以上ノ懲役ニ処ス

前項ノ物自己ノ所有ニ係ルトキハ一年以上ノ有期懲役ニ処ス但シ公共ノ危険ヲ生ゼザルトキハ之ヲ罰セズ

第一項及第二項ノ未遂罪ハ之ヲ罰ス

第一項又ハ第二項ノ罪ヲ犯ス目的ヲ以テ其ノ予備又ハ通謀ヲ為シタル者ハ十年以下ノ懲役ニ処ス

第二条　戦時ニ際シ燈火管制中又ハ敵襲ノ危険其ノ他人心ニ動揺ヲ生ゼシムベキ状態アル場合ニ於テ火ヲ放チテ前条第一項及第二項ニ記載シタル以外ノ物ヲ焼燬シ因テ公共ノ危険ヲ生ゼシメタル者ハ一年以上ノ有期懲役ニ処ス

前項ノ物自己ノ所有ニ係ルトキハ十年以上ノ懲役ニ処ス

第五条　戦時ニ際シ燈火管制中又ハ敵襲ノ危険其ノ他人心ニ動揺ヲ生ゼシムベキ状態アル場合ニ於テ刑法二百三十五条、第二百三十六条、第二百三十八条若ハ第二百三十九条ノ罪又ハ此等ニ関スル同法第二百四十三条ノ罪ヲ犯シタル者窃盗ヲ以テ論ズベキトキハ無期又ハ三年以上ノ懲役、強盗ヲ以テ論ズベキトキハ死刑又ハ無期若ハ十年以上ノ懲役ニ処ス

戦時ニ際シ燈火管制中又ハ敵襲ノ危険其ノ他人心ニ動揺ヲ生ゼシムベキ状態アル場合ニ於テ刑法第二百四十条前段若ハ第二百四十一条前段ノ罪又ハ此等ニ関スル同法第二百四十三条ノ罪ヲ犯シタル者ハ死刑又ハ無期懲役ニ処シ同法第二百四十条後段若ハ第二百四十一条後段ノ罪又ハ此等ニ関スル同法第二百四十三条ノ罪ヲ犯シタル者ハ死刑ニ処ス

第一項ノ強盗ヲ為ス目的ヲ以テ其ノ予備又ハ通謀ヲ為シタル者ハ一年以上十年以下ノ懲役ニ処ス

第七条　戦時ニ際シ国政ヲ変乱スルコトヲ目的トシテ人ヲ殺シタル者ハ死刑又ハ無期ノ懲役若ハ禁錮ニ処ス

前項ノ未遂罪ハ之ヲ罰ス

第一項ノ罪ヲ犯ス目的ヲ以テ其ノ予備又ハ陰謀ヲ為シタル者ハ二年以上ノ有期ノ懲役又ハ禁錮ニ処ス

第一項ノ罪ヲ犯スコトヲ教唆シ又ハ幇助シタル者ハ被教唆者又ハ被幇助者其ノ実行ヲ為スニ至ラザルトキハ二年以上ノ有期ノ懲役又ハ禁錮ニ処ス

第一項ノ罪ヲ犯サシムル為他人ヲ煽動シタル者ノ罰亦前項ニ同ジ

第三項乃至前項ノ罪ヲ犯シタル者自首シタルトキハ其ノ刑ヲ減軽又ハ免除ス

129 戦時民事特別法　一九四二年（昭和一七年）二月二四日

法律第六三号

第一章　通則

第一条　戦時ニ於ケル民事ニ関スル特例ハ本法ノ定ムル所ニ依ル

第二条　戦争ニ起因スル避クベカラザル障碍《しょうがい》ニ因リ期間ヲ遵守スルコト能ハザル場合ニ於テハ其ノ期間ヲ伸長ス但シ他ノ法令ニ定アルモノニ付テハ其ノ定ニ従フ

前項ノ規定ニ依リテ伸長セラレタル期間ハ障碍ノ止ミタル時ヨリ一週間ノ経過ニ依リテ満了ス

第三条　裁判所ガ官報及新聞紙ヲ以テ為スベキ公告ハ官報ノミヲ以テ之ヲ為ス

第二章　民事訴訟

第四条　裁判所適当ト認ムルトキハ土地ノ管轄ニ関スル規定ニ拘ラズ申立ニ依リ又ハ職権ヲ以テ訴訟ノ全部若ハ一部ヲ他ノ裁判所ニ移送シ又ハ自ラ裁判ヲ為スコトヲ得

前項ノ規定ハ訴ニ付専属管轄ノ定アル場合ニハ之ヲ適用セズ

第七条　裁判所ハ機密ノ保持其ノ他公益上ノ理由ニ依リ訴訟記録ノ謄写又ハ其ノ謄本若ハ抄本ノ交付ヲ相当ナラズト認ムルトキハ之ヲ禁止スルコトヲ得

第九条　裁判所相当ト認ムルトキハ証人又ハ鑑定人ノ訊問ニ代ヘ書面ノ提出ヲ為サシムルコトヲ得

第一〇条　民事訴訟法第三百五十九条ノ規定ハ裁判所構成法戦時特例第三条第一項ノ判決ニハ之ヲ適用セズ

第一一条　債務者ガ戦争ノ影響ニ因リ債務ヲ履行スルコト困難ナル場合ニ於テ債務者ガ誠実ニシテ債務履行ノ意思アリ且債権者ノ経済ニ甚シキ影響ヲ及ボサザルモノト認ムベキ顕著ナル事由アルトキハ裁判所ハ債務者ノ申立ニ依リ担保ヲ供セシメ又ハ供セシメズシテ強制執行ノ一時ノ停止又ハ既ニ為シタル執行処分ノ取消ヲ命ズルコトヲ得

民事訴訟法第五百七十条ノ二第二項及第三項ノ規定ハ前項ノ場合ニ之ヲ準用ス

第一一条ノ二　民事訴訟法第七百八十三条ノ規定ハ之ヲ適用セズ

130 陪審法の停止に関する件　一九四三年（昭和一八年）四月一日法律第八八号

陪審法ハ其ノ施行ヲ停止ス

附　則

本法ハ公布ノ日ヨリ之ヲ施行ス

本法ハ本法施行前陪審手続ニ依ル公判期日ノ定リタル事件ニ関シテハ之ヲ運用セズ本法施行前其ノ裁判ノ確定シタル事件ニ関

スル陪審法第四章又ハ第五章ノ規定ノ適用ニ付亦同ジ

陪審法ハ今次ノ戦争終了後再施行スルモノトシ其ノ期日ハ各条ニ付勅令ヲ以テ之ヲ定ム

前項ニ規定スルモノノ外陪審法ノ再施行ニ付必要ナル事項ハ勅令ヲ以テ之ヲ定ム

131　大東亜共同宣言　一九四三年（昭和一八年）一一月六日

一一月六日大東亜会議事務局発表

昭和十八年十一月五日及六日ノ両日東京ニ於テ大東亜会議ヲ開催セリ同会議ニ出席ノ各国代表者左ノ通（略）

同会議ニ於テハ大東亜戦争完遂ト大東亜建設ノ方針トニ関シ各国代表ハ隔意ナキ協議ヲ遂ケタル処全会一致ヲ以テ左ノ共同宣言ヲ採択セリ

大東亜共同宣言

抑々《そもそも》世界各国カ各其ノ所ヲ得相倚リ相扶ケテ万邦共栄ノ楽ヲ偕《とも》ニスルハ世界平和確立ノ根本要義ナリ

然ルニ米英ハ自国ノ繁栄ノ為ニハ他国家他民族ヲ抑圧シ特ニ大東亜ニ対シテハ飽クナキ侵略搾取ヲ行ヒ大東亜隷属化ノ野望ヲ逞《たくまし》ウシ遂ニハ大東亜ノ安定ヲ根柢ヨリ覆サントセリ大東亜戦争ノ原因茲《ここ》ニ存ス

大東亜各国ハ相提携シテ大東亜戦争ヲ完遂シ大東亜ヲ米英ノ桎梏ヨリ解放シテ其ノ自存自衛ヲ全ウシ左ノ綱領ニ基キ大東亜ヲ建設シ以テ世界平和ノ確立ニ寄与センコトヲ期ス

一、大東亜各国ハ協同シテ大東亜ノ安定ヲ確保シ道義ニ基ク共存共栄ノ秩序ヲ建設ス

一、大東亜各国ハ相互ニ自主独立ヲ尊重シ互助敦睦ノ実ヲ挙ケ大東亜ノ親和ヲ確立ス

一、大東亜各国ハ相互ニ其ノ伝統ヲ尊重シ各民族ノ創造性ヲ伸暢シ大東亜ノ文化ヲ昂揚ス

一、大東亜各国ハ互恵ノ下緊密ニ提携シ其ノ経済発展ヲ図リ大東亜ノ繁栄ヲ増進ス

一、大東亜各国ハ万邦トノ交誼ヲ篤ウシ人種的差別ヲ撤廃シ普《あまね》ク文化ヲ交流シ進ンテ資源ヲ開放シ以テ世界ノ進運ニ貢献ス

132　女子挺身勤労令　一九四四年（昭和一九年）八月二三日

勅令第五一九号

第一条　勤労常時要員トシテノ女子（学徒勤労令ノ適用ヲ受クベキ者ヲ除ク）ノ隊組織（以下女子挺身隊ト称ス）ニ依ル勤労協力ニ関スル命令ニシテ国家総動員法第五条ノ規定ニ基ク

モノ並ニ当該命令ニ依ル勤労協力ヲ為スベキ者及女子挺身隊ニ依ル従業ヲ為ス者ノ雇入、使用、就職、従業又ハ給与其ノ他ノ従業条件ニ関スル命令ニシテ同法第六条ノ規定ニ基クモノニ関シテハ本令ノ定ムル所ニ依ル

第二条　国家総動員法第五条ノ規定ニ依ル命令ニ依リ女子ガ女子挺身隊ニ依リ為ス勤労協力（以下挺身勤労ト称ス）ハ国、地方公共団体又ハ厚生大臣若ハ地方長官（東京都ニ在リテハ警視総監以下同ジ）ノ指定スル者ノ行フ命令ヲ以テ定ムル総動員業務ニ付之ヲ為サシムルモノトス

第三条　挺身勤労ヲ為スベキ者（以下隊員ト称ス）ハ国民職業能力申告令ニ依ル国民登録者タル女子トス（略）

第五条　挺身勤労ヲ受ケントスル者ハ命令ノ定ムル所ニ依リ地方長官ニ之ヲ請求又ハ申請スベシ

第六条　地方長官前条ノ規定ニ依ル請求又ハ申請アリタル場合ニ於テ女子挺身隊ヲ出動セシムル必要アリト認ムルトキハ命令ノ定ムル所ニ依リ市町村長（略）其ノ他ノ団体ノ長又ハ学校長ニ対シ隊員ト為ルベキ者ヲ選抜スベキコトヲ命ズルモノトス

第七条　前条ノ命令ヲ受ケタル者ハ本人ノ年齢、身体ノ状態、家庭ノ状況等ヲ斟酌シ隊員ト為ルベキ者ヲ選抜シ之ヲ地方長官ニ報告スベシ

第八条　地方長官ハ前条ノ規定ニ依ル報告アリタル者ノ中ヨリ隊員ヲ決定シ本人ニ其ノ旨ヲ挺身勤労令書ニ依リ通知シ挺身勤労ニ関シ必要ナル事項ヲ指示スルモノトス

第十七条　地方長官必要アリト認ムル場合ニ於テハ国家総動員法第六条ノ規定ニ基キ挺身勤労ヲ為サザル者ニ対シ第五条ノ規定ニ依ル請求又ハ申請ニ係ル工場、事業場其ノ他ノ場所ニ就職スルコトヲ命ズルコトヲ得

前項ノ工場、事業場其ノ他ノ場所ノ事業主ハ国家総動員法第六条ノ規定ニ基キ同項ノ規定ニ依ル命令ヲ受ケタル者ヨリ就職申出ヲ受ケタルトキハ之ヲ雇入ルルコトヲ要ス

厚生大臣（軍需省所管企業ニ於ケル勤労管理及給与ニ関スル事項ニ付テハ軍需大臣）又ハ地方長官必要アリト認ムルトキハ国家総動員法第六条ノ規定ニ基キ第一項ノ規定ニ依ル命令ヲ受ケタル者又ハ前項ノ事業主ニ対シ第一項ノ規定ニ依ル命令ヲ受ケタル者ノ使用、従業又ハ給与其ノ他ノ従業条件ニ関シ必要ナル命令ヲ為スコトヲ得

広島の原子雲（1945年８月６日）（写真：平和博物館を創る会）

東京空襲（1945年）

V 戦後改革期（一九四五―一九五二）

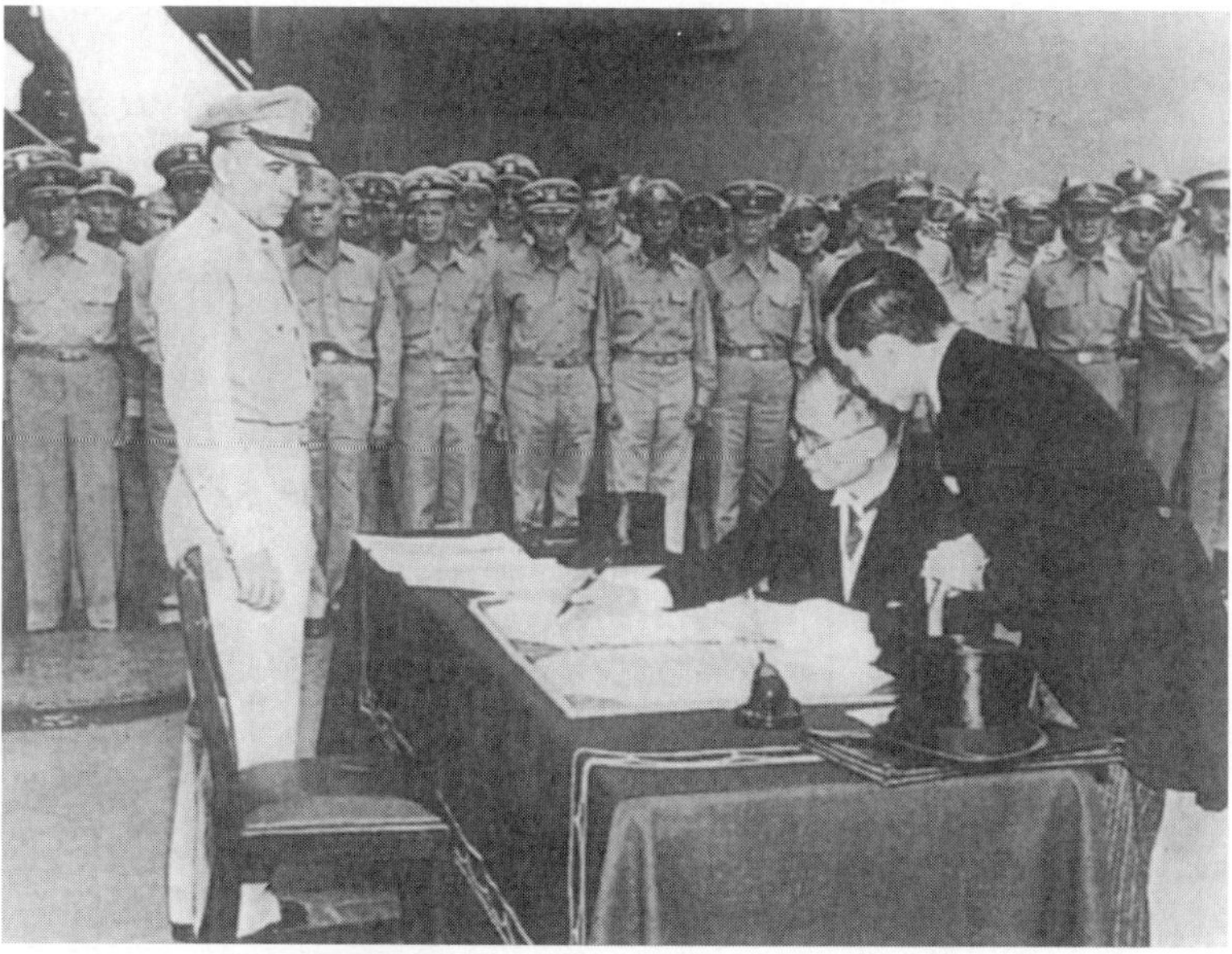

降伏文書調印式（1945年９月２日、ミズーリ号艦上）

〔解　説〕戦後改革と現代法体制の形成

この時期には、敗戦による旧支配体制の崩壊をうけ、占領軍による「戦後改革」の推進をへて日本国憲法以下の戦後法体制が形成され、講和条約発効によって占領が終了した。

日本政府は一九四五年八月一五日、天皇の詔勅によって、「ポツダム宣言」を受諾し連合国に降伏したことを国民に公表し、第二次世界大戦が終結した。八月二八日から連合国軍による占領が開始されたが、実態はアメリカ合衆国軍の単独占領だった。九月八日、連合国最高司令官の総司令部（ＧＨＱ／ＳＣＡＰ）が東京に進駐し、これ以後、ＧＨＱによる戦後処理がおこなわれる。占領目的と占領政策の基本方針は、アメリカ合衆国政府によって連合国最高司令官マッカーサー元帥に与えられた「降伏後における米国の初期の対日方針」に示されていた。

日本国では、憲法は停止されず、大日本帝国憲法に基づく国家機構を保持したまま、連合国軍の軍事占領下に入った。占領統治は、ＧＨＱより日本政府への指令、覚書等の形式で伝達される占領統治方針をうけて、日本政府が具体的施策を立案し、ＧＨＱの承認を得て法令化することですすめられた（間接占領方式）。したがって、法形式としては、帝国議会（日本国憲法制定後は国会）の制定法、勅令（同じく、政令）、各省の省令・通牒などとなってあらわれた。

ただし、一九四五年九月二〇日緊急勅令五四二号「ポツダム宣言の受諾に伴い発する命令に関する件」（ポツダム緊急勅令）は、ＳＣＡＰの要求にかかわる事項実施のため、帝国憲法第八条（法律に代わるべき命令）に基づき、勅令・閣令・省令をもって所要の定めをなしうることとし、包括的な命令権を政府に与えた。これを根拠とする勅令・政令等は「ポツダム勅令」「ポツダム政令」等と呼ばれ、日本国憲法制定後も憲法外において効力を有する超憲法的な法であるとされた（一九五三年四月八日最高裁判所判決）。

占領開始当初の占領軍の施策は、主要な戦争犯罪人の逮捕、軍需産業の停止、弾圧法制と機構の解体、であった。一九四五年一〇月四日のＧＨＱ覚書「政治的、市民的、宗教的自由に対する制限の撤廃に関する覚書」（人権指令）に基づいて、同年末にかけて、政治犯の釈放、特別高等警察の廃止、治安維持法・思想犯保護観察法・国防保安法・軍機保護法・治安警察法・保安法など多数の弾圧法規の廃止がすすめられ、それまでの国家的支配を支えてきた警察機構の解体・再編と内務省・警察首脳の解任がなされた。降伏と同時に成立し、「国体の護持」と秩序の維持を使命としていた東久邇宮稔彦内閣は、これによって総辞職し、幣原喜重郎内閣が成立した。マッカーサー司令官は、新任の幣原首相に面会し、憲法の自由主義化とともにいわゆる「五大改革」（婦人解放・労働組合結成奨励・学校教育民主化・秘密審問司法制度撤廃・経済機構民主化）を要求した（五大改革指令）。これをうけて、経済統制関連法規の廃止、第八九帝国議会への衆議院議員選挙法改正案（婦人参政権を認める）、労働組合法案（労働組合の法認）の提出などがおこなわれた。

一九四六年一月一日、昭和天皇は「新日本建設に関する詔書」を発し、そのなかで「天皇ヲ以テ現御神トシ」かつそのことをもって日本国民は「他ノ民族ニ優越セル民族」であって「世界ヲ支配スベキ運命ヲ有ス」というのは「架空ナル観念」であると述べた。いわゆる「天皇の人間宣言」である。

戦争犯罪人では、前年一二月A級戦犯五九名の逮捕などがあり、彼らを裁くための国際戦犯法廷いわゆる「東京裁判」では、戦争犯罪としてあらたに「人道に対する罪」を加えて審理が行われた（極東国際軍事裁判所条例）。また、一月四日、GHQは覚書によって戦争犯罪人、職業軍人、軍国主義者などの公職からの追放と超国家主義団体の解散を指示した（第一次公職追放令）。さらに翌一九四七年一月四日、第二次の公職追放が発表された（勅令）。こうして、支配機構の改編とともに、旧支配体制の維持は全く不可能になった。

新しい憲法の起草は、大日本帝国憲法の改正手続によってすすめられ、日本政府の「憲法問題調査委員会」が草案起草を担当した（松本委員会）。この委員会の憲法改正方針は「松本四原則」として公表され（一九四五年一二月八日衆議院予算委員会）、全体として、天皇機関説の立場から帝国憲法を手直しすることが示された。GHQは、日本政府から提出された「憲法改正要綱」（一九四六年二月八日）の内容に絶望し、改正草案を独自に作成して、二月一三日、日本政府代表にこれを手交してその受け容れを要求し、閣議はこれを決定した。この当時、各政党や民間諸団体から発表された憲法草案のうち「憲法草案要綱」（憲法研究会、一九四五年一二月二六日発表）は、自由民権期の私擬憲法案を参照したといわれ、GHQ案に多くの影響を与えたとされる。かくして、一九四六年六月二〇日、最後の帝国議会となる第九〇帝国議会に大日本帝国憲法改正案が提出された。帝国議会では、衆議院・貴族院両院において激しい議論が交わされたが、一〇月七日、若干の修正を経て通過し、改めて枢密院の諮詢を経て、一一月三日、日本国憲法として公布された（一九四七年五月三日施行）。

憲法改正にともない、多くの法が全面改正され、あるいは新たに立法された。国家法体系としては、すべての法規定が憲法を根拠とするものとなり、従来の詔勅、宮務法、軍令等は失効した。日本の植民地支配下にあった地域の人びとで日本国内にあった者は、一律に外国人とされた（外国人登録令）。国家組織では華族等の身分制度ならびに貴族院、枢密院、軍等の機関が廃止され、内務省は複数の省庁に解体・分割された。警察制度も全面的に改められた。公務員制度も、公務員の性格を天皇とその政府に忠誠を誓う官吏から「国民全体の奉仕者」へ転換した（国家公務員法）。地方制度では、内務大臣の任命する官吏であった都道府県知事を選挙によって選出される首長とし、地方公共団体の自立性を強めた（地方自治法）。司法制度では、裁判所法と新たな刑事訴訟法が制定され、行政訴訟も普通裁判所において扱い訴訟の要件を拡大することとした。諸法典では、民法の第四・五編が全面改正された（家制度の廃止）が、憲法の施行に間に合わず日本国憲法の施行に伴う民法の応急的措置に関する法律が公布された。刑法でも、「皇室ニ対スル罪」と姦通罪などが削除される改正がなされた（刑法の一部を改正する法律）。戦前の教育に対する反省から教育基本法が制定され、教育課程と教員人事を各市町村の教育委員会の権限のもとにおいた。

いわゆる「戦後改革」は、以上の新憲法制定に伴う諸改革のみならず、税制や国家の財政制度、社会保障制度など、国家と社会の全面に及んだ。経済制度改革では、財閥による経済運営が戦前日本国家の侵略性を生み出したとして、持株会社の解体を中心とする財閥の解体が強行的にすすめられた。農地制度改革では、いったん日本政府によって農地調整法改正（第一次農地改革）が公布されたが、ＧＨＱはこれを不十分とし、対日理事会の作成した農地制度改革案を実行することを求めた。かくして、自作農創設特別措置法・農地調整法改正が公布され、いわゆる第二次農地改革が開始された。この結果、日本の地主制は廃棄された。

ＧＨＱによる占領政策は、中華人民共和国の成立とその後の朝鮮戦争を期に、経済復興と再軍備の方向（警察予備隊令）に転換し、これの阻害要因と見られた労働運動や大衆運動は排除されはじめた。すでに一九四八年七月の政令二〇一号で公務員のストライキ権が奪われていたが、その後も、団体等規制令などによって、政党活動を含めて平和運動と民主化要求運動はきびしく弾圧された。

同時に、アメリカ政府は日本との講和を早期にすすめることとし、一九五一年九月に、サンフランシスコで対日講和条約が締結された。この条約によって日本の旧植民地と委任統治領は奪われ、樺太（サハリン）と千島列島（クリル諸島）はソビエト領となり、琉球列島と小笠原諸島はアメリカ合衆国の統治下におかれることとなった。同時に結ばれた日米安全保障条約によって、日本全土はアメリカ軍の軍事基地として使用されることとなった。さらに講和条約の発効までに、日米行政協定で軍事基地の使用、基地要員の特別な地位等について取り決め、琉球には沖縄民政府が設けられた（琉球政府設立の布告）。また、破壊活動防止法が制定されて公安調査庁が設置（公安調査庁設置法、公安審査委員会設置法）された。講和条約の発効によって、日本はアメリカの後方基地としての性格を明確にした。国家法体系としては、憲法以下の法体系とは別に日米安全保障条約と行政協定に基づく異質の法系列（日本国とアメリカ合衆国との間の安全保障条約第三条に基づく行政協定に伴う刑事特別法など）が併存することとなった。

133　**ポツダム宣言**（米英中三国宣言）　一九四五年（昭和二〇年）七月二六日発表

一　吾等合衆国大統領、中華民国政府主席及「グレート、ブリテン」国総理大臣ハ吾等ノ数億ノ国民ヲ代表シ協議ノ上日本国ニ対シ今次ノ戦争ヲ終結スルノ機会ヲ与フルコトニ意見一致セリ

二　合衆国、英帝国及中華民国ノ巨大ナル陸、海、空軍ハ西方ヨリ自国ノ陸軍及空軍ニ依ル数倍ノ増強ヲ受ケ日本国ニ対シ最後的打撃ヲ加フルノ態勢ヲ整ヘタリ（略）

三　蹶起セル世界ノ自由ナル人民ノ力ニ対スル「ドイツ」国ノ無益且無意義ナル抵抗ノ結果ハ日本国国民ニ対スル先例ヲ極メテ明白ニ示スモノナリ（略）吾等ノ決意ニ支持セラルル吾等ノ軍事力ノ最高度ノ使用ハ日本国軍隊ノ不可避且完全ナル壊滅ヲ意味スベク又同様必然的ニ日本国本土ノ完全ナル破壊ヲ意味スベシ（略）

六　吾等ハ無責任ナル軍国主義ガ世界ヨリ駆逐セラルルニ至ル迄ハ平和、安全及正義ノ新秩序ガ生ジ得ザルコトヲ主張スルモノナルヲ以テ日本国国民ヲ欺瞞シ之ヲシテ世界征服ノ挙ニ出ヅルノ過誤ヲ犯サシメタル者ノ権力及勢力ハ永久ニ除去セラレザルベカラズ

七　右ノ如キ新秩序ガ建設セラレ且日本国ノ戦争遂行能力ガ破砕セラレタルコトノ確証アルニ至ル迄ハ聯合国ノ指定スベキ日本国領域内ノ諸地点ハ（略）占領セラルベシ

八　「カイロ」宣言ノ条項ハ履行セラルベク又日本国ノ主権ハ本州、北海道、九州及四国並ニ吾等ノ決定スル諸小島ニ局限セラルベシ

九　日本国軍隊ハ完全ニ武装ヲ解除セラレタル後各自ノ家庭ニ復帰シ平和的且生産的ノ生活ヲ営ムノ機会ヲ得シメラルベシ

十　（略）吾等ノ俘虜ヲ虐待セル者ヲ含ム一切ノ戦争犯罪人ニ対シテハ厳重ナル処罰ヲ加ヘラルベシ日本国政府ハ日本国国民ノ間ニ於ケル民主主義的傾向ノ復活強化ニ対スル一切ノ障礙ヲ除去スベシ言論、宗教及思想ノ自由並ニ基本的人権ノ尊重ハ確立セラルベシ

十一　日本国ハ其ノ経済ヲ支持シ且公正ナル実物賠償ノ取立ヲ可能ナラシムルガ如キ産業ヲ維持スルコトヲ許サルベシ但シ日本国ヲシテ戦争ノ為再軍備ヲ為スコトヲ得シムルガ如キ産業ハ此ノ限ニ在ラズ（略）日本国ハ将来世界貿易関係ヘノ参加ヲ許サルベシ

十二　前記諸目的ガ達成セラレ且日本国国民ノ自由ニ表明セル意志ニ従ヒ平和的傾向ヲ有シ且責任アル政府ガ樹立セラルルニ於テハ聯合国ノ占領軍ハ直ニ日本国ヨリ撤収セラルベシ

十三　吾等ハ日本国政府ガ直ニ全日本軍隊ノ無条件降伏ヲ宣言シ且右行動ニ於ケル同政府ノ誠意ニ付適当且充分ナル保障ヲ提供センコトヲ同政府ニ対シ要求シ右以外ノ日本国ノ選択ハ迅速且完全ナル壊滅アルノミトス

134　ポツダム緊急勅令　一九四五年（昭和二〇年）九月二〇日

帝国憲法第八条第一項ニ依リ「ポツダム宣言」ノ受諾ニ伴ヒ発スル命令ニ関スル件（緊急勅令第五四二号）

政府ハ「ポツダム宣言」ノ受諾ニ伴ヒ連合国最高司令官ノ為ス要求ニ係ル事項ヲ実施スル為特ニ必要アル場合ニ於テハ命令ヲ以テ所要ノ定ヲ為シ及必要ナル罰則ヲ設クルコトヲ得

附則

本令ハ公布ノ日ヨリ之ヲ施行ス

「ポツダム」宣言ノ受諾ニ伴ヒ発生スル命令ニ関スル件ノ施行ニ関スル件（勅令第五四三号）

昭和二十年勅令第五百四十二号ニ於テ命令トハ勅令、閣令又ハ省令トス

前項ノ命令及省令ニ規定スルコトヲ得ル罰ハ三年以下ノ懲役又ハ禁錮、五千円以下ノ罰金、科料、拘留及五千円以下ノ過料トス

附則

本令ハ公布ノ日ヨリ之ヲ施行ス

135　降伏後に於ける米国の初期の対日方針　一九四五年（昭和二〇年）九月二二日

本文書ノ目的

（略）

第一部　究極ノ目的

日本国ニ関スル米国ノ究極ノ目的ニシテ初期ニ於ケル政策ガ従フベキモノ左ノ如シ

(イ) 日本国ガ再ビ米国ノ脅威トナリ又ハ世界ノ平和及安全ノ脅威トナラザルコトヲ確実ニスルコト

(ロ) 他国家ノ権利ヲ尊重シ国際聯合憲章ノ理想ト原則ニ示サレタル米国ノ目的ヲ支持スベキ平和的且責任アル政府ヲ究極ニ於テ樹立スルコト、米国ハ斯《かか》ル政府ガ出来得ル限リ民主主義的自治ノ原則ニ合致スルコトヲ希望スルモ自由ニ表示セラレタル国民ノ意思ニ支持セラレザル如何《いか》ナル政治形態ヲモ日本国ニ強要スルコトハ聯合国ノ責任ニ非ズ

此等ノ目的ハ左ノ主要手段ニ依リ達成セラルベシ

(イ) 日本国ノ主権ハ本州、北海道、九州、四国並ニ「カイロ」宣言及米国ガ既ニ参加シ又ハ将来参加スルコトアルベキ他ノ協定ニ依リ決定セラルベキ周辺ノ諸小島ニ限ラルベシ

(ロ) 日本国ハ完全ニ武装解除セラレ且非軍事化セラルベシ軍国主義者ノ権力ト軍国主義ノ影響力ハ日本国ノ政治生活、経済生活及社会生活ヨリ一掃セラルベシ軍国主義及侵略ノ精神ヲ表示スル制度ハ強力ニ抑圧セラルベシ

(ハ) 日本国国民ハ個人ノ自由ニ対スル欲求並ニ基本的人権特ニ信教、集会、言論及出版ノ自由ノ尊重ヲ増大スル様奨励セラルベク且民主主義的及代議的組織ノ形成ヲ奨励セラルベシ

(ニ) 日本国国民ハ其ノ平時ノ需要ヲ充シ得ルガ如キ経済ヲ自力ニ依リ発達セシムベキ機会ヲ与ヘラルベシ

第二部　聯合国ノ権限

一　軍事占領

降伏条項ヲ実施シ上述ノ究極目的ノ達成ヲ促進スル為日本国本土ハ軍事占領セラルベシ（略）占領軍ハ米国ノ任命スル最高司令官ノ指揮下ニ在ルモノトス（略）主要聯合国ニ意見ノ不一致ヲ生ジタル場合ニ於テハ米国ノ政策ニ従フモノトス

二　日本国政府トノ関係

天皇及日本国政府ノ権限ハ（略）最高司令官ニ従属スルモノトス（略）最高司令官ハ米国ノ目的達成ヲ満足ニ促進スル限リニ於テハ　天皇ヲ含ム日本政府機構及諸機関ヲ通ジテ其権限ヲ行使スベシ（略）即チ右方針ハ日本国ニ於ケル現存ノ政治形態ヲ利用セントスルモノニシテ之ヲ支持セントスルモノニ非ズ封建的及権威主義的傾向ヲ修正セントスル政治形態ノ変更ハ日本国政府ニ依ルト日本国国民ニ依ルトヲ問ハズ許容セラレ且支持セラルベシ

136　昭和天皇・マッカーサー第一回会見録　一九四五年（昭和二〇年）九月二七日（朝日新聞二〇〇二年一〇月一七日）

「マツカーサー」元帥トノ御会見録

昭和二十年九月二十七日午前十時　於　在京米国大使館

石渡宮内大臣、藤田侍従長、徳大寺侍従、村山侍医、筧行幸主務官　扈従《こじゅう》

定刻米国大使館ニ御到着、玄関ヨリ「フェラーズ」准将ノ御先導ニテ館内ニ入ラセラレ、居室入口ニ於テ「マツカーサー」元帥御出迎申上グ。

陛下ヨリ御握手ヲ賜ハレハ

「マ」　本日ハ行幸ヲ賜リ光栄ニ存ジマス

陛下　御目ニカカリ大変嬉シク思ヒマス

元帥ノ御案内ニテ居室中央ニ立御、元帥其《そ》ノ向ツテ左側ニ立テハ、米国軍写真師ハ写真三葉ヲ謹写ス

更ニ元帥ノ御案内ニテ「ファイアプレイス」ニ向ツテ左ノ椅《い》子《す》ニ陛下御着席アリ、元帥ハ右側ノ同様ナル椅子ニ着席ス。

（略）

陛下　私モ日本国民モ敗戦ノ事実ヲ充分認識シテ居ルコトハ申ス迄モアリマセン、今後ハ平和ノ基礎ノ上ニ新日本ヲ建設スル為私トシテモ出来ル限リノ力ヲ尽シ度《た》イト思ヒマス。

「マ」　夫レハ崇高ナ御心持デアリマス、私モ同ジ気持デアリマス。

陛下　「ポツダム」宣言ヲ正確ニ履行シタイト考エテ居リマスコトハ先日侍従長ヲ通ジ閣下ニ御話シタ通リデアリマス。

「マ」　終戦後陛下ノ政府ハ誠ニ多忙ノ中ニ不拘《かかわらず》、凡《あら》ユル命令ヲ一々忠実ニ実行シテ余ス所ガ無イコト、又《また》幾多ノ有能ナ官吏ガ着々任務ヲ遂行シテ居ルコトハ賞讃《しょうさん》ニ値スル所デアリマス。

又聖断一度下ツテ日本ノ軍隊モ日本ノ国民モ総《すべ》テ整然ト之ニ従ツタ見事ナ有様ハ是即チ御稜威《みいつ》ノ然ラシムル所デアリマシテ、世界何レノ国ノ元首ト雖及バザル所デアリマス。之ハ今後ノ事態ニ処スルニ当リ陛下ノ御気持ヲ強ク力付ケテ然ルベキコトカト存ジマス。

申シ上グル迄モ無ク、陛下程日本ヲ知リ日本国民ヲ知ル者ハ他ニ御座イマセヌ、従テ今後陛下ニ於カレ何等御意見乃至《ないし》御気附ノ点（Opinions and advice）モ御座イマスレバ、侍従長其ノ他然ルベキ人ヲ通ジ御申聞ケ下サル様御願ヒ致シマス、夫レハ私ノ参考トシテ特ニ有難ク存ズル所デ御座イマス。勿論《もちろん》総テ私限リノ心得トシテ他ニ洩ラスガ如キコトハ御座イマセンカラ、何時タリトモ又如何ナル事デアラウト随時御申聞ケ願ヒ度イト存ジマス。

陛下　閣下ノ使命ハ東亜ノ復興即チ其ノ安定及繁栄ヲ齎《もたら》シ以テ世界平和ニ寄与スルニ在ルコトト思ヒマスガ、此ノ重大ナル使命達成ノ御成功ヲ祈リマス。（略）

137 **人権指令**（政治的、公民的及び宗教的自由に対する制限の除去に関する司令部覚書）一九四五年（昭和二〇年）一〇月四日 SCAPIN九三

連合国最高司令官部　一九四五年一〇月四日

覚書宛先　日本帝国政府
経　由　終戦連絡中央事務局、東京
件　名　政治的、公民的及宗教的自由ニ対スル制限除去ノ件

一、政治的、公民的、宗教的自由ニ対スル制限並ニ種族、国籍、信教乃至政見ヲ理由トスル差別ヲ除去スル為日本帝国政府ハ

a、左記一切ノ法律、勅令、命令、条例、規則ノ一切ノ条項ヲ廃止シ且直ニ其ノ適用ヲ停止スベシ

㈠思想、宗教、集会及言論ノ自由ニ対スル制限ヲ設定シ又ハ之ヲ維持セントスルモノ　天皇、国体及日本帝国政府ニ関スル無制限ナル討議ヲ含ム

㈡情報ノ蒐集及公布ニ対スル制限ヲ設定シ又ハ之ヲ維持セントスルモノ

㈢其ノ字句又ハ其ノ適用ニ依リ種族、国籍、信教乃至政見ヲ理由トシテ何人カノ有利又ハ不利ニ不平等ナル取扱ヒヲ為スモノ

b、前項aニ規定スル諸法令ハ左記ヲ含ムモ右ニ限定セラレズ

［一～一六　治安維持法、思想犯保護観察法、同施行令、保護観察所官制、予防拘禁手続令、予防拘禁処遇令、国防保安法、同施行令、治安維持法ノ下ニ於ケル弁護士指定規程、軍用資源秘密保護法、同施行令、同施行規則、軍機保護法、同施行規則、宗教団体法、なお、前記法律を改正、補足、執行するための法規類を含む］

c、目下拘禁、禁錮セラレ「保護又ハ観察」下ニアル一切ノ者ヲ直チニ釈放スベシ拘禁、禁錮、保護及観察下ノ状態ニ非ルモ自由ノ制限セラレ居ル者ニ付キテモ亦同ジ

（略）

一切ノ前記該当者ノ釈放ハ昭和二十年十月十日迄ニ完全ニ実施セラルルモノトス

d、前記第一項a及bニ掲ゲタル法令条項実施ノタメ設置セラレタル一切ノ機構ノ本所支所及前記条項ノ執行ヲ補助支援スル他ノ官庁及機関ノ局課ノ部署又ハ機能ヲ廃止スベシ右ハ以下ニ述ブルモノヲ包含スルモ右ニ限定セラレズ

［一～四　すべての秘密警察機関、警保局の如き内務省の諸部局、警視庁その他の都市警察官署および道県警察部内の特別高等警察部の如き諸部局、司法省の保護観察委員会および保護観察所の如き諸部局］

e、内務省ノ官職ヨリ左記ノ者ヲ罷免スベシ

［内務大臣、警保局長、警視総監、その他の都市警察部長、各道県警察部長、都府道県警察部の特高警察全職員、保護観察委員会および保護観察所の全職員、ならびに関係機関への再任の禁止］

（略）

g、日本ノ法律、勅令、命令、条例及規則等何等カ一切ノ法令ニ基キ拘禁、禁錮セラレ又ハ保護及観察下ニアル一切ノ者ニ対スル体刑及虐待ヲ禁止スベシ

h、前記第一項dニ拠リ廃止セラレタル機関ノ全記録及其ノ他一切ノ資料ノ安全ト維持トヲ保証スベシ

（略）

最高司令官ニ代リ

高級副官補、陸軍大佐　H、W、アレン

138　マッカーサー元帥の幣原首相に対する五大改革指示　一九四五年（昭和二〇年）一〇月一一日

日本政府に対する改革要求意見表明

ポツダム宣言の達成によって、日本国民が数世紀にわたって隷属させられてきた伝統的社会秩序は矯正されるであろう。このことが憲法の自由主義化を包含することは当然である。

人民はその精神を事実上の奴隷状態においた日常生活に対する官憲的秘密審問から解放され、思想の自由、言論の自由及び宗教の自由を抑圧せんとするあらゆる形態の統制から解放されねばならぬ。いかなる名称の政府のもとであれ、能率増進を装いあるいはかゝる要求のもとに大衆を統制することを停止せねばならない。

これらの要求の履行において並びにそれによって企図された諸目的を達成するために、余は貴下が日本の社会秩序において速かに次の如き諸改革を開始し、これを達成することを期待する。

一、選挙権賦与による日本婦人の解放――日本婦人は政治体の一員として、家庭の安寧に直接役立つ新しい概念の政府を日本に招来するであろう。

二、労働組合の組織化促進――それは労働者の搾取と酷使からの防衛及び生活水準の向上のため、有効な発言を許容するが如き権威を賦与するためである。とくに、現在行われている児童労働の悪弊を矯正するために必要な諸施設を講ずること。

三、より自由な教育を行うための諸学校の開校――国民は政府が国民の主人というよりは寧ろ下僕となる如き組織を理解することによって、事実に基く知識及び利益を得て、将来の進歩を形成するであろう。

四、秘密の検察及びその濫用によって国民を絶えず恐怖の状態にさらしてきた如き諸制度の廃止――従って、圧制的、専横的にして不正な手段から国民を擁護し得る如き正義に基づいてつくられた組織にこれを置き換えること。

五、生産及び貿易手段の収益及び所有を広汎に分配するが如き方法の発達により、独占的産業支配が改善されるよう日本の経済機構が民主々義化せられること。直接的な行政分野においては、余は流行病、疾病、飢餓又は他の重大な社会的惨害を防止するために、国民の住居、食糧、衣類にたいし、政府が精力的にして急速な活動を為すことを切望する。来るべき冬は、危機に直面せんとしている。この諸困難を克服する唯一の道は、国民のすべてを有用なる仕事に遺憾なく活動させることである。

（出典：『昭和財政史』第一七巻）

139　労働組合法　一九四五年（昭和二〇年）一二月二二日法律第五一号

第一章　総則

第一条　本法ハ団結権ノ保障及団体交渉権ノ保護助成ニ依リ労働者ノ地位ノ向上ヲ図リ経済ノ興隆ニ寄与スル事ヲ以テ目的トス

刑法第三十五条ノ規定ハ労働組合ノ団体交渉其ノ他ノ行為ニシテ前項ニ掲グル目的ヲ達成スル為為シタル正当ナルモノニ付適用アルモノトス

第四条　警察官吏、消防職員及監獄ニ於テ勤務スル者ハ労働組合ヲ結成シ又ハ労働組合ニ加入スル事ヲ得ズ（略）

第二章　労働組合

第五条　労働組合ノ代表者ハ組合設立ノ日ヨリ一週間以内ニ規約並ニ役員ノ氏名住所ヲ行政官庁ニ届出ヅベシ（略）

第十条　労働組合ノ代表者又ハ労働組合ノ委任ヲ受ケタル者ハ組合又ハ組合員ノ為使用者又ハ其ノ団体ト労働協約ノ締結其ノ他ノ事項ニ関シ交渉スル権限ヲ有ス

第十一条　使用者ハ労働者ガ労働組合ニ組合員タルノ故ヲ以テ之ヲ解雇シ其ノ他之ニ対シ不利益ナル取扱ヲ為スコトヲ得ズ

使用者ハ労働者ガ組合ニ加入セザルコト又ハ組合ヨリ脱退スルコトヲ雇用条件ト為スコトヲ得ズ

第十二条　使用者ハ同盟罷業其ノ他ノ争議行為ニシテ正当ナルモノニ因リ損害ヲ受ケタルノ故ヲ以テ労働組合又ハ其ノ組合員ニ対シ賠償ヲ請求スルコトヲ得ズ

第十五条　労働組合屢法令ニ違反シ安寧秩序ヲ紊リタル時ハ労働委員会ノ申立ニ依リ裁判所ハ労働組合ノ解散ヲ命スルコトヲ得（略）

第三章　労働協約

第十九条　労働組合ト使用者又ハ其ノ団体トノ間ノ労働協約ハ書面ニ依リ之ヲ為スニ因リテ其ノ効力ヲ生ス（略）

第二十二条　労働協約ニ定ムル労働条件其ノ他ノ労働者ノ待遇ニ関スル基準（略）ニ違反スル労働協約ノ部分ハ之ヲ無効トス（略）

第四章　労働委員会

第二十六条　使用者ヲ代表スル者、労働者ヲ代表スル者及第三者各同数ヨリ成ル労働委員会ヲ設ク（略）

第二十七条　労働委員会ハ第六条、第八条、第一五条、第二四条及第三三条ニ規定スルモノノ外左ノ事務ヲ掌ル

一　労働争議ニ関スル統計ノ作成其ノ他労働事情ノ調査

二　団体交渉ノ斡旋其ノ他労働争議ノ予防

三　労働争議ノ調停及仲裁

140　天皇の人間宣言（年頭の詔書「国運振興ノ詔書」）一九四六年（昭和二一年）一月一日

茲《ここ》ニ新年ヲ迎フ。顧《かえり》ミレバ明治天皇明治ノ初国是トシテ五箇条ノ御誓文ヲ下シ給《たま》ヘリ。曰ク、（五箇条誓文—略）

叡旨《えいし》公明正大、又何ヲカ加ヘン。朕《ちん》ハ茲ニ誓ヲ新ニシテ国運ヲ開カント欲ス。須《すべか》ラク此ノ御趣旨ニ則《のっと》リ、旧来ノ陋習ヲ去リ、民意ヲ暢達シ、官民挙ゲテ平和主義ニ徹シ、教養豊カニ文化ヲ築キ、以テ民生ノ向上ヲ図リ、新日本ヲ建設スベシ。

大小都市ノ蒙《こうむ》リタル戦禍、罹災者ノ艱苦《かんく》、産業ノ停頓《ていとん》、食糧ノ不足、失業者増加ノ趨勢等ハ真ニ心ヲ痛マシムルモノアリ。然リト雖モ、我カ国民ガ現在ノ試煉ニ直面シ、且徹頭徹尾文明ヲ平和ニ求ムルノ決意固ク、克《よ》ク其ノ結束ヲ全《まっと》ウセバ、独リ我国ノミナラズ全人類ノ為ニ、輝カシキ前途ノ展開セラルルコトヲ疑ハズ。

夫《そ》レ家ヲ愛スル心ト国ヲ愛スル心トハ我国ニ於テ特ニ熱烈ナルヲ見ル、今ヤ実ニ此ノ心ヲ拡充シ、人類愛ノ完成ニ向ヒ、献身的努力ヲ効スベキノ秋《とき》ナリ。

惟《おも》フニ長キニ亙レル戦争ノ敗北ニ終リタル結果、我国民ハ動《やや》モスレバ焦燥ニ流レ、失意ノ淵ニ沈淪《ちんりん》セントスルノ傾キアリ。詭激《きげき》ノ風漸《ようや》ク長ジテ道義ノ念頗《すこぶ》ル衰ヘ、為ニ思想混乱ノ兆《きざし》アルハ洵《まこと》ニ深憂ニ堪ヘズ。

然レドモ朕《ちん》ハ爾等《なんじら》国民ト共ニアリ、常ニ利害ヲ同ジウシ休戚《きゅうせき》ヲ分タント欲ス。朕ト爾等国民トノ間ノ紐帯《ちゅうたい》ハ、終始《しゅうし》相互ノ信頼ト敬愛トニ依リテ結バレ、単ナル神話ト伝説トニ依リテ生ゼルモノニ非ズ。天皇ヲ以テ現御神《あきつみかみ》トシ、且日本国民ヲ以テ他ノ民族ニ優越セル民族ニシテ、延《ひい》テ世界ヲ支配スベキ運命ヲ有ストノ架空ナル観念ニ基クモノニ非ズ。

朕ノ政府ハ国民ノ試煉ト苦難トヲ緩和センガ為、アラユル施策ト経営トニ万全ノ方途《ほうと》ヲ講ズベシ。同時ニ朕ハ我国民ガ時艱《じかん》ニ蹶起《けっき》シ、当面ノ困苦《こんく》克服ノ為ニ、又産業及文運振興ノ為ニ勇往センコトヲ希念《きねん》ス。我国民ガ其ノ公民生活ニ於テ団結シ、相倚《よ》リ相扶《たす》ケ、寛容相《あい》許スノ気風ヲ作興《さくこう》スルニ於テハ、能《よ》ク我《わが》至高ノ伝統ニ恥ヂザル真価ヲ発揮スルニ至ラン。斯《かく》ノ如キハ実ニ我国民ガ人類ノ福祉ト向上トノ為、絶大ナル貢献ヲ為ス所以《ゆえん》ナルヲ疑ハザルナリ。

一年ノ計ハ年頭ニ在リ、朕ハ朕ノ信頼スル国民ガ朕ト其ノ心ヲ一ニシテ、自ラ奮ヒ、自ラ励マシ、以テ此ノ大業ヲ成就センコトヲ庶幾《こいねが》フ。

141　**極東国際軍事裁判所条例**　一九四六年（昭和二一年）一月一九日

第一章　裁判所ノ構成

第一条　裁判所ノ設置

極東ニ於ケル重大戦争犯罪人ノ公正且ツ迅速ナル審理及ビ処罰ノ為メ茲《ここ》ニ極東国際軍事裁判所ヲ設置ス。

裁判所ノ常設地ハ東京トス。

第二条　裁判官

本裁判所ハ降伏文書ノ署名国並ニ「インド」、「フイリツピン」国ニヨリ申出デラレタル人名中ヨリ連合国最高司令官ノ任命スル六名以上十一名以内ノ裁判官ヲ以テ構成ス。

第四条　開廷及ビ定足数、投票及ビ欠席

（略）

(ロ)　投票　有罪ノ認定及ビ刑ノ量定其ノ他本裁判所ノ為ス一切ノ決定並ニ判決ハ、出席裁判官ノ投票ノ過半数ヲ以テ決ス。

（略）

第二章　管轄及ビ一般規定

第五条　人並ニ犯罪ニ関スル管轄

本裁判所ハ、平和ニ対スル罪ヲ包含セル犯罪ニ付個人トシテ又ハ団体員トシテ訴追セラレタル極東戦争犯罪人ヲ審理シ処罰スルノ権限ヲ有ス。

左ニ掲グル一又ハ数個ノ行為ハ個人責任アルモノトシ本裁判所ノ管轄ニ属スル犯罪トス。

(イ)　平和ニ対スル罪　即チ、宣戦ヲ布告セル又ハ布告セザル侵略戦争、若ハ国際法、条約、協定又ハ誓約ニ違反セル戦争ノ計画、準備、開始、又ハ遂行、若ハ右諸行為ノ何レカヲ達成スル為メノ共通ノ計画又ハ共同謀議ヘノ参加。

(ロ)　通例ノ戦争犯罪　即チ、戦争ノ法規又ハ慣例ノ違反。

(ハ)　人道ニ対スル罪　即チ、戦前又ハ戦時中為サレタル殺人、殲滅、奴隷的虐使、追放、其ノ他ノ非人道的行為、若ハ犯行地ノ国内法違反タルト否トヲ問ハズ、本裁判所ノ管轄ニ属スル犯罪ノ遂行トシテ又ハ之ニ関連シテ為サレタル政治的又ハ人種的理由ニ基ク迫害行為。

（略）

第六条　被告人ノ責任

何時タルトヲ問ハズ被告人ガ保有セル公務上ノ地位、若ハ被告人ガ自己ノ政府又ハ上司ノ命令ニ従ヒ行助セル事実ハ、何レモ夫レ自体右被告人ヲシテ其ノ起訴セラレタル犯罪ニ対スル責任ヲ免レシムルニ足ラザルモノトス。但シ斯カル事情ハ本裁判所ニ於テ正義ノ要求上必要アリト認ムル場合ニ於テハ、刑ノ軽減ノ為メ考慮スルコトヲ得。

第七条　手続規定

本裁判所ハ本条例ノ基本規定ニ準拠シ手続規定ヲ制定シ又ハ之ヲ修正スルコトヲ得。（略）

142　**憲法改正要綱**（松本試案）　一九四六年（昭和二一年）二月八日ＧＨＱに提出

第一章　天皇

一　第三条ニ「天皇ハ神聖ニシテ侵スヘカラス」トアルヲ「天

皇ハ至尊ニシテ侵スヘカラス」ト改ムルコト

四　第九条中ニ「公共ノ安寧秩序ヲ保持シ及臣民ノ幸福ヲ増進スル為ニ必要ナル命令」トアルヲ「行政ノ目的ヲ達スル為ニ必要ナル命令」ト改ムルコト（要綱十参照）

五　第十一条中ニ「陸海軍」トアルヲ「軍」ト改メ且第十二条ノ規定ヲ改メ軍ノ編制及常備兵額ハ法律ヲ以テ之ヲ定ムルモノトスルコト（要綱二十参照）

六　第十三条ノ規定ヲ改メ戦ヲ宣シ和ヲ講シ又ハ法律ヲ以テ定ムルヲ要スル事項ニ関ル条約若ハ国庫ニ重大ナル義務ヲ負ハシムル条約ヲ締結スルニハ帝国議会ノ協賛ヲ経ルヲ要スルモノトスルコト（略）

七　第十五条ニ「天皇ハ爵位勲章及其ノ他ノ栄典ヲ授与ス」トアルヲ「天皇ハ栄典ヲ授与ス」ト改ムルコト

第二章　臣民権利義務

八　第二十条中ニ「兵役ノ義務」トアルヲ「役務ニ服スル義務」ト改ムルコト

九　第二十八条ノ規定ヲ改メ日本臣民ハ安寧秩序ヲ妨ケサル限ニ於テ信教ノ自由ヲ有スルモノトスルコト

十　日本臣民ハ本章各条ニ掲ケタル場合ノ外凡《すべ》テ法律ニ依ルニ非スシテ其ノ自由及権利ヲ侵サルルコトナキ旨ノ規定ヲ設クルコト

第三章　帝国議会

十三　第三十三条以下ニ「貴族院」トアルヲ「参議院」ト改ムルコト

第四章　国務大臣及枢密顧問

二十　第五十五条第一項ノ規定ヲ改メ国務各大臣ハ天皇ヲ輔弼シ帝国議会ニ対シテ其責ニ任スルモノトシ且軍ノ統帥ニ付亦同シキ旨ヲ明記スルコト

二十二　国務各大臣ヲ以テ内閣ヲ組織スル旨及内閣ノ官制ハ法律ヲ以テ之ヲ定ムル旨ノ規定ヲ設クルコト

第六章　会計

二十六　第六十六条ノ規定ヲ改メ皇室経費中其ノ内廷ノ経費ニ限リ定額ニ依リ毎年国庫ヨリ之ヲ支出シ増額ヲ要スル場合ヲ除ク外帝国議会ノ協賛ヲ要セサルモノトスルコト

二十七　第六十七条ノ規定ヲ改メ憲法上ノ大権ニ基ツケル既定ノ歳出ハ政府ノ同意ナクシテ帝国議会之ヲ廃除シ又ハ削減スルコトヲ得ルモノトスルコト

三十　第七十一条ノ規定ヲ改メ予算不成立ノ場合ニハ政府ハ会計法ノ定ムル所ニ依リ暫定予算ヲ作成シ予算成立ニ至ルマテノ間之ヲ施行スヘキモノトシ此ノ場合ニ於テハ帝国議会閉会中ナルトキハ速ニ之ヲ招集シ其年度ノ予算ト共ニ暫定予算ヲ提出シ其承諾ヲ求ムルヲ要スルモノトスルコト

（略）

143　**占領軍の占領目的に有害な行為に対する処罰等に関する件**　一九四六年（昭和二一年）六月一二日勅令第三一一号

（昭和二二年政令第一六六号による改正後の条文）

第一条　左の罪に係る事件については、公訴は、これを行はない。

一　聯合国人（法人を含む）の犯した罪

二　聯合国占領軍、その将兵又は聯合国占領軍に附属し、若しくは随伴する者の安全に対し有害な行為

（略）

六　聯合国占領軍の将兵又は聯合国占領軍に附属し、若しくは随伴する者の職務に関して、これらの者に妨害を加へ、これらの者の要求する情報の提供を拒絶し、これらの者に対し口頭若しくは文書で虚偽の若しくは誤解を招くやうな申述をし、又は方法の如何を問はずこれらの者を欺罔する行為

七　聯合国最高司令官によつて、又はその命令に基いて解散され、又は非合法と宣言された団体の為にし、又はこれを支援する行為

八　前各号の行為について共謀し、又は教唆し、若しくは幇助する行為

第二条　前条の罪を除く外、占領目的に有害な行為から成る事件については、公訴は、これを行はなければならない。

（略）

この勅令において、占領目的に有害な行為といふのは、聯合国最高司令官の日本帝国政府に対する指令の趣旨に反する行為、その指令を施行するために、聯合国占領軍の軍、軍団又は師団の各司令官の発する命令の趣旨に反する行為及びその指令を履行するために、日本帝国政府の発する法令に違反する行為をいふのである。

第三条　監獄の長は、聯合国軍事占領裁判所の指示があつた場合には、その指定した者を、監獄に拘禁し、又は労役場に留置しなければならない。

前項の規定により拘禁され、又は留置された者については、指示の趣旨による外、監獄法を準用する。

第四条　この勅令に違反した者及び占領目的に有害な行為をした者は、これを十年以下の懲役若しくは七万五千円以下の罰金又は拘留若しくは科料に処する。（略）

144　**自作農創設特別措置法**　一九四六年（昭和二一年）一〇月二一日法律第四三号

第一条　この法律は、耕作者の地位を安定し、その労働の成果

を公正に享受させるため自作農を急速且つ広汎に創設し、以て農業生産力の発展と農村における民主的傾向の促進を図ることを目的とする。

第三条　左に掲げる農地は、政府が、これを買収する。

一　農地の所有者がその住所のある市町村の区域（その隣接市町村の区域内の地域で市町村農地委員会が都道府県農地委員会の承認を得て当該市町村の区域に準ずるものとして指定したものを含む。以下同じ。）外において所有する小作地

二　農地の所有者がその住所のある市町村の区域内において、北海道にあつては四町歩、都府県にあつては中央農地委員会が都府県別に定める面積を超える小作地を所有する場合、その面積を超える面積の当該区域内の小作地

三　農地の所有者がその住所のある市町村の区域内において所有する小作地の面積とその者の所有する自作地の面積の合計が、北海道にあつては十二町歩、都府県にあつては中央農地委員会が都府県別に定める面積を超えるときは、その面積を超える面積の当該区域内の小作地

前項第二号又は第三号に規定する都府県別の面積は、その平均面積が同項第二号に規定するものにあつては概《おおむ》ね一町歩、同項第三号に規定するものにあつては概ね三町歩になるやうに、これを定めなければならない。（略）

第六条　政府が第三条の規定による買収をするには、市町村農地委員会の定める農地買収計画によらなければならない。

農地買収計画においては、買収すべき農地並びに買収の時期及び対価を定めなければならない。（略）

第十六条　政府は、第三条の規定により買収した農地及び政府の所有に属する農地で命令で定めるものを、命令の定めるところにより、その買収の時期において当該農地に就き耕作の業務を営む小作農その他命令で定める者で自作農として農業に精進する見込のあるものに売り渡す。（略）

第十八条　政府が第十六条の規定により売渡をするには、市町村農地委員会の定める農地売渡計画によらなければならない。（略）

第四十三条　第三条、第十五条、第三十条、第三十三条第二項、第三十六条又は第三十七条の規定により買収し、又は使用する土地、権利又は立木、工作物その他の物件の対価、第十三条第三項に規定する報償金及び第二十二条第二項又は第三十九条第一項の規定による補償金は、三十年以内に償還すべき証券を以てこれを交付することができる。（略）

145 **日本国憲法**　一九四六年（昭和二一年）一一月三日

朕は、日本国民の総意に基いて、新日本建設の礎が、定まる

に至つたことを、深くよろこび、枢密顧問の諮詢及び帝国憲法第七十三条による帝国議会の議決を経た帝国憲法の改正を裁可し、ここにこれを公布せしめる。

御名御璽

昭和二十一年十一月三日

内閣総理大臣兼
外務大臣　吉田　茂
国務大臣　男爵　幣原喜重郎
司法大臣　木村篤太郎
内務大臣　大村　清一
文部大臣　田中耕太郎
農林大臣　和田　博雄
国務大臣　斎藤　隆夫
逓信大臣　一松　定吉
商工大臣　星島　二郎
厚生大臣　河合　良成
国務大臣　植原悦二郎
運輸大臣　平塚常次郎
大蔵大臣　石橋　湛山
国務大臣　金森徳次郎
国務大臣　膳　桂之助

日本国憲法

日本国民は、正当に選挙された国会における代表者を通じて行動し、われらとわれらの子孫のために、諸国民との協和による成果と、わが国全土にわたつて自由のもたらす恵沢を確保し、政府の行為によつて再び戦争の惨禍が起ることのないやうにすることを決意し、ここに主権が国民に存することを宣言し、この憲法を確定する。そもそも国政は、国民の厳粛な信託によるものであつて、その権威は国民に由来し、その権力は国民の代表者がこれを行使し、その福利は国民がこれを享受する。これは人類普遍の原理であり、この憲法は、かかる原理に基くものである。われらは、これに反する一切の憲法、法令及び詔勅を排除する。

日本国民は、恒久の平和を念願し、人間相互の関係を支配する崇高な理想を深く自覚するのであつて、平和を愛する諸国民の公正と信義に信頼して、われらの安全と生存を保持しようと決意した。われらは、平和を維持し、専制と隷従、圧迫と偏狭を地上から永遠に除去しようと努めてゐる国際社会において、名誉ある地位を占めたいと思ふ。われらは、全世界の国民が、ひとしく恐怖と欠乏から免かれ、平和のうちに生存する権利を有することを確認する。

われらは、いづれの国家も、自国のことのみに専念して他国を無視してはならないのであつて、政治道徳の法則は、普遍的なものであり、この法則に従ふことは、自国の主権を維持し、他国と対等関係に立たうとする各国の責務であると信ずる。

日本国民は、国家の名誉にかけ、全力をあげてこの崇高な理想と目的を達成することを誓ふ。

第一章　天　皇

第一条　天皇は、日本国の象徴であり日本国民統合の象徴であつて、この地位は、主権の存する日本国民の総意に基く。

第四条　天皇は、この憲法の定める国事に関する行為のみを行ひ、国政に関する権能を有しない。

天皇は、法律の定めるところにより、その国事に関する行為を委任することができる。

第八条　皇室に財産を譲り渡し、又は皇室が、財産を譲り受け、若しくは賜与することは、国会の議決に基かなければならない。

第二章　戦争の放棄

第九条　日本国民は、正義と秩序を基調とする国際平和を誠実に希求し、国権の発動たる戦争と、武力による威嚇又は武力の行使は、国際紛争を解決する手段としては、永久にこれを放棄する。

前項の目的を達するため、陸海空軍その他の戦力は、これを保持しない。国の交戦権は、これを認めない。

第三章　国民の権利及び義務

第一一条　国民は、すべての基本的人権の享有を妨げられない。この憲法が国民に保障する基本的人権は、侵すことのできない永久の権利として、現在及び将来の国民に与へられる。

第一四条　すべて国民は、法の下に平等であつて、人種、信条、性別、社会的身分又は門地により、政治的、経済的又は社会的関係において、差別されない。

華族その他の貴族の制度は、これを認めない。

栄誉、勲章その他の栄典の授与は、いかなる特権も伴はない。栄典の授与は、現にこれを有し、又は将来これを受ける者の一代に限り、その効力を有する。

第二四条　婚姻は、両性の合意のみに基いて成立し、夫婦が同等の権利を有することを基本として、相互の協力により、維持されなければならない。

配偶者の選択、財産権、相続、住居の選定、離婚並びに婚姻及び家族に関するその他の事項に関しては、法律は、個人の尊厳と両性の本質的平等に立脚して、制定されなければならない。

第二五条　すべて国民は、健康で文化的な最低限度の生活を営む権利を有する。

国は、すべての生活部面について、社会福祉、社会保障及び公衆衛生の向上及び増進に努めなければならない。

第三六条　公務員による拷問及び残虐な刑罰は、絶対にこれを禁ずる。

第三七条　すべて刑事事件においては、被告人は、公平な裁判所の迅速な公開裁判を受ける権利を有する。（略）

第四章　国　会

第四一条　国会は、国権の最高機関であつて、国の唯一の立法機関である。

第五章　内　閣

第六五条　行政権は、内閣に属する。

第六六条　内閣は、法律の定めるところにより、その首長たる内閣総理大臣及びその他の国務大臣でこれを組織する。

内閣総理大臣その他の国務大臣は、文民でなければならない。

内閣は、行政権の行使について、国会に対し連帯して責任を負ふ。

第六七条　内閣総理大臣は、国会議員の中から国会の議決で、これを指名する。この指名は、他のすべての案件に先だつて、これを行ふ。

（略）

第六章　司　法

第七六条　すべて司法権は、最高裁判所及び法律の定めるところにより設置する下級裁判所に属する。

特別裁判所は、これを設置することができない。行政機関は、終審として裁判を行ふことができない。

すべて裁判官は、その良心に従ひ独立してその職権を行ひ、この憲法及び法律にのみ拘束される。

第八一条　最高裁判所は、一切の法律、命令、規則又は処分が憲法に適合するかしないかを決定する権限を有する終審裁判所である。

第七章　財　政

第八三条　国の財政を処理する権限は、国会の議決に基いて、これを行使しなければならない。

第八八条　すべて皇室財産は、国に属する。すべて皇室の費用は、予算に計上して国会の議決を経なければならない。

第八章　地方自治

第九二条　地方公共団体の組織及び運営に関する事項は、地方自治の本旨に基いて、法律でこれを定める。

第九章　改　正

第九六条　この憲法の改正は、各議院の総議員の三分の二以上の賛成で、国会が、これを発議し、国民に提案してその承認を経なければならない。この承認には、特別の国民投票又は国会の定める選挙の際行はれる投票において、その過半数の賛成を必要とする。

憲法改正について前項の承認を経たときは、天皇は、国民の名で、この憲法と一体を成すものとして、直ちにこれを公布する。

第一〇章　最高法規

第九七条　この憲法が日本国民に保障する基本的人権は、人類の多年にわたる自由獲得の努力の成果であつて、これらの権利は、過去幾多の試錬に堪へ、現在及び将来の国民に対し、侵すことのできない永久の権利として信託されたものである。

146 教育基本法　一九四七年（昭和二二年）三月三一日法律第二五号

われらは、さきに、日本国憲法を確定し、民主的で文化的な国家を建設して、世界の平和と人類の福祉に貢献しようとする決意を示した。この理想の実現は、根本において教育の力にまつべきものである。

われらは、個人の尊厳を重んじ、真理と平和を希求する人間の育成を期するとともに普遍的にしてしかも個性豊かな文化の創造をめざす教育を普及徹底しなければならない。

ここに、日本国憲法の精神に則り、教育の目的を明示して、新しい日本の教育の基本を確立するため、この法律を制定する。

第一条（教育の目的）　教育は、人格の完成をめざし、平和的な国家及び社会の形成者として、真理と正義を愛し、個人の価値をたつとび、勤労と責任を重んじ、自主的精神に充ちた心身ともに健康な国民の育成を期して行われなければならない。

第二条（教育の方針）　教育の目的は、あらゆる機会に、あらゆる場所において実現されなければならない。この目的を達成するためには、学問の自由を尊重し、実際生活に即し、自発的精神を養い、自他の敬愛と協力によつて、文化の創造と発展に貢献するように努めなければならない。

第三条（教育の機会均等）　すべて国民は、ひとしく、その能力に応ずる教育を受ける機会を与えられなければならないものであつて、人種、信条、性別、社会的身分、経済的地位又は門地によつて、教育上差別されない。

（略）

第四条（義務教育）　国民は、その保護する子女に、九年の普通教育を受けさせる義務を負う。

国又は地方公共団体の設置する学校における義務教育については、授業料は、これを徴収しない。

第五条（男女共学）　男女は、互いに敬重し、協力し合わなければならないものであつて、教育上男女の共学は、認められなければならない。

第八条（政治教育）（略）

法律に定める学校は、特定の政党を支持し、又はこれに反対するための政治教育その他政治的活動をしてはならない。

第九条（宗教教育）（略）

国及び地方公共団体が設置する学校は、特定の宗教のための宗教教育その他宗教的活動をしてはならない。

第十条（教育行政）　教育は、不当な支配に服することなく、国民全体に対し直接に責任を負つて行われるべきものである。

教育行政は、この自覚のもとに、教育の目的を遂行するに必要な諸条件の整備確立を目標として行われなければならない。

147　**労働基準法**　一九四七年（昭和二二年）四月七日法律第四九号

第一章　総則

（労働条件の原則）

第一条　労働条件は、労働者が人たるに値する生活を営むための必要を充たすべきものでなければならない。

この法律で定める労働条件の基準は最低のものであるから、労働関係の当事者は、この基準を理由として労働条件を低下させてはならないことはもとより、その向上を図るように努めなければならない。

（労働条件の決定）

第二条　労働条件は、労働者と使用者が、対等の立場において決定すべきものである。

労働者及び使用者は、労働協約、就業規則及び労働契約を遵守し、誠実に各々その義務を履行しなければならない。

（均等待遇）

第三条　使用者は、労働者の国籍、信条又は社会的身分を理由として、賃金、労働時間その他の労働条件について、差別的取扱をしてはならない。

（男女同一賃金の原則）

第四条　使用者は、労働者が女子であることを理由として、賃金について、男子と差別的取扱をしてはならない。

（強制労働の禁止）

第五条　使用者は、暴行、脅迫、監禁その他精神又は身体の自由を不当に拘束する手段によつて、労働者の意思に反して労働を強制してはならない。

（中間搾取の排除）

第六条　何人も、法律に基いて許される場合の外、業として他人の就業に介入して利益を得てはならない。

（公民権行使の保障）

第七条　使用者は、労働者が労働時間中に、選挙権その他公民としての権利を行使し、又は公の職務を執行するために必要な時間を請求した場合においては、拒んではならない。但し、権利の行使又は公の職務の執行に妨げがない限り、請求された時刻を変更することができる。

148　**裁判所法**　一九四七年（昭和二二年）四月一六日法律第

五九号

第一編　総則

第一条（この法律の趣旨）　日本国憲法に定める最高裁判所及び下級裁判所については、この法律の定めるところによる。

第二条（下級裁判所）　下級裁判所は、高等裁判所、地方裁判所及び簡易裁判所とする。

下級裁判所の設立、廃止及び管轄区域は、別に法律でこれを定める。

第三条（裁判所の権限）　裁判所は、日本国憲法に特別の定のある場合を除いて一切の法律上の争訟を裁判し、その他法律において特に定める権限を有する。

前項の規定は、行政機関が前審として審判することを妨げない。

この法律の規定は、刑事について、別に法律で陪審の制度を設けることを妨げない。

第四条（上級審の裁判の拘束力）　上級審の裁判所の裁判における判断は、その事件について下級審の裁判所を拘束する。

第五条（裁判官）　最高裁判所の裁判官は、その長たる裁判官を最高裁判所長官とし、その他の裁判官を最高裁判所判事とする。

下級裁判所の裁判官は、高等裁判所の長たる裁判官を高等裁判所長官とし、その他の裁判官を判事、判事補及び簡易裁判所判事とする。

最高裁判所判事の員数は、十四人とし、下級裁判所の裁判官の員数は、別に法律でこれを定める。

149　**地方自治法**　一九四七年（昭和二二年）四月一七日法律第六七号

第一編　総　則

第一条　地方公共団体は、普通地方公共団体及び特別地方公共団体とする。

普通地方公共団体は、都道府県及び市町村とする。

特別地方公共団体は、特別市、特別区、地方公共団体の組合及び財産区とする。

第二条　地方公共団体は、法人とする。

普通地方公共団体は、その公共事務並びに従来法令により及び将来法律又は政令により普通地方公共団体に属する事務を処理する。

特別地方公共団体は、この法律の定めるところにより、その事務を処理する。

第三条　地方公共団体の名称は、従来の名称による。

都道府県及び特別市の名称を変更しようとするときは、法律でこれを定める。
　都道府県及び特別市以外の地方公共団体の名称を変更しようとするときは、この法律に特別の定のあるものを除く外、条例でこれを定めなければならない。
第四条　地方公共団体は、その事務所の位置を定め又はこれを変更しようとするときは、条例でこれを定めなければならない。

第二編　普通地方公共団体

第二章　住　民

第十条　市町村の区域内に住所を有する者は、当該市町村及びこれを包括する都道府県の住民とする。
　住民は、この法律の定めるところにより、その属する普通地方公共団体の財産及び営造物を共用する権利を有し、その負担を分任する義務を負う。
第十一条　日本国民たる普通地方公共団体の住民は、この法律の定めるところにより、その属する普通地方公共団体の選挙に参与する権利を有する。
第十二条　日本国民たる普通地方公共団体の住民は、この法律の定めるところにより、その属する普通地方公共団体の条例の制定又は改廃を請求する権利を有する。
　日本国民たる普通地方公共団体の住民は、この法律の定めるところにより、その属する普通地方公共団体の事務の監査を請求する権利を有する。

150

日本国憲法の施行に伴う民法の応急的措置に関する法律

一九四七年（昭和二二年）四月一九日法律第七四号

第一条　この法律は、日本国憲法の施行に伴い、民法について、個人の尊厳と両性の本質的平等に立脚する応急的措置を講ずることを目的とする。
第二条　妻又は母であることに基いて法律上の能力その他を制限する規定は、これを適用しない。
第三条　戸主、家族その他家に関する規定は、これを適用しない。
第四条　成年者の婚姻、離婚、養子縁組及び離縁については、父母の同意を要しない。
第五条　夫婦は、その協議で定める場所に同居するものとする。
夫婦の財産関係に関する規定で両性の本質的平等に反するものは、これを適用しない。
　配偶者の一方に著しい不貞の行為があつたときは、他の一方は、これを原因として離婚の訴を提起することができる。
第六条　親権は、父母が共同してこれを行う。
　父母が離婚するとき、又は父が子を認知するときは、親権を行う者は、父母の協議でこれを定めなければならない。協議が調わないとき、又は協議をすることができないときは、裁判所が、これを定める。
裁判所は、子の利益のために、親権者を変更することができる。
第七条　家督相続に関する規定は、これを適用しない。
相続については、第八条及び第九条の規定によるの外、遺産相続に関する規定に従う。
第八条　直系卑属、直系尊属及び兄弟姉妹は、その順序により相続人となる。
配偶者は、常に相続人となるものとし、その相続分は、左の規定に従う。
一　直系卑属とともに相続人であるときは、三分の一とする。
二　直系尊属とともに相続人であるときは、二分の一とする。
三　兄弟姉妹とともに相続人であるときは、三分の二とする。
第九条　兄弟姉妹以外の相続人の遺留分の額は、左の規定に従う。
一　直系卑属のみが相続人であるとき、又は直系卑属及び配偶者が相続人であるときは、被相続人の財産の二分の一とする。
二　その他の場合は、被相続人の財産の三分の一とする。
第十条　この法律の規定に反する他の法律の規定は、これを適用しない。

151　外国人登録令　一九四七年（昭和二二年）五月二日ポツダム勅令第二〇七号

第一条　この勅令は、外国人の入国に関する措置を適切に実施し、且つ、外国人に対する諸般の取扱の適正を期することを目的とする。
第二条　この勅令において外国人とは、日本の国籍を有しない者のうち、左の各号の一に該当する者以外の者をいう。
一　連合国軍の将兵及び連合国軍に附属し又は随伴する者並びにこれらの者の家族
二　連合国最高司令官の任命又は承認した使節団の構成員及び使用人並びにこれらの者の家族
三　外国政府の公務を帯びて日本に駐留するもの及びこれに随従する者並びにこれらの者の家族
第四条　外国人は、本邦に入ったときは六十日以内に、外国人でない者が外国人になったときは十四日以内に、居住地を定め、内務大臣の定めるところにより、当該居住地の市町村（東京都の区の存する区域並びに京都市、大阪市、名古屋市、横浜市及び神戸市においては区、以下これに同じ。）の長に対し、所要の事項の登録を申請しなければならない。（略）
第十条　外国人は、常に登録証明書を携帯し、内務大臣の定め

る官公吏の請求があるときは、これを呈示しなければならない。(略)
第十一条　台湾人のうち内務大臣の定めるもの及び朝鮮人は、この勅令の適用については、当分の間、これを外国人と見なす。(略)
第十三条　地方長官(東京都においては警視総監、以下これに同じ。)は、左の各号に該当する外国人に対し、本邦外に退去を命ずることができる。(略)

附　則

この勅令施行の際現に本邦に在留する外国人は、この勅令施行の日から三十日以内に、第四条の規定に準じて登録の申請をしなければならない。

152 国家公務員法　一九四七年(昭和二二年)一〇月二一日

法律第一二〇号

(この法律の目的)

第一条　この法律は、国家公務員(この法律で国家公務員には、国会議員を含まない。)たる職員について適用すべき各般の根本基準を確立し、職員がその職務の遂行に当り、最大の能率を発揮し得るように、民主的な方法で、選択され、且つ、指導さるべきことを定め、以て国民に対し、公務の民主的且つ能率的な運営を保障することを目的とする。

(設置)

第三条　この法律の完全な実施を確保し、その目的を達成するため、内閣総理大臣の所轄の下に、人事委員会を置く。

人事委員会は、左に掲げる事務を掌る。
一　職員の職階、任免、給与、恩給その他職員に関する人事行政の総合調整に関する事項
二　職員の試験に関する事項
三　その他法律に基きその権限に属せしめられた事項
(人事委員)
第五条　人事委員は、人格が高潔で、民主的な統治組織と成績本位の原則による能率的な事務の処理に理解があり、且つ、人事行政に関し識見を有する年齢三十五年以上の者の中から両議院の同意を経て、内閣が、これを任命する。(略)
人事委員の任免は、天皇が、これを認証する。(略)
(平等取扱の原則)
第二七条　すべて国民は、この法律の適用について、平等に取り扱われ、人種、信条、性別、社会的身分又は門地によつて、差別されてはならない。
(身分保障)
第七五条　職員は、法律に定める事由による場合でなければ、その意に反して、降任され、休職され、又は免職されること

はない。（略）

（服務の根本基準）

第九六条　すべて職員は、国民全体の奉仕者として、公共の利益のために勤務し、且つ職務の遂行に当つては、全力を挙げてこれに専念しなければならない。（略）

（私企業からの隔離）

第一〇三条（略）

職員であつた者は、その退職後二年間は、その退職前二年間に在職していた官職と職務上密接な関係にある営利企業を代表する地位に就いてはならない。（略）

153　刑法の一部を改正する法律　一九四七年（昭和二二年）一〇月二六日法律第一二四号

削除された条文

第一編　総則

第九章　併合罪

第五十五条　連続シタル数個ノ行為ニシテ同一ノ罪名ニ触ルルトキハ一罪トシテ之ヲ処断ス

第十章　累犯

第五十八条　裁判確定後再犯者タルコトヲ発見シタルトキハ前条ノ規定ニ従ヒ加重ス可キ刑ヲ定ム

懲役ノ執行ヲ終リタル後又ハ其執行ノ免除アリタル後発見セラレタル者ニ付テハ前項ノ規定ヲ適用セス

第二編　罪

第一章　皇室ニ対スル罪

第七十三条　天皇、太皇太后、皇太后、皇后、皇太子又ハ皇太孫ニ対シ危害ヲ加ヘ又ハ加ヘントシタル者ハ死刑ニ処ス

第七十四条　天皇、太皇太后、皇太后、皇后、皇太子又ハ皇太孫ニ対シ不敬ノ行為アリタル者ハ三月以上五年以下ノ懲役ニ処ス

神宮又ハ皇陵ニ対シ不敬ノ行為アリタル者亦同シ

第七十五条　皇族ニ対シ危害ヲ加ヘタル者ハ死刑ニ処シ危害ヲ加ヘントシタル者ハ無期懲役ニ処ス

第七十六条　皇族ニ対シ不敬ノ行為アリタル者ハ二月以上四年以下ノ懲役ニ処ス

第三章　外患ニ関スル罪

第八十三条　敵国ヲ利スル為メ要塞、陣営、艦船、兵器、弾薬、汽車、電車、鉄道、電線其他軍用ニ供スル場所又ハ物ヲ損壊シ若クハ使用スルコト能ハサルニ至ラシメタル者ハ死刑又ハ無期懲役ニ処ス

第八十四条　帝国ノ軍用ニ供セサル兵器、弾薬其他直接ニ戦闘ノ用ニ供ス可キ物ヲ敵国ニ交付シタル者ハ無期又ハ三年以上ノ懲役ニ処ス

第八十五条　敵国ノ為メニ間諜ヲ為シ又ハ敵国ノ間諜ヲ幇助シタル者ハ死刑又ハ無期若クハ五年以上ノ懲役ニ処ス

軍事上ノ機密ヲ敵国ニ漏泄シタル者亦同シ

第八十六条　前五条ニ記載シタル以外ノ方法ヲ以テ敵国ニ軍事上ノ利益ヲ与ヘ又ハ帝国ノ軍事上ノ利益ヲ害シタル者ハ二年以上ノ有期懲役ニ処ス

第八十九条　本章ノ規定ハ戦時同盟国ニ対スル行為ニ亦之ヲ適用ス

第七章ノ二　安寧秩序ニ対スル罪

第百五条ノ二　人心ヲ惑乱スルコトヲ目的トシテ虚偽ノ事実ヲ流布シタル者ハ五年以下ノ懲役若クハ禁錮又ハ五千円以下ノ罰金ニ処ス

銀行預金ノ取付其他経済上ノ混乱ヲ誘発スルコトヲ目的トシテ虚偽ノ事実ヲ流布シタル者ハ七年以下ノ懲役若クハ禁錮又ハ五千円以下ノ罰金ニ処ス

第百五条ノ三　戦時、天災其他ノ事変ニ際シ人心ノ惑乱又ハ経済上ノ混乱ヲ誘発スヘキ虚偽ノ事実ヲ流布シタル者ハ三年以下ノ懲役若クハ禁錮又ハ三千円以下ノ罰金ニ処ス

第百五条ノ四　戦時、天災其他ノ事変ニ際シ暴利ヲ得ルコトヲ目的トシテ金融界ノ攪乱、重要物資ノ生産又ハ配給ノ阻害其他ノ方法ニ依リ国民経済ノ運行ヲ著シク阻害スル虞アル行為ヲ為シタル者ハ無期又ハ一年以上ノ懲役ニ処ス

前項ノ罪ヲ犯シタル者ニハ情状ニ因リ十万円以下ノ罰金ヲ併科スルコトヲ得

第十二章　住居ヲ侵ス罪

第百三十一条　故ナク皇居、禁苑、離宮又ハ行在所ニ侵入シタル者ハ三月以上五年以下ノ懲役ニ処ス

神宮又ハ皇陵ニ侵入シタル者亦同シ

第二十二章　猥褻、姦淫及ヒ重婚ノ罪

第百八十三条　有夫ノ婦姦通シタルトキハ二年以下ノ懲役ニ処ス其相姦シタル者亦同シ

前項ノ罪ハ本夫ノ告訴ヲ待テ之ヲ論ス但本夫姦通ヲ縦容シタルトキハ告訴ノ効ナシ

追加された条文

第二十六条第四項（執行猶予期間中の犯罪）

第三十四条ノ二

第二百十一条（過失傷害罪）後段

第二百三十条ノ二（名誉棄損罪の公共の利害に関する場合の特例）

第二百三十二条第二項（名誉棄損罪親告罪の特例）

全面改正された主な条文（改正前）

第三章　外患ニ関スル罪

第八十一条　外国ニ通謀シテ帝国ニ対シ戦端ヲ開カシメ又ハ敵国ニ与シテ帝国ニ抗敵シタル者ハ死刑ニ処ス

第八十二条　要塞、陣営、軍隊、艦船其他軍用ニ供スル場所又ハ建造物ヲ敵国ニ交付シタル者ハ死刑ニ処ス
兵器、弾薬其他軍用ニ供スル物ヲ敵国ニ交付シタル者ハ死刑又ハ無期懲役ニ処ス

第四章　国交ニ関スル罪

第九十条　帝国ニ滞在スル外国ノ君主又ハ大統領ニ対シ暴行又ハ脅迫ヲ加ヘタル者ハ一年以上十年以下ノ懲役ニ処ス
帝国ニ滞在スル外国ノ君主又ハ大統領ニ対シ侮辱ヲ加ヘタル者ハ三年以下ノ懲役ニ処ス但外国政府ノ請求ヲ待テ其罪ヲ論ス
第九十一条　帝国ニ派遣セラレタル外国ノ使節ニ対シ暴行又ハ脅迫ヲ加ヘタル者ハ三年以下ノ懲役ニ処ス
帝国ニ派遣セラレタル外国ノ使節ニ対シ侮辱ヲ加ヘタル者ハ二年以下ノ懲役ニ処ス但被害者ノ請求ヲ待テ其罪ヲ論ス

部分的な改正
各条「帝国」を「日本国」と改める。

154　**政令第二〇一号**（昭和二十三年七月二十二日付内閣総理大臣宛連合国最高司令官書簡に基く臨時措置に関する政令）一九四八年（昭和二三年）七月三一日政令第二〇一号（ポツダム政令）

内閣は、ポツダム宣言の受諾に伴い発する命令に関する件（昭和二十年勅令第五百四十二号）に基き、ここに昭和二十三年七月二十二日付内閣総理大臣宛連合国最高司令官書簡に基く臨時措置に関する政令を制定する。

第一条　任命によると雇傭によるとを問わず、国又は地方公共団体の職員の地位にある者（以下公務員といい、これに該当するか否かの疑義については、臨時人事委員会が決定する。）は、国又は地方公共団体に対しては、同盟罷業、怠業的行為等の脅威を裏付けとする拘束的性質を帯びた、いわゆる団体交渉権を有しない。但し、公務員又はその団体は、この政令の制限内において、個別的に又は団体的にその代表を通じて、苦情、意見、希望又は不満を表明し、且つ、これについて十分な話合をなし、証拠を提出することができるという意味において、国又は地方公共団体の当局と交渉する自由を否認されるものではない。
2　給与、服務等公務員の身分に関する事項に関して、従前国又は地方公共団体によってとられたすべての措置については、この政令で定められた制限の趣旨に矛盾し、又は違反しない限り、引きつづき効力を有するものとする。
3　現に繋属中の国又は地方公共団体を関係当事者とするすべての斡旋、調停又は仲裁に関する手続は、中止される。爾后

臨時人事委員会は、公務員の利益を保護する責任を有する機関となる。
第二条　公務員は、何人といえども、同盟罷業又は怠業的行為をなし、その他国又は地方公共団体の業務の運営能率を阻害する争議手段をとつてはならない。
2　公務員でありながら前項の規定に違反する行為をした者は、国又は地方公共団体に対し、その保有する任命又は雇傭上の権利をもつて対抗することができない。
第三条　第二条第一項の規定に違反した者は、これを一年以下の懲役又は五千円以下の罰金に処する。

附　則

1　この政令は、公布の日から、これを施行する。
2　この政令は、昭和二十三年七月二十二日付内閣総理大臣宛連合国最高司令官書簡にいう国家公務員法の改正等国会による立法が成立実施されるまで、その効力を有する。

155　団体等規制令　一九四九年（昭和二四年）四月四日政令第六四号（ポツダム政令）

（この政令の目的）
第一条　この政令は、平和主義及び民主主義の健全な育成発達を期するため、政治団体の内容を一般に公開し、秘密的、軍事主義的、極端な国家主義的、暴力主義的及び反民主主義的な団体の結成及び指導並びに団体及び個人のそのような行為を禁止することを目的とする。（略）
（団体の結成及び指導の禁止）
第二条　その目的又は行為が左の各号の一に該当する政党、協会、その他の団体は、結成し、又は指導してはならない。
一　占領軍に対して反抗し、若しくは反対し、又は日本国政府が連合国最高司令官の要求に基づいて発した命令に対して反抗し、若しくは反対すること。
二　日本国の侵略的対外軍事行動を支持し、又は正当化すること。
三　日本国が他のアジア、インドネシア又はマレー人種の指導者であることをせん称すること。
四　日本国内において外国人を貿易、商業又は職業従事から排除すること。
五　日本国と諸外国との間の自由な文化及び学術の交流に対して反対すること。
六　日本国内において、軍事若しくは準軍事的訓練を実施し、陸海軍軍人であった者に対して民間人に与えられる以上の恩典を供与し、若しくは特殊の発言権を付与し、又は軍国主義若しくは軍人的精神を存続すること。
七　暗殺その他の暴力主義的企画によって政策を変更し、又は暴力主義的方法を是認するような傾向を助長し、若しくは正当化すること。

（団体の届出）

第六条　その目的又は行為が左の各号の一に該当する政党、協会その他の団体については、当該団体の代表者又は主幹者は、第七条の規定によって届出をしなければならない。

一　公職の候補者を推薦し、又は支持すること。

二　政府又は地方公共団体の政策に影響を与える行為をすること。

三　日本国と諸外国との関係に関し論議すること。

第七条　前条の届出は、（略）左の各号に掲げる事項を、（略）その主たる事務所の所在地の市町村長（特別区の区長を含む。以下同じ。）に対して行うものとする。

一　名称

二　目的

三　主たる事務所所在地

四　役員の住所、氏名、現に所属し、及び従来所属したことのある一切の団体の名称並びに軍隊又は警察に勤務したことのある者については、その旨

五　有力な財政的援助者の住所、氏名及びその援助の金額

六　構成員の住所、氏名及び従来所属したことのある一切の政治的又は思想的団体の名称

156　警察予備隊令　一九五〇年（昭和二五年）八月一〇日政令第二六〇号（ポツダム政令）

（目的）

第一条　この政令は、わが国の平和と秩序を維持し、公共の福祉を保障するのに必要な限度内で、国家地方警察及び自治体警察の警察力を補うため警察予備隊を設け、その組織等に関し規定することを目的とする。

（設置）

第二条　総理府の機関として警察予備隊を置く。

（任務）

第三条　警察予備隊は、治安維持のため特別の必要がある場合において、内閣総理大臣の命を受け行動するものとする。

2　警察予備隊の活動は、警察の任務の範囲に限られるべきものであって、いやしくも日本国憲法の保障する個人の自由及び権利の干渉にわたる等その機能を濫用することとなってはならない。

3　警察予備隊の警察官の任務に関し必要な事項は、政令で定める。

（定員）

第四条　警察予備隊の職員の定員は、七万五千百人とし、うち

七万五千人を警察予備隊の警察官とする。

（長官及び次官）

第七条　本部に、長官及び次官各一人を置く。

2　長官は、内閣総理大臣が任命する。

3　長官の任免は、天皇が認証する。

4　長官は、内閣総理大臣の指揮監督を受け、警察予備隊の長として隊務を統括する。

5　次長は、長官の職務を助ける。

附　則

6　労働組合法（昭和二十四年法律第百七十四号）、労働関係調整法（昭和二十一年法律第二十五号）及び労働基準法（昭和二十二年法律第四十九号）並びにこれらの法律に基づいて発せられる命令は、警察予備隊の職員には適用しない。

157　**サンフランシスコ平和条約**（日本国との平和条約）　一九五一年（昭和二六年）九月八日

連合国及び日本国は、両者の関係が、今後、共通の福祉を増進し且つ国際の平和及び安全を維持するために主権を有する対等のものとして友好的な連携の下に協力する国家の間の関係でなければならないことを決意し、よつて、両者の間の戦争状態の存在の結果として今なお未決である問題を解決する平和条約を締結することを希望するので、

日本国としては、国際連合への加盟を申請し且つあらゆる場合に国際連合憲章の原則を遵守し、世界人権宣言の目的を実現するために努力し、（略）宣言するので、

連合国は、前項に掲げた日本国の意思を歓迎するので、

よつて、連合国及び日本国は、この平和条約を締結することに決定し、（略）次の規定を協定した。

第一章　平和

第一条

(a)　日本国と各連合国との間の戦争状態は、第二十三条の定めるところによりこの条約が日本国と当該連合国との間に効力を生ずる日に終了する。

第二章　領域

第二条

(a)　日本国は、朝鮮の独立を承認して、済州島、巨文島及び鬱陵島を含む朝鮮に対するすべての権利、権原及び請求権を放棄する。

(b)　日本国は、台湾及び澎湖諸島に対するすべての権利、権原及び請求権を放棄する。

(c)　日本国は、千島列島並びに日本国が千九百五年九月五日のポーツマス条約の結果として主権を獲得した樺太の一部及びこれに近接する諸島に対するすべての権利、権

原及び請求権を放棄する。（略）

第三条

日本国は、北緯二十九度以南の南西諸島（琉球諸島及び大東諸島を含む。）孀婦岩の南の南方諸島（小笠原群島、西之島及び火山列島を含む。）並びに沖の鳥島及び南鳥島を合衆国を唯一の施政権者とする信託統治制度の下におくこととする国際連合に対する合衆国のいかなる提案にも同意する。このような提案が行われ且つ可決されるまで、合衆国は、領水を含むこれらの諸島の領域及び住民に対して、行政、立法及び司法上の権力の全部及び一部を行使する権利を有するものとする。

第六条

(a)　連合国のすべての占領軍は、この条約の効力発生の後なるべくすみやかに、且つ、いかなる場合にもその後九十日以内に、日本国から撤退しなければならない。但し、この規定は、（略）二国間若しくは多数国間の協定に基く、（略）外国軍隊の日本国の領域における駐とん又は駐留を妨げるものではない。（略）

第一一条

日本国は、極東国際軍事裁判所並びに日本国内及び国外の他の連合国戦争犯罪法廷の裁判を受諾し、且つ、日本国で拘禁されている日本国民にこれらの法廷が課した刑を執行するものとする。

158　日米安全保障条約（日本国とアメリカ合衆国との間の安全保障条約）一九五一年（昭和二六年）九月八日

日本国は、本日連合国との平和条約に署名した。日本国は、武装を解除されているので、平和条約の効力発生の時において固有の自衛権を行使する有効な手段をもたない。

無責任な軍国主義がまだ世界から駆逐されていないので、前記の状態にある日本国には危険がある。よつて、日本国は平和条約が日本国とアメリカ合衆国の間に効力を生ずるのと同時に効力を生ずべきアメリカ合衆国との安全保障条約を希望する。

平和条約は、日本国が主権国として集団的安全保障取極を締結する権利を有することを承認し、さらに、国際連合憲章は、すべての国が個別的及び集団的自衛の固有の権利を有することを承認している。

これらの権利の行使として、日本国は、その防衛のための暫定措置として、日本国に対する武力攻撃を阻止するため日本国内及びその附近にアメリカ合衆国がその軍隊を維持することを希望する。

アメリカ合衆国は、平和と安全のために、現在、若干の自国軍隊を日本国内及びその附近に維持する意思がある。但し、アメリカ合衆国は、日本国が、攻撃的な脅威となり又は国際連合憲章の目的及び原則に従つて平和と安全を増進すること以外に用いられうべき軍備をもつことを常に避けつつ、直接及び間接の侵略に対する自国の防衛のため漸増的に自ら責任を負うことを期待する。

よつて、両国は、次のとおり協定した。

第一条

平和条約及びこの条約の効力発生と同時に、アメリカ合衆国の陸軍、空軍及び海軍を日本国内及びその附近に配備する権利を、日本国は、許与し、アメリカ合衆国は、これを受諾する。この軍隊は、極東における国際の平和と安全の維持に寄与し、並びに、一又は二以上の外部の国による教唆又は干渉によつて引き起こされた日本国における大規模の内乱及び騒じようを鎮圧するため日本国政府の明示の要請に応じて与えられる援助を含めて、外部からの武力攻撃に対する日本国の安全に寄与するために使用することができる。

第三条

アメリカ合衆国の軍隊の日本国内及びその附近における配備を規律する条件は、両政府間の行政協定で決定する。

（略）

極東国際軍事裁判所大法廷

サンフランシスコ講和条約調印式（1951年 9 月 8 日）（写真：アメリカ公文書館）

Ⅵ 現代法体制の確立期

（一九五二―一九六〇）

日米安全保障条約改定反対のデモ（1960年）（『目で見る議会政治百年史』より）

〔解　説〕現代法体制の確立

この時期は、講和条約の発効によって占領状態を脱したのち、引き続きアメリカ合衆国の軍事基地としての機能を保持しつつ、朝鮮戦争による経済復興に引き続いていわゆる高度経済成長の時期を迎え、急速に経済復興がすすむとともに、政治的にはいわゆる五五年体制によって保守党支配下での保革政治体制が安定に向かった時期であった。

アメリカの軍事基地としての性格はＭＳＡ協定（一九五四年三月）等によって一層明確になり、アメリカ軍の基地使用に伴う紛争も多発した。再軍備は防衛庁と自衛隊の設立（一九五四年六月）によって形をととのえ、その後も膨張を続けた。また、日米原子力協定（一九五五年一一月）を皮切りに原子力基本法が制定され、核開発が原子力の「平和利用」の名で始められた。

国際関係では、講和条約で果たせなかったソ連との国交回復がなされた（一九五六年一〇月、日ソ共同宣言）が、中国に関してはアメリカの中国敵視政策のもとで台湾の国民党政権との関係にとどまった。東南アジア諸国の独裁政権との間に賠償協定が結ばれた。これは、戦前は日本経済にとって最大であった中国市場抜きの経済建設を余儀なくされたためでもあった。

戦後改革の成果を修正して保守体制の安定化を図る試みがくり返され、治安立法のみならず、国家公務員や教育職員のストライキ権を否定し、あるいは大衆運動に対して取締り当局に事実上のフリーハンドを与えるなどの、最高裁判決が相次いだ。また、教育委員会が任命制とされ学校教科書の検定が強化されるなど、教育内容に対する政府の統制も強まった。政権党は日本国憲法の改正をとなえ、一九五六年、国会に憲法調査会がおかれた（憲法調査会法）が、国民の間に憲法に対する支持が高かったため改正作業は挫折した。

第二次世界大戦後の国際的な高度経済成長の波は日本経済にも及び、これには、港湾・道路建設などの公共事業が大きな役割を果たし、これらはまた自動車産業の発展を支えるものとなった。また、個人の住宅建設が持ち家政策として推進された。民間の企業活動に対しては業界団体を通じての統制と支援がおこなわれた（石油業法など）。こうした経済発展に対応する担保法の整備もすすめられた（不動産登記法改正など）。エネルギー政策では石炭から石油への転換が、大きな社会的きしみを伴って強行された。鉱工業生産の急速な増大は水質・大気・土壌の汚染を生み、早くも公害が現れ始めた。

こうしたなか、日本政府は国民的な反対運動を押し切って一九六〇年に日米安全保障条約を改定し（日米の新安全保障条約）、アメリカ合衆国の世界戦略に従うことを明確にした。

159

日米行政協定（日本国とアメリカ合衆国との間の安全保障条約第三条に基く行政協定）一九五二年（昭和二七年）二月二八日

前文

日本国及びアメリカ合衆国は、千九百五十一年九月八日に、日本国内及びその附近における合衆国の陸軍、空軍及び海軍の配備に関する規定を有する安全保障条約に署名したので、

また、同条約第三条は、合衆国の軍隊の日本国内及びその附近における配備を規律する条件は両政府間の行政協定で決定すると述べているので、

（略）次に掲げる条項によりこの協定を締結した。

第二条

1　日本国は、合衆国に対し、安全保障条約第一条に掲げる目的の遂行に必要な施設及び区域の使用を許すことに同意する。

第四条

1　合衆国は、（略）施設及び区域を返還するに当つて、（略）日本国に補償する義務を負わない。

第六条

1　すべての非軍用及び軍用の航空交通管理及び通信の体系は、緊密に協調して発達を図るものとし、且つ、集団安全保障の利益を達成するため必要な程度に整合するものとする。（略）

第九条

2　合衆国軍隊の構成員は、日本国の旅券及び査証に関する法令の適用から除外される。合衆国軍隊の構成員及び軍属並びにそれらの家族は、外国人の登録及び管理に関する日本国の法令の適用から除外される。（略）

第十一条

2　合衆国軍隊、合衆国軍隊の公認調達機関又は第十五条に定める諸機関が（略）輸入するすべての資材、需品及び備品（略）は、関税その他の課徴金を課さない。

3　合衆国軍隊の構成員及び軍属並びにそれらの家族（略）の私用に供せられる財産には、（略）関税その他の課徴金を課さない。

第十七条

2　（略）合衆国の軍事裁判所及び当局は、合衆国軍隊の構成員及び軍属並びにそれらの家族（略）が日本国内で犯すすべての罪について、専属的裁判権を日本国内で行使する権利を有する。（略）

3　（略）

(a)　日本国の当局は、合衆国軍隊が使用する施設及び区域外において、合衆国軍隊の構成員若しくは軍属又はそれらの家族を犯罪の既遂又は未遂について逮捕することができる。しかし、逮捕した場合には、（略）直ちに合衆国軍隊に引き渡さなければならない。（略）

(b)　合衆国の当局は、合衆国軍隊が使用する施設又は区域内

において、専属的逮捕権を有する。（略）

(g) 日本国の当局は、合衆国軍隊が使用する施設及び区域内にある者若しくは財産について（略）捜索又は差押を行う権利を有しない。（略）合衆国軍隊が使用する施設及び区域外で、合衆国軍隊の構成員若しくは軍属又はそれらの家族の身体又は財産について捜索又は差押を行う権利を有しない。（略）

第十八条

3 （略）公務執行中の合衆国軍隊の構成員若しくは被用者の（略）非戦闘行為に伴つて生じ、（略）第三者に（略）損害を与えたものから生ずる請求は、日本国が次の規定に従つて処理するものとする。

(b) 日本国は、前記のいかなる請求も解決することができるものとし、（略）支払は、日本国が円でする。

5 （略）公務執行中に行われたものでないものから生ずる合衆国軍隊の構成員又は被用者に対する請求は、次の方法で処理するものとする。

(a) 日本国の当局は、（略）請求人に対する補償金を査定し、且つ、その事件に関する報告書を作成する。

(b) （略）合衆国の当局は、遅滞なく、慰謝料の支払を申し出るかどうかを決定し、且つ、申し出る場合には、その額を決定する。

第二十条

2 軍票の管理を行うため、合衆国は、（略）一定のアメリカの金融機関を指定する権利を有する。軍用銀行施設を維持することを認められた金融機関は、（略）合衆国通貨による銀行勘定を維持し、且つ、この勘定に関するすべての金融取引（略）を行うことを許される。

第二十一条

合衆国は、（略）合衆国軍事郵便局を、（略）合衆国軍隊が使用する施設及び区域内に設置し、及び運営する権利を有する。

第二十五条

2 日本国は、次のことを行うことが合意される。

(a) 第二条及び第三条に定めるすべての施設、区域及び路線権（飛行場及び港における施設及び区域のように共同に使用される施設及び区域を含む。）を（略）提供し、且つ、（略）所有者及び提供者に補償を行うこと。

(b) （略）年額一億五千五百万ドルに相当する額の日本国通貨を合衆国（略）の使用に供すること。（略）

第二十六条

1 この協定の実施に関して相互の協議を必要とするすべての事項に関する日本国と合衆国との間の協議機関として、合同委員会を設置する。

（略）

160　**琉球政府設立に関する布告**　一九五二年（昭和二七年）二月二九日米国民政府布告第十三号　改正同年四月二一日米国民政府布告第十七号

琉球政府の設立

琉球住民に告げる。

琉球住民の経済的、政治的及び社会的福祉を増進するため、琉球政府を設立することが望ましいので、本官琉球列島民政副長官陸軍少将ロバート・ビートラーはここに次の通り布告する。

第一条

立法機関、行政機関及び司法機関を備える琉球政府をここに設立する。

第二条

琉球政府は、琉球における政治の全権を行うことができる。但し、琉球列島米国民政府の布告、布令及び指令に従う。

第三条

琉球政府の立法権は琉球住民の選挙した立法院に属する。立法院は、琉球政府の行政機関及び司法機関から独立して、その立法権を行う。立法院は、一般租税、関税、分担金、消費税の賦課徴収及び琉球内の他の行政団体に対する補助金の交付を含む琉球政府の権能を実施するに必要適切なすべての立法を行うことができる。（略）

第四条

琉球政府の行政権は、行政主席に属するものとし、行政主席はこれが選挙制になるまで民政副長官が、これを任命する。

（略）

第五条

琉球政府の司法機関は、さきに設置された琉球上訴裁判所巡回裁判所、治安裁判所及び時宜により設置されるその他の裁判所とする。

裁判所は、行政機関及び立法機関から独立して、その司法権を行う。上訴裁判所の判事は、民政長官がこれを任命する。巡回裁判所及び治安裁判所の判事は、民政副長官の事前の認可により行政主席がこれを任命する。民政副長官は、裁判所の決定または判決について任意にこれを再審し認可し、延期し、停止し、減刑し、移送する等の処置を講ずることができる。

第六条

（略）民主国家の基本的自由は、公共の福祉に反しない限りこれを保障する。

第七条

民政副長官は、必要な場合には、琉球政府その他行政団体またはその代行機関により制定された法令規則の施行を拒否し、禁止し、又は停止し自ら適当と認める法令規則の交付を命じ及び琉球における全権限の一部又は全部を自ら行使する権利を留保する。

（略）

〔出典：琉球政府立法院事務局編『琉球政府法令』〕

161

日本国とアメリカ合衆国との間の安全保障条約第三条に基く行政協定に伴う刑事特別法　一九五二年（昭和二七年）五月七日法律第一三八号

第二章　罪

（施設又は区域を侵す罪）

第二条　正当な理由がないのに、合衆国軍隊が使用する施設又は区域（略）であつて入ることを禁じた場所に入り、又は要求を受けてその場所から退去しない者は、一年以下の懲役又は二千円以下の罰金若しくは科料に処する。但し刑法（明治四十年法律第四十五号）に正条がある場合には、同法による。

（軍用物を損壊する等の罪）

第五条　合衆国軍隊に属し、且つ、その軍用に供する兵器、弾薬、糧食、被服その他の物を損壊し、又は傷害した者は、五年以下の懲役又は五万円以下の罰金に処する。

（合衆国軍隊の機密を侵す罪）

第六条　合衆国軍隊の機密（略）を、合衆国軍隊の安全を害すべき用途に供する目的をもつて、又は不当な方法で、探知し、又は収集した者は、十年以下の懲役に処する。

2　合衆国軍隊の機密（略）を他人に漏らした者も、前項と同様とする。

第三章　刑事手続

（施設又は区域内の逮捕等）

第十条　合衆国軍隊の使用する施設又は区域内における逮捕（略）その他人身を拘束する処分は、合衆国軍隊の権限ある者の承認を受けて行い、又は検察官若しくは司法警察職員から その合衆国軍隊の権限ある者に嘱託して行うものとする。

（施設又は区域外で逮捕された合衆国軍隊要員の引渡）

第十一条　検察官又は司法警察員は、合衆国軍隊の使用する施設又は区域外で逮捕された者が合衆国軍隊の構成員、軍属又は家族（以下「合衆国軍隊要員」という。）で、あることを確認したときは、（略）直ちに被疑者を合衆国軍隊に引き渡さなければならない。

（略）

（施設又は区域内の差押、捜索等）

第十三条　合衆国軍隊の使用する施設若しくは区域内における、又は合衆国軍隊の財産についての捜索（略）差押（略）又は検証は、合衆国軍隊の権限ある者の承認を受けて行い、又は検察官若しくは司法警察員から々の合衆国軍隊の権限ある者に嘱託して行うものとする。（略）

2　合衆国軍隊の使用する施設又は区域外にある合衆国軍隊要

員の身体又は財産についても、前項と同様である。（略）

162　破壊活動防止法　一九五二年（昭和二七年）七月二一日法律第二四〇号

第一章　総則

（この法律の目的）

第一条　この法律は、団体の活動として暴力主義的破壊活動を行つた団体に対する必要な規制措置を定めるとともに、暴力主義的破壊活動に関する刑罰規定を補整し、もつて、公共の安全の確保に寄与することを目的とする。

第二章　破壊的団体の規制

（団体活動の制限）

第五条　公安審査委員会は、団体の活動として暴力主義的破壊活動を行つた団体に対して、（略）左に掲げる処分を行うことができる。（略）

一　（略）集団示威運動、集団行進又は公開の集会を行うことを禁止すること。

二　（略）当該機関誌紙を続けて印刷し、又は頒布することを禁止すること。

三　（略）当該暴力主義的破壊活動に関与した特定の役職員（略）又は構成員に当該団体のためにする行為をさせることを禁止すること。

（解散の指定）

第七条　公安審査委員会は、（略）当該団体に対して、解散の指定を行うことができる。

第四章　調査

（公安調査官の調査権）

第二十七条　公安調査官は、この法律による規制に関し（略）必要な調査をすることができる。

第二十九条　公安調査庁と国家地方警察及び自治体警察とは、相互に、この法律の実施に関し、情報又は資料を交換しなければならない。

（略）

163　公安調査庁設置法　一九五二年（昭和二七年）七月二一日法律第二四一号

（設置）

第二条　法務府の外局として、公安調査庁を設置する。

（任務）

第三条　公安調査庁は、公共の安全の確保に寄与することを目的とし、破壊活動防止法（昭和二十七年法律第二百四十号）の規定による破壊的団体の規制に関する調査及び処分の請求等に関する国の行政事務を一体的に遂行する責任を負う行政機関とする。

（権限）

第四条　公安調査庁は、この法律に規定する所掌事務を遂行するため、左に掲げる権限を有する。但し、その権限の行使は、法律（これに基く命令を含む。）に従つてなされなければならない。

（略）

十三　破壊的団体の規制に関する調査を行うこと。

十四　公安審査委員会に対し、破壊的団体に対する処分の請求を行うこと。

第二章　内部部局

（内部部局）

第五条　公安調査庁に、左の三部を置く。

総務部

調査第一部

調査第二部

第四章　地方支分部局

（設置）

第十一条　公安調査庁に、第八条及び第九条に規定する事務を分掌させるため、地方支分部局として、公安調査局及び地方公安調査局を置く。

附　則

1　この法律は、破壊活動防止法の施行の日から施行する。

（略）

6　この法律の施行の際、法務府特別審査局に勤務する職員は、特別の辞令が発せられない限り、そのまま公安調査庁の職員となるものとする。

（略）

164　公安審査委員会設置法　一九五二年（昭和二七年）七月二一日法律第二四二号

（設置）

第一条　破壊活動防止法（昭和二十七年法律第二百四十号）の規定により公共の安全の確保に寄与するために行う破壊的団体の規制に関する審査及び決定の事務をつかさどらせるため、法務府の外局として、公安審査委員会（以下「委員会」という。）を設置する。

（権限）

第二条　委員会は、この法律に規定する所掌事務を遂行するため、左に掲げる権限を有する。（略）

七　暴力主義的破壊活動を行つた団体に対して、活動制限の処分を行うこと。
八　暴力主義的破壊活動を行つた団体に対して、解散の指定を行うこと。（略）

（職権の行使）
第三条　委員会の委員長及び委員は、独立してその職権を行う。

（組織）
第四条　委員会は、委員長及び委員六人をもつて組織する。

（委員長及び委員の任命）
第五条　委員長及び委員は、人格が高潔であつて、団体の規制に関し公正な判断をすることができ、且つ、法律又は社会に関する学識経験を有する者のうちから、両議院の同意を得て、内閣総理大臣が任命する。（略）

（委員補佐）
第十二条　委員会に委員補佐三人を置く。
　委員補佐は、委員長の命を受けて、委員会の審査及び決定に関する必要な事務をつかさどる。
　委員補佐は、弁護士その他法律事務に学識経験を有する者のうちから、委員長が任命する。

（略）

附　則

この法律は、破壊活動防止法の施行の日から施行する。

165　ＭＳＡ協定（日本国とアメリカ合衆国との間の相互防衛援助協定）一九五四年（昭和二九年）三月八日

日本国政府及びアメリカ合衆国政府は、

（略）日本国との平和条約に述べられている日本国が主権国として国際連合憲章第五十一条に掲げる個別的又は集団的自衛の固有の権利を有するとの確信を再確認し、

（略）安全保障条約の前文において、日本国が、（略）自国の防衛のため漸増的に自ら責任を負うことを、アメリカ合衆国が期待して（略）暫定措置として若干の自国軍隊を日本国内及びその附近に維持するとある趣旨を想起し、

日本国のための防衛援助計画の策定に当つては経済の安定が日本国の防衛能力の発展のために欠くことができない要素であり、また、日本国の寄与がその経済の一般的な条件及び能力の許す範囲においてのみ行うことができることを承認し、（略）

その援助の供与を規律する条件を定めることを希望して、次のとおり協定した。

第二条

日本国政府は、相互援助の原則に従い、（略）原材料又は半加工品で日本国内で入手することができるものを、合意される期間、数量及び条件に従つて、生産し、及びアメリカ合衆

国政府に譲渡することを容易にすることに同意する。（略）

第三条

1　各政府は、この協定に従つて他方の政府が供与する秘密の物件、役務又は情報についてその秘密の漏せつ又はその危険を防止するため、両政府の間で合意する秘密保持の措置を執るものとする。（略）

第七条

2　日本国政府は、この協定の実施に関連するアメリカ合衆国政府の行政事務費及びこれに関連がある経費として、アメリカ合衆国政府に随時円資金を提供するものとする。

第八条

日本国政府は、（略）日本国とアメリカ合衆国との間の安全保障条約に基いて負つている軍事的義務を履行することの決意を再認識する。（略）

附属書G

5　両政府は、この協定の効力発生の日から千九百五十五年三月三十一日までの最初の期間において日本国政府が提供すべき金銭負担としての日本円の価額が、（略）三億五千七百三十万円をこえないことに同意する。

166　原子力基本法　一九五五年（昭和三〇年）一二月一九日

法律第一八六号

第一章　総則

（目的）

第一条　この法律は、原子力の研究、開発及び利用を推進することによつて、将来におけるエネルギー資源を確保し、学術の進歩と産業の振興とを図り、もつて人類社会の福祉と国民生活の水準向上とに寄与することを目的とする。

（基本方針）

第二条　原子力の研究、開発及び利用は、平和の目的に限り、民主的な運営の下に、自主的にこれを行うものとし、その成果を公開し、進んで国際協力に資するものとする。

第二章　原子力委員会

（設置）

第四条　原子力の研究、開発及び利用に関する国の施策を計画的に遂行し、原子力行政の民主的な運営を図るため、総理府に原子力委員会を置く。

第三章　原子力の開発機関

（原子力研究所及び原子燃料公社）

第七条　政府の監督の下に、原子力の開発に関する研究及び実験、その他原子力の開発促進に必要な事項を行わしめるため原子力研究所を、核原料物質及び核燃料物質の探鉱、採鉱、精錬、管理等を行わしめるため原子燃料公社を置く。（略）

第五章　核燃料物質の管理

（核燃料物質に関する規制）
第十二条　核燃料物質を生産し、輸入し、輸出し、所有し、所持し、譲渡し、譲り受け、使用し、又は輸送しようとする者は、別に法律で定めるところにより政府の行う規制に従わなければならない。

第六章　原子炉の管理

（原子炉の建設等の規制）
第十四条　原子炉を建設しようとする者は、別に法律で定めるところにより政府の行う規制に従わなければならない。これを改造し、又は移動しようとする者も、同様とする。

167　憲法調査会法　一九五六年（昭和三一年）六月一一日法律第一四〇号

（設置）
第一条　内閣に、憲法調査会（以下「調査会」という。）を置く。

（所掌事務）
第二条　調査会は、日本国憲法に検討を加え、関係諸問題を調査審議し、その結果を内閣及び内閣を通じて国会に報告する。

（組織）
第三条　調査会は、委員五十人以内で組織する。
2　委員は、次の各号に掲げる者のうちから、それぞれ当該各号に定める数の範囲内において、内閣が任命する。
一　国会議員　　三十人
二　学識経験のある者　二十人
3　委員は、非常勤とする。

（専門委員）
第五条　調査会に、専門の事項を調査させるため、専門委員を置くことができる。
2　専門委員は、学識経験のある者のうちから、内閣総理大臣が任命する。

（部会）
第七条　調査会に、必要に応じ、部会を置くことができる。
2　部会所属の委員、専門委員及び幹事は、会長が指名する。
3　部会に、部会長を置き、部会に属する委員の互選によつてこれを定める。

168　日ソ共同宣言（日本国とソヴィエト社会主義共和国連邦との共同宣言）　一九五六年（昭和三一年）一〇月一九日

（略）

日本国及びソヴィエト社会主義共和国連邦の全権団の間で行われたこの交渉の結果、次の合意が成立した。

1　日本国とソヴィエト社会主義共和国連邦との間の戦争状態は、この宣言が効力を生ずる日に終了し、両国の間に平和及び友好善隣関係が回復される。

2　日本国とソヴィエト社会主義共和国連邦との間に外交及び領事関係が回復される。（略）

3　日本国及びソヴィエト社会主義共和国連邦は、相互の関係において、国際連合憲章の諸原則、なかんずく同憲章第二条に掲げる次の原則を指針とすべきことを確認する。（略）

日本国及びソヴィエト社会主義共和国連邦は、それぞれ他方の国が国際連合憲章第五十一条に掲げる個別的又は集団的自衛の固有の権利を有することを確認する。

日本国及びソヴィエト社会主義共和国連邦は、経済的、政治的又は思想的のいかなる理由であるとを問わず、直接間接に一方の国が他方の国の国内事項に干渉しないことを、相互に、約束する。

4　ソヴィエト社会主義共和国連邦は、国際連合への加入に関する日本国の申請を支持するものとする。

6　ソヴィエト社会主義共和国連邦は、日本国に対し一切の賠償請求権を放棄する。

日本国及びソヴィエト社会主義共和国連邦は、千九百四十五年八月九日以来の戦争の結果として生じたそれぞれの国、その団体及び国民のそれぞれ他方の国、その団体及び国民に対するすべての請求権を、相互に、放棄する。

9　日本国及びソヴィエト社会主義共和国連邦は、両国間に正常な外交関係が回復された後、平和条約の締結に関する交渉を継続することに同意する。

ソヴィエト社会主義共和国連邦は、日本国の要請にこたえかつ日本国の利益を考慮して、歯舞諸島及び色丹島を日本国に引き渡すことに同意する。ただし、これらの諸島は、日本国とソヴィエト社会主義共和国連邦との間の平和条約が締結された後に現実に引き渡されるものとする。

（略）

169　日米の新安全保障条約（日本国とアメリカ合衆国との間の相互協力及び安全保障条約）一九六〇年（昭和三五年）一月一九日

第一条　締約国は、国際連合憲章に定めるところに従い、それぞれが関係することのある国際紛争を平和的手段によつて国際の平和及び安全並びに正義を危うくしないように解決し、並びにそれぞれの国際関係において、武力による威嚇又は武力の行使を、いかなる国の領土保全又は政治的独立に対するものも、また、国際連合の目的と両立しない他のいかなる方法によるものも慎むことを約束する。

締約国は、他の平和愛好国と協同して、国際の平和及び安全を維持する国際連合の任務が一層効果的に遂行されるように国際連合を強化することに努力する。

第二条　締約国は、その自由な諸制度を強化することにより、これらの制度の基礎をなす原則の理解を促進することにより、並びに安定及び福祉の条件を助長することによつて、平和的かつ友好的な国際関係の一層の発展に貢献する。締約国は、その国際経済政策におけるくい違いを除くことに努め、また、両国の間の経済的協力を促進する。

第三条　締約国は、個別的に及び相互に協力して、継続的かつ効果的な自助及び相互援助により、武力攻撃に抵抗するそれぞれの能力を、憲法上の規定に従うことを条件として、維持し発展させる。

第四条　締約国は、この条約の実施に関して随時協議し、また、日本国の安全又は極東における国際の平和及び安全に対する脅威が生じたときはいつでも、いずれか一方の締約国の要請により協議する。

第五条　各締約国は、日本国の施政の下にある領域における、いずれか一方に対する武力攻撃が、自国の平和及び安全を危うくするものであることを認め、自国の憲法上の規定及び手続に従つて共通の危険に対処するように行動することを宣言する。（略）

第六条　日本国の安全に寄与し、並びに極東における国際の平和及び安全の維持に寄与するため、アメリカ合衆国は、その陸軍、空軍及び海軍が日本国において施設及び区域を使用することを許される。

前記の施設及び区域の使用並びに日本国における合衆国軍隊の地位は、千九百五十二年二月二十八日に東京で署名された日本国とアメリカ合衆国との間の安全保障条約第三条に基く行政協定（改正を含む。）に代わる別個の協定及び合意される他の取極により規律される。

三池労組の退職勧告状返上大集会（1960年）

VII 現代法体制の展開期

（一九六一―一九八八）

東京オリンピック開会式（1964年10月10日）

〔解　説〕現代法体制の展開

この時期は、高度経済成長が最盛期を迎えて日本が世界の「先進国」の一員となったが、その後いわゆる低成長の時代に入り、やがてバブル経済の時期に入る。政治的には、五五年体制が比較的安定した様相をみせ、労働政策、経済政策ともに政府による強力な指導と公共事業によって展開された。

政治的には、自由民主党内の派閥による政権交替が常態化し、内閣は短命ながら一党による長期政権が続いた。一九六〇年代後半から七〇年代前半まで、ベトナム戦争（～一九七五年）をめぐって日米両政府に抗議するベトナム反戦運動を中心に、全国各地の公害反対運動、成田国際空港建設反対運動、そして大学の民主化を求める学生運動が頻繁な街頭デモや集会として展開され、これに対する公安警備警察が強化された。

また、一九七四年の「金脈問題」による田中角栄内閣の退陣、翌年からのロッキード事件などのスキャンダルや石油危機などの政策的失敗が相次いだが、自民党政権自体は交替せず、自民党内での政権交替がおこなわれた。

一九七五年の三木武夫首相から始まった首相・閣僚の靖国神社参拝はその後の歴代内閣によって引き継がれ、一九七七年最高裁の津地鎮祭訴訟判決、一九七九年の元号法（元号の法制化）、一九八五年からの建国記念の日を祝う式典への閣僚の参加、一九八九年からの「日の丸」「君が代」を国旗・国歌とする教育現場での強制の開始など、戦後日本社会のアイデンティティを日本国憲法体制以外に求めようとする動きが法制面でも現れた。とくに、一九八〇年から自民党が本格化させた教科書記述の改変要求は、一部の大学・高校教員による「修正主義」史観の主張と連携して強められた。

外交関係では、韓国に対しては、日韓両国民の反対を押しての日韓基本条約（一九六五年六月）締結により、いちおう戦後処理がおこなわれた。しかし、韓国で軍事独裁政権が倒れるとともに、日本の歴史教科書の検定問題などから戦後処理の問題が再燃しはじめた。中国に対しては、一九七二年、アメリカ・ニクソン大統領の突然の訪中によってアメリカ合衆国と中華人民共和国の国交が回復したのをうけて、同年の日中共同声明によって日本も国交を開き、一九七八年にようやく平和条約が締結された（日中平和友好条約）。

アメリカが始めたベトナム戦争は泥沼化してゆき、日本は、アメリカ軍の出撃基地として機能した。そのなかで一九七一年六月にアメリカ合衆国との間に沖縄返還協定が締結された。当時の佐藤栄作首相の「核抜き、本土並み」表明（衆議院予算委員会）とはことなり、これまでの米軍基地をほとんどそのまま残しての返還であった。その後、一九七八年「日米防衛協力のための指針」、一九八一年の日米共同声明以後、「有事」を想定することとなった日米の軍事同盟はいっそう深化し、一九八〇年代には予算上でも防衛費が突出して計上され、また日米両軍の共同訓練など、アメリカ合衆国の軍事戦略の一翼を担う自衛隊の整備がすすめられた。

　日本経済は、一九七〇年代前半まで連年高い成長率を記録し続け、工業立地を整備・促進するための全国総合開発計画（全総）、新全国総合開発計画（新全総、一九六九年）や、道路網整備のための法整備がなされる一方で、独占禁止法が緩和された。エネルギー政策でも、石炭から石油と原子力への転換、電源開発のための法整備がなされた。鉄鋼、自動車、造船、化学などや家電、繊維工業など海外輸出の増大をてこに工業生産が急激に増大した。

　他方、工業生産の高い伸びに比して生産性の低い農業からの労働人口の流出が止まらず、それは出稼ぎ労働と過疎問題となって現われ、過疎対策が迫られた。一九七〇年代には「列島改造」論によって大規模な公共事業が全国的に展開され、道路網、工場立地、港湾等や農地・農業用水等の整備がおこなわれた。これらは公害問題をひきおこすとともに、国土の乱開発と土地投機がすすんだ。

　土地利用に関しては、農業の後退と大都市周辺の宅地需要の増大に対応した農業用地の多目的利用が進展し、国土庁の設置と国土利用計画法（一九七四年）を軸に開発の制禦が図られた。また、一九七四～七五年には都市計画法・建築基準法などによる規制や町並み保存の手だてが始められた。他方、一九八六年のいわゆる民間活力利用法と翌年のリゾート法は、全国各地の自治体をリゾート開発に巻き込んだが、その多くは失敗し、国土の荒廃がすすんだ。

　一九六〇年代後半からは「公害」問題が全国で深刻化し、次々に企業や国・県を相手とする訴訟が提起された。公害訴訟は、健康被害に関する救済申立として、工場廃水による水質汚染から、航空機や道路の騒音被害、また自動車の排気ガスによる大気汚染へと拡がった。全国各地の公害反対運動は、さらに環境保護運動、町並み保存運動、消費者保護運動とも連携し、展開した。

　これを受けて、公害対策基本法（一九六七年八月）ののち、大気汚染防止法（一九六八年六月）と騒音規制法（同）の制定、東京都の公害防止条例（一九六九年七月）で具体的な公害対策が講じられ、公害健康被害救済特措法（一九六九年一二月）が制定された。一九七〇～七一年の一連の公害立法によって、ようやく公害対策法制の枠組が形成され、一九七一年環境庁が設置された。しかしその後も道路・新幹線や米軍基地の騒音、大気汚染などの公害は深刻さをまし、有効な法規制はおこなわれなかった。

　また、消費者保護基本法（一九六八年五月）の制定、訪問販売法（一九七六年）などにより、クーリングオフの制度など消費者保護の法制も登場した。消費者金融の急速な拡大がみられ、一九八三年にはサラ金規制法が制定された。

　また、資本取引の増大に対応して一九七七年から外国為替の規制緩和が始まり、一九七九年には外国為替と外国資本が原則自由化された。

労働法では、官公労のとくに現業労働者のストライキ権の是非が、国会と法廷の両方で争われた。一九六六年の最高裁判決は公共企業体職員の争議行為を刑事罰の対象から除外したが、一九七七年の最高裁判決はこれを覆し、争議権を全面否定した。この問題は、一九八二年の臨時行政調査会答申に始まる電電公社・専売公社（一九八五年）・国鉄（一九八七年）の民営化によって、強行的に解決されることになる。他方、一九八五年には労働者派遣事業法が制定され、労働者としての権利保障は不十分なまま、パート労働を含めた非正規雇用形態が拡大していった。

女性労働では、勤労婦人福祉法（一九七二年）ののち、育児休業法（一九七五年）によってようやく実効的な保護がはかられ始め、一九八五年男女雇用機会均等法が制定された。また、一九八七年に民法が改正されて「特別養子制度」が新設され、介護努力にみあう遺産相続への道が開かれた。

このほか、刑法で、一九六〇年に発表された刑法改正準備草案は、ようやく一九七四年五月法制審議会の刑法改正草案答申にいたったが、法曹界、学会からの批判が強く、その後の進展がない中で、一九七三年最高裁判所大法廷は、刑法の尊属殺人罪は憲法の定める法の下の平等に反すると判決して初めて違憲立法審査権を行使した。

日韓基本条約調印式（1965年 6 月22日）

170　石油業法　一九六二年（昭和三七年）五月一一日法律第一二八号

第一章　総　則

（目的）

第一条　この法律は、石油精製業等の事業活動を調整することによつて、石油の安定的かつ低廉な供給の確保を図り、もつて国民経済の発展と国民生活の向上に資することを目的とする。

（石油供給計画）

第三条　通商産業大臣は、（略）毎年度、当該年度以降の五年間について石油供給計画を定めなければならない。（略）

第二章　石油精製業等

（石油精製業の許可）

第四条　石油精製業を行なおうとする者は、（略）通商産業大臣の許可を受けなければならない。

（許可の基準）

第六条　通商産業大臣は、第四条の許可の申請が次の各号に適合していると認めるときでなければ、同条の許可をしてはならない。

一　その許可をすることによつて特定設備の処理能力が石油供給計画に照らして著しく過大にならないこと。

二　その事業を適確に遂行するに足りる経理的基礎及び技術的能力があること。（略）

（石油製品生産計画）

第十条　石油精製業者は、（略）毎年度、石油製品生産計画を作成し、通商産業大臣に届け出なければならない。（略）

（石油輸入業の届出等）

第十二条　石油の輸入の事業を行なおうとする者は、（略）通商産業大臣に届け出なければならない。（略）

２　（略）毎年度、石油輸入計画を作成し、通商産業大臣に届け出なければならない。

（石油製品販売業の届出）

第十三条　石油製品の販売の事業（略）を行なおうとする者は、（略）通商産業大臣に届け出なければならない。

（販売価格の標準額）

第十五条　通商産業大臣は、石油製品の価格が不当に高騰し又は下落するおそれがある場合において、（略）必要があると認めるときは、（略）石油精製業者又は石油輸入業者の石油製品の販売価格の標準額を定めることができる。

第三章　石油審議会

（設置）

第十六条　通商産業省に、石油審議会を置く。

（所掌事務）

第十七条　石油審議会（略）は、通商産業大臣の諮問に応じ、石油の安定的かつ低廉な供給の確保に関する重要事項を調査審議する。

171　日韓基本条約（日本国と大韓民国との間の基本関係に関する条約）　一九六五年（昭和四〇年）六月二二日

日本国及び大韓民国は、

両国民間の関係の歴史的背景と、善隣関係及び主権の相互尊重の原則に基づく両国間の関係の正常化に対する相互の希望とを考慮し、

両国の相互の福祉及び共通の利益の増進のため並びに国際の平和及び安全の維持のために、両国が国際連合憲章の原則に適合して緊密に協力することが重要であることを認め、（略）次の諸条を協定した。

第一条

両締約国間に外交及び領事関係が開設される。（略）

第二条

千九百十年八月二十二日以前に大日本帝国と大韓帝国との間で締結されたすべての条約及び協定は、もはや無効であることが確認される。

第三条

大韓民国政府は、国際連合総会決議第百九十五号（Ⅲ）に明らかに示されているとおりの朝鮮にある唯一の合法的な政府であることが確認される。

第四条

(a)　両締約国は、相互の関係において、国際連合憲章の原則を指針とするものとする。

(b)　両締約国は、その相互の福祉及び共通の利益を増進するに当たつて、国際連合憲章の原則に適合して協力するものとする。

第七条

この条約は、批准されなければならない。（略）

千九百六十五年六月二十二日に東京で、ひとしく正文である日本語、韓国語及び英語により本書二通を作成した。解釈に相違がある場合には、英語の本文による。

日本国のために

椎名悦三郎

高杉晋一

大韓民国のために

李　東　元

金　東　祚

172　公害対策基本法　一九六七年（昭和四二年）八月三日法律

第一三二号

第一章　総則

（目的）

第一条　この法律は、事業者、国及び地方公共団体の公害の防止に関する責務を明らかにし、並びに公害の防止に関する施策の基本となる事項を定めることにより、公害対策の総合的推進を図り、もつて国民の健康を保護するとともに、生活環境を保全することを目的とする。

2　前項に規定する生活環境の保全については、経済の健全な発展との調和が図られるようにするものとする。

（定義）

第二条　この法律において「公害」とは、事業活動その他の人の活動に伴つて生ずる相当範囲にわたる大気の汚染、水質の汚濁、騒音、振動、地盤の沈下（略）及び悪臭によつて、人の健康又は生活環境に係る被害が生ずることをいう。

2　この法律にいう「生活環境」には、人の生活に密接な関係のある財産並びに人の生活に密接な関係のある動植物及びその生育環境を含むものとする。

（事業者の責務）

第三条　事業者は、その事業活動による公害を防止するために必要な措置を講ずるとともに、国又は地方公共団体が実施する公害の防止に関する施策に協力する責務を有する。

（国の責務）

第四条　国は、国民の健康を保護し、及び生活環境を保全する使命を有することにかんがみ、公害の防止に関する基本的かつ総合的な施策を策定し、及びこれを実施する責務を有する。

第二章　公害の防止に関する基本的施策

第五節　公害に係る紛争の処理及び被害の救済

第二十一条　政府は、公害に係る紛争が生じた場合における和解の仲介、調停等の紛争処理制度を確立するため、必要な措置を講じなければならない。

第三章　費用負担及び財政措置等

（費用負担）

第二十二条　事業者は、その事業活動による公害を防止するために国又は地方公共団体が実施する事業について、当該事業に要する費用の全部又は一部を負担するものとする。

173　**公害健康被害救済特別措置法**（公害に係る健康被害の救済に関する特別措置法）一九六九年（昭和四四年）一二月一五日法律第九〇号

第一章　総則

（目的）

第一条　この法律は、事業活動その他の人の活動に伴つて相当範囲にわたる著しい大気の汚染又は水質の汚濁が生じたため、その影響による疾病が多発した場合において、当該疾病にかかつた者に対し、医療費、医療手当及び介護手当の支給の措置を講ずることにより、その者の健康被害の救済を図ることを目的とする。

（指定地域等）

第二条　この法律において「指定地域」とは、事業活動その他の人の活動に伴つて相当範囲にわたる著しい大気の汚染又は水質の汚濁が生じたため、その影響による疾病が多発している地域で政令で定めるものをいう。

2　前項の政令においては、あわせて同項に規定する疾病を定めなければならない。（略）

第二章　医療費等の支給

（認定）

第三条　指定地域の全部又は一部を管轄する都道府県知事は、当該指定地域につき前条第二項の規定により定められた疾病にかかつている者について、その者の申請に基づき、公害被害者認定審査会の意見をきいて、その者の当該疾病が当該指定地域に係る大気の汚染又は水質の汚濁の影響によるものである旨の認定を行なう。（略）

（医療費の支給）

第四条　都道府県知事は、当該都道府県知事による前条第一項の認定を受けた者が当該認定に係る疾病について次に掲げる医療を受けたときは、その者に対し、医療費を支給する。（略）

（医療手当の支給）

第七条　都道府県知事は、（略）第三条第一項の認定を受けた者で、当該認定に係る疾病について第四条第一項各号の医療を受けており、かつ、その病状が政令で定める病状の程度をこえるものに対し、（略）医療手当を支給する。（略）

（介護手当の支給）

第九条　都道府県知事は、（略）第三条第一項の認定を受けた者で、当該認定に係る疾病による（略）身体上の障害により介護を要する状態にあり、かつ、介護を受けているものに対し、（略）介護手当を支給する。ただし、その者が介護者に対し介護に要する費用を支出しないで介護を受けている場合は、この限りでない。

174

沖縄返還協定（琉球諸島及び大東諸島に関する日本国とアメリカ合衆国との間の協定）一九七一年（昭和四六年）六月一七日

日本国及びアメリカ合衆国は、（略）次のとおり協定した。

第一条

1　アメリカ合衆国は、2に定義する琉球諸島及び大東諸島に関し、一九五一年九月八日にサン・フランシスコ市で署名された日本国との平和条約第三条の規定に基づくすべての権利及び利益を、この協定の効力発生の日から日本国のために放棄する。日本国は、同日に、これらの諸島の領域及び住民に対する行政、立法及び司法上のすべての権利を行使するための完全な権能及び責任を引き受ける。

（略）

第二条

日本国とアメリカ合衆国との間に締結された条約及びその他の協定［一九六〇年日米安全保障条約など］は、この協定の効力発生の日から琉球諸島及び大東諸島に適用されることが確認される。

第三条

1　日本国は、一九六〇年一月一九日にワシントンで署名された日本国とアメリカ合衆国との間の相互協力及び安全保障条約及びこれに関連する取極に従い、この協定の効力発生の日に、アメリカ合衆国に対し琉球諸島及び大東諸島における施設及び区域の使用を許す。

（略）

第四条

1　日本国は、この協定の効力発生の日前に琉球諸島及び大東諸島におけるアメリカ合衆国の軍隊若しくは当局の存在、職務遂行若しくは行動又はこれらの諸島に影響を及ぼしたアメリカ合衆国の軍隊若しくは当局の存在、職務遂行若しくは行動から生じたアメリカ合衆国及びその国民並びにこれらの諸島の現地当局に対する日本国及びその国民のすべての請求権を放棄する。

第六条

2　その他のすべてのアメリカ合衆国政府の財産で、この協定の効力発生の日に琉球諸島及び大東諸島に存在し、かつ、第三条の規定に従つて同日に提供される施設及び区域の外にあるものは、同日に日本国政府に移転する。（略）

第七条

日本国政府は、（略）この協定の効力発生の日から五年の期間にわたり、合衆国ドルでアメリカ合衆国政府に対し総額三億二千万合衆国ドルを支払う。

（略）

日本国のために

愛知揆一

アメリカ合衆国のために

ウィリアム・P・ロジャーズ

175 日中共同声明（日本国政府と中華人民共和国政府の共同声明）一九七二年（昭和四七年）九月二九日

（略）

日中両国は、一衣帯水の間にある隣国であり、長い伝統的友好の歴史を有する。両国国民は、両国間にこれまで存在していた不正常な状態に終止符を打つことを切望している。戦争状態の終結と日中国交の正常化という両国国民の願望の実現は、両国関係の歴史に新たな一頁を開くこととなろう。

日本側は、過去において日本国が戦争を通じて中国国民に重大な損害を与えたことについての責任を痛感し、深く反省する。また、日本側は、中華人民共和国政府が提起した「復交三原則」を十分理解する立場に立つて国交正常化の実現をはかるという見解を再確認する。中国側は、これを歓迎するものである。

（略）

1　日本国と中華人民共和国との間のこれまでの不正常な状態は、この共同声明が発出される日に終了する。

2　日本国政府は、中華人民共和国政府が中国の唯一の合法政府であることを承認する。

3　中華人民共和国政府は、台湾が中華人民共和国の領土の不可分の一部であることを重ねて表明する。日本国政府は、この中華人民共和国政府の立場を十分理解し、尊重し、ポツダム宣言第八項に基づく立場を堅持する。

4　日本国政府及び中華人民共和国政府は、一九七二年九月二九日から外交関係を樹立することを決定した。（略）

5　中華人民共和国政府は、中日両国国民の友好のために、日本国に対する戦争賠償の請求を放棄することを宣言する。

6　日本国政府及び中華人民共和国政府は、主権及び領土保全の相互尊重、相互不可侵、内政に対する相互不干渉、平等及び互恵並びに平和共存の諸原則の基礎の上に両国間の恒久的な平和友好関係を確立することに合意する。（略）

7　日中両国間の国交正常化は、第三国に対するものではない。両国のいずれも、アジア・太平洋地域において覇権を求めるべきではなく、このような覇権を確立しようとする他のいかなる国あるいは国の集団による試みにも反対する。

（略）

一九七二年九月二九日に北京で

日本国内閣総理大臣　田中角栄（署名）
日本国外務大臣　大平正芳（署名）
中華人民共和国国務院総理　周　恩来（署名）
中華人民共和国外交部長　姫　鵬飛（署名）

176 民法・戸籍法の改正（民法等の一部を改正する法律）

一九七六年（昭和五一年）六月一五日法律第六六号

（民法の一部改正）

第一条　民法（明治三十一年法律第九号）の一部を次のように改正する。

第七百六十七条に次の一項を加える。

前項の規定によつて婚姻前の氏に復した夫又は妻は、離婚の日から三箇月以内に戸籍法の定めるところにより届け出ることによつて、離婚の際に称していた氏を称することができる。

（戸籍法の一部改正）

第三条　戸籍法（昭和二十二年法律第二百二十四号）の一部を次のように改正する。

（略）

第十九条に次の一項を加える。

民法第七百六十七条第二項（同法第七百四十九条及び第七百七十一条において準用する場合を含む。）の規定によつて離婚又は婚姻の取消しの際に称していた氏を称する旨の届出があつた場合において、その届出をした者を筆頭に記載した戸籍が編製されていないときは、その者について新戸籍を編製する。

（略）

第五十二条第一項中「父がこれをし、父が届出をすることができない場合又は」を「父又は母がこれをし、」に改める。

第六十三条に次の一項を加える。

訴えを提起した者が前項の規定による届出をしないときは、その相手方は、裁判の謄本を添付して、認知の裁判が確定した旨を届け出ることができる。この場合には、同項後段の規定を準用する。

177

日中平和友好条約（日本国と中華人民共和国との間の平和友好条約）一九七八年（昭和五三年）八月一二日

日本国及び中華人民共和国は、（略）次のとおり協定した。

第一条

1　両締約国は、主権及び領土保全の相互尊重、相互不可侵、内政に対する相互不干渉、平等及び互恵並びに平和共存の諸原則の基礎の上に、両国間の恒久的な平和友好関係を発展させるものとする。

2　両締約国は、前記の諸原則及び国際連合憲章の原則に基づき、相互の関係において、すべての紛争を平和的手段により解決し及び武力又は武力による威嚇に訴えないことを確認する。

第二条

両締約国は、そのいずれも、アジア・太平洋地域においても又は他のいずれの地域においても覇権を求めるべきではなく、また、このような覇権を確立しようとする他のいかなる国又は国の集団による試みにも反対することを表明する。

第三条

両締約国は、善隣友好の精神に基づき、かつ、平等及び互恵並びに内政に対する相互不干渉の原則に従い、両国間の経済関係及び文化関係の一層の発展並びに両国民の交流の促進のために努力する。（略）

日本国のために

園田直

中華人民共和国のために

黄華

178　元号法　一九七九年（昭和五四年）六月一二日法律第四三号

一　元号は、政令で定める。

二　元号は、皇位の継承があつた場合に限り改める。

附　則

一　この法律は、公布の日から施行する。

二　昭和の元号は、本則第一項の規定に基づき定められたものとする。

179　民法及び家事審判法の一部を改正する法律　一九八〇年（昭和五五年）五月一七日法律第五一号

主な改正点

（民法の一部改正）

第九百条の改正

第一号中「子の相続分は、三分の二とし、配偶者の相続分は、三分の一」を「子の相続分及び配偶者の相続分は、各二分の一」に改める。

第二号中「配偶者の相続分及び直系尊属の相続分は、各々二分の一」を「配偶者の相続分は、三分の二とし、直系尊属の相続分は、三分の一」に改める。

第三号中「三分の二」を「四分の三」、「三分の一」を「四分の一」に改める。

第九百一条の改正

第二項中「直系卑属」を「子」に改める。

条文の追加

第九百四条の二（特別寄与分）　共同相続人中に、被相続人の事業に関する労務の提供又は財産上の給付、被相続人の療養看護その他の方法により被相続人の財産の維持又は増加につき特別の寄与をした者があるときは、（略）その者の寄与分を控除したものを相続財産とみなし、第九百条から第九百二条までの規定によつて算定した相続分に寄与分を加えた額をもつてその者の相続分とする。

（略）

第千二十八条の改正

第一号の改正

一　直系尊属のみが相続人であるときは、被相続人の財産の三分の一

第二号中「三分の一」を「二分の一」に改める。

（家事審判法の一部改正）

条文の追加

第十五条の三（審判前の保全処分）　第九条の審判の申立てがあつた場合においては、家庭裁判所は、最高裁判所の定めるところにより、仮差押え、仮処分、財産の管理者の選任その他の必要な保全処分を命ずることができる。（略）

第十五条の四　家庭裁判所は、遺産の分割の審判をするため必要があると認めるときは、相続人に対して、遺産の全部又は一部について競売し、その他最高裁判所の定めるところにより換価することを命ずる事ができる。（略）

180　国籍法及び戸籍法の一部を改正する法律　一九八四年（昭和五九年）五月二五日法律第四五号

国籍法（昭和二五年五月四日法律第一四七号）の改正関連条文

第二条中改正前の条文

一　出生の時に父が日本国民であるとき。

三　父が知れない場合又は国籍を有しない場合において、母が日本国民であるとき。

第三条新設（第三条を第四条とし新たに第三条を設ける。）

（準正による国籍の取得）

第三条　父母の婚姻及びその認知により嫡出子たる身分を取得した子で二十歳未満のもの（日本国民であつた者を除く。）は、認知をした父又は母が子の出生の時に日本国民であつた場合において、その父又は母が現に日本国民であるとき、又はその死亡の時に日本国民であつたときは、法務大臣に届け出ることによつて、日本の国籍を取得することができる。（略）

第五条第一項中改正前の条文

四　独立の生計を営むに足りる資産又は技能があること。

第五条第二項新設

２　法務大臣は、外国人がその意思にかかわらずその国籍を失うことができない場合において、日本国民との親族関係又は境遇につき特別の事情があると認めるときは、その者が前項第五号に掲げる条件を備えないときでも、帰化を許可することができる。

第六条中削除前の条文

一　日本国民の夫で引き続き三年以上日本に住所又は居所を有するもの

第七条新設

日本国民の配偶者たる外国人で引き続き三年以上日本に住所又は居所を有し、かつ、現に日本に住所を有するものについては、法務大臣は、（略）帰化を許可することができる。

（略）

第八条中削除前の条文

一　日本国民の妻

第八条中追加

四　日本で生まれ、かつ、出生の時から国籍を有しない者でその時から引き続き三年以上日本に住所を有するもの

第十条新設（略）

第十一条第二項追加（略）

第十三条中削除前の条文

３　国籍を離脱した者は、日本の国籍を失う。

第十一～十三条（帰化及び国籍離脱の手続）削除

第十四条～第十九条新設（国籍の選択に関する規定）

181　男女雇用機会均等法（雇用の分野における男女の均等な機会及び待遇の確保を促進するための労働省関係法律の整備等に関する法律）一九八五年（昭和六〇年）六月一日法律第四五号

（勤労婦人福祉法の一部改正）

第一条　勤労婦人福祉法（昭和四十七年法律第百十三号）の一部を次のように改正する。

題名を次のように改める。

雇用の分野における男女の均等な機会及び待遇の確保等女子労働者の福祉の増進に関する法律

目次を次のように改める。

（略）

第一条中「勤労婦人の福祉に関する原理を明らかにする」を「法の下の平等を保障する日本国憲法の理念にのつとり雇用の分野における男女の均等な機会及び待遇が確保されることを促進する」に、「勤労婦人に」を「女子労働者に」に、「職業指導の充実、職業訓練の奨励、」を「職業能力の開発及び向上、再就職の援助並びに」に改め、「育児、家事その他

の」を削り、（略）

第二条中「勤労婦人は、次代をになう」を「女子労働者は経済及び社会の発展に寄与する者であり、かつ、家庭の一員として次代を担う」に、（略）改める。

（略）

第六条の次に次の一章及び章名を加える。

第二章　雇用の分野における男女の均等な機会及び待遇の確保の促進

第一節　事業主の講ずる措置等

（募集及び採用）

第七条　事業主は、労働者の募集及び採用について、女子に対して男子と均等な機会を与えるように努めなければならない。

（配置及び昇進）

第八条　事業主は、労働者の配置及び昇進について、女子労働者に対して男子労働者と均等な取扱いをするように努めなければならない。

（教育訓練）

第九条　事業主は、労働者の業務の遂行に必要な基礎的な能力を付与するためのものとして労働省令で定める教育訓練について、労働者が女子であることを理由として、男子と差別的取扱いをしてはならない。

（福利厚生）

第十条　事業主は、住宅資金の貸付けその他これに準ずる福利厚生の措置であつて労働省令で定めるものについて、労働者が女子であることを理由として、男子と差別的取扱いをしてはならない。

（定年、退職及び解雇）

第十一条　事業主は、労働者の定年及び解雇について、労働者が女子であることを理由として、男子と差別的取扱いをしてはならない。

2　事業主は、女子労働者が婚姻し、妊娠し、又は出産したことを退職理由として予定する定めをしてはならない。

3　事業主は、女子労働者が婚姻し、妊娠し、出産し、又は労働基準法（昭和二十二年法律第四十九号）第六十五条第一項若しくは第二項の規定による休業をしたことを理由として、解雇してはならない。

（略）

（紛争の解決の援助）

第十四条　都道府県婦人少年室長は、（略）女子労働者と事業主（以下「関係当事者」という。）との間の紛争に関し、関係当事者の双方又は一方からその解決につき援助を求められた場合には、当該関係当事者に対し、必要な助言、指導又は勧告をすることができる。

（調停の委任）

第十五条　都道府県婦人少年室長は、前条に規定する紛争

（第七条に定める事項についての紛争を除く。）について、関係当事者の双方［が合意したときは］機会均等調停委員会に調停を行わせるものとする。

第二節　機会均等調停委員会

（設置）

第十六条　都道府県婦人少年室に、機会均等調停委員会（以下「委員会」という。）を置く。

（略）

第十九条　委員会は、調停案を作成し、関係当事者に対しその受諾を勧告することができる。

公害で汚れた多摩川（「週刊20世紀・1970」より）

Ⅷ 現代法体制の転換期（一九八九―二〇〇六）

阪神淡路大震災（1995年１月17日）

〔解　説〕現代法体制の転換と行末

一九八九年一月の昭和天皇の死亡と天皇の代替わりをめぐる一連の事態は、前年からの病状の悪化をめぐる「自粛」騒動も含めて、日本国憲法下における天皇制の諸問題をあらためて浮き彫りにした。

また、一九八九年は、米ソのマルタ会談で冷戦が終結する一方、ルーマニアでのチャウシェスク政権倒壊とベルリンの壁崩壊に象徴されるように、東ヨーロッパ諸国の社会主義政権が次々に倒壊し始めた年であった。一九九〇年からの湾岸危機～湾岸戦争では、日本政府はアメリカ合衆国軍の行動を支援することを最優先課題とし、多額の資金援助と自衛隊の派遣をおこなった。一九九二年国連ＰＫＯ協力法が制定され、一九九二年にカンボジアに、一九九三年にはモザンビークに自衛隊が派遣された。その後、一九九七年に日米防衛協力のための指針（新日米防衛ガイドライン）の合意と関連の周辺事態安全確保法などの制定、二〇〇一年のＰＫＯ協力法改正、アメリカ軍のイラク侵攻に対しては二〇〇三年の武力攻撃事態対処法、イラク特別措置法による自衛隊のイラク非戦闘地域への派遣、二〇〇四年の武力攻撃事態法等、有事関連法の整備などによって、従来の国連中心かつ海外派兵に抑制的な制度からの転換をすすめている。

一九九九年一一月、永年政府与党が望んできた国旗・国歌法が制定された。一九九一年の入管法特例法によって在日・韓国朝鮮人がようやく安定した法的地位を得られることになった。

一九九三年一〇月の第三次行革審最終答申で省庁再編と地方分権推進などが提唱された。一九九八年六月の中央省庁等改革基本法、一九九九年の中央省庁改革関連法、地方分権推進法による、内閣の機能・権限強化と、二〇〇一年からの中央省庁の再編がおこなわれ、また、独立行政法人制度の導入による特殊法人・国公立大学などの整理がすすめられ、地方への行政委任事務の削減などもおこなわれた。他方、一九九三年行政手続法、一九九九年情報公開法（二〇〇一年四月施行）などによって、行政手続の透明化もはかられた。

一九九〇年から一九九一年にかけていわゆるバブル経済が破綻し、不動産・株式等をめぐる不正取引等が多数発覚した。バブル経済の後処理としては五〇兆円を超える景気対策費が中心で、銀行の不良債権処理にはほとんど手がつけられなかった。一九九六年には住専の不良債権処理を中心とする金融機関救済諸立法、一九九八年にも膨大な政府資金を投入した金融機関の不良債権処理と救済がすすめられた。また金融監督庁が発足して金融機関の破綻の条件を整え、同時に、金融持株会社の解禁により金融機関の合併が促進された。さらに、企業の分割・統合の法的条件を整え、株式等の有価証券とその取引の制度、株式会社制度、金融制度全般にわたる改革がすすめられた。商法は一九九七年からほぼ毎年改正され、株式会社制度は大きく変わった。二〇〇二年の改正でも委員会等設置会社制度の創設をはじめ、企業経営と会計、株式所有の公開性・透明性を求める改正の流れは強まった。経営破綻企業の処理のために二〇〇三年産業再生機構が置かれた。

農業の衰退に対しては、農業基本法に代わって一九九九年食料・農業・農村基本法が制定され、二〇〇〇年農地法改正などを経て、二〇〇三年、ついに食糧庁が廃止された。

民事法では、一九八九年民事保全法、一九九六年民訴法改正、一九九九年成年後見制度の創設、民事再生法制定（和議法廃止）、二〇〇〇年民事法律扶助法、二〇〇三年人事訴訟法と、訴訟制度の改革が進み、これは一方で個人の訴訟行為を容易にすること、他方で担保制度の改革や会社法の一連の改正とも連動していた。また、二〇〇〇年消費者契約法など一連の消費者保護法制が整備された。

法曹養成のためのロースクール設置のプランが本格化し、司法試験制度が改革された。二〇〇四年には裁判員制度法が公布（司法制度改革）され、二〇〇九年の施行が予定されている。

現在、大きな公害訴訟はほぼ終了しているが、主原因が産業廃棄物としての汚染物質から大気汚染や振動に変化しつつ、公害の問題は現在まで続いている。しかし、二〇〇〇年六月の循環型社会形成推進基本法に代表される、資源リサイクルによる環境保全の取組みも開始された。

一九九五年の育児介護休業法が一九九九年四月からようやく施行された。一九九九年男女共同参画社会法が制定されたが、夫婦別姓に関する民法改正が永年たなざらしになっているなど、性差別解消への取組みはすすまず、従って有効な少子化対策もとられていない。他方、一九九七年公布の介護保険法が二〇〇〇年四月から施行され、介護保険制度が導入されて老人等の介護制度が根本から変わった。

このほか、表記を現代用語化・平易化し、法定刑を全般に重くするなどする刑法改正がおこなわれた（一九九五年五月）。このとき、最高裁判所大法廷による刑法の尊属殺人罪違憲判決（一九七三年）に基づいて第二〇〇条をはじめ尊属加重規定が削除された。また民法前三編が、二〇〇四年一二月現代用語化された。

二〇〇六年一二月、教育基本法が制定以来五十九年ぶりに全面的に改正された。同時に防衛庁の「省」昇格と自衛隊の海外活動を「本来任務」に格上げする関連四法が成立した。

182 **入管法改正**（出入国管理及び難民認定法の一部を改正する法律）一九八九年（平成元年）一二月一五日法律第七九号

出入国管理及び難民認定法（昭和二十六年政令第三百十九号）の一部を次のように改正する。

（略）

第一章中第二条の次に次の一条を加える。

（在留資格及び在留期間）

第二条の二　本邦に在留する外国人は、出入国管理及び難民認定法及び他の法律に特別の規定がある場合を除き、それぞれ、当該外国人に対する上陸許可若しくは当該外国人の取得に係る在留資格又はそれらの変更に係る在留資格をもつて在留するものとする。

2　在留資格は、別表第一又は別表第二の上欄に掲げるとおりとし、（略）当該在留資格に応じそれぞれ（略）下欄に掲げる活動を行うことができ、（略）下欄に掲げる身分若しくは地位を有する者としての活動を行うことができる。

3　第一項の外国人が在留することのできる期間（以下「在留期間」という。）は、各在留資格について、法務省令で定める。（略）

第七条の次に次の一条を加える。

（在留資格認定証明書）

第七条の二　法務大臣は、法務省令で定めるところにより、本邦に上陸しようとする外国人（本邦において別表第一の三の表の短期滞在の項の下欄に掲げる活動を行おうとする者を除く。）から、あらかじめ申請があつたときは、当該外国人が前条第一項第二号に掲げる条件に適合している旨の証明書を交付することができる。

2　前項の申請は、当該外国人を受け入れようとする機関の職員その他の法務省令で定める者を代理人としてこれをすることができる。

（略）

183 **大嘗祭についての政府見解**　一九八九年（平成元年）一二月二一日付朝日新聞夕刊

「即位の礼」の挙行について平成元年十二月二十一日

皇室典範第二四条は、皇位の承継に伴い、国事行為たる儀式として「即位の礼」を行うことを予定しており、「即位の礼準備委員会」は、この儀式の在り方等について、大嘗祭（だいじょうさい）を含め、四回にわたり十五名の方々から御意見をうかがい、それらを参考としつつ、憲法の趣旨に沿い、かつ、皇室の伝統等を尊重したものとするとの観点から、慎重な検討を行ってきたところであるが、今般、下記のとおり検討結果を取りまとめた。

第1　「即位の礼」について

1　「即位の礼」の範囲

国事行為たる「即位の礼」で、喪明け後に行われるものについては、次の儀式を行うのが相当である。

①即位を公に宣明されるとともに、その即位を内外の代表がことほぐ儀式（即位礼正殿の儀＝仮称）

②即位礼正殿の儀（仮称）終了後、広く国民に即位を披露され、祝福を受けられるためのお列（祝賀御列の儀＝仮称）

③即位を披露され、祝福を受けられるための饗宴（饗宴の儀＝仮称）

2　挙行時期

平成二年秋を目途とし、喪明け後に内閣に設置を予定される「即位の礼委員会（仮称）」の協議を経て、内閣において決定すべきものと考える。

3　挙行場所

即位礼正殿の儀（仮称）及び饗宴の儀（仮称）は、宮殿で行い、祝賀御列の儀（仮称）は、宮殿を御出発になり赤坂御所に御到着になるまでの間とすることが適当である。

4　参列者数

①即位礼正殿の儀（仮称）の参列者数は、内外の代表二千五百名程度とすることが適当である。

②饗宴（きょうえん）の儀（仮称）の出席者数は、三千五百名程度とし、四日間にわたり実施することが適当である。

5　所掌

「即位の礼」は、総理府本府に担当させることが適当である。

第2　大嘗祭について

1　意義

大嘗祭は、稲作農業を中心とした我が国の社会に古くから伝承されてきた収穫儀礼に根ざしたものであり、天皇が即位の後、初めて、大嘗宮において、新穀を皇祖及び天神地祇にお供えになって、みずからもお召し上がりになり、皇祖及び天神地祇に対し、安寧と五穀豊穣（ほうじょう）などを感謝されるとともに、国家・国民のために安寧と五穀豊穣などを祈念される儀式である。それは、皇位の継承があったときは、必ず挙行すべきものとされ、皇室の長い伝統を受け継いだ、皇位継承に伴う一世に一度の重要な儀式である。

2　儀式の位置付け及びその費用

大嘗祭は、前記のとおり、収穫儀礼に根ざしたものであり、伝統的皇位継承儀式という性格を持つものであるが、その中核は、天皇が皇祖及び天神地祇に対し、安寧と五穀豊穣などを感謝されるとともに、国家・国民のために安寧と五穀豊穣などを祈念される儀式であり、この趣旨・形式等からして、宗教上の儀式としての性格を有すると見られることは否定することができず、また、その態様においても、国がその内容に立ち入ることにはなじまない性格の儀式であるから、大嘗祭を国事行為として行うことは困難であると考える。

次に、大嘗祭を皇室の行事として行う場合、大嘗祭は、前記のとおり、皇位が世襲であることに伴う、一世に一度の極めて重要な伝統的皇位継承儀式であるから、皇位の世襲制をとる我が国の憲法の下においては、その儀式について国としても深い関心を持ち、その挙行を可能にする手だてを講ずることは当然と考えられる。その意味において、大嘗祭は、公的性格があり、大嘗祭の費用を宮廷費から支出することが相当であると考える。

184　育児休業法（育児休業等に関する法律）　一九九一年

（平成三年）五月一五日法律第七六号

（目的）

第一条　この法律は、育児休業に関する制度を設けるとともに、子の養育を容易にするため勤務時間等に関し事業主が講ずべき措置を定めることにより、子を養育する労働者の雇用の継続を促進し、もって労働者の福祉の増進を図り、あわせて経済及び社会の発展に資することを目的とする。

（育児休業の申出）

第二条　労働者（略）は、その事業主に申し出ることにより、育児休業（略）をすることができる。（略）

（休業申出があった場合における事業主の義務等）

第三条　事業主は、労働者からの休業申出があったときは、当該休業申出を拒むことができない。（略）

（解雇の制限）

第七条　事業主は、労働者が休業申出をし、又は育児休業をしたことを理由として、当該労働者を解雇することができない。

（雇用管理等に関する措置）

第九条　事業主は、休業申出及び育児休業後における就業が円滑に行われるようにするため、育児休業をする労働者が雇用される事業所における労働者の配置その他の雇用管理、育児休業をしている労働者の職業能力の開発及び向上等に関して、必要な措置を講ずるよう努めなければならない。

（勤務時間の短縮等の措置）

第十条　事業主は、その雇用する労働者（略）のうち、その一歳に満たない子を養育する労働者で育児休業をしないものに関して、労働省令で定めるところにより、労働者の申出に基づく勤務時間の短縮その他の当該労働者が就業しつつその子を養育することを容易にするための措置を講じなければならない。

（一歳から小学校就学の始期に達するまでの子を養育する労働者に関する措置）

第十一条　事業主は、その雇用する労働者のうち、その一歳から小学校就学の始期に達するまでの子を養育する労働者に関して、育児休業の制度又は前条に定める措置に準じて、必要な措置を講ずるよう努めなければならない。

（指針）

第十二条　労働大臣は、第八条から前条までの規定に基づき事業主が講ずべき措置に関して、その適切かつ有効な実施を図るための指針となるべき事項を定め、これを公表するものとする。

2　労働大臣は、前項の指針に従い、事業主に対し、必要な助言、指導又は勧告を行うことができる。（略）

185　ＰＫＯ協力法（国際連合平和維持活動等に対する協力に関する法律）一九九二年（平成四年）六月一九日法律第七九号

第一章　総則

（目的）

第一条　この法律は、国際連合平和維持活動及び人道的な国際救援活動に対し適切かつ迅速な協力を行うため、（略）国際平和協力業務の実施体制を整備するとともに、これらの活動に対する物資協力のための措置等を講じ、もって我が国が国際連合を中心とした国際平和のための努力に積極的に寄与することを目的とする。

（国際連合平和維持活動及び人道的な国際救援活動に対する協力の基本原則）

第二条　（略）

2　国際平和協力業務の実施等は、武力による威嚇又は武力の行使に当たるものであってはならない。

（定義）

第三条　この法律において、次の各号に掲げる用語の意義は、それぞれ当該各号に定めるところによる。

一　国際連合平和維持活動　国際連合の総会又は安全保障理事会が行う決議に基づき、（略）国際の平和及び安全を維持するために国際連合の統括の下に行われる活動であって、武力紛争の停止及びこれを維持するとの紛争当事者間の合意があり、かつ、当該活動が行われる地域の属する国及び紛争当事者の当該活動が行われることについての同意がある場合（略）に、国際連合事務総長（略）の要請に基づき参加する二以上の国及び国際連合によって、いずれの紛争当事者にも偏ることなく実施されるものをいう。

二　人道的な国際救援活動　国際連合の総会、安全保障理事会若しくは経済社会理事会が行う決議又は別表に掲げる国際機関が行う要請に基づき、国際の平和及び安全の維持を危うくするおそれのある紛争（以下単に「紛争」という。）

によって被害を受け若しくは受けるおそれがある住民その他の者（以下「被災民」という。）の救援のために又は紛争によって生じた被害の復旧のために人道的精神に基づいて行われる活動（略）

三　国際平和協力業務（略）

（武器の使用）

第二十四条　（略）隊員は、自己又は自己と共に現場に所在する他の隊員の生命又は身体を防衛するためやむを得ない必要があると認める相当の理由がある場合には、その事態に応じ合理的に必要と判断される限度で、当該小型武器を使用することができる。

186　地方分権推進法　一九九五年（平成七年）五月一九日法律第九六号

第一章　総則

（目的）

第一条　この法律は、国民がゆとりと豊かさを実感できる社会を実現することの緊要性にかんがみ、地方分権の推進について、基本理念並びに国及び地方公共団体の責務を明らかにするとともに、地方分権の推進に関する施策の基本となる事項を定め、並びに必要な体制を整備することにより、地方分権を総合的かつ計画的に推進することを目的とする。

（国及び地方公共団体の責務）

第三条

3　国及び地方公共団体は、地方分権の推進に伴い、国及び地方公共団体を通じた行政の簡素化及び効率化を推進する責務を有する。

第二章　地方分権の推進に関する基本方針

（国と地方公共団体との役割分担）

第四条　地方分権の推進は、国においては国際社会における国家としての存立にかかわる事務、全国的に統一して定めることが望ましい国民の諸活動（略）又は全国的な規模で若しくは全国的な視点に立って行わなければならない施策及び事業の実施その他の国が本来果たすべき役割を重点的に担い、地方公共団体においては住民に身近な行政は住民に身近な地方公共団体において処理するとの観点から地域における行政の自主的かつ総合的な実施の役割を広く担うべきことを旨として、行われるものとする。

（地方分権の推進に関する国の施策）

第五条　国は、前条に定める国と地方公共団体との役割分担の在り方に即して、地方公共団体への権限の委譲を推進するとともに、地方公共団体に対する国の関与（略）、必置規制（略）、地方公共団体の執行機関が国の機関として行う事務及び地方公共団体に対する国の負担金、補助金等の支出金の（略）整理及び合理化その他所要の措置を講ずるものとする。

（地方税財源の充実確保）

第六条　国は、地方公共団体が事務及び事業を自主的かつ自立的に執行できるよう、国と地方公共団体との役割分担に応じた地方税財源の充実確保を図るものとする。

187　歴史を教訓に平和への決意を新たにする決議　一九九五年（平成七年）六月九日衆議院で採択

本院は、戦後五十年にあたり、全世界の戦没者および戦争等による犠牲者に対し、追悼の誠を捧げる。

また、世界の近代史における数々の植民地支配や侵略行為に想いをいたし、我が国が過去に行ったこうした行為や他国民とくにアジア諸国民に与えた苦痛を認識し、深い反省の念を表明する。我々は、過去の戦争についての歴史観の相違を超え、歴史の教訓を謙虚に学び、平和な国際社会を築いていかなければならない。

本院は、日本憲法の掲げる恒久平和の理念の下、世界の国々と手を携えて、人類共生の未来を切り開く決意をここに表明する。

右、決議する。

188　介護休業法（育児休業等に関する法律の一部を改正する法律）一九九五年（平成七年）六月九日法律第一〇七号

育児休業等育児又は家族介護を行う労働者の福祉に関する法律

第一章　総則

（目的）

第一条　この法律は、育児休業及び介護休業に関する制度を設けるとともに、子の養育及び家族の介護を容易にするため勤務時間等に関し事業主が講ずべき措置を定めるほか、子の養育又は家族の介護を行う労働者等に対する支援措置を講ずること等により、子の養育又は家族の介護を行う労働者等の雇用の継続及び再就職の促進を図り、もってこれらの者の職業生活と家庭生活との両立に寄与することを通じて、これらの者の福祉の増進を図り、あわせて経済及び社会の発展に資することを目的とする。

第二章　育児休業

第五条　労働者は、其事業主に申し出ることにより、育児休業

をすることができる。（略）

第六条　事業主は、労働者からの育児休業申出があったときは、当該育児休業申出を拒むことができない。（略）

第三章　介護休業

第十一条　労働者は其事業主に申し出ることにより、介護休業をすることができる。（略）

第十二条　事業主は、労働者からの介護休業申出があったときは、当該介護休業申出を拒むことができない。（略）

第四章　事業主が講ずべき措置

第二十一条　事業主は、妊娠、出産、育児又は介護を理由として退職した者（略）について、必要に応じ、再雇用特別措置（略）その他これに準ずる措置を実施するよう努めなければならない。

第五章　対象労働者等に対する支援措置

第一節　国等による援助

（事業主等に対する援助）

第二十三条　国は、対象労働者、子の養育又は家族の介護を行うこととなる労働者及び育児等退職者（以下「対象労働者等」という。）の雇用の継続、再就職の促進その他これらの者の福祉の増進を図るため、事業主、事業主の団体その他の関係者に対して、対象労働者及び子の養育又は家族の介護を行うこととなる労働者の雇用される事業所における雇用管理、再雇用特別措置その他の措置についての相談及び助言、給付金の支給その他の必要な援助を行うことができる。

189　民法の一部を改正する法律案要綱　一九九六年（平成八年）二月二六日法制審議会総会決定

第一　婚姻の成立

一　婚姻適齢

婚姻は、満十八歳にならなければ、これをすることができないものとする。

二　再婚禁止期間

1　女は、前婚の解消又は取消しの日から起算して百日を経過した後でなければ、再婚をすることができないものとする。

2　女が前婚の解消又は取消しの日以後に出産したときは、その出産の日から、1を適用しないものとする。

第三　夫婦の氏

一　夫婦は、婚姻の際に定めるところに従い、夫若しくは妻の氏を称し、又は各自の婚姻前の氏を称するものとする。

二　夫婦が各自の婚姻前の氏を称する旨の定めをするときは、夫婦は、婚姻の際に、夫又は妻の氏を子が称する氏として定めなければならないものとする。

第四　子の氏
一　嫡出である子の氏
嫡出である子は、父母の氏（子の出生前に父母が離婚したときは、離婚の際における父母の氏）又は父母が第三、二により子が称する氏として定めた父若しくは母の氏を称するものとする。
三　子の氏の変更
1　子が父又は母と氏を異にする場合には、子は、家庭裁判所の許可を得て、戸籍法の定めるところにより届け出ることによって、その父又は母の氏を称することができるものとする。ただし、子の父母が氏を異にする夫婦であって子が未成年であるときは、父母の婚姻中は、特別の事情があるときでなければ、これをすることができないものとする。

第六　協議上の離婚
二　離婚後の財産分与
1　協議上の離婚をした者の一方は、相手方に対して財産の分与を請求することができるものとする。

第七　裁判上の離婚
一　夫婦の一方は、次に掲げる場合に限り、離婚の訴えを提起することができるものとする。ただし、(ア)又は(イ)に掲げる場合については、婚姻関係が回復の見込みのない破綻に至っていないときは、この限りでないものとする。
(ア)　配偶者に不貞な行為があったとき。
(イ)　配偶者から悪意で遺棄されたとき。
(ウ)　配偶者の生死が三年以上明らかでないとき。
(エ)　夫婦が五年以上継続して婚姻の本旨に反する別居をしているとき。
(オ)　(ウ)(エ)のほか、婚姻関係が破綻して回復の見込みがないとき。

第十　相続の効力
嫡出でない子の相続分は、嫡出である子の相続分と同等とするものとする。

190　日米安全保障共同宣言（二一世紀に向けての同盟）　一九九六年（平成八年）四月一七日

1　本日、総理大臣と大統領は、歴史上最も成功している二国間関係の一つである日米関係を祝した。両首脳は、この関係が世界の平和と地域の安定並びに繁栄に深甚かつ積極的な貢献を行ってきたことを誇りとした。日本と米国との間の堅固な同盟関係は、冷戦の期間中、アジア太平洋地域の平和と安全の確保に役立った。我々の同盟関係は、この地域の力強い経済成長の土台であり続ける。（略）

日米同盟関係と相互協力及び安全保障条約

4（略）総理大臣と大統領は、（略）「日本国とアメリカ合衆国との間の相互協力及び安全保障条約」（以下、日米安保条約）を基盤とする両国間の安全保障面の関係が、（略）二一世紀に向けてアジア太平洋地域において安定的で繁栄した情勢を維持するための基礎であり続けることを再確認した。

(a)　総理大臣は、冷戦後の安全保障情勢の下で日本の防衛力が適切な役割を果たすべきことを強調する一九九五年一一月策定の新防衛大綱において明記された日本の基本的な防衛政策を確認した。（略）

(b)（略）米国が引き続き軍事的プレゼンスを維持すること（略）米国は、（略）この地域において、約一〇万人の前方展開軍事要員からなる現在の兵力構成を維持することが必要であること（略）

(c)（略）日本における米軍の維持のために、日本が、日米安保条約に基づく施設及び区域の提供並びに接受国支援等を通じ適切な寄与を継続すること（略）

日米間の安全保障面の関係に基づく二国間協力

5（略）

(b)（略）一九七八年の「日米防衛協力のための指針」の見直しを開始する（略）

(c)（略）「日本国と自衛隊とアメリカ合衆国軍隊との間の後方支援、物品又は役務の相互の提供に関する日本国政府とアメリカ合衆国政府との間の協定」が一九九六年四月一五日署名されたこと（略）

(d)（略）自衛隊と米軍との間の協力のあらゆる側面における相互運用性の重要性に留意し、次期支援戦闘機（F—2）等の装備に関する日米共同研究開発をはじめとする技術と装備の分野における相互交流を充実する。

6（略）米軍の円滑な日本駐留にとり、広範な日本国民の支持と理解が不可欠であること（略）沖縄について（略）米軍の施設及び区域を整理し、統合し、縮小するために必要な方策を実施する（略）

191　特定住宅金融専門会社の債権債務の処理の促進等に関する特別措置法　一九九六年（平成八年）六月二一日法律第九三号

第一章　総則

（目的）

第一条　この法律は、住宅金融専門会社が回収の困難となった多額の貸付債権等を有することから金融機関等からの多額の借入債務の返済に困窮している状況の下で、関係当事者によるこれらの債権債務の処理が極めて困難となっていることにより、我が国における金融の機能に対する内外の信頼が大きく低下するとともに信用秩序の維持に重大な支障が生じることとなることが懸念される事態にあることにかんがみ、住宅金融専門会社の債権債務の処理を促進する等のため、緊急の特例措置として、預金保険機構（以下「機構」という。）に、その業務の特例として、住宅金融専門会社から財産を譲り受けてその処理等を行う会社の設立をし、及び当該設立をされた会社に対して資金援助等をする業務を行わせるとともに、機構がその業務を行うために必要な国の財政上の措置等を講じることにより、信用秩序の維持と預金者等の保護を図り、もって国民経済の健全な発展に資することを目的とする。

（定義）

第二条

2　この法律において「特定住宅金融専門会社」とは、住宅金融専門会社のうち、回収の困難となった貸付債権を特に多額に有している等その財産の状況が著しく悪化していることから、この法律で定める特別の措置によりその債権債務の処理を促進することが必要であると認められるものとして大蔵省令で定めるものをいう。

第二章　預金保険機構の業務の特例

（機構の業務の特例）

第三条　機構は、預金保険法（昭和四十六年法律第三十四号）第三十四条に規定する業務のほか、第一条の目的を達成するため、次の業務を行う。

一　特定住宅金融専門会社からその貸付債権その他の財産を譲り受けるとともに、その譲り受けた貸付債権その他の財産の回収、処分等を行うことを目的とする一の株式会社の設立の発起人となり、及び当該設立の発起人となった一の株式会社に出資すること。

二　前号の規定により出資して設立された株式会社（以下「債権処理会社」という。）に対し第七条各項、第八条若しくは第十条の規定による助成金の交付を行い、又は債権処理会社が行う資金の借入れに係る第十一条の規定による債務の保証を行うこと。

七　（略）債権処理会社からの委託を受けて、その取立てを行うこと。

192　日米防衛協力のための指針の見直し　一九九七年（平成九年）九月二三日発表

共同発表　日米安全保障協議委員会

「日米防衛協力のための指針の見直しの終了」

日米同盟関係は、日本の安全の確保にとって必要不可欠なものであり、また、アジア太平洋地域における平和と安定を維持するために引き続き重要な役割を果たしている。日米同盟関係は、この地域における米国の肯定的な関与を促進するものである。（略）

冷戦の終結にもかかわらず、アジア太平洋地域には潜在的な不安定性と不確実性が依然として存在しており、この地域における平和と安定の維持は、日本の安全のために一層重要になっている。（略）

日米防衛協力のための指針

Ⅰ　指針の目的

この指針の目的は、平素から並びに日本に対する武力攻撃及び周辺事態に際してより効果的かつ信頼性のある日米協力を行うための、堅固な基礎を構築することである。（略）

Ⅱ　基本的な前提及び考え方

2　日本のすべての行為は、日本の憲法上の制約の範囲内において、専守防衛、非核三原則等の日本の基本的な方針に従って行われる。

Ⅲ　平素から行う協力

（略）日本は、「防衛計画の大綱」にのっとり、自衛のために必要な範囲内で防衛力を保持する。米国は、（略）核抑止力を保持するとともに、アジア太平洋地域における前方展開兵力を維持し、かつ、来援し得るその他の兵力を保持する。

（略）

3　日米両国政府は、（略）自衛隊及び米軍を始めとする日米両国の公的機関及び民間の機関による円滑かつ効果的な対応を可能とするため、共同演習・訓練を強化する。（略）

Ⅴ　日本周辺地域における事態で日本の平和と安全に重要な影響を与える場合（周辺事態）の協力

（略）周辺事態の概念は、地理的なものではなく、事態の性質に着目したものである。（略）

2　周辺事態への対応

(2)　米軍の活動に対する日本の支援

(イ)　施設の使用（略）

(ロ)　後方地域支援

日本は、日米安全保障条約の目的の達成のため活動する米軍に対して、後方地域支援を行う。この後方地域支援は、米軍が施設の使用及び種々の活動を効果的に行うことを可能とすることを主眼とするものである。（略）

193　**周辺事態法**（周辺事態に際して我が国の平和及び安全を確保するための措置に関する法律）一九九九年（平成一一年）五月二八日法律第六〇号

（目的）

第一条　この法律は、そのまま放置すれば我が国に対する直接の武力攻撃に至るおそれのある事態等我が国周辺の地域における我が国の平和及び安全に重要な影響を与える事態（以下「周辺事態」という。）に対応して我が国が実施する措置、その実施の手続その他の必要な事項を定め、日本国とアメリカ合衆国との間の相互協力及び安全保障条約（略）の効果的な運用に寄与し、我が国の平和及び安全の確保に資することを目的とする。

（周辺事態への対応の基本原則）

第二条　政府は、周辺事態に際して、適切かつ迅速に、後方地域支援、後方地域捜索救助活動その他の周辺事態に対応するため必要な措置（略）を実施し、我が国の平和及び安全の確保に努めるものとする。

２　対応措置の実施は、武力による威嚇又は武力の行使に当たるものであってはならない。

３　内閣総理大臣は、対応措置の実施に当たり、（略）内閣を代表して行政各部を指揮監督する。（略）

（定義等）

第三条　この法律において、次の各号に掲げる用語の意義は、それぞれ当該各号に定めるところによる。

一　後方地域支援　周辺事態に際して日米安保条約の目的の達成に寄与する活動を行っているアメリカ合衆国の軍隊（略）に対する物品及び役務の提供、便宜の供与その他の支援措置であって、後方地域において我が国が実施するものをいう。

二　後方地域捜索救助活動　周辺事態において行われた戦闘行為（略）によって遭難した戦闘参加者について、その捜索又は救助を行う活動（救助した者の輸送を含む。）であって、後方地域において我が国が実施するものをいう。

三　後方地域　我が国領域並びに現に戦闘行為が行われておらず、かつ、そこで実施される活動の期間を通じて戦闘行為が行われることがないと認められる我が国周辺の公海（略）及びその上空の範囲をいう。（略）

（国会の承認）

第五条　基本計画に定められた自衛隊の部隊等が実施する後方地域支援又は後方地域捜索救助活動については、内閣総理大臣は、これらの対応措置の実施前に、（略）国会の承認を得なければならない。

194　**男女共同参画社会基本法**　一九九九年（平成一一年）六月二三日法律第七八号

我が国においては、日本国憲法に個人の尊重と法の下の平等がうたわれ、男女平等の実現に向けた様々な取組が、国際社会における取組とも連動しつつ着実に進められてきたが、なお一層の努力が必要とされている。

一方、少子高齢化の進展、国内経済活動の成熟化等我が国の社会経済情勢の急速な変化に対応していく上で、男女が、互いにその人権を尊重しつつ責任も分かち合い、性別にかかわりなく、その個性と能力を十分に発揮することができる男女共同参画社会の実現は、緊要な課題となっている。

このような状況にかんがみ、男女共同参画社会の実現を二十一世紀の我が国社会を決定する最重要課題と位置付け、社会のあらゆる分野において、男女共同参画社会の形成の促進に関する施策の推進を図っていくことが重要である。

ここに、男女共同参画社会の形成についての基本理念を明らかにしてその方向を示し、将来に向かって国、地方公共団体及び国民の男女共同参画社会の形成に関する取組を総合的かつ計画的に推進するため、この法律を制定する。

第一章　総則

（目的）

第一条　この法律は、男女の人権が尊重され、かつ、社会経済情勢の変化に対応できる豊かで活力ある社会を実現することの緊要性にかんがみ、男女共同参画社会の形成に関し、基本理念を定め、並びに国、地方公共団体及び国民の責務を明らかにするとともに、男女共同参画社会の形成の促進に関する施策の基本となる事項を定めることにより、男女共同参画社会の形成を総合的かつ計画的に推進することを目的とする。

（定義）

第二条　この法律において、次の各号に掲げる用語の意義は、当該各号に定めるところによる。

一　男女共同参画社会の形成　男女が、社会の対等な構成員として、自らの意思によって社会のあらゆる分野における活動に参画する機会が確保され、もって男女が均等に政治的、経済的、社会的及び文化的利益を享受することができ、かつ、共に責任を担うべき社会を形成することをいう。

二　積極的改善措置　前号に規定する機会に係る男女間の格差を改善するため必要な範囲内において、男女のいずれか一方に対し、当該機会を積極的に提供することをいう。

（社会における制度又は慣行についての配慮）

第四条　男女共同参画社会の形成に当たっては、社会における制度又は慣行が、性別による固定的な役割分担等を反映して、男女の社会における活動の選択に対して中立でない影響を及ぼすことにより、男女共同参画社会の形成を阻害する要因となるおそれがあることにかんがみ、社会における制度又は慣行が男女の社会における活動の選択に対して及ぼす影響をできる限り中立なものとするように配慮されなければならない。

（政策等の立案及び決定への共同参画）

第五条　男女共同参画社会の形成は、男女が、社会の対等な構成員として、国若しくは地方公共団体における政策又は民間の団体における方針の立案及び決定に共同して参画する機会が確保されることを旨として、行われなければならない。

195 国旗及び国歌に関する法律　一九九九年（平成一一年）八月一三日法律第一二七号

（国旗）
第一条　国旗は、日章旗とする。
2　日章旗の制式は、別記第一のとおりとする。
（国歌）
第二条　国歌は、君が代とする。
2　君が代の歌詞及び楽曲は、別記第二のとおりとする。

附　則

（施行期日）
1　この法律は、公布の日から施行する。
（商船規則の廃止）
2　商船規則（明治三年太政官布告第五十七号）は、廃止する。
（日章旗の制式の特例）
3　日章旗の制式については、当分の間、別記第一の規定にかかわらず、寸法の割合について縦を横の十分の七とし、かつ、日章の中心の位置について旗の中心から旗竿側に横の長さの百分の一偏した位置とすることができる。

196 消費者契約法　二〇〇〇年（平成一二年）五月一二日法律第六一号

第一章　総則

（目的）
第一条　この法律は、消費者と事業者との間の情報の質及び量並びに交渉力の格差にかんがみ、事業者の一定の行為により消費者が誤認し、又は困惑した場合について契約の申込み又はその承諾の意思表示を取り消すことができることとするとともに、事業者の損害賠償の責任を免除する条項その他の消費者の利益を不当に害することとなる条項の全部又は一部を無効とすることにより、消費者の利益の擁護を図り、もって国民生活の安定向上と国民経済の健全な発展に寄与することを目的とする。

第二章　消費者契約の申込み又はその承諾の意思表示の取消し

（消費者契約の申込み又はその承諾の意思表示の取消し）
第四条　消費者は、事業者が消費者契約の締結について勧誘をするに際し、当該消費者に対して次の各号に掲げる行為をしたことにより当該各号に定める誤認をし、それによって当該消費者契約の申込み又はその承諾の意思表示をしたときは、これを取り消すことができる。

一　重要事項について事実と異なることを告げること。当該告げられた内容が事実であるとの誤認

二　物品、権利、役務その他の当該消費者契約の目的となるものに関し、将来におけるその価額、将来において当該消費者が受け取るべき金額その他の将来における変動が不確実な事項につき断定的判断を提供すること。当該提供された断定的判断の内容が確実であるとの誤認

3　消費者は、事業者が（略）次に掲げる行為をしたことにより困惑し、それによって当該消費者契約の申込み又はその承諾の意思表示をしたときは、これを取り消すことができる。

一　当該事業者に対し（略）退去すべき旨の意思を示したにもかかわらず、それらの場所から退去しないこと。

二　（略）勧誘をしている場所から当該消費者が退去する旨の意思を示したにもかかわらず、（略）退去させないこと。

第三章　消費者契約の条項の無効

（事業者の損害賠償の責任を免除する条項の無効）

第八条　次に掲げる消費者契約の条項は、無効とする。

一　事業者の債務不履行により消費者に生じた損害を賠償する責任の全部を免除する条項

二　事業者の債務不履行（略）により消費者に生じた損害を賠償する責任の一部を免除する条項（略）

（消費者が支払う損害賠償の額を予定する条項等の無効）

第九条　次の各号に掲げる消費者契約の条項は、当該各号に定める部分について、無効とする。（略）

197　少年法等の一部を改正する法律　二〇〇〇年（平成一二年）一二月六日法律第一四二号

追加された主な条文

（被害者等による記録の閲覧及び謄写）

第五条の二　裁判所は、（略）少年に係る保護事件について、（略）当該保護事件の被害者等（略）又は被害者等から委託を受けた弁護士から、その保管する当該保護事件の記録（略）の閲覧又は謄写の申出があるときは、（略）申出をした者にその閲覧又は謄写をさせることができる。（略）

3　（略）記録の閲覧又は謄写をした者は、正当な理由がないのに（略）少年の氏名その他少年の身上に関する事項を漏らしてはならず、（略）調査若しくは審判に支障を生じさせる行為をしてはならない。

（被害者等の申出による意見の聴取）

第九条の二　家庭裁判所は、最高裁判所規則の定めるところにより（略）少年に係る事件の被害者又はその法定代理人若し

くは被害者が死亡した場合におけるその配偶者、直系の親族若しくは兄弟姉妹から、被害に関する心情その他の事件に関する意見の陳述の申出があるときは、自らこれを聴取し、又は家庭裁判所調査官に命じてこれを聴取させるものとする。

（略）

（検察官の関与）

第二十二条の二　家庭裁判所は、（略）審判の手続に検察官が関与する必要があると認めるときは、決定をもつて、審判に検察官を出席させることができる。

一　故意の犯罪行為により被害者を死亡させた罪

二　前号に掲げるもののほか、死刑又は無期若しくは短期二年以上の懲役若しくは禁錮に当たる罪（略）

（保護者に対する措置）

第二十五条の二　家庭裁判所は、必要があると認めるときは、保護者に対し、少年の監護に関する責任を自覚させ、その非行を防止するため、調査又は審判において、自ら訓戒、指導その他の適当な措置をとり、又は家庭裁判所調査官に命じてこれらの措置をとらせることができる。

（被害者等に対する通知）

第三十一条の二　家庭裁判所は、（略）少年に係る事件を終局させる決定をした場合において、（略）当該事件の被害者等から申出があるときは、その申出をした者に対し、次に掲げる事項を通知するものとする。（略）

一　少年及びその法定代理人の氏名及び住居

二　決定の年月日、主文及び理由の要旨

198　司法制度改革推進法　二〇〇一年（平成一三年）一一月一六日法律第一一九号

第一章　総則

（目的）

第一条　この法律は、国の規制の撤廃又は緩和の一層の進展その他の内外の社会経済情勢の変化に伴い、司法の果たすべき役割がより重要になることにかんがみ、平成十三年六月十二日に内閣に述べられた司法制度改革審議会の意見の趣旨にのっとって行われる司法制度の改革と基盤の整備（以下「司法制度改革」という。）について、その基本的な理念及び方針、国の責務その他の基本となる事項を定めるとともに、司法制度改革推進本部を設置すること等により、これを総合的かつ集中的に推進することを目的とする。

（基本理念）

第二条　司法制度改革は、国民がより容易に利用できるとともに、公正かつ適正な手続の下、より迅速、適切かつ実効的にその使命を果たすことができる司法制度を構築し、高度の専門的な法律知識、幅広い教養、豊かな人間性及び職業倫理を備えた多数の法曹の養成及び確保その他の司法制度を支える体制の充実強化を図り、並びに国民の司法制度への関与の拡充等を通じて司法に対する国民の理解の増進及び信頼の向上を目指し、もってより自由かつ公正な社会の形成に資することを基本として行われるものとする。

（基本方針）

第五条　司法制度改革は、次に掲げる基本方針に基づき、推進されるものとする。

一　国民がより容易に利用できるとともに、公正かつ適正な手続の下、より迅速、適切かつ実効的にその使命を果たすことができる司法制度を構築するため、民事に関し、その解決のため専門的な知見を要する事件その他の事件に関する裁判所における手続の一層の充実及び迅速化、裁判所における手続を利用する機会を拡大するために必要な精度の整備、裁判外における紛争処理制度の拡充等を図るとともに、刑事に関し、裁判所における手続の一層の充実及び迅速化、被疑者及び被告人に対する公的な弁護制度の整備、検察審査会の機能の強化等を図ること。

二　司法制度を支える体制を充実強化させるため、法曹人口の大幅な増加、裁判所、検察庁等の人的体制の充実、法曹養成のための教育を行う大学院に関する制度の整備その他の法曹養成のための制度の見直し、裁判官、検察官及び弁護士の能力及び資質の一層の向上のための制度の整備等を図ること。

三　国民の司法制度への関与の拡充等を通じて司法に対する国民の理解を増進させ、及びその信頼を向上させるため、国民が裁判官と共に刑事訴訟手続に関与する制度の導入等を図ること。

199　法科大学院の教育と司法試験等との連携等に関する法律

二〇〇二年（平成一四年）一二月六日法律第一三九号

（目的）

第一条　この法律は、法曹の養成に関し、その基本理念並びに次条第一号に規定する法科大学院における教育の充実、法科大学院における教育と司法試験及び司法修習生の修習との有機的連携の確保に関する事項その他の基本となる事項を定めることにより、高度の専門的な能力及び優れた資質を有する多数の法曹の養成を図り、もって司法制度を支える人的体制の充実強化に資することを目的とする。

（法曹養成の基本理念）

第二条　法曹の養成は、国の規制の撤廃又は緩和の一層の進展その他の内外の社会経済情勢の変化に伴い、より自由かつ公正な社会の形成を図る上で法及び司法の果たすべき役割がより重要なものとなり、多様かつ広範な国民の要請にこたえることができる高度の専門的な法律知識、幅広い教養、国際的な素養、豊かな人間性及び職業倫理を備えた多数の法曹が求められていることにかんがみ、国の機関、大学その他の法曹の養成に関係する機関の密接な連携の下に、次に掲げる事項を基本として行われるものとする。

一　法科大学院（学校教育法（昭和二十二年法律第二十六号）第六十五条第二項に規定する専門職大学院であって、法曹に必要な学識及び能力を培うことを目的とするものをいう。以下同じ。）において、法曹の養成のための中核的な教育機関として、各法科大学院の創意をもって、入学者の適性の適確な評価及び多様性の確保に配慮した公平な入学者選抜を行い、少人数による密度の高い授業により、将来の法曹としての実務に必要な学識及びその応用能力（弁論の能力を含む。次条第三項において同じ。）並びに法律に関する実務の基礎的素養を涵《かん》養するための理論的かつ実践的な教育を体系的に実施し、その上で厳格な成績評価及び修了の認定を行うこと。

二　司法試験において、前号の法科大学院における教育との有機的連携の下に、裁判官、検察官又は弁護士となろうとする者に必要な学識及びその応用能力を有するかどうかの判定を行うこと。

三　司法修習生の修習において、第一号の法科大学院における教育との有機的連携の下に、裁判官、検察官又は弁護士としての実務に必要な能力を修得させること。

200　武力攻撃事態等における我が国の平和と独立並びに国及び国民の安全の確保に関する法律　二〇〇三年（平成一五年）六月一三日法律第七九号

第一章　総則

（目的）

第一条　この法律は、武力攻撃事態等（武力攻撃事態及び武力攻撃予測事態をいう。以下同じ。）への対処について、基本理念、国、地方公共団体等の責務、国民の協力その他の基本となる事項を定めることにより、武力攻撃事態等への対処のための態勢を整備し、併せて武力攻撃事態等への対処に関して必要となる法制の整備に関する事項を定め、もって我が国の平和と独立並びに国及び国民の安全の確保に資することを目的とする。

（定義）

第二条　この法律において、次の各号に掲げる用語の意義は、それぞれ当該各号に定めるところによる。

一　武力攻撃　我が国に対する外部からの武力攻撃をいう。
二　武力攻撃事態　武力攻撃が発生した事態又は武力攻撃が発生する明白な危険が切迫していると認められるに至った事態をいう。
三　武力攻撃予測事態　武力攻撃事態には至っていないが、事態が緊迫し、武力攻撃が予測されるに至った事態をいう。

（武力攻撃事態等への対処に関する基本理念）
第三条①　武力攻撃事態等への対処においては、国、地方公共団体及び指定公共機関が、国民の協力を得つつ、相互に連携協力し、万全の措置が講じられなければならない。
6　武力攻撃事態等への対処においては、日米安保条約に基づいてアメリカ合衆国と緊密に協力しつつ、国際連合を始めとする国際社会の理解及び協調的行動が得られるようにしなければならない。

201　裁判の迅速化に関する法律　二〇〇三年（平成一五年）七月一六日法律第一〇七号

（目的）
第一条　この法律は、司法を通じて権利利益が適切に実現されることその他の求められる役割を司法が十全に果たすために公正かつ適正で充実した手続の下で裁判が迅速に行われることが不可欠であること、内外の社会経済情勢等の変化に伴い、裁判がより迅速に行われることについての国民の要請にこたえることが緊要となっていること等にかんがみ、裁判の迅速化に関し、その趣旨、国の責務その他の基本となる事項を定めることにより、第一審の訴訟手続をはじめとする裁判所における手続全体の一層の迅速化を図り、もって国民の期待にこたえる司法制度の実現に資することを目的とする。

（裁判の迅速化）
第二条①　裁判の迅速化は、第一審の訴訟手続については二年以内のできるだけ短い期間内にこれを終局させ、その他の裁判所における手続についてもそれぞれの手続に応じてできるだけ短い期間内にこれを終局させることを目標として、充実した手続を実施すること並びにこれを支える制度及び体制の整備を図ることにより行われるものとする。
2　裁判の迅速化に係る前項の制度及び体制の整備は、訴訟手続その他の裁判所における手続の整備、法曹人口の大幅な増加、裁判所及び検察庁の人的体制の充実、国民にとって利用しやすい弁護士の体制の整備等により行われるものとする。
3　裁判の迅速化に当たっては、当事者の正当な権利利益が害されないよう、手続が公正かつ適正に実施されることが確保されなければならない。

202

裁判員の参加する刑事裁判に関する法律　二〇〇四年

（平成一六年）五月二八日法律第六三号

目次

第一章　総則

（趣旨）

第一条　この法律は、国民の中から選任された裁判員が裁判官と共に刑事訴訟手続に関与することが司法に対する国民の理解の増進とその信頼の向上に資することにかんがみ、裁判員の参加する刑事裁判に関し、裁判所法（昭和二十二年法律第五十九号）及び刑事訴訟法（昭和二十三年法律第百三十一号）の特則その他の必要な事項を定めるものとする。

（対象事件及び合議体の構成）

第二条①　地方裁判所は、次に掲げる事件については、次条の決定があった場合を除き、この法律の定めるところにより裁判員の参加する合議体が構成された後は、裁判所法第二十六条の規定にかかわらず、裁判員の参加する合議体でこれを取り扱う。

一　死刑又は無期の懲役若しくは禁錮に当たる罪に係る事件

二　裁判所法第二十六条第二項第二号に掲げる事件であって、故意の犯罪行為により被害者を死亡させた罪に係るもの（前号に該当するものを除く。）

②　前項の合議体の裁判官の員数は三人、裁判員の員数は六人とし、裁判官のうち一人を裁判長とする。ただし、次項の決定があったときは、裁判官の員数は一人、裁判員の員数は四人とし、裁判官を裁判長とする。

③　第一項の規定により同項の合議体で取り扱うべき事件（以下「対象事件」という。）のうち、公判前整理手続による争点及び証拠の整理において公訴事実について争いがないと認められ、事件の内容その他の事情を考慮して適当と認められ

るものについては、裁判所は、裁判官一人及び裁判員四人から成る合議体を構成して審理及び裁判をする旨の決定をすることができる。

④　裁判所は、前項の決定をするには、公判前整理手続において、検察官、被告人及び弁護人に異議のないことを確認しなければならない。

⑤　第三項の決定は、第二十七条第一項に規定する裁判員等選任手続の期日までにしなければならない。

⑥　地方裁判所は、第三項の決定があったときは、裁判所法第二十六条第二項の規定にかかわらず、当該決定の時から第三項に規定する合議体が構成されるまでの間、一人の裁判官で事件を取り扱う。

⑦　裁判所は、被告人の主張、審理の状況その他の事情を考慮して、事件を第三項に規定する合議体で取り扱うことが適当でないと認めたときは、決定で、同項の決定を取り消すことができる。

203　**教育基本法改正**　二〇〇六年（平成一八年）一二月二二日法律第一二〇号

我々日本国民は、たゆまぬ努力によって築いてきた民主的で文化的な国家を更に発展させるとともに、世界の平和と人類の福祉の向上に貢献することを願うものである。

我々は、この理想を実現するため、個人の尊厳を重んじ、真理と正義を希求し、公共の精神を尊び、豊かな人間性と創造性を備えた人間の育成を期するとともに、伝統を継承し、新しい文化の創造を目指す教育を推進する。

ここに、我々は、日本国憲法の精神にのっとり、我が国の未来を切り拓（ひら）く教育の基本を確立し、その振興を図るため、この法律を制定する。

第一章　教育の目的及び理念

第一条（教育の目的）

教育は、人格の完成を目指し、平和で民主的な国家及び社会の形成者として必要な資質を備えた心身ともに健康な国民の育成を期して行われなければならない。

第二条（教育の目標）

教育は、その目的を実現するため、学問の自由を尊重しつつ、次に掲げる目標を達成するよう行われるものとする。

1　幅広い知識と教養を身に付け、真理を求める態度を養い、豊かな情操と道徳心を培うとともに、健やかな身体を養うこと。

2　個人の価値を尊重して、その能力を伸ばし、創造性を培い、自主及び自律の精神を養うとともに、職業及び生活との関連を重視し、勤労を重んずる態度を養うこと。

３　正義と責任、男女の平等、自他の敬愛と協力を重んずるとともに、公共の精神に基づき、主体的に社会の形成に参画し、その発展に寄与する態度を養うこと。

４　生命を尊び、自然を大切にし、環境の保全に寄与する態度を養うこと。

５　伝統と文化を尊重し、それらをはぐくんできた我が国と郷土を愛するとともに、他国を尊重し、国際社会の平和と発展に寄与する態度を養うこと。

（略）

第三章　教育行政

第十六条（教育行政）

教育は、不当な支配に服することなく、この法律及び他の法律の定めるところにより行われるべきものであり、教育行政は、国と地方公共団体との適切な役割分担及び相互の協力の下、公正かつ適正に行われなければならない。

２　国は、全国的な教育の機会均等と教育水準の維持向上を図るため、教育に関する施策を総合的に策定し、実施しなければならない。

３　地方公共団体は、その地域における教育の振興を図るため、その実情に応じた教育に関する施策を策定し、実施しなければならない。

４　国及び地方公共団体は、教育が円滑かつ継続的に実施されるよう、必要な財政上の措置を講じなければならない。

（略）

〔参考文献〕

⑴　日本近現代法史に関する主要な参考文献を、比較的利用し易い著書（編書を含む）を中心に、①　史料・年表、②　教科書、③　概説書・研究書、④　裁判史・法曹・弁護士会史に分類して掲げる。

⑵　配列は、著者（編者を含む）の五十音順（同じ著者によるものは発行年順）によった。

1　史料・年表

家永三郎・松永昌三・江村栄一編『明治前期の憲法構想〔増訂版〕』（福村出版、一九八五年）

石井紫郎・水林彪校注『日本近代思想大系7　法と秩序』（岩波書店、一九九二年）

井上毅伝記編纂委員会編『井上毅傳・史料篇』全六巻（國學院大學図書館、一九六六～一九七七年）

井上光貞・関晃・土田直鎮・青木和夫編『日本思想大系3　律令』（岩波書店、一九七六年）

岩波書店編集部編『日本近代思想大系別巻　近代史料解説・総目次・索引』（岩波書店、一九九二年）

内田文昭・山火正則・吉井蒼生夫編『刑法（明治四〇年）⑴―⑺』日本立法資料全集20―27（信山社、一九九三～一九九九年）

海野福寿・大島美津子校注『日本近代思想体系20　家と村』（岩波書店、一九八九年）

江村栄一校注『日本近代思想体系9　憲法構想』（岩波書店、一九八九年）

外務省編『日本外交年表竝主要文書（上・下）』（原書房、一九六五年）

外務省特別資料部編『日本占領重要文書1～6』（外務省政務局特別資料課、一九四九年）

神田修・寺崎昌男・平原春好編『史料教育法〔増補版〕』（学陽書房、一九九一年）

国学院大学日本文化研究所編『近代日本法制史料集』全二〇巻（東京大学出版会、一九八〇年～一九九九年）

国学院大学日本文化研究所編『梧陰文庫総目録』（東京大学出版会、二〇〇五年）

国立国会図書館調査及び法令考査室編『日本法令索引〔旧法令編〕1～3』（国立国会図書館調査及び法令考査室、一

九八三〜一九八五年）
小林宏・島善高編『明治皇室典範（上・下）』日本立法資料全集16・17（信山社、一九九六・一九九七年）
小柳春一郎編『会計法』日本立法資料全集4（信山社、一九九一年）
『枢密院会議議事録』（明治篇全一五巻、大正篇全二七巻、昭和篇全五四巻）（復刻　東京大学出版会、一九八四年〜一九九六年）
杉山晴康・吉井蒼生夫編『刑法改正審査委員会決議録　刑法草案（明治二十八年、同三十年）』（早稲田大学比較法研究所、一九八九年）
戦前期官僚制研究会編／秦郁彦著『戦前期日本官僚制の制度・組織・人事』（東京大学出版会、一九八一年）
秦郁彦編『日本陸海軍総合事典』（東京大学出版会、一九九一年）
秦郁彦編『日本官僚制総合事典』（東京大学出版会、二〇〇一年）
『帝国議会議事速記録』全一六〇巻（復刻　東京大学出版会、一九七九〜一九八五年）
遠山茂樹校注『日本近代思想大系2　天皇と華族』（岩波書店、一九八八年）
外岡茂十郎編『明治前期家族法資料』全一一冊（早稲田大学、一九六七〜一九七八年）
内閣官報局編『法令全書』（慶応三年より毎年次）（復刻　原書房、一九七四年〜）
内閣記録局編『法規分類大全』全八五巻・別巻三（復刻　原書房、一九七八〜一九八一年）
西原春夫・吉井蒼生夫・藤田正・新倉修編『旧刑法（明治一三年(1)―(3)）』日本立法資料全集29〜34（信山社、一九九四年〜一九九八年）
福島正夫編『「家」制度の研究―資料編（1―3）』（東京大学出版会、一九五九年・一九六二年・一九六七年）
法制史学会編『法制史文献目録Ⅲ』（一九九七年）
法務大臣官房司法法制調査部監修『日本近代立法資料叢書』全三二巻（商事法務研究会、一九八三〜一九八九年）
法務府法制意見法規課『法令の制定改廃経過一覧　昭和二七年』（一九五二年）
星野通編『民法典論争資料集』（日本評論社、一九六九年）
ボワソナード民法典研究会編『ボワソナード民法典資料集成』（雄松堂、一九九八年〜）

〔参考文献〕

前田達明編『史料民法典』（成文堂、二〇〇四年）
明治前期大審院判決録刊行会編『明治前期大審院民事判決録　明治八年〜』既刊一三冊（三和書房、一九五七年〜）
『明治前期大審院刑事判決録　明治八〜二〇年』全二九冊（復刻　文生書院、一九八七〜一九八九年）
明治法制経済史研究所編『元老院会議筆記』全三六巻（元老院会議筆記刊行会、一九六四〜一九九二年）
山中永之佑監修、山中永之佑・中尾敏充他編『近代日本地方自治立法資料集成』全五巻（弘文堂、一九九一〜一九九八年）
山極晃・中村政則編『資料日本占領1　天皇制』（大月書店、一九九〇年）
由井正臣・大日方純夫校注『日本近代思想大系3　官僚制　警察』（岩波書店、一九九〇年）
由井正臣・藤原彰・吉田裕校注『日本近代思想大系4　軍隊　兵士』（岩波書店、一九八九年）
歴史学研究会編『日本史史料4近代・5現代』（岩波書店、一九九七年）
我妻栄（編集代表）『旧法令集』（有斐閣、一九六八年）
早稲田大学鶴田文書研究会編『日本刑法草案会議筆記』五冊（早稲田大学出版部、一九七六年）
早稲田大学鶴田文書研究会編『刑法審査修正関係諸案』（早稲田大学比較法研究所、一九八四年）

＊　＊　＊

石井良助監修、赤石壽美他編『近代日本法律司法年表』（第一法規出版、一九八二年）
勝本清一郎他編『近代日本総合年表　第四版』（岩波書店、二〇〇一年）
神田文人・小林英夫編『戦後史年表』（小学館、二〇〇五年）
村上義和・橋本誠一編『近代外国人関係法令年表』（明石書店、一九九七年）

2　教科書

井ケ田良治・山中永之佑・石川一三夫『日本近代法史』（法律文化社、一九八二年）
石井紫郎編『日本近代法史講義』（青林書院、一九七二年）
石川一三夫・矢野達雄編著『法史学への旅立ち』（法律文化社、一九九八年）

岩村等『入門日本近代法制史』（ナカニシヤ出版、二〇〇三年）
川口由彦『日本近代法制史』（新世社、一九九八年）
日本近代法制史研究会編『日本近代法一二〇講』（法律文化社、一九九二年）
牧英正・藤原明久編『日本法制史』（青林書院、一九九三年）
山中永之佑編『新・日本近代法論』（法律文化社、二〇〇二年）
山中永之佑編『日本近代法案内』（法律文化社、二〇〇四年）

3　概説書・研究書

赤木須留喜『〈官制〉の研究』（日本評論社、一九九一年）
浅木慎一『日本会社法成立史』（信山社、二〇〇三年）
浅野豊美・松田利彦編『植民地帝国日本の法的構造』（信山社、二〇〇四年）
浅野豊美・松田利彦編『植民地帝国日本の法的展開』（信山社、二〇〇四年）
天野郁夫『近代日本高等教育研究』（玉川大学出版部、一九八九年）
雨宮昭一『総力戦体制と地域自治』（青木書店、二〇〇〇年）
新井勉『大津事件の再構成』（御茶の水書房、一九九四年）
粟屋憲太郎『東京裁判への道（上・下）』（講談社、二〇〇六年）
家永三郎『植木枝盛研究』（岩波書店、一九六〇年）
家永三郎『司法権独立の歴史的考察〔増補版〕』（日本評論社、一九六七年）
家永三郎『歴史のなかの憲法（上・下）』（東京大学出版会、一九七七年）
井ケ田良治『日本法社会史を拓く』（部落問題研究所、二〇〇二年）
石井三記・寺田浩明・西川洋一・水林彪編『近代法の再定位』（創文社、二〇〇一年）
石井良助『明治文化史2　法制編』（洋々社、一九五四年）
石井良助『日本婚姻法史』（創文社、一九七七年）

〔参考文献〕

〔参考文献〕

石井良助『民法典の編纂』（創文社、一九七九年）
石井良助『日本刑事法史』（創文社、一九八六年）
石川一三夫『近代日本の名望家と自治—名誉職制度の法社会史的研究』（木鐸社、一九八七年）
石川一三夫『日本的自治の探求—名望家自治論の系譜』（名古屋大学出版会、一九九五年）
石川一三夫・中尾敏充・矢野達雄編『日本近代法制史研究の現状と課題』（弘文堂、二〇〇三年）
石川真澄『戦後政治史』（岩波新書、二〇〇四年）
石附実『近代日本の海外留学史』（中公文庫、一九九二年）
石村修『明治憲法—その獨逸との隔たり』（専修大学出版局、二〇〇〇年）
伊藤孝夫『大正デモクラシー期の法と社会』（京都大学学術出版会、二〇〇〇年）
伊藤正己編『岩波講座　現代法14　外国法と日本法』（岩波書店、一九六六年）
伊藤之雄『昭和天皇と立憲君主制の崩壊』（名古屋大学出版会、二〇〇五年）
井戸田博史『家族の法と歴史—氏・戸籍・祖先祭祀』（世界思想社、一九九三年）
稲生典太郎『条約改正論の歴史的展開』（小峰書店、一九七六年）
稲生典太郎『東アジアにおける不平等条約体制と近代日本』（岩田書院、一九九五年）
稲田正次『明治憲法成立史（上・下巻）』（有斐閣、一九六〇・一九六二年）
稲田正次『明治憲法成立史の研究』（有斐閣、一九七七年）
色川大吉編『民衆憲法の創造』（評論社、一九七〇年）
上杉聡『明治維新と賤民廃止令』（解放出版社、一九九〇年）
鵜飼信成・福島正夫・川島武宜・辻清明責任編集『講座日本近代法発達史—資本主義と法の発展』全一一巻（勁草書房、一九五八～一九六七年）
牛尾洋也・居石正和他著『近代日本における社会変動と法』（晃洋書房、二〇〇六年）
潮見俊隆・利谷信義編『日本の法学者』（日本評論社、一九七四年）
内田健三・金原左門・古屋哲夫編『日本議会史録』全六巻（第一法規出版、一九九〇～一九九一年）

〔参考文献〕

梅渓昇『お雇い外国人11　政治・法制』（鹿島出版会、一九七一年）
大石嘉一郎『近代日本の地方自治』（東京大学出版会、一九九〇年）
大石眞『日本憲法史〔第2版〕』（有斐閣、二〇〇五年）
大江志乃夫『統帥権』（日本評論社、一九八三年）
大久保利謙『日本の大学』（復刻、玉川大学出版部、一九九七年）
大久保利謙編『岩倉使節の研究』（宗高書房、一九七六年）
大久保泰甫『日本近代法の父　ボワソナアド』（岩波新書、一九七七年）
大久保保昭『東京裁判から戦後責任の思想へ〔第4版〕』（東信堂、一九九七年）
大久保泰甫・高橋良彰『ボワソナード民法典の編纂』（雄松堂、一九九九年）
大島美津子『明治国家と地域社会』（岩波書店、一九九四年）
荻野富士夫『戦後治安体制の確立』（岩波書店、一九九九年）
奥田晴樹『日本の近代的土地所有』（弘文堂、二〇〇一年）
奥平康弘『治安維持法小史』（筑摩書房、一九七七年）
奥平康弘『「萬世一系」の研究』（岩波書店、二〇〇五年）
小田中聰樹『刑事訴訟法の歴史的分析』（日本評論社、一九七六年）
小田中聰樹『刑事訴訟法の史的構造』（有斐閣、一九八六年）
大日方純夫『日本近代国家の成立と警察』（校倉書房、一九九二年）
A・オプラー（内藤頼博監訳）『日本占領と法制改革』（日本評論社、一九九〇年）
笠原英彦『明治国家と官僚制』（芦書房、一九九一年）
霞信彦『明治初期刑事法の基礎的研究』（慶応通信、一九九〇年）
加藤雅信編集代表『民法学説百年史』（三省堂、一九九九年）
加太邦憲『自歴譜』（岩波文庫、一九八二年）
川口由彦『近代日本の土地法観念―一九二〇年代小作立法における土地支配権と法』（東京大学出版会、一九九〇年）

〔参考文献〕

川島武宜『イデオロギーとしての家族制度』（岩波書店、一九五七年）
川島武宜『日本人の法意識』（岩波新書、一九六七年）
菊山正明『明治国家の形成と司法制度』（御茶の水書房、一九九三年）
北川善太郎『日本法学の歴史と理論—民法学を中心として』（日本評論社、一九六八年）
吉川経夫・内藤謙他編著『刑法理論史の総合的研究』（日本評論社、一九九四年）
木野主計『井上毅研究』（続群書類従完成会、一九九五年）
矯正協会編『少年矯正の近代的展開』（矯正協会、一九八四年）
楠精一郎『明治立憲制と司法官』（慶応通信、一九八九年）
熊谷開作『日本の近代化と「家」制度』（法律文化社、一九八七年）
熊谷開作『近代日本の法学と法意識』（法律文化社、一九九一年）
倉沢康一郎・奥島孝康編『昭和商法学史』（日本評論社、一九九六年）
梧陰文庫研究会編『明治国家形成と井上毅』（木鐸社、一九九二年）
梧陰文庫研究会編『井上毅とその周辺』（木鐸社、二〇〇〇年）
古関彰一『新憲法の誕生』（中公文庫、一九九五年）
小柳春一郎『近代不動産賃貸借法の研究—賃借権・物権・ボワソナード』（信山社、二〇〇一年）
三枝一雄『明治商法の成立と変遷』（三省堂、一九九二年）
坂井雄吉『井上毅と明治国家』（東京大学出版会、一九八三年）
坂本一登『伊藤博文と明治国家形成』（吉川弘文館、一九九三年）
坂本義和・R、E、ウォード編『日本占領の研究』（東京大学出版会、一九八七年）
向坂逸郎編著『嵐のなかの百年　学問弾圧小史』（勁草書房、新装版一九八七年）
滋賀秀三・平松義郎編『法制史論集』（創文社、一九七六年）
清水伸『明治憲法制定史〔増補版〕（上・中・下）』（原書房、一九七三・一九七四年）
商事法務研究会編『戦後五〇年会社法史年表—昭和二〇年〜平成六年』（商事法務研究会、一九九五年）

〔参考文献〕

末弘厳太郎『農村法律問題』（農村漁村文化協会、一九九七年）
末弘厳太郎『役人学三則』（岩波現代文庫、二〇〇〇年）
杉山晴康編『裁判と法の歴史的展開』（敬文堂、一九九二年）
鈴木正裕『近代民事訴訟法史・日本（1）（2）』（有斐閣、二〇〇四・二〇〇六年）
鈴木安蔵『憲法制定前後』（青木書店、一九七七年）
染野義信『近代的転換における裁判制度』（勁草書房、一九八八年）
高橋幸八郎『日本近代化の研究（上・下）』（東京大学出版会、一九七二年）
高柳信一・藤田勇編『資本主義法の形成と展開3　企業と営業の自由』（東京大学出版会、一九七三年）
竹前栄治『占領戦後史』（岩波書店、一九九二年）
田中彰『岩倉使節団の歴史的研究』（岩波書店、二〇〇二年）
田村譲『日本労働法史論』（御茶の水書房、一九八四年）
辻清明『新版　日本官僚制の研究』（東京大学出版会、一九六九年）
手塚豊『手塚豊著作集』全一〇巻（慶応通信、一九八二～一九九四年）
手塚豊編『近代日本史の新研究Ⅰ～Ⅸ』（北樹出版、一九八一～一九九一年）
手塚豊教授退職記念論文集編集委員会編『明治法制史政治史の諸問題』（慶応通信、一九七七年）
東京大学社会科学研究所編『基本的人権2　歴史Ⅰ』（東京大学出版会、一九六八年）
東京大学社会科学研究所編『戦後改革』全八巻（東京大学出版会、一九七四・一九七五年）
東京大学社会科学研究所編『ファシズム期の国家と社会4　戦時日本の法体制』（東京大学出版会、一九七九年）
東京大学社会科学研究所編『現代日本社会4　歴史的前提』（東京大学出版会、一九九一年）
利谷信義『家族と国家』（筑摩書房、一九八七年）
利谷信義『日本の法を考える』（東京大学出版会、一九八五年）
利谷信義編『法学文献選集5　法と裁判』（学陽書房、一九七二年）
利谷信義・吉井蒼生夫・水林彪編『法における近代と現代』（日本評論社、一九九三年）

〔参考文献〕

都丸泰助『現代地方自治の原型』(青木書店、二〇〇〇年)
内閣制度百年史編纂委員会編『内閣制度百年史(上・下)』(大蔵省印刷局、一九八五年)
永井和『近代日本の軍部と政治』(思文閣出版、一九九三年)
永井秀夫『明治国家形成期の外政と内政』(北海道大学図書刊行会、一九九〇年)
長尾龍一『思想としての日本憲法史』(信山社、一九九七年)
中野目徹『近代史料学の射程』(弘文堂、二〇〇〇年)
中村菊男『新版　近代日本の法的形成』(有信堂、一九六三年)
中村政則『戦後史と象徴天皇』(岩波書店、一九九二年)
中村政則『戦後史』(岩波新書、二〇〇五年)
中村政則編『大系日本国家史4　近代1』(東京大学出版会、一九七五年)
中村政則編『大系日本国家史5　近代2』(東京大学出版会、一九七六年)
中山勝『明治初期刑事法の研究』(慶応通信、一九九〇年)
西修『日本国憲法成立過程の研究』(成文堂、二〇〇四年)
西川長夫・松宮秀治編『幕末・明治期の国民国家形成と文化変容』(新曜社、一九九五年)
西村信雄『戦後日本家族法の民主化(上・下)』(法律文化社、一九七八・一九九一年)
日本近代法制史研究会編『日本近代国家の法構造』(木鐸社、一九八三年)
丹羽邦男『土地問題の起源─村と自然と明治維新』(平凡社、一九八九年)
丹羽邦男『地租改正法の起源』(ミネルヴァ書房、一九九五年)
野田良之・碧海純一編『近代日本法思想史』(有斐閣、一九八〇年)
唄孝一『戦後改革と家族法─家・氏・戸籍』(日本評論社、一九九二年)
長谷川正安『昭和憲法史』(岩波書店、一九六一年)
長谷川正安・渡辺洋三・藤田勇編『市民革命と日本法』(日本評論社、一九九四年)
浜田道代編『日本会社立法の歴史的展開』(商事法務研究会、一九九九年)

〔参考文献〕

早川紀代『近代天皇制と国民国家』（青木書店、二〇〇五年）
林茂・辻清明編『日本内閣史録』全六巻（第一法規出版、一九八一年）
林弘正『改正刑法假案成立過程の研究』（成文堂、二〇〇三年）
原秀成『日本国憲法制定の系譜』Ⅰ・Ⅱ・Ⅲ（日本評論社、二〇〇四・二〇〇五・二〇〇六年）
坂野潤治『明治憲法体制の確立』（東京大学出版会、一九七一年）
坂野潤治『近代日本の国家構想』（岩波書店、一九九六年）
平場安治・平野龍一編『刑法改正の研究1・2』（東京大学出版会、一九七二・一九七三年）
広中俊雄・星野英一編『民法典の百年Ⅰ』（有斐閣、一九九八年）
福島正夫『日本資本主義と「家」制度』（東京大学出版会、一九六七年）
福島正夫『地租改正』（吉川弘文館、一九六八年）
福島正夫『地租改正の研究〔増補版〕』（有斐閣、一九七〇年）
福島正夫『日本資本主義の発達と私法』（東京大学出版会、一九八八年）
『福島正夫著作集』全九巻（勁草書房、一九九三〜一九九六年）
福島正夫編『家族　政策と法』全七巻（東京大学出版会、一九七五〜一九八四年）
福島正夫編『日本近代法体制の形成（上・下）』（日本評論社、一九八一・一九八二年）
福島正夫編『穂積陳重立法関係文書の研究』（信山社、一九八九年）
福永有利他編『民事訴訟法の史的展開』（有斐閣、二〇〇二年）
藤田弘道『新律綱領・改定律例編纂史』（慶応義塾大学出版会、二〇〇一年）
藤原明久『ボワソナード抵当法の研究』（有斐閣、一九九五年）
藤原明久『日本条約改正史の研究』（雄松堂、二〇〇四年）
藤原彰『日本軍事史（上・下）』（日本評論社、一九八七年）
法学協会編『法学協会百周年記念論文集』全三巻（有斐閣、一九八三年）
穂積重行『明治一法学者の出発―穂積陳重をめぐって―』（岩波書店、一九八八年）

〔参考文献〕

穂積陳重『法窓夜話（正・続）』（岩波文庫、一九八〇年）
前山亮吉『近代日本の行政改革と裁判所』（信山社、一九九六年）
増田知子『天皇制と国家』（青木書店、一九九九年）
松尾尊兊『普通選挙制度成立史の研究』（岩波書店、一九八九年）
松山商科大学商経研究会編『法史学及び法学の諸問題』（日本評論社、一九六七年）
水林彪・大津透・新田一郎・大藤修編『法社会史』（山川出版会、二〇〇一年）
水本浩・平井一雄編『日本民法学史・通史』（信山社、一九九七年）
三谷太一郎『近代日本の司法権と政党』（塙書房、一九八〇年）
三谷太一郎『政治制度としての陪審制』（東京大学出版会、二〇〇一年）
宮沢俊義『日本憲政史の研究』（岩波書店、一九六八年）
宮沢俊義『天皇機関説事件（上・下）』（有斐閣、一九七〇年）
村上一博『明治離婚裁判史論』（法律文化社、一九九四年）
村上一博『日本近代婚姻法史論』（法律文化社、二〇〇三年）
村松岐夫『戦後日本の官僚制』（東洋経済新報社、一九八一年）
森田明『少年法の歴史的展開』（信山社出版、二〇〇六年）
森田朋子『開国と治外法権』吉川弘文館、二〇〇五年）
矢野達雄『近代日本の労働法と国家』（成文堂、一九九三年）
矢野達雄『法と地域と歴史と』（創風社出版、二〇〇四年）
山中永之佑『日本近代国家の形成と官僚制』（弘文堂、一九七四年）
山中永之佑『日本近代国家の形成と村規約』（木鐸社、一九七五年）
山中永之佑『日本近代国家の形成と「家」制度』（日本評論社、一九八八年）
山中永之佑『近代市制と都市名望家』（大阪大学出版会、一九九五年）
山中永之佑『日本近代地方自治制と国家』（弘文堂、一九九九年）

山室信一『法制官僚の時代』（木鐸社、一九八四年）
山室信一『近代日本の知と政治』（木鐸社、一九八五年）
山室信一『思想課題としてのアジア』（岩波書店、二〇〇一年）
由井正臣編『枢密院の研究』（吉川弘文館、二〇〇三年）
吉井蒼生夫『近代日本の国家形成と法』（日本評論社、一九九六年）
依田精一『家族思想と家族法の歴史』（吉川弘文館、二〇〇四年）
渡辺治『日本国憲法「改正」史論』（日本評論社、一九八八年）
渡辺治『戦後政治史の中の天皇制』青木書店、一九九〇年）
渡辺治編著『憲法改正の争点』（旬報社、二〇〇二年）
渡辺尚志・五味文彦編『土地所有史』（山川出版会、二〇〇二年）
渡辺洋三『法と社会の昭和史』（岩波セミナーブックス、一九八八年）
渡辺洋三『社会と法の戦後史』（青木書店、二〇〇一年）
渡辺洋三編『土地・建物の法律制度（上・中）』（東京大学出版会、一九六〇・一九六二年）
渡辺洋三編『岩波講座　現代法7　現代法と経済』（岩波書店、一九六六年）
渡辺洋三・長谷川正安・片岡曻・清水誠編『現代日本法史』（岩波新書、一九七六年）

4　裁判史・法曹・弁護士会史

潮見俊隆編著『日本の弁護士』（日本評論社、一九七二年）
大阪弁護士会編『大阪弁護士会史』（大阪弁護士会、一九八九年）
大塚一男『裁判・弁護・国民』（晩聲社、一九八三年）
奥平昌洪『日本弁護士史』（厳南堂書店、一九七一年）
川口由彦編著『明治大正　町の法曹』（法政大学現代法研究所、二〇〇一年）
小林俊三『私の会った明治の名法曹物語』（日本評論社、一九七三年）

〔参考文献〕

最高裁判所事務総局『裁判所百年史』（大蔵省印刷局、一九九〇年）
静岡県弁護士会編『静岡県弁護士会史』（静岡県弁護士会、一九八四年）
自由法曹団編『自由法曹団物語（戦前編・戦後編）』（日本評論社、一九七六年）
瀧川叡一『日本裁判制度史論考』（信山社、一九九一年）
瀧川叡一『明治初期民事訴訟研究―続・日本裁判制度史論考』（信山社、二〇〇〇年）
田中二郎・佐藤功・野村二郎編『戦後政治裁判史録』全五巻（第一法規出版、一九八〇年）
東京弁護士会百年史編纂刊行特別委員会編『東京弁護士会百年史』（東京弁護士会、一九八〇年）
名古屋弁護士会編『名古屋弁護士会史』（名古屋弁護士会、一九九三年）
野村二郎『日本の裁判史を読む事典』（自由国民社、二〇〇四年）
日本弁護士会連合会編『日本弁護士沿革史』（日本弁護士連合会、一九五九年）
日本弁護士会連合会編『弁護士百年』（日本弁護士連合会、一九七六年）
萩屋昌志編著『日本の裁判所』（晃洋書房、二〇〇四年）
橋本誠一『在野「法曹」と地域社会』（法律文化社、二〇〇五年）
林博史『ＢＣ級戦犯裁判』（岩波新書、二〇〇五年）
林屋礼二『明治期民事裁判の近代化』（東北大学出版会、二〇〇六年）
林屋礼二・石井紫郎・青山善充編『図説　判決原本の遺産』（信山社、一九九八年）
林家礼二・石井紫郎・青山善充編『明治初期の法と裁判』（信山社、二〇〇三年）
林屋礼二・菅原郁夫・林真貴子編著『統計から見た明治期の民事裁判』（信山社、二〇〇五年）
広島弁護士会編『広島弁護士会史』（広島弁護士会、一九八六年）
布施柑治『ある弁護士の生涯』（岩波新書、一九六三年）
法曹百年史編纂委員会編『法曹百年史』（法曹公論社、一九六九年）
松井康治『日本弁護士論』（日本評論社、一九九〇年）
森長英三郎『史談裁判１〜４』（日本評論社、一九六六〜一九七五年）

〔参考文献〕

森長英三郎『山崎今朝弥』（紀伊国屋新書、一九七二年）
森長英三郎『裁判　自由民権時代』（日本評論社、一九七九年）
森長英三郎『足尾鉱毒事件（上・下）』（日本評論社、一九八二年）
森長英三郎『日本弁護士列伝』（社会思想社、一九八四年）
山中永之佑『民事裁判の法史学』（法律文化社、二〇〇五年）
横浜弁護士会編『横浜弁護士会史（上・下）』（横浜弁護士会、一九八〇・一九八四年）
我妻栄・林茂・辻清明・団藤重光編『日本政治裁判史録』全五巻（第一法規出版、一九六八〜一九七〇年）

三権分立の構図

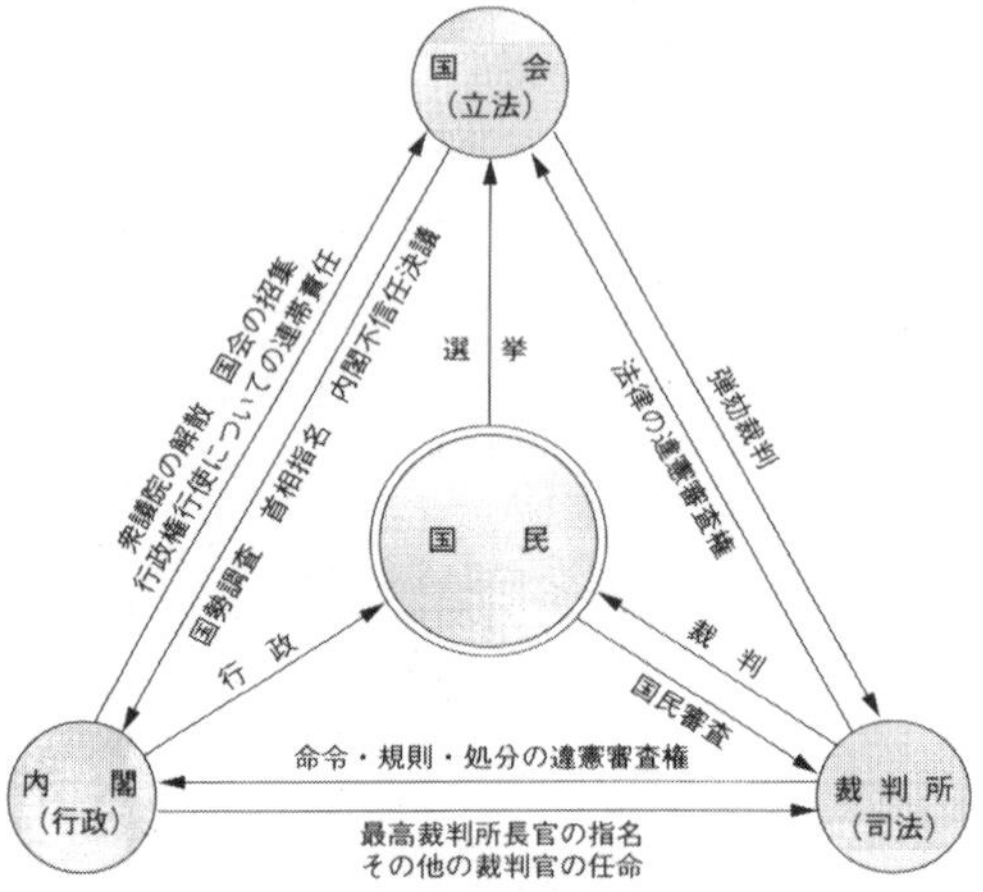

裁判手続の流れ

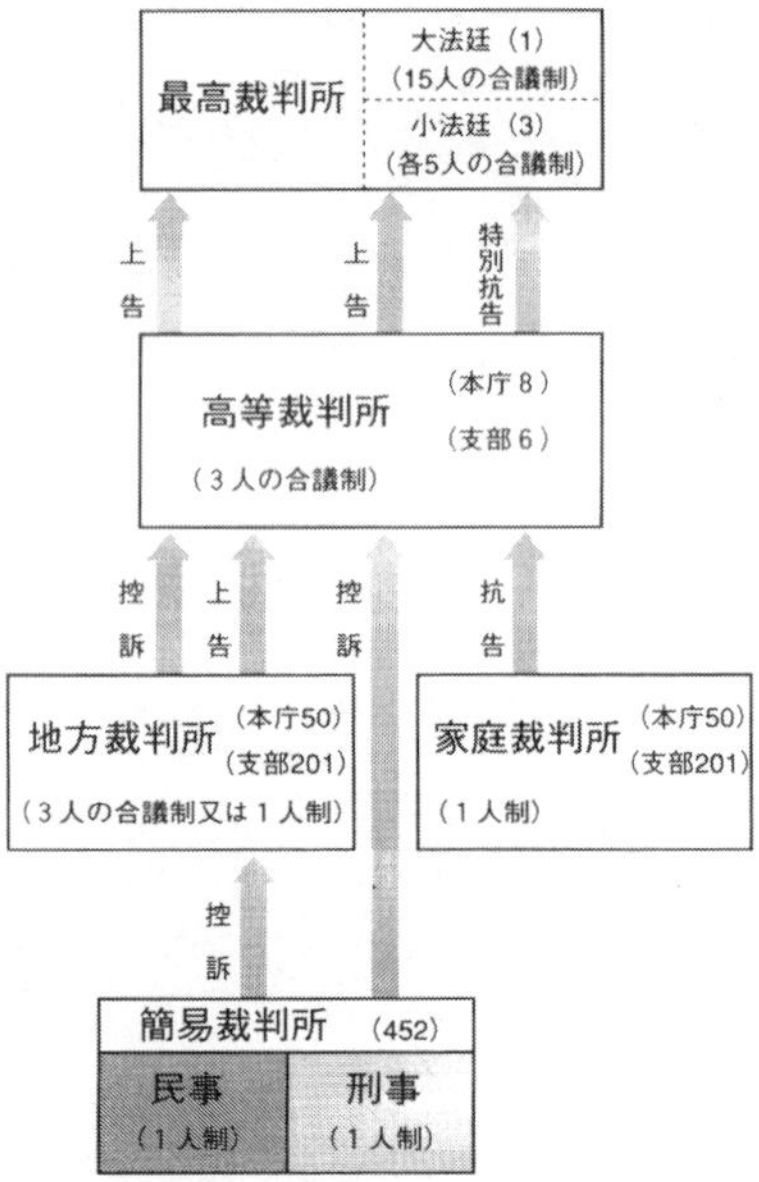

（最高裁判所事務総局「裁判所」より）

〈年表編〉

（一八五三年―二〇〇六年
嘉永六年―平成一八年）

箕作麟祥博士とフランス民法の訳稿（『法窓夜話』より）

〔凡　例〕

① この年表は、江戸末期から現代にいたる、わが国の法制度と法学の発達の歴史を辿るのに必要な事項を整理・掲載したものである。

② 〈一般事項〉欄には、国際関係・国内政治・経済・社会にわたる重要事項を掲げるが、憲法、中央官制など重要な法令・条約もここに掲げた。

③ 〈法令〉欄には、わが国の現行法令のなりたちを辿るうえで重要な法令の制定・改廃事項をできるだけ網羅的に掲げた。

④ 〈法学・判例〉欄には、わが国の法律学の発達を辿るうえで重要な著作物・判例および法学校・法学部の成立に関する事項を掲げた。

⑤ 年表中ゴチック体で示した事項については、本書〈資料編〉に関係資料が収録されていることを示す。

⑥ この年表では、西暦を原則とし、必要に応じて年号を併記した。表中で西暦年については下二桁のみを表示した（例：90・1・3＝一九九〇年一月三日）。ただし、西暦〔太陽暦〕採用（一八七二年＝明治五年）までは、原則として太陰暦に従い、西暦で表記したものについてはイタリック体で示した。

⑦ 法令等については、原則として公布年月日に従って掲記した。

⑧ 法令の日付は、公布の日をとった。公布の日は、官報登載日をとった。ただし、明治一九年公文式（二月二六日公布）以前の法令は、裁可の日をとった。台湾総督府の律令ならびに朝鮮総督府の制令は、裁可の日を法令の日とした。

⑨ 条約の日付は、調印の日をとった。

日本近現代法史年表

（ゴチック体は〈資料編〉に関連資料掲載）

	一般事項	法令	法学・判例
一八五三年（嘉永六）	*3・29* 太平天国、南京を占領、首都とする 6・3 アメリカ東インド艦隊司令長官ペリー浦賀に来航し、合衆国大統領の国書を渡す（6・9） 6・22 将軍徳川家慶没（93生、61歳）、10・23家定が征夷大将軍となる 7・1 老中阿部正弘、米国への返書に関し諸大名の意見を求める 7・18 ロシア使節プゥチャーチン長崎に来航、12・5再び来航	9・15 幕府、大船建造の禁令を解く 10・1 幕府、米国使節を退去させる方針と、海防の大号令を布告	
一八五四年（嘉永七）	3・3 **日米和親条約**（神奈川条約）調印 *3・28* クリミア戦争始まる（*56・3・30*パリ条約調印で終結） 5・25 下田条約（日米和親条約の付録13ヵ条）に調印 6・17 ペリー、琉球と修好条約を那覇で締結 8・23 日英和親条約調印 12・21 日露和親条約調印 12・23 日蘭和親条約調印		―・ 村上英俊『**三語便覧**』

一八五五年（安政二）	*4・18* イギリス、シャムとバンコク条約調印（領事裁判権を獲得） 10・2 江戸に大地震、死者７０００人余（安政大地震） 10・15 フランス、琉球との和親条約を締結 ―・ おかげまいりが流行する		1・18 幕府、洋学所の設立に着手 10・24 幕府、長崎でオランダ人教官による海軍伝習を開始 ―・ 桂川甫周編『和蘭字彙』
一八五六年（安政三）	7・21 米駐日総領事ハリス、下田に来航 9・18 長崎奉行、浦上のキリシタンを検挙（浦上崩れ） *10・8* 広州でアロー号事件、英軍広州に侵攻（第２次アヘン戦争）		2・11 幕府、洋学所を設立、蕃書調所と称す
一八五七年（安政四）	5・26 日米約定調印（下田約定） *5・―* インド独立戦争がおこる（セポイの反乱～59・7） 8・29 日蘭追加条約を長崎で調印（事実上初の通商条約）		
一八五八年（安政五）	4・23 彦根藩主井伊直弼、大老に就任 6・19 **日米修好通商条約**・貿易章程調印 *6・―* 清、ロシア・アメリカ・イギリス・フランスと天津条約調印（最恵国待遇・開港・公使駐在・賠償支払など） 7・8 幕府、外国奉行をおく		8・― 長崎に幕府の英語伝習所を設立

	7・10オランダ、7・11ロシア、7・18イギリス、9・3フランスと修好通商条約・貿易章程調印 *8・2* イギリス、インド統治法を公布（直接支配の開始）		
一八五九年（安政六）	5・26 英駐日総領事（のち公使）オールコック来日 6・2 神奈川（横浜）・函館を開港。外国貿易開始 8・― 幕府、徳川斉昭・徳川慶喜らを処分、志士を断罪。10月、頼三樹三郎・橋本左内・吉田松陰らを断罪（安政の大獄）	1・13 幕府、開港場への出稼・移住・自由売買を許すと布告 5・24 幕府、外国貨幣の通用を布告 8・13 幕府、メキシコドル銀貨と同位の一分銀を鋳造	
一八六〇年（万延一）	1・13 幕府の軍艦咸臨丸、米国訪問に品川を出発（福沢諭吉ら乗船） 3・3 水戸藩浪士、大老井伊直弼の行列を襲撃・殺害（桜田門外の変） 6・17 ポルトガルと修好通商条約・貿易章程調印 *10・24* 清、イギリスと北京条約調印（天津条約を改訂増補） 12・14 プロシアと修好通商条約・貿易章程調印	閏3・15 輸出向け雑穀・水油・蠟・呉服・生糸の横浜直送を禁止（五品江戸回送令）	
一八六一年（文久一）	*3・17* サルジニア王エマヌエレ2世下にイタリア王国成立	6・19 幕府、庶民に大船の建造および外国商船の購入を解禁	

	4・— アメリカ南北戦争始まる（〜65・4） 10・20 和宮、江戸に下向、62・2・11将軍家茂との婚儀が行われる 12・— 幕府の遣欧使節団出発（福沢諭吉、箕作秋坪、寺島宗則、福地桜痴ら随行、62・12帰着）		
一八六二年（文久二）	5・9 幕府使節竹内保徳、英外相ラッセルとの間に、ロンドン覚書調印（江戸・大阪の開市、兵庫・新潟の開港を5年間延期、貿易制限の撤廃） 6・5 仏・ベトナム間にサイゴン条約調印 7・6 幕府、朝旨によって徳川慶喜を将軍後見職に任命、9日、松平慶永を政事総裁職に任命 閏8・1 幕府、初代京都守護職に若松〔会津〕藩主松平容保を任命 8・19 幕府使節竹内保徳、露外相との間に、両都両港の開市開港延期、樺太国境は改めて確定との協定をペテルブルクで調印 8・21 生麦で、鹿児島藩士、島津久光の行列を犯したとして英人を斬る（生麦事件）		9・11 幕府海外留学生、内田正雄・榎本武揚・赤松則良ら11人（海軍）、津田真道・西周（法学）、伊東玄伯・林研海（医学）、オランダへ向かう

	12・18　幕府、陸軍総裁・海軍総裁設置	
一八六三年（文久三）	5・10　萩藩、下関海峡通過の米・仏・蘭の艦船を砲撃（下関事件）。米・仏艦萩藩砲台を報復攻撃占領、64・10・22下関取極書 5・18　幕府、英仏守備兵の横浜駐屯を許可 7・―　英艦隊鹿児島湾で鹿児島藩と戦う（薩英戦争） 8・18　公武合体派の宮中クーデタ（八月一八日の政変）。三条実美ら7卿、長州に走る 12・29　スイスと修好通商条約・貿易章程調印	5・12　萩藩士5人、英国留学のため横浜から密出国（伊藤博文・井上馨・井上勝・山尾庸三ら）
一八六四年（元治一）	5・17　横浜鎖港談判使節池田長発・河津祐邦ら、パリでパリ約定に調印（下関海峡通航・輸入税率引下げを協定。横浜鎖港交渉断念） 7・18　長州藩兵、京都で幕軍と交戦（禁門の変） 7・23　萩藩追討の朝命。翌日幕府は西国21藩に出兵を命ずる（第1次征長の役） 8・5　英・米・仏・オランダ四国連合艦隊、下関海峡で萩藩砲台を攻撃、上	6・14　新島襄、函館より脱国し、アメリカへ向う ―・　開成所・翻訳方に召抱中の洋学者加藤弘之・杉亨二・福沢諭吉・箕作秋坪・箕作麟祥らを幕府直参とする

	陸して砲台を占領・破壊。萩藩、四国連合艦隊と講和		
一八六五年（慶応一）	*4・—* アメリカ南北戦争終る *12・12* オールコック、英公使として北京に着任		3・22 鹿児島藩士五代友厚・寺島宗則・森有礼・畠山義成・吉田清成ら19人、ひそかに英国留学へ出発 7・— 幕府のロシア留学生、市川文吉ら6人、ロシア船に乗じ、函館を出発 —・ 開成所、『万国公法』訓点・翻刻（米人エートン原著、丁韙良〔マーチン〕漢訳）
一八六六年（慶応二）	5・13 英・仏・米・オランダとの改税約書に調印 6・7 第2次征長の役の戦闘始まる *6・14* プロイセン・オーストリア戦争始まる 6・21 ベルギーと修好通商および航海条約調印 7・16 イタリアと修好通商条約調印 8・21 休戦御沙汰書 12・7 デンマークと修好通商および航海条約・貿易章程調印 12・25 孝明天皇没（31生、37歳）、67・1・9睦仁親王践祚 —・ この年、農民や庶民の暴動・打ちこわしが江戸時代で最大の規模・件数	4・7 学術修業および貿易のための海外渡航を解禁	10・26 幕府派遣の英国留学生、横浜を出帆（監督として中村正直・川路太郎、学生は外山正一・菊池大麓・林董ら12人、68・6・21帰国） 12・ 福沢諭吉『西洋事情』初編 —・ フィセリング述・津田真道訳「泰西国法論」〔稿〕

	に達する		
一八六七年 （慶応三）	2・25　幕府使節箱館奉行小出秀実、ペテルブルクで、樺太を日露両属とする仮規則に調印 6・6　幕府、12・7より兵庫開港、江戸・大阪開市を布告 8・—　名古屋地方から「ええじゃないか」ひろがる 10・14　幕府、大政奉還上表を朝廷に提出。10・15勅許の御沙汰書。10・22しばらく庶政委任の御沙汰 12・9　**王政復古を布告**		1・3　幕府、横浜に語学所を開設して英・仏語学を伝習することとし、陪臣にも就学を許す旨布達 1・11　徳川昭武、パリ万国博覧会参加のため横浜出発。箕作麟祥、翻訳方として随行（～68・1・24帰国）
一八六八年 （慶応四） （明治一）	1・3　鳥羽・伏見の戦。戊辰戦争おこる。1・7新政府、徳川慶喜追討令を出す 1・17　官制発布（三職七科の制） 2・3　親征の詔、官制を改め三職八局の制とし、職員を定める 2・9　総裁有栖川宮熾仁親王、東征大総督となる 3・14　五箇条の誓文を示す 閏4・27　**政体書**（太政官制、七官両局の制） 9・8　明治と改元し、**一世一元の制**を定める	3・15　**旧幕府の高札を撤去し、五榜の掲示** 5・30　「商法大意」を頒布、株仲間の独占を廃す 11・—　京都府戸籍仕法（市中・郡中各戸籍仕法） 11・13　刑名を定め、死流徒笞の4刑とする（火刑・磔刑を廃止） —・　仮刑律を編纂	2・23　京都で『太政官日誌』創刊（～77・1・22、1177号まで） 6・26　旧幕府の医学所を復興、6・29学問所（昌平学校）9・12開成所（開成学校）を復興 —・　フィセリング述・西周訳『万国公法』 —・　加藤弘之『立憲政体略』 —・　神田孝平訳『和蘭政典』

	10・28 藩治職制		
一八六九年（明治二）	1・20 薩長土肥4藩主、版籍奉還を上表 2・5 **府県施政順序** 4・8 民部官をおき、府県事務を総管 5・21 上局会議を開き、皇道興隆・知藩事新置・蝦夷地開拓などを諮問 5・22 弾正台をおく 6・17 版籍奉還を勅許、藩知事を任命（274名）、華族の称（公卿・諸侯の称廃止） 7・8 職員令（二官六省の制）、官位相当表を付す 7・27 府県奉職規則 9・— オーストリア＝ハンガリー、スウェーデン＝ノルウェー国、スペイン国と修好通商航海条約調印 *11・17* スエズ運河開通	3・— 刑法官で新律の取調開始 9・2 集議院に新律綱領撰定につき御下問 10・7 刑部省、新律に寛刑主義を採ることを達す	12・20 大学校を大学、開成学校を大学南校、医学校を大学東校と改称 —・— 箕作麟祥、フランス法典の全訳を開始、70から『仏蘭西法律書』として刊行 —・— 福沢諭吉訳『英国議事院談』 —・— 栗本鋤雲『暁窓追録』
一八七〇年（明治三）	*7・19* 普仏戦争始まる。*9・19* プロシア軍パリを包囲 閏10・2 外務省に大中少弁務使などをおき、外交官官制を整備 閏10・20 工部省をおく 12・22 各藩常備兵編成定則	1・3 大教宣布の詔 5・25 法庭規則 8・— 制度局で民法取調べを開始（主宰は中弁江藤新平） 9・19 平民に苗字使用を許可 10・9 新律提綱を編成（新律綱領と改称して12・20頒布の上諭）	8・27 大学南校、最初の留学生を米国へ派遣（目賀田種太郎ら4人） 12・22 海外留学生規則 —・— 加藤弘之『真政大意』

1870（明治3）年（続き）

12・20 **新律綱領**、太政官に下付される。12・27各府県に頒布

一八七一年（明治四）

1・18 ドイツ帝国成立（プロシア国王ウィルヘルム1世、ベルサイユ宮殿でドイツ皇帝に即位）

2・13 鹿児島（薩）・山口（長）・高知（土）の3藩兵により親兵を編成する達

3・— パリ・コミューンの成立（*5・28*ベルサイユ軍によって壊滅）

6・12 朝鮮の摂政・大院君、斥洋碑を全土に立て排外鎖国を声明する

7・9 司法省をおく

7・14 **廃藩置県の詔**、政府首脳人事更迭

7・18 大学を廃し、文部省をおく

7・29 **太政官職制並事務章程**（太政官三院制、正院・左院・右院をおく）、日清修好条規・通商章程・海関税則

8・10 官制改革、納言を廃し左右大臣をおく、官位相当を廃し官等とする

9・1 **条約改正の為の米欧遣使に付諮問書**

10・8 岩倉使節団を任命。11・12横浜を出航

10・22 司法省、佐々木高行（司法大輔）

4・4 **戸籍法**（壬申戸籍）

5・10 新貨条例

7・4 大小神社氏子取調規則

8・23 華族・士族・平民相互の結婚を許可

8・28 **賤民廃止令**

9・7 田畑勝手作を許可

9・27 司法省に明法寮を設立

10・4 高札のうち第五覚を廃する

—・ フィセリング述・神田孝平訳『性法略』

	を理事官とする欧米派遣官員を決定 11・27 県治条例（県治職制・県治事務章程・県治官員並常備金規則）		
一八七二年（明治五）	2・28 兵部省を廃し、陸軍省・海軍省をおく 4・9 庄屋・名主・年寄などの称を廃し、戸長・副戸長をおく 4・27 江藤新平（左院副議長）を司法卿に任ず 7・1 ペルー国船マリア＝ルース号取調を命ずる 8・3 **司法職務定制**（司法省職制章程、各裁判所章程・検事局章程・明法寮章程など） 9・13 司法省の一行渡欧に出発、11・1パリ着 9・14 琉球国王を藩王とする 10・25 教部省を文部省に合併 11・9 太陽暦を採用（明治5・12・3を明治6・1・1とする）、1年365日12ヵ月とし1日を24時に分ける 11・15 1月29日を神武天皇即位日として祝日とし、即位の年をもって紀元とする（明治6・10・14これを2月11日に改める）	2・15 田畑永代売買の禁の廃止 2・24 地券渡方規則 7・4すべての土地に地券を交付 3・27 鉱山心得書 4・― 懲役法を設ける 6・23 華士族・平民身代限規則 7・― 「皇国民法仮規則」成る 8・2 **学制につき「被仰出書」**。翌日、学制を頒布 9・24 租税未納者の身代限処分 10・2 **人身売買の禁止・永年季奉公の禁止・娼妓解放** 11・8 違式詿違条例 11・15 国立銀行条例・国立銀行成規を定め、銀行設立を許可 11・27 監獄則を定める 11・28 **各地方人民が地方官を裁判所へ提訴することを許す**、**徴兵に関する詔書および太政官告諭**（徴兵告諭）、明治6・1・10徴兵令および付録 11・― 罪案書式	2・8 『日新真事誌』創刊、英人ブラックによる 8・― 司法省法学校（明法寮）の生徒決定、9・17授業開始 ―・― 神田孝平訳『和蘭司法職制法』『和蘭州法』『和蘭邑法』 ―・― 天野御民他編『英国裁判所略説』 ―・― 馬屋原彰『和蘭議員選挙法』 ―・― ベッカリア『刑罰論抄訳』 ―・― J・S・ミル著・中村正直訳『自由之理』 ―・― 福沢諭吉『学問のすゝめ』初編 ―・― ブルンチュリー著・加藤弘之訳『国法汎論』

一八七三年 （明治六）	4・19 司法卿江藤新平、参議に転ずる 5・2 太政官制を改革（太政官制の潤飾） 5・26 遣欧副使大久保利通が帰国 6・25 集議院を廃し、その事務を左院に併せる 7・23 木戸孝允が帰国 9・6 司法省の一行帰国（河野敏鎌、鶴田皓、岸良兼養、井上毅、川路利良、益田克徳、沼間守一） 9・13 遣欧大使岩倉具視が帰国 10・24 朝鮮遣使延期により西郷隆盛、参議・近衛都督を辞職、翌日、副島種臣・後藤象二郎・板垣退助・江藤新平辞職 10・25 参議大木喬任を司法卿に任ずる 11・10 内務省をおく。11・29内務卿に大久保利通就任 11・15 ボアソナード、名村泰蔵と共に横浜着	1・17 地所質入書入規則 1・20 鳥獣猟免許取締規則 2・24 断獄則例 6・13 改定律例を頒布。7・10実施 7・17 **訴答文例** 7・19 各地方違式詿違条例 7・28 上諭・**地租改正条例**、地租改正施行規則、地方官心得書 10・— 断罪依証律	9・— 馬場辰猪・小野梓ら、ロンドンで日本学生会を組織（共存同衆の源流） 9・— 沼間守一、法律講習会を開く（嚶鳴社の起源） —・— ウールジー著・箕作麟祥訳『国際法、一名万国公法』
一八七四年 （明治七）	1・17 **民撰議院設立建白書**を左院に提出（副島種臣・後藤象二郎・江藤新平・板垣退助ら） 2・1 佐賀の乱おこる 2・12 左院職制・事務章程	1・18 妻妾以外の婦女分娩の子を私生子とする 1・28 検事職制章程、司法警察規則 5・19 民事控訴略則 6・7 禁厭、祈祷等によって医療を妨	2・— 明六社正式に発足（はじまりは73・8頃）、3月『明六雑誌』創刊 4・— ボアソナード、司法省官員に民法・民事訴訟法・治罪法・刑法などの講義を開始、4・9より司法省法学校

3・15 フランス、ベトナムと第2次サイゴン条約に調印、ベトナムを保護国とする
4・4 陸軍中将西郷従道に台湾蕃地討伐を命ず（台湾征討）
4・10 高知で立志社を設立（板垣退助ら）
5・— 左院に国憲編纂掛をおく
8・6 ボアソナード、台湾問題で清国政府と交渉の参議大久保利通の顧問として北京へ（11・27まで、随行名村泰蔵・井上毅）

げることを禁ずる
9・2 人民から官府に対する訴訟を認める
9・22 日本帝国電信条例
11・7 地所名称区別布告改正（官有・民有の2種に）
12・8 恤救規則

で講義開始
7・— 『法理雑誌』創刊（法律雑誌のはじめ）
9・20 共存同衆を結成（小野梓・赤松連城ら、のち、馬場辰猪・田口卯吉・島田三郎・肥塚竜ら）、75・1『共存雑誌』創刊
—・ 村田保『英国刑律摭要』

一八七五年（明治八）

1・27 英・仏公使、横浜駐屯軍隊の引揚を外務卿寺島宗則に通告
2・11 大阪会議（木戸孝允・大久保利通・板垣退助、大阪で会合）
2・22 立志社、愛国社を結成
4・14 **漸次立憲政体樹立の詔**、太政官制改正（元老院・大審院をおき、左右両院を廃止）
5・7 樺太千島交換条約に調印
5・14 司法省職制
5・24 **大審院諸裁判所職制章程**
6・20 地方官会議開院式（〜7・17閉院）

2・13 平民に姓を称することを強制
3・7 行政警察規則
3・24 地租改正事務局をおく
5・24 控訴上告手続
6・8 **裁判事務心得**（裁判規範に「条理」を採用）
6・28 **讒謗律**、新聞紙条例
7・7 官吏が政務に関して新聞紙雑報などに掲載を禁止
8・5 度量衡取締条例・度量衡種類表・度量衡検査規則
8・14 人身質を禁止
9・3 改正出版条例

5・4 明法寮廃止、法学生徒は司法省に引き継がれる
7・18 東京開成学校の米・仏・独への第1回留学生出発（鳩山和夫・小村寿太郎・松井直吉・古市公威ら）
8・— 司法省法学校から7名を留学させる（井上正一、栗塚省吾、熊野敏三、木下広次、磯部四郎ら）
—・ 加藤弘之『国体新論』

	7・3 正院法制課を廃し、法制局をおく 7・5 元老院開院式 7・16 フランス国民議会、共和国憲法を採択（第三共和国） 9・20 江華島事件 11・30 府県職制・事務章程（県治条例を廃止）	9・15 刑法草案取調掛を任命、9・20 **「起案ノ大意」**を決定、鶴田皓を纂集長とする 9・30 建物書入質規則並びに売買譲渡規則 12・9 婚姻・養子縁組・離婚・離縁は、戸籍に登記せざるうちは無効	
一八七六年（明治九）	2・26 **日朝修好条規調印** 9・6 元老院に**国憲起草を命ずる勅語** 9・26 法律起業之儀ニ付申稟 10・5 ボアソナード、元老院の顧問の契約締結 10・7 小笠原諸島は日本領であると宣言 10・24 熊本で「神風連の乱」 10・26 山口で「萩の乱」 10・27 福岡で「秋月の乱」 10・— 元老院、日本国憲按（第1次案） 12・19 伊勢暴動 12・23 トルコ帝国憲法公布	1・4 大木司法卿、政始ノ上奏で「刑法改正ノ儀」を上る 2・22 **代言人規則** 3・28 廃刀令 4・14 官吏懲戒令 4・17 **勧解手続概略** 5・20 合家禁止（徴兵逃れ対策） 6・10 断罪依証律 7・5 国安妨害の新聞雑誌は発行禁止とする 8・1 国立銀行条例を改正 8・5 金禄公債証書発行条例、78・7発行開始 9・18 元老院に訴訟法起草の命下る 10・23 陸軍恩給令 12・28 司法省、刑法草案第1稿上呈（4編524条）	6・25 東京開成学校第2回留学生出発（穂積陳重・杉浦重剛・桜井錠二ら） 7・— 司法省法学校第1期生卒業 8・— 岸本辰雄、宮城浩蔵ら司法省法学校から欧州留学 —・— 川路利良『警察手眼』 —・— 田中耕造『欧州各国憲法』 —・— ジブスケ口訳『仏蘭西憲法』 —・— 大井憲太郎訳『仏蘭西州法』 —・— 箕作麟祥＝大井憲太郎訳『仏国法律提要』 —・— ベンサム、何礼之訳『民法論綱』 —・— ピコー、山崎直胤訳『仏国民法注釈』 —・— メーゾンヌーヴ、大森鐘一訳『仏国刑法説約』 —・— 小野梓纂訳『羅瑪律要』

			―・　モンテスキュー著・何礼之訳『万法精理』 ―・　ミニエ著・河津祐之訳『仏国革命史』
一八七七年 （明治一〇）	1・1　ビクトリア女王、インド皇帝となると宣言 1・11　教部省を廃止 1・30　朝鮮国と釜山港居留地借入約書に調印 2・15　西郷隆盛、兵を率いて鹿児島を出発（西南戦争始まる～9・24） 4・24　ロシア・トルコ戦争始まる（～78・3） 5・26　内閣顧問木戸孝允没（33生、44歳） 6・―　立志社建白 9・6　侍補をおく	1・4　地租減額の詔書 1・29　20年以前の金穀訴訟は受理せず 2・9　保釈条例 4・―　司法省明治11年民法草案完成 5・21　第十五国立銀行開業 7・7　地券の書替なき土地所有権の移転を承認 9・11　利息制限法 9・―　司法省で治罪法の起草始まる 9・―　民法草案第1編（人事編）司法卿に上呈 11・28　日本刑法草案（確定稿）を司法卿から太政官に上申 12・25　太政官中に刑法草案審査局をおく（総裁伊藤博文）。78・1・14開局	4・12　東京開成学校、東京大学となる ―・　大井憲太郎訳『仏国民選議院規則』 ―・　大井憲太郎訳『法律提要』 ―・　田中耕造『仏国行政法』 ―・　長森敬斐＝生田精編、司法省刊『民事慣例集』 ―・　ボアソナード述・井上操筆記『性法講義』 ―・　スペンサー、尾崎行雄訳『権理提綱』 ―・　ルソー著・服部徳訳『民約論』 ―・　ボアソナード、井上操筆記訳『刑法撮要』
一八七八年 （明治一一）	2・7　寺島宗則外務卿、関税自主権回復を目的とする条約改正方針を決定 3・25　工部省電信中央局開業 4・10　第2回地方官会議、5・3閉会 5・14　参議兼内務卿大久保利通殺害、7・27司法省臨時裁判所、6人に斬罪	1・―　民法草案の後半なる（明治11年民法草案） 2・20　海外旅券規則 5・4　株式取引所条例 5・15　東京株式取引所設立免許（6・1開業）	2・20　横浜英国領事裁判所判決――密輸の薬用アヘンは禁制品ではないとし、無罪（ハルトリー事件） 10・15　陸軍裁判所判決――竹橋事件で近衛砲兵隊の兵卒に死刑53名など ―・　馬場辰猪『法律一班』

	を宣告 5・16 佐々木高行・元田永孚らの侍補、天皇親政の奏上 6・20 元老院、日本国憲按（第2次案）を議長に提出 7・22 郡区町村編成法・府県会規則・地方税規則（3新法）、府県官職制 9・11 愛国社再興大会 12・5 **参謀本部条例**	7・22 府県官職制 10・12 軍人訓戒を配付する旨通達	—・ ブラックストン、星亨訳『英国法律全書』 —・ 山崎直胤訳『仏国政法提要』 —・ ボアソナード『仏国刑法講義』『仏国訴訟法講義』 —・ ボアソナード、名村泰蔵訳『仏国治罪法講義』 —・ ブーフ、高木豊三＝井上操訳『仏国治罪法略論』 —・ ブスケ講義『仏国商法講義』 —・ 福沢諭吉『通俗民権論』『通俗国権論』 —・ ベンサム、島田三郎訳『立法論綱』 —・ 久米邦武編『特命全権大使米欧回覧実記』 —・ 司法省編『徳川禁令考』
一八七九年（明治一二）	3・11 琉球藩を廃して沖縄県をおく（琉球処分） 6・4 東京招魂社を靖国神社と改称 10・10 陸軍職制 10・13 侍補を廃止 12・— 各参議に、立憲政体に関する意見書提出を命ずる	1・— ボアソナードに民法草案起草を命ずる 5・19 東京大学法学部法律学科卒業生に無試験で弁護士免状を与える 6・27 虎列刺病伝染予防仮規則 9・— 伊藤博文「教育議」、元田永孚「教育議附議」 9・15 鎮台条例 9・29 教育令	—・ ブラックストン、西村玄道訳『英国治罪法』 —・ バトビー、岩田新平＝大井憲太郎訳『仏国政法論』 —・ 箕作麟祥編訳『仏国民法釈義』 —・ グロース講義『仏国刑法講義』

		10・8 **拷訊に関する全規則を廃止** 10・24 治罪法草案審査委員を任命、元老院中に治罪法草案審査局をおく	
一八八〇年 （明治一三）	3・3 太政官を六部制とする 3・5 太政官中に会計検査院をおき、大蔵省検査局を廃止 3・17 国会期成同盟を結成 4・17 片岡健吉・河野広中、国会開設上願書を提出（国会を開設するの允可を上願する書） 11・10 国会期成同盟第2回大会 12・27 元老院、**日本国憲按（第3次確定案）上申**	4・5 集会条例 4・8 区町村会法 5・11 外務省、刑法等の速やかな公布を要請 6・1 元老院に民法編纂局開局（総裁大木喬任） 7・17 **刑法（旧刑法）・治罪法**（82・1・1施行） 11・5 地方税規則改正、工場払下概則 12・28 教育令改正	7・― 専修学校創立（現専修大学） 7・― 司法省**『全国民事慣例類集』** 9・12 東京神田に東京法学社（現法政大学）開校 12・8 明治法律学校を設立（明治大学の前身） ―・― ボアソナード『法律大意講義』『仏国民法期満得免篇講義』『仏国民法財産編講義』『仏国民法契約編第二回講義』『仏国民法売買編講義』 ―・― トックヴィル著・肥塚竜訳『自由原論』 ―・― ヴィンドシャイト、山脇玄＝平田東助訳『独乙民法通論』 ―・― 高木豊三『刑法義解』 ―・― 村田保『刑法註釈』『治罪法註釈』
一八八一年 （明治一四）	3・― 『東洋自由新聞』創刊 3・― **大隈重信、国会開設奏議**を左大臣有栖川宮熾仁に提出 4・7 農商務省をおく 6・11 横浜連合生糸荷預所を設立 6・― 井上毅「憲法綱領意見」	3・11 憲兵条例 4・28 会計法 9・19 監獄則 12・28 陸軍刑法・海軍刑法、新旧刑法比照例 違警罪処分手続、警視庁違警罪	4・25 交詢社『私擬憲法案』発表 ―・― 立志社「日本憲法見込案」 ―・― **千葉卓三郎ほか「日本帝国憲法」** ―・― **植木枝盛「日本国国憲案」** ―・― フォスタンエリー『仏国刑法実用』 ―・― エミール・アコラス、岸本辰雄＝

	7・5 右大臣岩倉具視、太政大臣・左大臣に「**憲法大綱領**」を送る 7・26 東京横浜毎日新聞、開拓使官有物払下げ事件を暴露 10・1 自由党結党を決定、10・18結成会議 10・11 明治14年の政変、翌日、**国会開設に関する勅諭** 10・21 太政官六部を廃止、参議・省卿の兼任制を復活、参事院をおく 11・10 諸省事務章程通則	目（違警罪の裁判は当分の間警察署でおこなう）	内藤直亮訳『仏国法典改正論』 —・スペンサー著・松島剛訳『社会平権論』 —・ダーウィン著・神津専三郎訳『人祖論』 —・『東洋自由新聞』創刊
一八八二年（明治一五）	1・25 条約改正に関する第1回各国連合予議会を開催（〜7・27第21回まで） 2・8 開拓使を廃止 3・14 伊藤博文、憲法調査のため欧州出張に出発（83・8・3帰国）、立憲改進党を結党 3・18 立憲帝政党を結党 7・23 壬午事変、8・30済物浦条約調印 12・1 福島県自由党幹部河野広中ら逮捕（福島事件）	1・1 刑法（旧刑法、4編430条）、治罪法施行 1・4 **軍人勅諭** 6・3 集会条例改正追加 6・27 日本銀行を創立（日本銀行条例） 7・27 行政官吏服務紀律 8・5 戒厳令 8・12 徴発令 12・3 『幼学綱要』を下付 12・5 軍人勅諭 12・11 為替手形約束手形条例 12・12 請願規則 12・16 郵便条例 12・28 府県会議員の連合集会・往復通	—・ルソー著・中江兆民漢訳『民約訳解』 —・ホイートン、大築拙蔵訳『万国公法』 —・ベンサム、佐藤覚四郎訳『憲法論綱』 —・ブルンチュリー、玉田啓一郎訳『国法国政学沿革史』 —・アントワーヌ・ド・サンジョゼフ、馬屋原二郎訳『英仏民法異同条弁』 —・ムールロン、岩野新平＝井上操＝黒川誠一郎ほか訳『仏国民法覆義』 —・アニシモフ、寺田実訳『魯西亜民法』『魯西亜刑法』

信を禁止

—・名村泰蔵訳『独逸刑法』
—・ラヘリモル、井上毅訳『孛国憲法』
—・今村研介訳『独乙治罪法』
—・今村和郎訳『白耳義刑法』
—・小笠原美治『治罪法註釈』
—・ベンサム著・藤田四郎訳『政治真論一名主権弁妄』
—・加藤弘之『人権新説』
—・小野梓『国憲汎論』上巻（〜85、上中下3巻）

一八八三年（明治一六）

3・20　自由党高田事件で逮捕者（判決は12・17東京高等法院）
7・19　岩倉具視、病のため右大臣を辞任、翌日没（25生、59歳）
7・25　朝鮮政府と、日本人民貿易規則・海関税目・間行里程取極約書・日本人漁民取扱規則調印
8・3　伊藤博文参議ら一行、憲法調査の欧州から帰国
9・24　大井憲太郎、奥宮健之らの人力車夫懇親会「車会党」結社禁止

4・16　新聞紙条例改正
5・22　官省院庁の達・告示は官報登載を公式とする、5・26布告・布達の施行期限を定む
6・29　出版条例改正
7・2　『官報』第1号を発行
8・4　陸軍治罪法
9・11　海軍恩給令
10・24　陸軍監獄則
12・28　徴兵令改正

9・1　東京高等法院判決——福島事件で河野広中らに政府転覆の陰謀を認定
—・司法省編纂『徳川禁令考後聚』
—・司法省『商事慣例類集』
—・山田喜之助訳『英国憲法史』
—・司法省『法律語彙初稿』
—・ボアソナード『仏蘭西民法売買篇講義』
—・ムールロン、元老院訳『仏国訴訟法覆義』
—・オルトラン、河津祐之訳『刑法精義』
—・小室信介『東洋民権百家伝』
—・井上操『刑法述義』
—・植木枝盛『天賦人権弁』

			―・馬場辰猪『天賦人権論』 ―・バジョット著・高橋達郎訳『英国憲法論』 ―・板垣退助立案・植木枝盛記述『通俗無上政法論』
一八八四年（明治一七）	3・17 宮中に制度取調局設置 7・7 **華族令** 10・31 埼玉県秩父地方の農民、郡役所・高利貸などを襲撃（秩父事件）85・2・19浦和重罪裁判所判決、首魁は死刑 11・2 自由党解党 12・4 甲申事変 ―・この年、明治期で最多の農民騒擾167件、各地に借金党・困民党などの負債返弁騒擾続発	1・4 官吏恩給令、官吏非職条例 2・8 軍事部条例仮定 3・15 地租条例 3・21 海軍治罪法 6・7 商標条例 6・24 **勧解略則** 12・26 判事登用規則 12・27 火薬取締規則・爆発物取締罰則	12・12 司法省法学校文部省に移管、東京法学校と改称 ―・ロェスレル会社法草案（商社） ―・スペンサー、浜野定四郎＝渡辺治訳『政法哲学』 ―・ハドレー、土方寧＝有賀長雄訳『羅馬法綱要』 ―・高田早苗『英国行政法』 ―・堀田正忠『刑法釈義』 ―・曲木如長『巴威里憲法』 ―・ロング、平賀義質訳『英法小言』 ―・『法学協会雑誌』創刊 ―・植木枝盛『一局議院論』 ―・小野梓『民法之骨』
一八八五年（明治一八）	4・18 清国と天津条約調印（朝鮮問題、5・27告示） 5・18 鎮台条例改正 11・23 大阪事件で大井憲太郎ら逮捕 12・22 内閣制度を確立し、最初の内閣総理大臣以下各大臣を任命（第1次伊	4・18 専売特許条例 5・5 屯田兵条例 5・8 醤油税則、菓子税則 5・30 預金規則 9・24 違警罪即決例 11・9 種痘規則	9・10 英吉利法律学校開校（中央大学の前身） 9・29 東京法学校（司法省法学校）東京大学法学部へ合併 ―・ホルランド、江木衷講述『法理学講義』

年	政治・法制	法令	文献・その他
	藤博文内閣）、同日、**内閣職権**を定め、逓信省を新設、工部省・参事院・制度取調局を廃止 12・23　内閣に法制局をおく 12・26　官紀五章	12・28　布告・布達は官報登載をもって公式とする	―・堀田正忠・森順正『民法集解』 ―・田中耕造訳『仏国行政訴訟法論』 ―・宮城浩蔵『刑法講義』 ―・高田早苗『英国政典』 ―・福沢諭吉「脱亜論」 ―・山脇玄＝今村研介訳『独逸六法』 ―・メイン、鳩山和夫訳『緬氏古代法』
一八八六年（明治一九）	1・26　北海道庁を設置 2・26　**公文式** 2・26　各省官制通則 3・18　参謀本部条例改正 4・20　外相井上馨・外務次官青木周蔵を条約改正全権委員に任命 4・29　日米犯罪人引渡条約 5・1　外相井上馨、第1回条約改正会議を開催 5・5　裁判所官制 7・20　地方官官制 8・6　外務省に法律取調委員会をおく。87・10司法省に移管 10・24　ノルマントン号事件	3・2　**帝国大学令** 3・17　高等官官等俸給令 3・31　民法編纂局、民法第2編・第3編草案を提出して民法編纂局廃止 4・10　師範学校令・小学校令・中学校令 4・29　華族世襲財産法 5・10　教科用図書検定条例 6・25　日本薬局方 8・13　**登記法**、公証人規則 8・25　私立法律学校特別監督条規	1・11　小野梓没（52生、34歳） 11・4　関西法律学校を開校（関西大学の前身） ―・モッセ来日 ―・江木衷『法律解釈学』 ―・井上操『日本治罪法講義』上・中・下巻 ―・イェリング、磯部四郎訳『法理原論』 ―・アルフォンスボワステル、黒川誠一郎訳『天然法』 ―・ブラックストーン、石川伸甫訳『大英律』 ―・磯部四郎『仏国民法契約篇講義』 ―・一ノ瀬勇三郎『仏国民法証拠篇講義』 ―・フォンステンゲル、荒川邦蔵訳『孛国行政法典』

			―・― マキァヴェリ著・永井修平訳『君論』井上毅校閲
一八八七年 （明治二〇）	4・9 日本郵船会社の株式260万円を皇室財産に編入 4・― この頃、しばしば鹿鳴館で舞踏会を開催 6・1 伊藤博文ら、相州金沢で憲法草案の検討開始（8月「夏島草案」を作成）、ボアソナード、条約改正に関し意見書を内閣に提出 6・2 軍事参議官条例 7・29 各国公使に法典編纂の完成まで条約改正会議を無期延期と通告 10・3 後藤象二郎、丁亥倶楽部を設け大同団結運動を展開 10・― 外務省の法律取調所を司法省に移管	3・23 所得税法 4・16 法律取調委員会、民法・商法編纂の一時停止を上申 5・6 叙位条例 6・15 陸軍士官学校・陸軍幼年学校を設置 7・25 **文官試験試補及見習規則** 7・30 **官吏服務紀律改正** 10・― 『法令全書』刊行開始 12・26 保安条例 ―・― 農商務省、小作条例草案	9・9 帝国大学、法科大学法律学科にドイツ法学をおき英法・仏法・独法の3部編成とする ―・― 江木衷『現行刑法汎論』 ―・― 井上正一『日本刑法講義』 ―・― ゲオルグマイヤア、沢井要一訳『独逸行政法論』 ―・― スタイン、渡辺廉吉訳『行政学』 ―・― 富井政章『法学論綱』『契約法講義』 ―・― 土方寧『英国契約法』 ―・― ダローズ、堀田正忠訳『仏国民刑判決禄』 ―・― 岸本辰雄『仏国商事会社講義』 ―・― ブーフ、司法省訳『仏国商法略論』 ―・― ボアソナード、磯部四郎訳『性法講義』 ―・― 増島六一郎『財産法』『法律沿革論』『英吉利訴訟法』 ―・― 高木豊三『刑法講義録』 10・― 馬場辰猪 “The Political Condition of Japan” フィラデルフィアで出版、11・1同地で客死（50生、38歳）
一八八八年 （明治二一）	2・3 文部省、紀元節・天長節に学校で祝賀式典を挙げるよう内命 4・25 **市制・町村制** 4・30 黒田清隆内閣成立、枢密院官制	5・5 **特別認可学校規則**、私立7法律学校に文官高等試験受験資格を与え、規制を強化 5・14 師団制をしく	

（5・8枢密院開院式）
6・18 帝国憲法案の枢密院審議始まる（**伊藤博文演説**）
11・30 メキシコと修好通商条約調印

10・9 登記印紙規則
10・24 清国・朝鮮国駐在領事裁判規則
12・19 陸軍刑法・海軍刑法改正
12・20 特許条例・意匠条例・商標条例

―・― 江木衷『現行刑法各論』
―・― ヲルトラン、井上正一＝宮城浩蔵訳『仏国刑法原論』
―・― 井上正一『日本治罪法講義』
―・― 井上正一＝岸本辰雄『仏国人事法講義』
―・― プッヘルト、司法省訳『独逸訴訟法釈義』
―・― 戸水寛人『英国衡平法』『英国組合法』
―・― 『裁判粋誌』創刊
―・― 中江兆民『国会論』

一八八九年（明治二二）

2・11 **大日本帝国憲法**、**皇室典範**、議院法・**貴族院令**・衆議院議員選挙法・会計法
3・9 参謀本部条例・海軍参謀部条例
4・1 市制町村制の施行開始
5・10 会計検査院法
10・― 大隈外相の条約改正方針に、政府分裂。黒田首相、伊藤枢密院議長辞任
11・1 黒田清隆・伊藤博文に対し「**元勲優遇**」の詔書
12・10 条約改正交渉延期を閣議決定
12・24 第1次山県有朋内閣成立、

1・22 改正徴兵令
2・11 大赦令
3・9 海商法（商法第5編）
3・23 地券を廃止し、地租は土地台帳によって徴収する
7・31 土地収用法

5・― 法学士会、法典編纂に関する意見書を発表（法典論争の始まり）
6・27 帝国大学文科大学に国史科をおく
9・― 和仏法律学校を設立（法政大学の前身）
11・― 内閣記録局編『法規分類大全』刊行開始
―・― 有賀長雄『須多因氏講義筆記』『帝国憲法編』
―・― 磯部四郎『憲法講義』『日本治罪法講義』
―・― 井上操『憲法述義』

	内閣官制		ー・ー 元田肇『帝国憲法正解』 ー・ー スタイン、河島醇訳『憲法及行政法講義』 ー・ー 富井政章『刑法論綱』 ー・ー 宮岡恒次郎『会社法』 ー・ー『法理精華』創刊 ー・ー 穂積八束「新憲法の法理及憲法解釈の心得」 ー・ー 伊藤博文『帝国憲法・皇室典範義解』 ー・ー スタイン口述・有賀長雄訳『須多因氏講義』
一八九〇年（明治二三）	2・8 青木周蔵外相の条約改正方針を閣議決定 2・10 **裁判所構成法** 3・27 陸軍省官制・海軍省官制改正 5・17 府県制、郡制 6・30 **行政裁判法** 7・1 第1回総選挙 10・10 **行政庁の違法処分に関する行政裁判の件** 10・11 地方官官制 10・20 元老院を廃止 10・30 **教育に関する勅語**（教育勅語） 11・25 第1通常議会召集（11・29開会、	4・21 **民法中、財産編・財産取得編（12章まで）・債権担保編・証拠編**、民事訴訟法（91・4・1施行） 4・26 **商法** 6・21 官吏恩給法、官吏遺族扶助法、軍人恩給法、 7・14 元老院で刑法改正案の審議はじまる 7・25 **集会及政社法** 8・21 家資分散法、判事懲戒法 8・25 **銀行条例** 9・18 命令の条項違反に関する罰則 9・26 鉱業条例	1・27 慶応義塾大学部、始業式（文学科・法律科・理財科の3科） 9・9 帝国大学法科大学で日本法典の教育を中心とすることとする 9・21 日本法律学校、開校式（のちの日本大学） ー・ー 小中村清矩＝荻野由之『日本制度通』 ー・ー ロエスレル起稿『商法草案』 ー・ー 井上操『刑事訴訟法述義』 ー・ー 塩入太輔『監獄学』『警察学』 ー・ー 堀田正夫『郡制府県制釈義』 ー・ー ボアソナード訓定・富井政章校閲

年	一般事項	法令	文献
	91・3・7閉会）	10・4 非訟事件手続法 10・7 改正小学校令、法例、**民法中、財産取得編（13章以下）・人事編**、刑事訴訟法 10・10 訴願法 12・27 商法および商法施行条例施行期限法	『日本民法義解』 —・梅謙次郎『仏国質入法講義』『商法義解』 —・伊東巳代治『民法異議』 —・馬場辰猪著、山本忠礼＝明石兵太郎訳『条約改正論』 —・穂積陳重『法典論』 —・長尾景弼編『日本六法全書』 —・磯部四郎『大日本新典民法釈義』『大日本新典商法釈義』
一八九一年（明治二四）	1・9 内村鑑三、教育勅語に拝礼せず、不敬事件となる 2・18 内大臣三条実美没（37生、54歳） 5・6 山県内閣が総辞職、第1次松方正義内閣成立、山県有朋に元勲優遇の詔書 5・11 滋賀県大津でロシア皇太子傷害事件――大津事件 7・1 府県制施行開始 11・21 第2通常議会召集、12・25解散 12・18 田中正造、衆議院に足尾鉱毒事件につき質問書提出	1・— 第1帝国議会に「刑法改正案」（4編414条）を提出 3・24 度量衡法 6・17 小学校祝日大祭日儀式規定 8・— 職工条例制度の可否を各地商業会議所に諮問 11・17 小学校教則大綱	4・—『法学新報』創刊（東京法学院） —・梅謙次郎『日本売買法』 8・— **穂積八束「民法出テヽ忠孝亡フ」** —・穂積陳重『隠居論』 —・宮城浩蔵＝**亀山貞義**『民事訴訟法正義』 —・井上操『民事訴訟法述義』
一八九二年（明治二五）	1・— 久米邦武筆禍事件（「神道は祭天の古俗」）、3・4帝国大学教授を免官 2・15 第2回臨時総選挙（選挙干渉事	1・28 予戒令 5・28 貴族院、民法・商法施行延期法案を議決、6・10衆議院議決	5・— 法典論争「法典実施延期意見」（『法学新報』14号） 5・— **梅謙次郎「法典実施意見」**、法

年	政治	法律	法学・法思想
	件多発、3・11品川弥次郎内相辞任） 5・2　第3特別議会召集、6・14閉会 8・8　第2次伊藤博文内閣 11・25　第4通常議会召集、93・2・28閉会	6・17　小包郵便法 6・21　鉄道敷設法 11・24　民法及商法施行延期法	治協会「法典実施断行ノ意見」 7・12　大審院懲戒裁判所判決——司法官弄花事件で大審院長児島惟謙らを免訴 11・—　ボアソナード「日本ニ於ケル労働問題」（『法学協会雑誌』） —・—　荻野由之＝小中村清矩＝増田了信『日本古代法典』 —・—　梅謙次郎『民法債権担保篇』『日本民法和解論』
一八九三年（明治二六）	2・10　内廷費などから建艦費補助の詔勅（和衷協同の詔勅） 5・19　防穀令賠償問題が妥結 5・20　海軍軍令部条例、海軍省官制改正 5・22　戦時大本営条例 7・8　条約改正案・交渉方針を閣議決定 11・25　第5通常議会召集、12・30解散	3・4　**弁護士法** 3・4　取引所法 3・6　商法及商法施行条例改正 3・25　**法典調査会規則** 4・14　集会及政社法改正、出版法、版権法 7・1　商法一部施行（会社・手形・小切手・破産の部分） 8・11　帝国大学令改正、帝国大学官制・帝国大学教官俸給令 8・12　学校の祝祭日に用いる歌を選定（「君が代」など） 10・7　民法・商法施行取調委員を任命 10・31　文官任用令、文官試験規則（11・4特別認可学校制度を廃止）、外交官	—・—　宮城浩蔵『刑法正義』 —・—　梅謙次郎『改正商法講義』 —・—　磯部四郎『改正増補刑法講義』

		及領事官制改正 12・21 市町村立小学校教員任用令	
一八九四年 （明治二七）	3・1 第3回臨時総選挙 3・29 朝鮮で東学党蜂起（東学党の乱） 5・12 第6特別議会召集、6・2解散 7・16 **日英通商航海条約**調印（8・27公布）・付属議定書・付属税目（99・7・17施行） 8・1 清国に対し宣戦（日清戦争） 8・20 朝鮮政府と暫定合同条款調印 9・1 第4回臨時総選挙 10・15 第7臨時議会を広島に召集、10・21閉会 11・22 日米通商航海条約・付属議定書（99・7・17施行） 12・20 山県有朋に元勲優遇の詔書 12・22 第8通常議会召集、95・3・23閉会	4・13 移民保護規則 6・6 軍用電信法 6・25 高等学校令 10・3 金鵄勲章年金令	—・小河滋次郎『監獄学』
一八九五年 （明治二八）	3・17 井上毅没（43生、53歳） 3・20 下関で、李鴻章と伊藤博文・陸奥宗光の会談開始 4・17 **日清講和条約**（下関条約） 4・30 三国干渉の受入れを閣議決定 6・8 日露通商航海条約・付属議定書 10・8 日本人壮士・軍隊が京城で閔妃	2・26 私設鉄道株式会社法 3・6 古物商取締法 3・16 貯蓄銀行条例改正 6・18 生糸検査所法 8・6 台湾総督府条例（陸軍省）	3・8 ボアソナード離日 —・『大審院民事判決録』『大審院刑事判決録』創刊 —・『東洋経済新報』創刊 —・織田万『日本行政法論』 —・岡田朝太郎『日本刑法論』

	を殺害 10・29 巣鴨監獄が竣工 12・25 第9通常議会召集、96・3・28閉会		
一八九六年（明治二九）	3・7 沖縄県郡編成、沖縄県区制 3・30 製鉄所官制 3・31 拓殖務省官制、台湾総督府条例・同評議会章程・同民政局官制 4・4 日独通商航海条約・付属議定書 7・21 日清通商航海条約 8・4 日仏通商航海条約・付属議定書 9・18 第2次松方正義内閣成立 10・19 第1回農商工高等会議 12・18 高等教育会議規則 12・22 第10通常議会召集、97・3・24閉会	3・24 航海奨励法、造船奨励法 3・28 登録税法、酒造税法、自家用酒造法、混成酒造法、営業税法、葉煙草専売法 3・31 **台湾に施行すべき法令に関する件**、台湾総督府直轄諸学校官制 4・20 日本勧業銀行法、農工銀行法、農工銀行補助法、銀行合併法 4・27 **民法第1・2・3編公布** 8・6 台湾総督府、憲兵隊・警察官による戸籍編成を告示 8・16 台湾地租規則 10・1 犯罪即決例（台湾総督府） 12・29 法典の施行延期に関する法律	3・11 大審院判決――娼妓契約は違法・無効 —・— 有賀長雄『日清戦役国際法論』 —・— 梅謙次郎『民法要義』 —・— 穂積陳重＝富井政章＝梅謙次郎校閲『帝国民法正解』 —・— ドイツ民法典公布 —・— 穂積八束『国民教育憲法大意』 —・— 高木豊三『民事訴訟法論綱』
一八九七年（明治三〇）	3・1 第2回農商工高等会議 3・29 貨幣法・兌換銀行券条例改正（金本位制の成立） 6・1 福岡県八幡村に製鉄所開庁 6・7 日本勧業銀行設立免許 7・4 労働組合期成会を設立 8・24 陸奥宗光没（44生、54歳）	3・24 蚕種検査法 3・29 関税定率法、国税徴収法 3・30 阿片法、砂防法 4・1 伝染病予防法、台湾銀行法 4・12 森林法、勅任参事官制 6・15 万国郵便条約に加盟 12・24 司法省、刑法草案につき弁護士	3・— 国際法学会を設立 3・3 足尾銅山鉱毒被害地の人民800人、日比谷に結集（足尾鉱毒兇徒聚衆事件） 3・30 大審院判決――白紙委任状付株券の譲渡を現時の商慣習と認める 6・22 京都帝国大学創立

	9・1 拓殖務省を廃止し、内閣に台湾事務局をおく 10・1 金本位制実施 10・21 **台湾総督府官制** 12・1 鉄工組合結成 12・21 第11通常議会召集、12・25解散	会に意見諮問、翌日「刑法草案（2編322条）」刊行	11・29 箕作麟祥没（46生、52歳） ―・ 中村進午『新条約論』『国際公法論』 ―・ 有賀長雄『帝国憲法講義』 ―・ 高野房太郎「日本に於ける労働問題」（『社会雑誌』）
一八九八年（明治三一）	1・12 第3次伊藤博文内閣成立、松方正義に元勲優遇の詔書 1・20 元帥府条例 1・22 教育総監部条例 3・15 第5回臨時総選挙 4・22 福建不割譲に関し日清交換公文 4・25 韓国に関する西・ローゼン協定 5・14 第12特別議会召集、6・10解散 6・28 司法省、司法官の淘汰に着手 6・30 大隈重信内閣成立（隈板内閣） 8・10 第6回臨時総選挙 9・21 清国で戊戌の政変、西太后が実権を握り、康有為ら逃亡 10・18 社会主義研究会を結成（安部磯雄・片山潜・幸徳秋水・木下尚江ら） 11・7 第13通常議会召集、99・3・9閉会 11・8 第2次山県有朋内閣成立 12・20 衆議院、地租増徴の田畑地価修	1・1 北海道の全部および沖縄県・小笠原島に徴兵令を施行 6・21 **民法第4・5編**、**法例**、民法施行法、戸籍法、人事訴訟手続法、非訟事件手続法、競売法公布 6・25 保安条例廃止 7・11 外国人の養子・入夫を許可制により認める 7・16 民法を施行 7・17 台湾地籍規則・台湾土地調査規則（台湾総督府） 7・28 台湾公学校令 8・31 保甲条例（台湾総督府） 9・― 農商務省、工場法案を作成 11・5 匪徒刑罰令（台湾総督府） 11・30 憲兵条令改正 12・― 日清戦争後の各種増税法を公布〜99・2（混成酒造法改正、酒造税法改正、田畑地価修正法、地租条例改正、	―・ 古賀廉造『刑法新論』 ―・ 立作太郎『比較帰化法』

	正法、地租条例改正を可決	改正所得税法、醤油税則改正）	
一八九九年 （明治三二）	2・8　衆議院議員選挙法改正の政府案、議会に提出 3・16　府県制改正、郡制改正 4・7　官営八幡製鉄所、大冶鉄山から鉱石の優先買入契約 5・3　裁判管轄権に関する日英議定書 5・15　京仁鉄道設立 5・18　第1回ハーグ万国平和会議（〜7・29） 6・—　大井憲太郎・柳内義之進ら、大日本労働協会および小作条例期成同盟会結成（大阪） 7・17　改正条約を実施 8・24　宮中に帝室制度調査局を設置 11・20　第14通常議会召集、00・2・23閉会 11・—　東京巣鴨の少年感化院「家庭学校」の趣意書・校則（留岡幸助）	2・7　中学校令改正、実業学校令 2・8　償金特別会計法改正、台湾に施行すべき法令に関する法律の期限を延長、供託法 2・24　不動産登記法 3・2　北海道旧土人保護法 3・4　著作権法 3・9　**商法**修正法、商法施行法（6・16施行） 3・10　印紙税法、法典調査会規則改正 3・11　沖縄県土地整理法 3・14　関税法 3・16　**国籍法** 3・22　北海道拓殖銀行法 3・23　国有林野法 3・28　文官任用令改正、文官分限令、文官懲戒令 4・20　外債募集に関する件 6・17　府県税・家屋税に関する件 7・15　軍機保護法、要塞地帯法 8・3　私立学校令、同施行規則 11・11　図書館令	11・—　『法学志林』創刊 —・—　山口弘一『国際私法提要』 —・—　末岡精一『比較国法学』 —・—　横山源之助『日本之下層社会』 —・—　横山源之助『内地雑居後の日本』 —・—　デルンブルヒ、中村進午他訳『独逸民法論』
一九〇〇年 （明治三三）	1・13　普通選挙同盟会、衆議院に請願書	1・16　府県監獄費・府県監獄建築費に関する法律	5・—　京都法政学校設立（立命館大学の前身）

1・28 社会主義協会発足
3・29 衆議院議員選挙法改正
4・9 枢密院諮詢事項に関する御沙汰書、教育制度・内閣官制・官吏に関する勅令を含める
4・25 教育総監部条例改正、参謀本部・陸軍省と並んで天皇に直隷とする
4・27 各省官制通則改正
内務省官制改正、司法省官制改正、監獄局を司法省に移す
5・19 陸軍省官制改正、海軍省官制改正、海軍教育本部条例、海軍艦政本部条例
5・31 北清事変で日本軍を含む列国軍隊北京に到着
9・15 立憲政友会発会式（総裁伊藤博文）
10・19 第4次伊藤博文内閣成立
12・10 台湾製糖株式会社設立
12・22 第15通常議会召集、01・3・24閉会

3・7 未成年者喫煙禁止法、産業組合法、土地収用法
3・10 **治安警察法**、感化法
3・13 郵便法、鉄道船舶郵便法、郵便為替法
3・14 電信法
3・22 保険業法
3・23 日本興業銀行法
3・27 民法施行法改正（民法施行50年後の永小作権消滅を規定）、地上権に関する法律
6・2 行政執行法
8・20 小学校令改正、翌日、同施行規則
9・15 外国において鉄道を敷設する帝国会社に関する件
10・2 娼妓取締規則

5・12 皇太子の結婚を論評した山川均ら不敬罪で逮捕
9・― 『法律新聞』創刊
9・14 津田梅子、女子英学塾を設立。開校式（津田塾大学の前身）
―・― 三浦菊太郎『日本法制史』
―・― 勝本勘三郎『刑法析義各論』
―・― 三浦周行『五人組制度の起源』

一九〇一年（明治三四）

2・24 愛国婦人会創立
3・28 北海道会法、北海道地方費法
5・18 社会民主党を結成
6・2 第1次桂太郎内閣成立

2・4 第15帝国議会に「刑法改正案」（2編300条）を提出
2・― 法典調査会「**刑法改正ノ要旨**」
3・30 酒造税法改正、酒精及酒精含有

2・3 福沢諭吉没（34生、68歳）
6・20 大審院判決――戸主権は契約・親族会の決定をもって制限できないが絶対無制限ではない

	9・7 義和団事件最終議定書調印 12・7 第16通常議会召集、02・3・9閉会 12・10 田中正造、天皇に足尾鉱毒事件を直訴	飲料税法、麦酒税法、砂糖消費税法、関税定率法改正（諸増税） 4・1 北海道、旧土人児童教育規程を実施 4・13 畜牛結核病予防法、漁業法 9・21 永代借地権に関する件および勅令	8・— 有斐閣『帝国六法全書』創刊 10・25 大審院判決——根抵当の有効性を認める 12・13 中江兆民没（47生、55歳） —・— 小河滋次郎『監獄談』 —・— 梅謙次郎『民法講義』 —・— 有賀長雄『国法学』
一九〇二年（明治三五）	1・30 日英同盟協約、ロンドンで調印 3・17 鉱毒調査委員会官制 3・27 日本興業銀行設立 4・5 衆議院議員選挙法別表改正（市部選出議員を増加） 5・20 第一銀行、韓国釜山支店で銀行券発行 8・10 第7回総選挙 12・6 第17通常議会召集、12・28解散	1・25 第16帝国議会に「刑法改正案」（2編299条）を提出 3・25 商業会議所法、国語調査委員会をおく 3・28 臨時教員養成所官制 11・5 農商務省、工場法案を全国各商業会議所に諮問 12・2 国勢調査に関する件 12・11 第17帝国議会に「刑法改正案」（2編298条）を提出	5・12 大審院判決——足尾鉱毒兇徒聚衆事件で兇徒聚衆の成立要件に「共同ノ意思」が必要 9・2 東京専門学校、早稲田大学と改称 9・— 『国際法外交雑誌』創刊 —・— 穂積陳重『五人組制度』
一九〇三年（明治三六）	3・1 第8回総選挙 5・8 第18特別議会召集、6・4閉会 6・10 東京帝国大学法科大学教授戸水寛人・小野塚喜平次・富井政章ら7博士、政府へ建議書を提出 7・14 政友会、伊藤博文辞任後の総裁を西園寺公望に決定 11・— 平民社創立、『平民新聞』創刊	3・20 監獄官制 3・27 **専門学校令** 4・13 改正小学校令（国定教科書となる） 6・17 粗製樟脳・樟脳油専売法 11・6 海軍工廠条例	5・21 大審院判決——窃盗罪の目的物（電気窃盗事件） 8・— 明治法律学校を明治大学、和仏法律学校を法政大学、私立日本法律学校を私立日本大学と改称 —・— 『臨時台湾旧慣調査会第一回報告』 —・— 農商務省『職工事情』 —・— 上杉慎吉『行政法総論』

	12・5 各省官制通則改正、第19通常議会召集、12・11解散 12・28 戦時大本営条例改正、海軍軍令部条例改正		―・高橋作衛『平時国際法論』『戦時国際公法』 ―・富井政章『民法原論』 ―・梅謙次郎『民法原理』 ―・オットー・マイヤー、美濃部達吉訳『独逸行政法』 ―・小野塚喜平次『政治学大綱』前編
一九〇四年（明治三七）	2・8 日本軍、旅順でロシア軍を攻撃開始、2・10ロシアに宣戦布告（日露戦争） 2・23 日韓議定書 3・1 第9回総選挙 3・13 『平民新聞』社説「与露国社会党書」を掲載 3・18 第20臨時議会召集、3・29閉会 4・― 小学校で国定教科書の使用開始 5・31 韓国の保護国化を閣議決定 8・14 片山潜、第2インターナショナルのアムステルダム大会に出席 8・22 第1次日韓協約 11・28 第21通常議会召集、05・2・27閉会	1・12 罰金および笞刑処分例（台湾総督府） 2・4 肺結核予防令 3・30 臨時事件費支弁に関する件、陸軍・海軍に属する臨時事件費特別会計法 4・1 非常特別税法（増税と新税）、煙草専売法、貯蓄債券法 4・4 下士兵卒家族救助令 9・29 徴兵令改正 11・10 台湾地租規則（台湾総督府）	9・1 私立京都法政専門学校、私立京都法政大学と改称（立命館大学の前身） ―・松本烝治『商法原論』 ―・上杉慎吉『行政法原論』
一九〇五年（明治三八）	1・31 第一銀行京城支店を韓国における中央銀行とする 5・17 イギリス外相、日英同盟の強化	1・1 非常特別税法改正・相続税法・塩専売法など、増税と新税の諸法 2・16 郵便貯金法、蚕病予防法、実用	1・7 関西法律学校、関西大学と改称 8・19 東京法学院大学、中央大学と改称

	を提議 7・29 韓国・フィリピン問題につき、桂・タフト協定 8・12 第2回日英同盟協約、ロンドンで調印 8・25 文部省、東京帝国大学法科大学教授戸水寛人を休職処分とする（戸水事件） 9・5 ポーツマス講和条約調印 日比谷焼打ち事件、9・6東京に戒厳令施行 11・17 第2次日韓協約(韓国保護国化) 12・21 韓国統監府官制・理事庁官制、06・2・1開庁 12・25 第22通常議会召集、06・3・27閉会	新案法 3・8 鉱業法 3・13 担保付社債信託法、鉄道抵当法、**工場抵当法**、鉱業抵当法 4・1 刑の執行猶予に関する件 6・22 鉱業警察規則 7・8 日露戦費のため公債3億円募集 12・2 外交官及領事官官制改正	
一九〇六年（明治三九）	1・7 第1次西園寺公望内閣成立 2・11 普選同盟会、普通選挙全国同志大会を開催 3・15 東京市電値上げ反対市民大会、暴動化 6・8 南満州鉄道株式会社の設立に関する勅令 6・26 韓国裁判事務法 8・1 関東都督府官制、韓国駐剳軍指	3・2 非常特別税法改正、増税の存続を決定 3・31 鉄道国有法、京釜鉄道買収法 4・7 廃兵院法 4・11 北海道に地租条例を施行、台湾に施行すべき法令に関する件 4・17 保安規則（韓国統監府） 4・19 産業組合法改正 5・2 医師法、歯科医師法	11・27 大審院判決——兵隊養子無効

	令部条例 9・25　旅順鎮守府条例 10・—　山県有朋、「帝国国防方針案」を上奏 11・26　南満州鉄道株式会社設立（満鉄） 12・25　第23通常議会召集、07・3・27閉会	6・8　司法省に法律取調委員会をおく、刑法改正案を審議 9・1　満鉄付属地に警務署および支署をおく、笞刑執行及笞刑囚人処遇規則（関東都督府） 10・26　営業取締規則（関東都督府）	
一九〇七年 （明治四〇）	2・1　**公式令**（公文式を改正） 2・4　足尾銅山で暴動事件 2・17　福田英子ら、治安警察法第5条改正の請願を衆議院に提出。3・16衆議院可決 3・15　樺太庁官制 3・16　沖縄県及島嶼町村制 5・8　華族令改正 6・10　日仏協約、仏領インドシナに関する日仏宣言 6・15　第2回ハーグ平和会議（〜10・18） 7・19　韓国皇帝、ハーグ密使事件で譲位の詔勅 7・24　第3次日韓協約および秘密覚書 7・28　ロシアとの通商航海条約・漁業協約 7・30　第1回日露協約	1・—　第23帝国議会に「刑法改正案」提出 3・20　関東都督府特別会計法・樺太庁特別会計法 3・21　小学校令改正（義務教育年限を6年とする） 3・25　帝国大学特別会計法 4・24　**刑法改正**（2編264条）公布、08・10・1施行 9・12　**軍令第1号**公示 10・8　韓国駐箚憲兵に関する件	—・—　美濃部達吉『日本國法学』

	8・1 京城で韓国軍解散式、以後「義兵闘争」全土に広がる 11・16 移民に関する日米紳士協約第1号 12・25 第24通常議会召集、08・3・26閉会		
一九〇八年（明治四一）	5・15 第10回総選挙 7・14 第2次桂太郎内閣成立 9・19 皇室祭祀令 10・9 条約改正準備委員会官制 10・13 **戊申詔書**（国民道徳作興） 11・30 高平・ルート協定 12・19 参謀本部条例改正 12・22 第25通常議会召集、09・3・24閉会	2・― ～3月、石油消費税法、砂糖消費税法・酒造税法・麦酒税法等各改正（増税諸法） 3・28 監獄法 3・28 刑法施行法 4・10 陸軍刑法改正、海軍刑法改正 4・14 満州における領事裁判に関する法律、公証人法 9・24 関東州裁判令 9・26 陸軍監獄令、海軍監獄令 9・29 **警察犯処罰令**	2・4 大審院判決――窃盗罪における不法領得の意思 12・15 大審院民事連合部判決――民法177条の物権変動の範囲 ―・― 美濃部達吉『憲法及憲法史研究』
一九〇九年（明治四二）	2・11 **登極令**・摂政令・立儲令・皇室成年式令 7・3 日糖事件で、代議士20名に有罪 7・6 韓国併合の方針を閣議決定 10・11 三井合名会社設立。三井銀行・三井物産、株式会社に改組 10・26 伊藤博文暗殺、10・2・14関東都督府旅順地方法院、安重根に死刑宣	4・5 立木に関する法律、特許法・意匠法・商標法・実用新案法各改正 4・13 耕地整理法改正 5・1 建物保護法律 5・6 新聞紙法 10・18 統監府司法庁官制、統監府監獄官制、韓国における犯罪即決令	―・― 美濃部達吉『日本行政法』

	告 10・29 韓国銀行を設立 12・22 第26通常議会召集、10・3・23閉会		
一九一〇年（明治四三）	4・15 関税定率法改正（関税自主権が認められる） 5・25 大逆事件で逮捕開始、11・1・18大審院判決（死刑24名） 6・3 併合後の韓国に対する施政方針を閣議決定 6・22 拓殖局官制 7・4 第2回日露協約 7・17 政府、英・伊・独など10ヵ国に、現行通商条約廃棄の通告 8・22 **韓国併合に関する日韓条約** 8・29 韓国併合に関する詔書、韓国王室を皇族の礼をもって遇する詔書、韓国の国号を改め朝鮮と称する、朝鮮総督府をおく 9・30 **朝鮮総督府官制**（初代総督寺内正毅陸軍大臣兼韓国統監） 11・3 帝国在郷軍人会発会式 12・20 第27通常議会召集、11・3・22閉会 12・24 皇室財産令	1・28 政府、工場法案を議会に提出（撤回） 3・3 陪審制度設立建議案を衆議院で可決 3・19 衛戍条例改正 3・25 地租条例改正・宅地地価修正法・通行税法 4・4 日本勧業銀行法・農工銀行法各改正 4・13 外国人の土地所有権に関する件 4・21 漁業法改正 8・29 **朝鮮に施行すべき法令に関する件** 9・30 朝鮮総督府臨時土地調査局官制 10・13 部落有林野を市町村に統一帰属させるよう通牒 12・15 犯罪即決例（朝鮮総督府） 12・29 会社令（朝鮮総督府）	3・4 大審院判決――放火罪における「焼燬」の意義 7・6 大審院判決――登記手続請求権の代位行使 8・26 梅謙次郎没（60生、51歳） 10・11 大審院判決――零細な反法行為の可罰性（一厘事件） ―・ 池辺義象『日本法制史』 ―・ 穂積八束『憲法提要』 ―・ 大場茂馬『刑法各論』上下 ―・ 小疇伝『新刑法論』 ―・ 臨時台湾旧慣調査報告『台湾私法』

一九一一年（明治四四）	2・11 済生に関する勅語。5・30恩賜財団済生会設立 2・21 日米通商航海条約・付属議定書調印（関税自主権を確立） 2・— 南北朝正閏論争で国定歴史教科書の使用を禁止 3・11 衆議院、普通選挙法案をはじめて可決（3・15貴族院否決） 4・3 日英通商航海条約改正 4・7 市制・町村制改正 7・13 第3回日英同盟協約 8・21 警視庁に特別高等課を設置 8・30 第2次西園寺公望内閣成立 10・10 中国の武昌で蜂起、辛亥革命始まる 12・23 第28通常議会召集、12・3・25閉会	3・24 日本勧業銀行法改正、農工銀行法改正、日本興業銀行法改正 3・25 朝鮮に施行すべき法令に関する件 3・29 **工場法**（16・9・1施行）、朝鮮銀行法 3・30 電気事業法 4・1 貨幣法を台湾・樺太に施行 4・17 土地収用令（朝鮮総督府） 5・3 商法中改正法律 7・31 一連の学制改革令公布 8・24 朝鮮教育令、10・24教育勅語を朝鮮総督に下付 9・22 市町村吏員服務紀律	1・18 大審院特別部判決——大逆事件被告24人に死刑 9・— 『青鞜』創刊 —・— 上杉慎吉『国民教育帝国憲法講義』 —・— 石坂音四郎『日本民法債権総論』 —・— 岡村司『民法親族編講義』 —・— 松本烝治『商法改正法評論』
一九一二年（明治四五）（大正一）	1・1 南京臨時政府成立（孫文臨時大総統、中華民国元年） 1・13 国際紛争平和処理条約 2・12 清国の宣統帝退位。清朝滅亡 2・29 日仏通商航海条約 3・4 中国新政権に対する英米仏独四国借款団への条件付加入につき訓令 3・10 袁世凱、北京で臨時大総統に就	3・18 朝鮮民事令・朝鮮不動産登記令・朝鮮刑事令・朝鮮笞刑令・朝鮮監獄令 7・22 仮置場法 8・13 土地調査令（朝鮮総督府） 9・26 恩赦令・大赦令	4・5 大審院判決——不貞の抗弁 6・— 美濃部・上杉論争 10・5 穂積八束没（60生、53歳） 11・— ビルクマイアの蔵書、中央大学が購入 —・— 小河滋次郎『監獄法講義』 —・— 大場茂馬『刑法総論』 —・— 美濃部達吉『憲法講話』

	任 5・11 第11回総選挙 7・8 第3回日露協約調印 7・30 明治天皇没（52生、61歳）、大正と改元、9・13大葬 8・1 鈴木文治ら、友愛会を結成 8・13 大正天皇、即位にあたって元老（山県・大山・松方・井上・桂）に勅語 8・21 第29臨時議会召集、8・25閉会 11・— 2個師団増設問題 12・5 陸軍の圧力で西園寺内閣倒壊、以後、第1次護憲運動おこる 12・21 第3次桂太郎内閣成立、西園寺公望を元老とする勅語 12・24 第30通常議会召集、13・3・26閉会		
一九一三年（大正二）	2・11 第3次桂太郎内閣総辞職（大正政変） 2・20 第1次山本権兵衛内閣成立 4・9 朝鮮産出の米・籾の移入税を廃止 6・13 行政整理で大蔵省・農商務省等各省官制改正、陸軍省・海軍省官制改正（大臣次官の現役制廃止） 6・18 日伊通商航海条約	2・6 軍隊教育令 4・8 所得税法改正、非常特別税法廃止 4・9 刑事略式手続法 6・13 行政裁判所令 7・16 小学校令改正 8・1 文官任用令改正、任用分限等の規定を適用せざる文官に関する件 10・30 朝鮮総督府、府制を定める	5・29 東京地方裁判所判決——第1次護憲運動に伴う騒動に騒擾罪を適用 7・11 大審院判決——裁判所には違憲立法審査権がない 7・12 京都帝大法科大学で沢柳事件、教授会の人事権確立 11・18 大審院判決——中止犯における「止メタ」の意義 —・ 市村光恵『行政法総論』

	10・6 日本政府、中華民国を承認 12・24 第31通常議会召集、14・3・25閉会	11・5 陸軍召集令	―・勝本勘三郎『刑法要論総則』 ―・立作太郎『戦時国際法』 ―・南満州鉄道株式会社編『満洲旧慣調査報告書』
一九一四年（大正三）	2・9 シーメンス事件で海軍大佐を拘禁（シーメンス、ヴィッカース事件） 3・24 山本権兵衛内閣総辞職、後継首相難航 4・16 第2次大隈重信内閣成立 5・4 第32臨時議会召集、5・7閉会 6・20 第33臨時議会召集、6・28閉会 6・23 防務会議規則 7・28 オーストリア、セルビアに宣戦布告、第1次世界大戦はじまる 8・23 日本政府、ドイツに中国の租借地を要求し、宣戦布告、第1次世界大戦に参戦 9・3 第34臨時議会召集、9・9閉会 10・6 各省官制通則改正 11・7 日本軍、青島を占領 12・3 駐中国公使に対華要求を訓令 12・5 第35通常議会召集、12・25解散	3・31 取引所税法・営業税法・相続税法・地租条例各改正 3・31 戸籍法改正、寄留法 7・11 行政執行令（朝鮮総督府） 9・10 臨時軍事費特別会計法 9・12 戦時海上保険補償法	4・2 大審院判決――過失犯における注意義務の基準 4・29 大審院判決――偽証罪における陳述の虚偽性 7・4 大審院判決――録音盤の著作権を否定（雲右衛門レコード事件） ―・上杉慎吉『帝国憲法述義』 ―・松本烝治『商行為法』 ―・臨時台湾旧慣調査会第1部報告『清国行政法』
一九一五年（大正四）	1・18 中国大総統袁世凱に**21ヵ条の要求を提出** 3・20 帝国蚕糸（株）設立（第1次蚕	1・25 米価調節令 1・27 公立学校職員分限令 2・3 台湾に公立中学校を設置	1・26 大審院判決――婚姻予約有効判決 3・16 大審院判決――官有地の入会権

	糸業救済） 3・25 第12回総選挙 4・12 大礼使官制 5・17 第36特別議会召集、6・9閉会 7・2 各省の参政官・副参政官に与党議員を任命 8・10 大隈重信内閣、大浦事件で改造 9・1 井上馨没（53生、81歳） 10・7 米価調節調査会官制（10・27第1回米価調節調査会、米価応急調節案上申） 10・19 政府、英仏露の単独不講和ロンドン宣言に加入 11・10 大正天皇、即位礼 11・29 第37通常議会召集、16・2・28閉会	6・21 帝国鉄道会計法改正、染料医薬品製造奨励法、無尽業法、無線電信法 6・30 看護婦規則 9・15 青年団体に対する内務省・文部省の共同訓令	を否定 5・21 大審院判決――窃盗罪と不法領得の意思 ―・ 市村光恵『帝国憲法論』 ―・ 松本烝治『保険法』
一九一六年（大正五）	1・12 大隈重信首相暗殺未遂事件 4・25 経済調査会官制 6・― 友愛会婦人部設置 7・3 第4回日露協約 10・9 寺内正毅内閣成立 12・25 第38通常議会召集、17・1・25解散	3・18 台湾に施行すべき法令に関する件（明治39年法律31号）の期限を21年末まで延長する 3・18 海軍航空隊令 4・1 朝鮮に専門学校を設置 6・15 文部省官制改正（学校衛生官をおく） 6・28 保健衛生調査会官制 7・10 簡易生命保険法	2・9 加藤弘之没（36生、81歳） 6・1 大審院判決――徳島市立小学校遊動円棒事件で市に民事賠償責任 9・12 大審院判決――中間省略登記を有効とする 12・22 大審院判決――過失の意義と違法性（大阪アルカリ事件） ―・ 穂積陳重『法窓夜話』 ―・ 上杉慎吉『議会・政党及政府』

8・3　鉱夫労役扶助規則・鉱業警察規則各改正
9・1　工場法施行
9・20　華族世襲財産法改正

『国体・憲法及憲政』
－・牧野英一『刑法と社会思潮』
－・立作太郎『戦争と国際法』
－・松本烝治『会社法講義』
－・吉野作造「憲政の本義を説いて其有終の美を済すの途を論ず」
－・佐々木惣一「立憲非立憲」
－・鳩山秀夫『日本債権法総論』
－・岡松参太郎『無過失損害賠償責任論』

一九一七年（大正六）

1・20　日本興業銀行・朝鮮銀行・台湾銀行、中国交通銀行へ借款500万円供与契約（西原借款のはじめ）
2・12　外務省臨時調査部官制、大蔵省臨時調査官官制、臨時産業調査局官制、通信省臨時調査局官制
3・10　日本工業倶楽部設立
3・15　ロシア、ニコライ2世退位、臨時政府成立（ロシア2月革命）
4・20　第13回総選挙
6・6　臨時外交調査委員会官制
6・21　第39特別議会召集、07・14閉会
7・31　拓殖局官制、関東都督府官制改正・朝鮮鉄道の経営を満鉄に委託する等

1・29　公立学校職員制
4・5　請願令
7・20　軍事救護法
7・25　製鉄業奨励法
8・20　国立感化院令
9・12　金貨幣・金地金輸出取締令（事実上の金本位制停止）
11・28　関東州・満鉄付属地における朝鮮銀行券の通用を公布
12・16　軍需調査令

2・24　大審院判決――瑕疵担保責任と錯誤（受胎馬錯誤事件）
－・穂積重遠『法理学大綱』『親族法大意』
－・織田万『法学通論』
－・雉本朗造『判例批評録　第1巻』
－・ロンブロゾ、寺田精一訳『犯罪人論』
－・花井卓蔵『自救権論』
－・牧野英一『日本刑法』

	9・21 臨時教育会議官制 10・7 ペトログラードでソビエト政権樹立を宣言（ロシア10月革命） 11・2 日米、中国に関する交換公文（石井・ランシング協定） 12・25 第40通常議会召集、18・3・26閉会		
一九一八年（大正七）	4・17 **共通法** 5・15 満鉄、鞍山製鉄所を設置 5・22 都市計画調査会官制 6・25 救済事業調査会官制 7・23 米価大暴騰で、富山県魚津町から米騒動が始まる 8・2 政府、シベリア出兵を宣言 9・9 寺内正毅内閣弾劾関西新聞記者大会の記事で執筆者ら起訴（白虹事件） 9・18 臨時国民経済調査会官制 9・29 原敬内閣成立 11・28 皇室典範増補 12・25 第41通常議会召集、19・3・26閉会	1・18 高等試験令、普通試験令 2・21 書堂規則（朝鮮総督府） 3・23 所得税法・酒造税法・酒精及び酒精含有飲料税法・麦酒税法各改正、戦時利得税法 3・25 軍用自動車補助法 4・17 軍需工業動員法 4・25 外国米管理令 8・16 穀類収用令 12・6 **大学令**、改正高等学校令	12・18 大審院判決――不作為による放火 ―・美濃部達吉『憲法講話』「植民地についての解説」 ―・末弘厳太郎『債権各論』 ―・吉野作造「民本主義を説いて再び憲政有終の美を済すの途を論ず」
一九一九年（大正八）	1・17 **臨時教育会議、醇風美俗・家族制度に調和しない法律の改正などを建議** 1・18 パリ講和会議始まる（〜6・23）	1・4 台湾教育令 3・27 結核予防法、精神病院法 4・5 都市計画法、市街地建築物法 4・10 史跡名勝天然記念物保存法、司	3・3 大審院判決――権利の濫用（信玄公旗掛松事件） 4・1 東京帝大に経済学部を設置 6・11 大審院判決――内縁の成立に儀

	3・1　朝鮮独立宣言発表、朝鮮全土で示威運動（万歳事件、3・1運動） 4・12　関東庁官制 5・4　北京の学生、山東問題に抗議して示威運動（5・4運動） 6・28　ベルサイユ講和条約調印 7・9　臨時財政経済調査会官制、**臨時法制審議会官制（内閣、民法改正と陪審法制定を諮問）** 7・31　ドイツ国民議会、ワイマール憲法を採択 8・20　朝鮮総督府官制、台湾総督府官制各改正（文官総督を認める） 8・30　友愛会7周年大会、大日本労働総同盟の成立 12・24　第42通常議会召集、20・2・26閉会	法代書人法 4・11　道路法 4・12　関東軍司令部条例 4・15　政治に関する犯罪処罰の件（朝鮮総督府） 5・23　衆議院議員選挙法改正 8・19　朝鮮民衆に対し、内鮮無差別、一視同仁の詔勅 12・16　軍需調査令	式は不要 12・13　大審院判決――刑法上の「人」の始期は母体より一部を露出のとき ―・―　加藤正治『破産法』 ―・―　三浦周行『法制史之研究』 ―・―　吉野作造『普通選挙論』 ―・―　津田左右吉『古事記及び日本書紀の新研究』
一九二〇年（大正九年）	1・10　国際連盟発足、東京帝大経済学部助教授森戸辰男、論文「クロポトキンの社会思想の研究」のため休職 2・7　新婦人協会、治安警察法第5条修正の請願書を衆議院に提出 3・15　株価暴落、戦後恐慌始まる 3・28　**新婦人協会、綱領・宣言** 3・31　政府、シベリア安定まで撤兵し	3・24　朝鮮刑事令改正 3・31　笞刑令を廃止（朝鮮総督府） 5・15　文官任用令および関係勅令改正 7・31　改正所得税法、酒造税法改正 8・2　銀行条例改正 8・20　著作権法改正 11・10　朝鮮教育令改正 12・16　道路取締令	2・5　大学令による初の私立大学、慶応義塾大学・早稲田大学の設立認可 2・17　東京帝大、女子に聴講を認める 6・26　大審院判決――共有の性質を有する入会権 10・30　大審院判決――芸妓稼業契約に伴う前借金契約は、独立の借金契約として有効

	ないことを声明 5・2 日本最初のメーデーを上野公園で開催 5・10 第14回総選挙 6・29 第43特別議会召集、7・28閉会 8・24 内務省社会局・農商務省工務局労働課をおく 10・1 第1回国勢調査実施 10・2 警視庁特別高等課に労働係をおく 10・23 外務省政務局を廃止、亜細亜局・欧米局をおく 11・2 カリフォルニア州議会、排日土地法可決 12・9 堺利彦・大杉栄ら、日本社会主義同盟を結成 12・25 第44通常議会召集、21・3・26閉会 12・— いわゆる「宮中某重大事件」		—・ 岡野敬次郎『会社法講義案』 —・ マルクス、高畠素之訳『資本論』
一九二一年（大正一〇）	2・12 不敬罪等で大本教幹部を一斉検挙（第1次大本教事件） 2・17 衆議院、関東州アヘン取扱非難決議案を上程、否決 4・11 市制・町村制各改正 4・12 郡制廃止法	4・4 米穀法 4・8 借地法、借家法、国有財産法 4・9 職業紹介法、航空法、公有水面埋立法 4・11 黄燐燐寸製造禁止法 4・12 刑事訴訟費用法、度量衡法改正	6・28 大審院判決――「村八分」を不法行為として損害賠償請求権を認める 8・20 山崎今朝弥ら自由法曹団結成 —・ 恒藤恭『批判的法律哲学の研究』 —・ 美濃部達吉『日本憲法』第1巻、『時事憲法問題批判』

11・4　原敬首相、東京駅頭で刺殺（56生、66歳）
11・12　ワシントン会議開催（〜22・2・6）
11・13　高橋是清内閣成立
11・25　皇太子裕仁、摂政となる
12・13　太平洋における島嶼たる属地・領地に関する4ヵ国条約（ワシントン会議）
12・24　第45通常議会召集、22・3・25閉会

4・22　日本勧業銀行と農工銀行の合併に関する件
4・26　陸軍軍法会議法、海軍軍法会議法、刑事交渉法
4・30　特許法・実用新案法・意匠法・商標法各改正、弁理士法
10・11　軍隊教育令改正

—・　上杉慎吉『帝国憲法』
—・　佐々木惣一『日本行政法論』
—・　穂積陳重『五人組制度論』
—・　末弘厳太郎『物権法』

一九二二年（大正一一）

1・10　大隈重信没（38生、85歳）
2・1　山県有朋没（38生、85歳）
2・6　海軍軍備制限に関するワシントン条約、中国に関する9ヵ国条約（ワシントン会議）
2・15　ハーグ常設国際司法裁判所発足
3・3　全国水平社創立大会
3・31　南洋庁官制
3・—　**全国水平社、綱領・宣言・決議**
4・9　日本農民組合結成
4・20　府県制改正
6・12　加藤友三郎内閣成立
7・15　日本共産党を非合法に結成
8・1　日本経済連盟会を設立

2・6　改正朝鮮教育令・改正台湾教育令
4・12　**借地借家調停法**
4・17　**少年法**・矯正院法
4・20　治安警察法改正
4・21　信託法
4・22　健康保険法
4・25　破産法、和議法
5・5　改正刑事訴訟法
10・14　監獄を刑務所と改称
12・18　朝鮮戸籍令（朝鮮総督府）

6・5　立命館大学・関西大学・東洋協会大学の各私立大学、設立認可
8・29　東北帝大に法文学部をおく
—・　岡村司『民法と社会主義』
—・　大場茂馬『陪審制度論』
—・　鳩山秀夫『債権総論』
—・　三潴信三『借地及借家法』
—・　松本烝治『商行為法』

	9・— 日本労働組合総連合結成大会 12・25 第46通常議会召集、23・3・26閉会		
一九二三年（大正一二）	9・1 関東大震災 9・2 第2次山本権兵衛内閣成立 9・4 労働運動指導者平沢計七ら、亀戸署で軍隊に殺される（亀戸事件） 9・16 憲兵大尉甘粕正彦、大杉栄・伊藤野枝らを憲兵隊で殺害 9・19 帝都復興審議会官制 9・27 帝都復興院官制 11・10 国民精神作興に関する勅語 12・10 第47臨時議会召集、12・23閉会 12・25 第48通常議会召集、24・1・31解散 12・27 摂政狙撃事件（虎ノ門事件）	1・1 少年審判所設置 3・30 工場法改正、工場労働者最低年齢法 4・6 産業組合中央金庫法 4・14 恩給法 4・18 **陪審法** 5・8 小作調査官官制 9・2 非常徴発令、戒厳令中必要の規定適用の件 9・7 流言浮説取締罰則 支払猶予令、暴利取締令 10・22 警察官及消防官服制改正	5・21 東京弁護士会分裂し、第一東京弁護士会設立 10・— 民法判例研究会（末弘厳太郎ら）『判例民法』第1巻（大正10年度）刊行開始 12・8 甘粕事件軍法会議判決 12・14 東京帝大セツルメントの創立総会（会長末弘厳太郎） —・— 『法曹会雑誌』創刊 —・— 船田享二『カントの法律哲学』 —・— ラートブルフ、島田武夫訳『法律哲学概論』 —・— 中田薫『徳川時代の文学と私法』 —・— 牧野英一『刑事訴訟法』 —・— 小野清一郎『刑事訴訟法講義』 —・— フェルリ、山田吉彦訳『犯罪社会学』 —・— 鳩山秀夫『日本民法総論』 —・— 中川善之助『相続法』 —・— 松本烝治『商法総論』『海商法』 —・— 末弘厳太郎「就業規則の法律的性質」

			―・― 美濃部達吉『憲法撮要』 ―・― 牧野英一『法律における進化と進歩』
一九二四年（大正一三）	1・7 清浦奎吾内閣成立 1・― 第2次護憲運動始まる 2・25 復興局官制 5・10 第15回総選挙 5・26 アメリカで排日条項を含む新移民法成立（排日移民法） 6・11 第1次加藤高明内閣成立（護憲3派内閣） 6・25 第49特別議会召集、7・18閉会 7・2 松方正義没（35生、90歳） 7・22 朝鮮銀行法改正 8・12 各省官制通則改正 10・2 国際連盟総会、国際紛争の平和的解決に関する議定書を採択（ジュネーブ議定書） 11・25 行政整理のため、諸官制改正廃止など公布 11・― 吉野作造ら、明治文化研究会を創立 12・24 第50通常議会召集、25・3・30閉会	4・14 保険会社助成金交付令 6・2 復興交付公債令 7・22 復興貯蓄債券法、**小作調停法**、借地借家臨時処理法 12・29 労働者募集取締令	9・26 九州帝大に法文学部をおく 12・4 大学の女子聴講生、文部省に大学・高等学校の門戸開放を陳情 ―・― 平野義太郎『民法に於けるローマ思想とゲルマン思想』 ―・― 上杉慎吉『帝国憲法述義』 ―・― 美濃部達吉『行政法提要』 ―・― 孫田秀春『労働法総論』 ―・― 板倉卓造『近世国際法史論』 ―・― 小野武夫『永小作権論』 ―・― 穂積陳重『法律進化論』 ―・― 末弘厳太郎『農村法律問題』
一九二五年	1・20 日ソ基本条約、北京で調印	3・28 漁業財団抵当法	6・9 大審院判決――たぬき・むじな

（大正一四）	3・12　孫文没（66生、59歳） 3・31　農林省官制、商工省官制（農商務省を廃止） 8・2　第2次加藤高明内閣成立 9・26　万国郵便条約 10・20　朴烈・金子文子夫妻（23・9・2検挙）を大逆罪で起訴（朴烈事件） 10・21　婦人・児童の売買禁止に関する国際条約に留保付きで調印 12・1　京都府警察部、京都帝大寄宿舎を家宅捜査、「京都学連事件」の発端 12・25　第51通常議会召集、26・3・25閉会	3・30　輸出組合法、重要輸出品工業組合法 4・1　外国人土地法 大蔵省に預金部をおく、預金部資金運用規則 4・13　陸軍現役将校学校配属令 4・22　**治安維持法** 4・28　陸軍航空本部令、陸軍自動車学校令、陸軍通信学校令 5・5　**衆議院議員選挙法改正**（男子普通選挙） 5・19　**民法改正要綱** 5・23　失業統計調査令 5・26　活動写真フィルム検閲規則 8・18　内務省、労働組合法案を発表 12・19　営利職業紹介事業取締規則	事件 7・8　大審院判決――時効により取得した不動産においても登記を対抗要件とする 11・28　大審院判決――不法行為と権利侵害（大学湯事件） ―・―　パウンド、山口喬蔵訳『英米法の精神』 ―・―　岡田朝太郎『刑法各論』 ―・―　末川博『民法に於ける特殊問題の研究』1・2巻 ―・―　加藤正治『海商法講義』 ―・―　安井英二『労働協約法論』 ―・―　森口繁治『比例代表法の研究』 ―・―　宮沢俊義「抵抗権史上に於けるロック」 ―・―　平野義太郎『法律における階級闘争』 ―・―　三浦周行『続法制史の研究』 ―・―　尾佐竹猛『維新以後に於ける立憲思想』
一九二六年 （大正一五） （昭和一）	1・30　第1次若槻礼次郎内閣成立 5・13　宗教制度調査会官制 5・25　小作調査会官制 6・24　府県制改正、市制・町村制改正、	1・25　関東州土地収用令 2・16　労働組合法政府案、衆議院に上程（審議未了） 3・29　関税定率法改正	2・16　大審院判決――即死と生命侵害による損害賠償請求権の相続性 5・22　大審院判決――不法行為による損害賠償の範囲（富喜丸事件）

	6大都市行政監督特例 10・21　皇統譜令、皇室儀制令、国葬令 12・24　第52通常議会召集、27・3・25閉会 12・25　大正天皇没（79生、48歳）、摂政裕仁親王践祚し、昭和と改元 12・28　西園寺公望に元老として輔弼せよの勅語	3・30　郵便年金法、**商事調停法** 4・9　**労働争議調停法**、治安警察法改正 4・10　暴力行為等処罰に関する件 4・24　民事訴訟法中改正、刑事訴訟法中改正 5・21　自作農創設維持補助規則 7・1　工場法改正・工場労働者最低年齢法各施行 10・15　臨時法制審議会**「刑法改正ノ綱領」**発表	9・28　大審院判決――遺棄罪における保護義務は事務管理も根拠となる ―・―　パウンド、北川淳一郎＝星野通訳『法律哲学概論』 ―・―　メツガー、都富佃訳『法律哲学』 ―・―　デュギー、木村亀二訳『国家変遷論』 ―・―　メーン、小泉鉄訳『古代法律』 ―・―　ヴィノグラドフ、山名寿三訳『英法概論』 ―・―　広浜嘉雄『私法学序説』 ―・―　末川博『民法大意』 ―・―　末弘厳太郎『民法講話』 ―・―　穂積重遠『相続法大意』 ―・―　田中耕太郎『会社法概論』 ―・―　中田薫『法制史論集』第1巻 ―・―　滝川政次郎『法制史上より観たる日本農民の生活』 ―・―　末弘厳太郎『労働法研究』
一九二七年 （昭和二）	2・7　大正天皇大喪に伴う恩赦（大赦13万余人・減刑4万余人） 3・15　京浜間の銀行で取付けがおこり、金融恐慌始まる 4・20　田中義一内閣成立 4・22　金銭債務の支払延期および手形	3・29　朝鮮事業公債法 3・30　不良住宅地区改良法、海外移住組合法、銀行法 3・31　計理士法、公益質屋法 4・1　兵役法（徴兵令を廃止） 4・5　花柳病予防法、商工会議所法	5・17　大審院判決――夫の貞操義務を認める 5・30　大審院判決――慰謝料請求権の相続性（いわゆる残念残念事件） 6・14　大審院判決――競落された稲立毛の小作人による刈取りは窃盗となる

	等の保存行為の期間延長に関する件（モラトリアム） 5・3　第53臨時議会召集、5・8閉会 5・27　資源局官制 5・28　第1次山東出兵 6・27　東方会議（～7・7） 7・15　コミンテルン日本問題特別委員会「日本問題に関する決議」決定（27年テーゼ） 12・24　第54通常議会召集、28・1・21解散	4・6　工場附属寄宿舎規則 12・1　**臨時法制審議会「民法相続編中改正ノ要綱」決議**	11・11　大審院判決――労働農民党のビラ貼りにつき出版法違反を認める ―・黒田覚『ウィン学派の法律学とその諸問題』 ―・ケルゼン、中野登美雄訳『国家原理提要』 ―・ラスク、恒藤恭訳『法律哲学』 ―・美濃部達吉『逐条憲法精義』 ―・小野清一郎『刑事訴訟法判例研究』 ―・大津淳一郎『大日本憲政史』 ―・我妻栄「近代法に於ける債権の優越的地位」『法学志林』
一九二八年（昭和三）	2・20　第16回総選挙（最初の普通選挙） 3・15　共産党員を全国で大検挙（3・15事件） 4・10　日本商工会議所設立 4・16　日独通商航海条約 4・20　第55特別議会召集、5・6閉会 第2次山東出兵を声明 5・3　山東出兵の日本軍、国民政府軍と衝突（済南事件） 5・26　日ソ漁業条約 6・4　張作霖、関東軍により爆殺される（満州某重大事件） 8・27　パリ不戦条約（ケロッグ・ブリ	1・20　専門学校令改正 6・29　**治安維持法改正の緊急勅令** 7・3　特別高等警察を全国に設置 9・1　鉱夫労役扶助規則改正 10・1　陪審法施行 11・10　鉄道省官制改正	3・10　大審院判決――即死による死者の損害賠償請求権は相続人に発生する ―・小野清一郎『法理学と「文化」の概念』 ―・滝川政次郎『日本法制史』 ―・浅井清『行政法の基礎概念』 ―・栗生武夫『婚姻立法における二主義の抗争』 ―・岡野敬次郎『商行為法及保険法』 ―・『現代法学全集』日本評論社

	アン条約） 11・10　昭和天皇、即位礼 12・24　第56通常議会召集、29・3・25閉会		
一九二九年 （昭和四）	1・17　臨時電気事業調査会官制 4・16　第3次日本共産党弾圧事件（4・16事件） 5・13　法制審議会官制 5・22　米穀調査会官制 6・3　政府、中国国民政府を承認 6・10　拓務省官制 7・1　文部省、社会教育局を設置、学生課を部に昇格 7・2　田中義一内閣総辞職、浜口雄幸内閣成立 7・19　社会政策審議会官制 10・24　世界恐慌始まる 11・21　産業合理化審議会 12・13　日本工業倶楽部理事会、労働組合法反対を決議 12・23　第57通常議会召集、30・1・21解散	3・28　国宝保存法、家畜保険法 3・30　水産試験場官制 4・2　救護法（32・1・1施行） 4・5　陪審法改正 4・12　資源調査法 5・29　小作調停法を宮城・岩手・青森3県に施行 6・20　工場危害予防及衛生規則 7・1　改正工場法施行 11・21　金解禁に関する大蔵省令	2・4　大審院判決――傷害罪の故意 12・16　大審院判決――不動産賃借人は所有権者に代位して不法占拠に対する妨害排除請求権を有する 12・―　『法律時報』創刊（末弘厳太郎編集、日本評論社） ―・　穂積陳重『法律と慣習』 ―・　モンテスキュー、宮沢俊義訳『法の精神』 ―・　パウンド、高柳賢三訳『法と道徳』 ―・　イェリネック、美濃部達吉訳『人権宣言論』 ―・　小野清一郎『法律思想史概説』 ―・　美濃部達吉『行政裁判法』 ―・　渡辺宗太郎『土地収用法論』 ―・　松本烝治『日本会社法論』 ―・　山中篤太郎『労働組合法の生成と変転』 ―・　田中耕太郎『商法研究』第1巻
一九三〇年 （昭和五）	1・11　金輸出解禁実施 1・21　ロンドン海軍軍縮会議を開会	5・3　商工省に貿易局設置、6・2臨時産業合理化局をおく	―・　末弘厳太郎『法窓雑話』 ―・　イェーリング、和田小次郎訳『法

	2・20 第17回総選挙 4・21 第58特別議会召集、5・13閉会 4・22 ロンドン海軍軍縮条約（日英米仏伊5ヵ国） 4・25 ロンドン条約締結に関し、衆議院で統帥権干犯問題おこる 5・10 市制・町村制等改正法案、衆議院で可決（婦人に公民権を認める） 5・20 共産党シンパ事件 9・― 陸軍士官等が桜会結成 10・1 枢密院、ロンドン条約諮詢案を無条件承認 第3回国勢調査 10・27 台湾の霧社で蜂起事件 11・11 昭和6年度予算案、海軍拡張計画を閣議決定 11・14 浜口雄幸首相、東京駅で狙撃され重傷 12・24 第59通常議会召集、31・3・27閉会 ―・ 世界恐慌、日本に波及（昭和恐慌）	5・17 輸出補償法 5・22 盗犯等防止および処分法 9・5 内務省、婦人公民権法原案を公表 10・30 米籾輸入関税引上令	律目的論』 ―・ 早稲田大学法学会編『サヴィニー・ティボー法典論議』 ―・ 風早八十二『治安維持法』 ―・ 船田享二『近代訴権理論形成の史的研究』 ―・ 山中篤太郎『日本労働組合法研究』 ―・ 末川博編『岩波六法全書』創刊 ―・ 美濃部達吉『現代憲政評論』 ―・ 我妻栄『民法総則』 ―・ 末川博『権利侵害論』 ―・ パシュカーニス、山之内一郎訳『法の一般理論とマルキシズム』 ―・ 佐々木惣一『日本憲法要論』
一九三一年（昭和六）	1・26 日本農民組合結成 2・9 小作法案を議会に提出 3・17 衆議院、労働組合法案・労働争議調停法改正案を可決（貴族院で審議	3・30 軍事救護法改正、抵当証券法 3・31 地租法、米穀法改正 4・1 **重要産業統制法**、無尽業法、自動車交通事業法	2・20 大審院判決――婚姻の予約に関する「誠心誠意判決」 12・3 大審院判決――心神喪失および心神耗弱の意義（犯人の責任能力）

（1931年 続き）

未了）
3・― 橋本欣五郎ら将校によるクーデタ未遂事件（3月事件）
4・14 第2次若槻礼次郎内閣成立
9・18 関東軍、奉天郊外の満鉄線路を爆破（満州事変始まる）
10・17 陸軍将校によるクーデタ事件発覚（10月事件）
12・13 犬養毅内閣成立
12・23 第60通常議会召集、32・1・21解散

4・2 労働者災害扶助法、労働者災害扶助責任保険法、刑事補償法、工業組合法
5・27 俸給令改正（官吏の減俸）
6・1 著作権法改正
7・1 文部省、学生思想問題調査委員会を設置
7・3 陸軍職工規則改正
12・13 金貨幣・金地金輸出・販売取締に関する件（金本位制停止）

―・ 穂積陳重『復讐と法律』
―・ パウンド、高柳賢三訳『法律史観』
―・ プロレタリア科学研究所法律国家理論研究会『法律と階級闘争』
―・ 滝川政次郎『律令の研究』
―・ 奈良正路『入会権論』
―・ 三浦周行・滝川政次郎『令集解釈義』
―・ 渡辺宗太郎『自治制度論』
―・ ピオントコフスキー、井藤誉志雄訳『マルクス主義と刑法』

一九三二年（昭和七）

1・8 天皇の馬車に爆弾が投げられる（桜田門事件）
1・28 日本軍、上海で中国軍と交戦（上海事変）
2・9 井上準之助射殺される、3・5団琢磨射殺（血盟団事件）
2・20 第18回総選挙
3・1 満州国の建国宣言
3・18 第61臨時議会召集、3・24閉会
5・15 五・一五事件
5・23 第62臨時議会召集、6・14閉会
5・26 斎藤実内閣成立
6・15 満州中央銀行設立
7・22 失業対策委員会官制

3・23 海軍航空廠令
4・14 軍需工業動員法
6・18 兌換銀行券条例改正
6・29 警視庁官制改正、特別高等警察部を設置
7・1 資本逃避防止法
7・15 手形法改正
9・6 不動産融資および損失補償法、商業組合法
9・7 **金銭債務臨時調停法**、製糸業法
9・24 文官分限令改正、文官分限委員会官制

―・ イェリネック、大西邦敏＝水垣進訳『一般国家学』第1巻
―・ 清水澄『逐条帝国憲法講義』
―・ 浅井清『日本行政法総論』
―・ 滝川幸辰『刑法読本』
―・ 小野清一郎『刑法講義総論』
―・ 牧野英一『罪刑法定主義と犯罪徴表説』
―・ 我妻栄『物権法』
―・ 石田文次郎『物権法論』
―・ 末川博『契約総論』
―・ 立作太郎『国際連盟規約論』
―・ 刑法並ニ監獄法改正調査委員会総会決議及留保事項（刑法総則未定稿）

	8・22 第63臨時議会召集、9・4閉会 8・23 国民精神文化研究所を設置 9・15 満州国を承認（**日満議定書**） 10・2 満州事変に関するリットン報告書公表 10・3 満州事変に関する5省会議 10・6 農山漁村経済更生計画助成規則 12・24 第64通常議会召集、33・3・25閉会		—・ 田中耕太郎『世界法の理論』 —・ 大塚金之助＝野呂栄太郎＝平野義太郎＝山田盛太郎編『日本資本主義発達史講座』 —・ 滝川幸辰『刑法読本』改訂版 —・ 大沢章＝清宮四郎＝黒田覚＝矢部貞治＝横田喜三郎『ケルゼンの純粋法学』
一九三三年（昭和八）	1・— 山海関事件（日本軍、中国軍と衝突） 1・19 永代借地権委員会官制 1・30 ヒトラー、ドイツの首相に就任 3・6 アメリカの金融恐慌、波及 3・27 **国際連盟事務総長に脱退を通告** 5・31 塘沽停戦協定（関東軍の華北侵入） 6・7 共産党幹部佐野学・鍋山貞親、獄中で転向を声明 7・3 全国水平社、高松地裁の身分差別裁判糾弾闘争を開始 7・15 法規整理委員会をおく 8・12 土木会議官制 9・27 軍令部令 10・3 五相会議開催	3・29 外国為替管理法、農村負債整理組合法、米穀統制法、農業動産信用法 4・1 担保付社債信託法改正、児童虐待防止法 4・6 日本製鉄株式会社法 5・1 弁護士法改正 5・5 少年救護法 5・23 娼妓取締規則改正 7・29 小切手法 10・1 中央放送審議会設置 10・25 行刑累進処遇令 12・13 拒絶証書令	4・22 鳩山文相、滝川幸辰京都帝大教授の辞職を総長に求める（滝川事件） 5・26 滝川幸辰京都帝大教授の休職発令。**法学部部長以下抗議して辞表を提出** 6・14 大審院判決——暴力行為処罰法は労働争議・小作争議にも適用される —・ 仁井田陞『唐令拾遺』 —・ 佐々木惣一『日本行政法論』 —・ 木村亀二『刑事政策の諸問題』 —・ 末川博『不法行為並に権利濫用の研究』 —・ 穂積重遠『親族法』 —・ 鈴木安蔵『憲法の歴史的研究』 —・ 美濃部達吉『行政法　1』 —・ 横田喜三郎『国際法』上

年	政治・社会	法令	法学
	12・23　第65通常議会召集、34・3・25閉会		
一九三四年 （昭和九）	3・1　満州国、帝政となる 3・26　トルコとの通商航海条約 4・18　帝人株式買受けをめぐる疑獄事件（帝人事件） 7・8　岡田啓介内閣成立 7・12　インドと通商条約、ロンドンで調印 10・1　陸軍省「国防の本義とその強化の提唱」頒布 11・27　第66臨時議会召集、12・9閉会 12・24　第67通常議会召集、35・3・25閉会 12・26　東北振興調査会官制、対満事務局官制、関東局官制 12・29　ワシントン条約廃棄を米国に通告 12・―　工業所有権保護に関するパリ条約 ―・　この年秋、東北地方に冷害・大凶作	3・27　不正競争防止法 3・28　原蚕種管理法、石油業法 3・29　臨時米穀移入調節法、輸出組合法改正 4・7　輸出生糸取引法、貿易調節および通商擁護法 5・2　出版法改正 6・1　文部省学生部を拡充して思想局をおく 6・23　衆議院議員選挙法改正	6・6　蓑田胸喜、末弘厳太郎東京帝大法学部教授を治安維持法違反・不敬罪・朝憲紊乱罪で告発 ―・　田中耕太郎『法律哲学概論』1 ―・　美濃部達吉『議会政治の検討』 ―・　草野豹一郎『刑事判例研究』 ―・　近藤英吉＝柚木馨＝田島順＝伊達秋雄『註釈民法・債権編総則』 ―・　伊藤博文『秘書類纂』刊行 ―・　山田盛太郎『日本資本主義分析』 ―・　橋本文雄『市民法と社会法』 ―・　平野義太郎『日本資本主義社会の機構』 ―・　石井良助＝高柳真三編『御触書集成』刊行開始 ―・　杉村章三郎＝我妻栄＝木村亀二＝後藤清『ナチスの法律』 ―・　末弘厳太郎＝田中耕太郎編集『法律学辞典』（5巻、岩波書店）
一九三五年 （昭和一〇）	1・10　国際連盟、日本の南洋委任統治継続を承認 3・23　衆議院、国体明徴決議案を可決	3・28　民訴法改正・国税徴収法改正（飯米差押の禁止） 3・30　臨時利得税法	2・18　菊地武夫、貴族院で美濃部達吉の天皇機関説を攻撃（天皇機関説事件） 2・25　**美濃部達吉「一身上の弁明」**

年	政治・社会	法令	法学
	4・1 台湾自治律令 5・11 内閣審議会官制、内閣調査局官制 6・10 華北分離工作（梅津・何応欽協定） 7・15 日満経済共同委員会設置に関する協定 8・1 中国共産党、抗日救国統一戦線を提唱（八・一宣言） 8・3 **国体明徴に関する政府声明**、10・15**第2次声明** 8・12 陸軍省軍務局長永田鉄山少将、省内で皇道派の相沢三郎中佐に刺殺される 12・8 出口王仁三郎ら大本教幹部30余人、不敬罪・治安維持法違反で逮捕（第2次大本教事件） 12・24 第68通常議会召集、36・1・21解散 ―・ この年、戦前最高件数の小作争議（6824件） ―・ この年、冷害による東北地方の食糧難深刻化	4・1 青年学校令・青年学校教員養成所令 5・8 選挙粛正委員会令 5・13 刑事訴訟法改正 8・9 農村工業奨励規則 11・18 教学刷新評議会をおく	4・9 美濃部達吉を不敬罪で告発 4・25 大審院判決――自然債務（カフェー丸玉女給事件） 4・― 京都帝大法学部、自発的に憲法講座担当を変更（天皇機関説の渡辺宗太郎をやめ、黒田覚とする） 10・5 大審院判決――権利の濫用（宇奈月温泉事件） ―・ 『民商法雑誌』創刊（末川博・竹田省編） ―・ 美濃部達吉『公法と私法』 ―・ 尾高朝雄『法哲学』 ―・ ケルゼン、横田喜三郎訳『純粋法学』 ―・ 牧健二『日本法制史概論』 ―・ 宮本英脩『刑法大綱』 ―・ 宮平政吉『団体主義の刑法理論』 ―・ 草野豹一郎『刑法総則講義』 ―・ 谷口知平『日本親族法』 ―・ 橋本文雄『社会法の研究』 ―・ 牧健二『日本封建制度成立史』
一九三六年（昭和一一）	1・16 ロンドン海軍軍縮会議脱退を声明	5・27 商工組合中央金庫法 5・28 重要産業統制法改正	5・28 大審院判決――共謀共同正犯の成立を一般に認める

2・20　第19回総選挙
2・26　軍隊の一部挙兵し、首相・蔵相等を襲撃、永田町一帯を占拠（二・二六事件）
2・27　戒厳令一部施行令（東京市に戒厳令布告）
3・9　広田弘毅内閣成立
3・13　内務省、大本教に解散を命令、5・18本殿を破壊
3・24　内務省、メーデーを禁止
5・1　第69特別議会召集、5・26閉会
5・18　陸軍省官制改正、海軍省官制改正（陸海軍省大臣次官の現役制）
6・8　帝国国防方針・用兵綱領の第3次改訂を裁可
7・10　平野義太郎・山田盛太郎・小林良正ら講座派学者、一斉検挙される（コム＝アカデミー事件）
8・5　朝鮮総督宇垣一成辞任、後任に南次郎任命
8・7　五相会議「国策の基準」を決定
8・11　第2次北支処理要綱を決定
11・25　日独防共協定にベルリンで調印
12・12　西安事件
12・24　第70通常議会召集、37・3・31

5・29　思想犯保護観察法、自動車製造事業法、重要肥料業統制法
6・3　退職金積立金及び退職手当法、台湾拓殖株式会社法
7・1　情報委員会官制
7・27　南洋拓殖株式会社令
9・25　帝国在郷軍人会令
11・14　方面委員令

7・5　軍法会議、二・二六事件に判決（17名に死刑）
—・　恒藤恭『法の基本問題』
—・　ケルゼン、清宮四郎訳『一般国家学』
—・　細川亀市『日本固有法研究』
—・　美濃部達吉『公法収用法原理』『日本行政法　上下』
—・　我妻栄『担保物権法』
—・　安平政吉『保安処分の研究』
—・　宮本英脩『刑事訴訟法大綱』
—・　筧克彦『大日本帝国憲法の根本義』
—・　尾高朝雄『国家構造論』

一九三七年（昭和一二）	解散 2・2　林銑十郎内閣成立 2・11　文化勲章令 3・25　**永代借地権制度解消に関するイギリスとの交換公文**（～5月、米・仏・スイス・デンマーク・伊・葡・蘭と調印） 4・30　第20回総選挙 5・1　商工省に統制局をおく 5・14　企画庁官制 5・26　内閣に文教審議会を設置、12・10廃止、教育審議会を設置 5・29　陸軍省、重要産業5年計画要綱 5・31　文部省『国体の本義』を配付 6・4　第1次近衛文麿内閣成立 7・1　中央経済会議官制 7・7　**盧溝橋事件**、日中全面戦争へ 7・11　政府、華北へ派兵を声明し、各界に挙国一致の協力を要請 7・23　第71特別議会召集、8・7閉会 8・13　陸軍の上海派遣を閣議決定、上海で交戦開始 8・15　**盧溝橋事件**に関する政府声明を発表、事実上の宣戦布告 8・24　国民精神総動員実施要綱を閣議	2・19　兵役法施行令改正（徴兵検査の合格基準を緩和） 3・30　臨時租税増徴法、法人資本税法、揮発油税法など増税新税 3・31　母子保護法、漁船保険法、アルコール専売法 4・5　保健所法、防空法 5・1　商工省に統制局をおく 8・3　暴利取締令改正 8・13　製鉄事業法 8・14　農村負債整理資金特別融通および損失補償法、**軍機保護法改正** 9・10　臨時資金調整法、米穀応急措置法、臨時肥料等配給統制法、輸出入品等臨時措置法、臨時船舶管理法、臨時軍事費特別会計法、臨時軍事費第1回予算 9・25　工場事業場管理令 10・11　臨時輸出入許可規則 12・9　出生軍人の委託による戸籍の届出につき本人死亡後でも受理すべきこと	3・26　大審院判決――賄賂罪にいう「職務」の意義 ―・　栗生武夫『法の変動』 ―・　早稲田大学法学会『ザクセン・シュピーゲル』 ―・　仁井田陞『唐宋法律文書の研究』 ―・　滝川幸辰『刑事法判決批判』第1巻 ―・　中村宗雄『民事訴訟法原理』第1巻 ―・　小林巳智次『農業法研究』 ―・　穂積重遠=中川善之助『家族制度全集』 ―・　風早八十二『日本社会政策史』

年	政治・社会	法令	法学
	決定 9・3 第72臨時議会召集、9・8閉会 9・23 第2次国共合作成立 9・25 内閣情報部官制 10・6 国際連盟総会、日華紛争に関し、日本非難の決議採択 10・15 臨時内閣参議官官制 10・25 企画院官制 11・5 トラウトマン駐中国ドイツ大使を介した日中和平工作始まる（トラウトマン工作） 11・6 イタリア、日独防共協定に参加 11・18 大本営令（宮中に大本営設置） 12・13 日本軍、南京を占領（南京大虐殺事件） 12・15 山川均ら400人余を検挙（第1次人民戦線事件） 12・24 第73通常議会召集、38・3・26閉会		
一九三八年（昭和一三）	1・11 厚生省官制 1・16 政府声明「国民政府を対手とせず」（第1次近衛声明） 2・1 航空局官制 2・19 企画審議会官制 3・13 オーストリア、ドイツとの合邦	1・29 特許収用令 2・25 兵役法改正 3・4 朝鮮教育令改正 3・7 揮発油・重油販売取締規則 3・22 民法中改正、自作農創設維持委員会官制	2・25 蓑田胸喜・松田福松『国家と大学――東京帝国大学法学部の民主主義無国家思想に対する学術的批判』 3・9 大審院判決――親権者たる父の引渡請求と13歳の子の意思能力 ―・ 木村亀二『法律哲学』

	を宣言 4・1 **国家総動員法** 4・22 物価委員会令 5・2 満州国立建国大学開学式 5・9 臨時物資調整局官制 5・12 ドイツ、満州国を正式承認 5・19 日本軍、徐州を占領 6・10 五相会議の設置を閣議決定 6・29 職業紹介所官制 7・11 張鼓峰で日ソ軍の国境紛争おこる 7・16 失業対策委員会官制 10・14 国際連盟との協力関係終止を閣議決定 10・27 日本軍、武漢三鎮を占領 11・3 「東亜新秩序」政府声明（第2次近衛声明） 12・16 興亜院官制 12・22 日中国交調整の「近衛3原則」政府声明（第3次近衛声明） 12・24 第74通常議会召集、39・3・25閉会	3・26 商店法 3・28 石油資源開発法 3・29 有価証券業取締法 3・30 飼料配給統制法、工作機械製造事業法、航空機製造事業法 3・31 支那事変特別税法、臨時租税措置法改正 4・1 社会事業法、国民健康保険法、職業紹介法改正 4・2 **農地調整法**、農業保険法、臨時農村負債処理法 4・5 商法中改正、有限会社法 4・6 電力管理法、日本発送電株式会社法 4・18 傷兵保護院官制 5・4 工場事業場管理令 6・9 文部省通牒「集団的勤労作業運動実施ニ関スル件」（勤労動員始まる） 6・20 鉄鋼配給統制規則 9・19 石炭配給統制規則 10・1 作戦要務令	―・末弘厳太郎『法学入門』 ―・中田薫『法制史論集』第2巻 ―・石井良助『近世法制史料叢書』 ―・石井良助『中世武家不動産訴訟法の研究』 ―・鈴木安蔵『明治初年の立憲構想』 ―・尾佐竹猛・鈴木安蔵編『日本憲法制定史要』 ―・渡辺宗太郎『地方自治制の研究』 ―・泉二新熊『日本刑法論』 ―・滝川幸辰『犯罪論序説』 ―・正木亮『刑事政策汎論』 ―・兼子一『民事訴訟法概論』 ―・小野木常『破産理論の研究』 ―・水垣進『国家責任論』
一九三九年（昭和一四）	1・5 平沼騏一郎内閣成立 1・28 東京帝大総長平賀譲、経済学部河合栄治郎教授・土方成美教授の休職	1・7 国民職業能力申告令 1・25 警防団令 3・17 **人事調停法**	3・31 名古屋帝国大学を設置 ―・牧野英一『急々如律令録』 ―・原田剛『法治国家論』

処分を文相に上申（平賀粛学）
2・24 満州国・ハンガリー国、防共協定に参加議定書
3・28 国民精神総動員委員会官制
4・1 国境取締法、電気庁官制
5・12 ノモンハンで軍事衝突（ノモンハン事件）。8月、日本軍第23師団ほぼ全滅
5・22 全国の学生生徒代表3万人余、二重橋前で天皇親閲式。「青少年学徒ニ賜ハリタル勅語」
6・16 商工省機構改革、統制経済体制に対応
7・26 アメリカ国務長官、日米通商航海条約および付属議定書の廃棄を通告
8・23 独ソ不可侵条約、モスクワで調印
8・28 平沼騏一郎内閣総辞職
8・30 阿部信行内閣成立
9・1 ドイツ軍、ポーランド侵入、第2次世界大戦始まる
9・19 物価凍結の緊急措置を閣議決定、10・18諸法令発令
12・23 第75通常議会召集、40・3・26閉会

3・24 鉱業法改正
3・25 軍用資源秘密保護法
3・29 保険業法改正
3・31 賃金統制令、従業者雇入制限令、大学でも軍事教練が必修となる
4・1 会社利益配当及び資金融通令
4・5 映画法（映画制作への全面的介入・統制）
4・8 宗教団体法
4・12 米穀配給統制法
6・16 国民精神総動員委員会が生活刷新案決定
7・8 国民徴用令
10・18 電力調整令
11・6 米穀配給統制応急措置令
11・10 **朝鮮民事令中改正の件**
朝鮮人の氏名に関する件（朝鮮総督府、創氏改名）
11・11 兵役法施行令改正
11・25 米穀搗精等制限令
12・6 小作料統制令
12・16 総動員物資使用収用令
12・26 暴利行為等取締規則

―・美濃部達吉『行政刑法概論』
―・木村亀二『刑法解釈の諸問題』
―・中川善之助『身分法の基礎原理』
―・松坂佐一『履行補助者の研究』
―・田中誠二『船荷証券免責約款論』
―・末川博『所有権契約その他の研究』
―・末川博『経済統制と人事調停』
―・実方正雄『金約款論』
―・ウィットフォーゲル、森谷克己＝平野義太郎訳『東洋的社会の理論』

一九四〇年（昭和一五）

1・16 米内光政内閣成立
2・16 農地審議会官制
3・12 汪兆銘、和平建国宣言を発表
4・1 物価対策審議会官制、価格形成委員会官制
4・24 価格形成中央委員会、米・みそ・醤油・塩・マッチ・木炭・砂糖など10品目に切符制採用を決定
6・14 ドイツ軍、パリ入城、6・22独仏休戦協定
6・24 近衛文麿、枢密院議長を辞任、新体制運動推進の決意を表明
7・22 第2次近衛文麿内閣成立
7・26 「基本国策要綱」を閣議決定
7・27 大本営政府連絡会議「世界情勢の推移に伴ふ時局処理要綱」決定
9・27 日独伊三国同盟ベルリンで調印
10・12 大政翼賛会発足
11・10 紀元2600年祝賀行事（〜11・14）
11・13 大日本産業報国会創立、「支那事変処理要綱」を決定（御前会議）
11・24 西園寺公望没（49生、92歳）
12・6 内閣官制改正、情報局官制
12・7 経済新体制確立要綱案を閣議決

3・23 委託又は郵便による戸籍届出に関する件
3・29 所得税法改正、法人税法、営業税法、物品税法、通行税法、入場税法、地方税法、義務教育費国庫負担法
3・30 損害保険国営再保険法
3・31 所得税法施行規則改正
4・4 有機合成事業法
4・5 農産物検査法
4・8 日本輸出農産物株式会社法、日本肥料株式会社法、石炭配給統制法
国民体力法
4・26 司法省、改正刑法仮案を発表
5・1 国民優生法
7・13 家屋税法
8・20 臨時米穀配給統制規則
9・11 部落会・町内会・隣保班・市町村常会整備要領を府県に通達
10・19 会社経理統制令、銀行等資金運用令
10・21 船員徴用令
11・2 大日本帝国国民服令
11・21 宅地建物等価格統制令

1・23 大審院判決——内縁中に懐胎した子は婚姻届出後に出生したときは嫡出子の身分を得る
—・ 栗生武夫『法律史の諸問題』
—・ 小早川欣吾『明治法制史論』
—・ 久保正幡『リブラリア法典』
—・ 垂水克己『明治大正刑事訴訟法史』
—・ 柳瀬良幹『行政法の基礎理論』
—・ 東京市政調査会『自治五十年史』
—・ 我妻栄『債権総論』
—・ 末弘厳太郎『民法雑記帳』
—・ 奥野健一『民事裁判の再検討』
—・ 吉川大二郎『保全処分判例研究』

年	政治・社会	法令	法学文献
	定 12・14 **大政翼賛会実践要綱** 12・24 第76通常議会召集、41・3・25閉会		
一九四一年（昭和一六）	1・8 東条英機陸相、「戦陣訓」を示達 1・21 食料管理局官制 4・1 6大都市で、米穀配給通帳制・外食券制実施 4・13 日ソ中立条約 7・2 「情勢の推移に伴ふ帝国国策要綱」を決定（御前会議） 7・18 第3次近衛文麿内閣成立 7・25 アメリカ、在米日本資産を凍結 7・28 日本軍、南部フランス領インドシナに進駐 8・12 米英共同宣言発表 9・2 **翼賛議員同盟**成立 9・6 「帝国国策遂行要領」を決定（御前会議） 10・18 東条英機内閣成立 11・15 第77臨時議会召集、11・20閉会 11・20 南方占領地行政実施要領 12・8 アメリカ・イギリス両国に**宣戦の詔書** 12・15 第78臨時議会召集、12・17閉会	1・6 官吏任用制度等改革 2・1 臨時農地等管理令 3・1 国民学校令（小学校を国民学校とする） 3・3 民法中改正（戸主権の制限） 3・6 医療保護法 3・7 住宅営団法、**国防保安法**、国民労務手帳法、帝都高速度交通営団法 3・10 **治安維持法改正** 3・10 借地法、借家法改正 3・11 労働者年金保険法 3・12 刑法中改正 3・13 国民貯蓄組合法、農地開発法、木材統制法 3・26 台湾教育令改正 3・31 国民学校規程（朝鮮総督府） 5・14 予防拘禁所官制 8・30 重要産業団体令 10・16 大学等の修業年限を臨時短縮 10・30 重要産業指定規則 11・22 国民勤労報国協力令	―・黒田覚『国防国家の理論』 ―・木村亀二『法と民族』 ―・正木亮『新監獄学』 ―・中川善之助『身分法の総則的課題』 ―・神川彦松＝横田喜三郎共編『国際条約集』 ―・信夫淳平『戦時国際法講義』 ―・田岡良一『委任統治の本質』 ―・横田喜三郎『国際裁判の本質』

	12・24 第79通常議会召集、42・3・25閉会	11・26 産業設備営団法 12・8 労務調整令 12・16 物資統制令 12・19 言論出版集会結社等臨時取締法、戦時犯罪処罰特例法 12・23 敵産管理法 12・27 農業生産統制令	
一九四二年（昭和一七）	1・16 大日本翼賛壮年団結成 1・27 日本貿易会設立 1・31 技術院官制 2・15 シンガポールのイギリス軍降伏 2・18 「翼賛選挙貫徹運動基本要綱」を閣議決定 3・7 連絡会議決定「今後執るべき戦争指導の大綱」 4・30 第21回総選挙（翼賛選挙） 5・20 翼賛政治会結成 5・25 第80臨時議会召集、5・28閉会 6・5 ミッドウェー海戦（〜6・7） 7・28 行政簡素化実施案を閣議決定 10・10 陸軍省官制改正、陸軍兵器行政本部令、陸軍造兵廠令、陸軍兵器補給廠令 11・1 大東亜省官制 12・24 第81通常議会召集、43・3・25	2・12 民法、戸籍法、人事訴訟手続法及法例中改正 2・20 戦時金融金庫法 2・21 食料管理法 2・24 **戦時刑事特別法**、裁判所構成法戦時特例、**戦時民事特別法**、日本銀行法、重要物資管理営団法 2・25 国民医療法、戦時災害保護法 3・7 国防保安法 3・28 永代借地権の整理に関する件 4・1 原価計算規則 5・9 金属回収令 5・16 金融事業整備令 10・1 朝鮮青年特別錬成令（朝鮮総督府）	—・尾高朝雄『実定法秩序論』 —・田中耕太郎『法律哲学論集』1 —・京大法学部編『近世藩法史料集成』3冊 —・鈴木安蔵『憲法制定とロエスレル』 —・星野通『明治民法編纂史研究』 —・末川博『民法と統制法の諸問題』 —・吾妻光俊『ナチス民法の精神』 —・青山道夫『家族』 —・住田正一『廻船式目の研究』 —・菊地勇夫『日本労働法の発展』 —・実方正雄『国際私法概論』 —・仁井田陞『支那身分法史』 —・小野清一郎『日本法理の自覚的展開』

	閉会		
一九四三年 （昭和一八）	1・21 行政官庁職権移譲令 3・18 戦時経済協力会議をおく、戦時行政特例法、戦時行政職権特例 4・16 緊急物価対策要綱を閣議決定 4・20 東条英機内閣改造 5・31 「大東亜政略指導大綱」御前会議決定 6・1 戦力増強企業整備要綱 6・4 食糧増産応急対策要綱 6・15 第82臨時議会召集、6・18閉会 6・25 学徒戦時動員体制確立要綱を閣議決定 7・1 地方行政協議会令 9・30 「今後執るべき戦争指導大綱」御前会議決定 10・18 財団法人大日本育英会を設立 10・21 出陣学徒壮行大会を、神宮外苑競技場で挙行 10・25 第83臨時議会召集、10・28閉会 11・1 軍需省官制・運輸通信省官制・農商省官制（企画院・商工省・通信省・鉄道省・農林省・海務院を廃止） 11・5 大東亜会議を開催 11・6 **大東亜共同宣言**	1・21 中学校・高等女学校・大学予科等の修業年限を短縮 3・2 兵役法改正（朝鮮に施行） 3・4 戦争死亡傷害保険法 3・6 交易営団法 3・10 俘虜処罰法 3・11 日本証券取引所法、農業団体法、水産団体法 3・12 薬事法、石油専売法 3・13 戦時刑事特別法改正 3・20 金属回収本部官制 4・1 臨時軍事費特別会計、**陪審法の停止に関する件** 6・16 工場就業時間制限令廃止令 10・2 在学徴集延期臨時特例 10・18 統制会社令 10・31 軍需会社法 11・1 兵役法改正 12・24 徴兵適齢臨時特例	9・29 大学院・研究科に特別研究生制度 ―・― 和田小次郎『法哲学』上 ―・― 船田享二『羅馬法』 ―・― 柳瀬良幹『行政法における公法と私法』 ―・― 団藤重光『刑事訴訟法綱要』 ―・― 久礼田益喜『日本犯罪論』 ―・― 西原寛一『日本商法論』 ―・― 大隅健一郎『会社法論』 ―・― 小町谷操三『商行為法論』 ―・― 菊地勇夫『労働法の主要問題』 ―・― 戒能通孝『法律社会学の諸問題』 ―・― 戒能通孝『入会の研究』

	11・27 ルーズベルト・チャーチル・蒋介石「カイロ宣言」に署名 12・21 都市疎開実施要綱 12・24 第84通常議会召集、44・3・24閉会		
一九四四年（昭和一九）	1・18 緊急国民勤労動員方策要綱、緊急学徒勤労動員方策要綱、閣議決定 1・26 東京・名古屋に初の強制疎開命令 2・19 東条英機内閣改造 2・21 陸相東条英機が参謀総長を兼任 2・25 決戦非常措置要綱、閣議決定 4・4 国内13道府県に非常警備隊設置を閣議決定 7・7 サイパン島の守備隊3万人玉砕 7・18 東条英機内閣総辞職、7・22小磯国昭内閣成立 8・4 国民総武装を閣議決定 8・10 グアム島守備隊1万8000人玉砕 9・6 第85臨時議会召集、9・11閉会 11・1 総合計画局官制 11・24 アメリカ軍のB29爆撃機約70機、東京を初爆撃 12・24 第86通常議会召集、45・3・25	1・4 戦時官吏服務令、文官懲戒戦時特例 2・4 大学・高等専門学校の教科目の軍事化方針、2・9中等学校も 2・10 会社等臨時措置法 2・15 機械工業等整備実施要領、戦時特殊損害保険法 2・16 国民学校令戦時特例 2・19 国民職業能力申告令改正 3・7 学徒勤労動員の通年実施を閣議決定 4・28 米穀増産および供出奨励に関する特別措置、閣議決定 5・1 輸入税の免除等に関する件 6・17 米穀管理要綱 6・20 戦時非常金融対策整備要綱 6・30 学童疎開促進要綱 8・23 **女子挺身勤労令**、学徒勤労令 10・16 陸軍特別志願兵令改正 10・18 兵役法施行規則改正	12・6 大審院判決――事情変更による契約の解除 ―・ 鈴木安蔵『太政官制と内閣制』 ―・ 吾妻光俊『統制経済法の理論』 ―・ 佐伯千仭『刑法総論』 ―・ 美濃部達吉『経済刑法の基本理論』

一九四五年 （昭和二〇）	閉会 1・18　最高戦争指導会議決定「今後採るべき戦争指導大綱」 2・4　ヤルタ会談（米英ソ、～2・11ヤルタ協定） 3・9　東京大空襲、死傷者12万 3・18　決戦教育措置要綱（学生・生徒の授業停止、勤労動員）閣議決定 3・26　アメリカ軍、沖縄上陸作戦開始 3・30　大日本政治会結成 4・7　鈴木貫太郎内閣成立 5・7　ドイツ軍、連合国に無条件降伏 5・19　運輸通信省を廃止し運輸省を設置、通信院官制 6・8　最高戦争指導会議、天皇臨席で「今後採るべき戦争指導の基本大綱」決定（本土決戦方針） 第87臨時議会召集、6・12閉会 7・26　**ポツダム宣言**発表 8・6　広島に原爆投下、8・9長崎に 8・8　ソ連、対日本宣戦布告 8・15　無条件降伏・ポツダム宣言の受諾を発表（戦争終結の詔書） 8・17　東久邇宮稔彦内閣成立 8・20　日本政府全権委員、マニラで降	1・27　軍需充足会社令 3・6　国民勤労動員令 5・24　戦時要員緊急要務令 6・22　戦時緊急措置法 7・12　戦時罹災土地物件令 9・2　軍隊の敵対行為の停止と武装解除（GHQ） 9・11　戦争犯罪人逮捕指令（GHQ） 10・13　国防保安法・軍機保護法・言論出版集会結社等臨時取締法など廃止 10・15　治安維持法・思想犯保護観察法など廃止 10・22　軍国主義的・超国家主義的教育を禁止（GHQ） 10・30　軍国主義者・超国家主義者教員の追放（GHQ） 11・6　持株会社の解体に関する覚書（GHQ） 12・17　衆議院議員選挙法改正 12・20　国家総動員法・戦時緊急措置法の廃止 12・22　**労働組合法** 12・29　農地調整法改正（第1次農地改革）	12・27　憲法研究会「憲法草案要綱」発表 12・—　雑誌『世界』創刊 —・—　平野義太郎『大アジア主義の歴史的基礎』

伏文書・一般命令第1号を受領

8・26　大東亜省・軍需省官制廃止、農商省官制改正、商工省官制、終戦連絡中央事務局官制

8・28　連合国総指令部（GHQ）設置、アメリカによる単独占領開始

8・30　連合国最高司令官〔SCAP〕マッカーサー、厚木に到着

9・1　第88臨時帝国議会召集、9・5閉会

9・2　日本政府、降伏文書に調印

9・20　ポツダム宣言の受諾に伴い発する命令に関する件（**ポツダム緊急勅令**）

9・22　アメリカ政府「**降伏後における米国の初期の対日方針**」を公表

9・27　**昭和天皇、マッカーサーを訪問**

10・4　政治的・市民的・宗教的自由に対する制限撤廃の覚書（**人権指令**）

10・9　幣原喜重郎内閣成立

10・11　**マッカーサー、幣原首相に五大改革を要求**（婦人解放・労働組合結成の奨励・学校教育民主化・秘密審問司法制度の撤廃・経済機構の民主化）

10・25　憲法問題調査委員会設置（委員長松本烝治）

12・31　修身・歴史・地理教育に関する覚書（GHQ）

11・18　皇室の財産に関する覚書（GHQ、皇室財産の凍結）
11・26　第89臨時帝国議会召集、12・18解散
12・1　陸軍省・海軍省廃止、第1復員省・第2復員省官制
12・8　松本烝治国務相、衆議院予算委員会で憲法改正の4原則を言明（松本4原則）
12・14　貿易庁官制・石炭庁官制
12・15　国家と神道の分離指令（GHQ）
12・27　モスクワ宣言（米英ソ、モスクワ外相会議）

一九四六年（昭和二一）

1・1　**天皇の人間宣言**
1・4　第1次公職追放指令（GHQ）
1・19　マッカーサー、**極東国際軍事裁判所**設置を命令
2・3　マッカーサー、民政局に憲法起草の3原則を示す
2・8　**憲法改正要綱（松本試案）**GHQに提出、2・13　GHQ草案を政府に手交
2・26　極東委員会第1回会議（ワシントン）
3・6　政府、憲法改正草案要綱を発表

2・17　金融緊急措置令
3・3　物価統制令
3・13　引揚援護院官制
6・12　**占領目的有害行為処罰令**
8・10　教育刷新委員会設置
9・9　生活保護法
9・27　労働関係調整法
10・1　臨時物資需給調整法
10・8　復興金融金庫法
10・19　特別和議法
10・21　**自作農創設特別措置法**、農地調整法改正（第2次農地改革）

11・2　東京刑事地方裁判所判決——食糧メーデー、プラカード事件で不敬罪は適用せず名誉毀損罪で有罪
—・　丸山真男「超国家主義の論理と心理」『世界』
—・　川島武宜「日本社会の家族的構成」『中央公論』

総司令部、全面的承認を声明
4・10 第22回衆議院議員総選挙
4・20 持株会社整理委員会令
4・26 極東軍事裁判所条例、5・3 極東国際軍事裁判所開廷
5・16 第90臨時帝国議会召集、6・20 開会、10・11閉会
5・19「飯米獲得人民大会」（食料メーデー）皇居前広場で開催
5・22 第1次吉田茂内閣成立
6・20 憲法改正案、帝国議会に提出
7・2 臨時法制調査会を設置
8・1 日本労働総同盟結成大会
8・12 経済安定本部令・物価庁官制
8・16 経済団体連合会創立
8・19 全日本産業別労働組合会議結成（産別会議）
8・22 持株会社整理委員会発足
10・25 日本労働組合会議結成大会
11・3 **日本国憲法**を公布

10・23 臨時法制調査会「民法改正要綱」決定
11・12 財産税法

一九四七年（昭和二二）

1・16 内閣法、新皇室典範、皇室経済法
1・31 マッカーサー、二・一スト禁止声明
4・16 **裁判所法**（最高裁判所・各下級

2・24 参議院議員選挙法
3・31 **教育基本法**、学校教育法、衆議院議員選挙法改正、財政法、土地台帳法、林野局官制、国有林野事業特別会計法

5・24 最高裁、平野事件で声明――公職追放決定に関し日本の裁判所に管轄権はない
5・30 日本法哲学会創立
6・26 日本私法学会創立

裁判所を設置）、検察庁法
4・20 第1回参議院議員選挙
4・25 第23回衆議院議員総選挙
4・30 国会法、国会職員法
5・3 日本国憲法施行
5・9 教育刷新委員会、教員養成制度の大綱を採択
5・20 第1特別国会召集、12・9閉会
6・1 片山哲内閣成立
6・8 日本教職員組合（日教組）結成
公正取引委員会発足
8・4 最高裁判所発足
8・31 労働省設置法
10・30 関税・貿易に関する一般協定（GATT）調印
12・10 第2通常国会召集、48・7・5閉会
12・17 法務庁設置法、司法省・内閣法制局などを廃止
12・31 内務省廃止

4・7 **労働基準法**、労働者災害補償保険法
4・14 私的独占の禁止及び公正取引の確保に関する件（独占禁止法）
4・17 **地方自治法**
4・19 **日本国憲法の施行に伴う民法の応急的措置に関する法律**
5・1 軽犯罪法
5・2 **外国人登録令**、官吏服務紀律改正
10・18 災害救助法
10・22 **国家公務員法**（労働3権と政治的行為を認める）
10・26 **刑法一部改正**（不敬罪・姦通罪は廃止）
10・27 国家賠償法
10・29 裁判官分限法
11・8 道路交通取締法
11・19 農業協同組合法、農業団体整理法、海難審判法
11・20 最高裁判所裁判官国民審査法、裁判官弾劾法
11・30 職業安定法
12・1 失業手当法・失業保険法
12・6 家事審判法

6・28 日本公法学会創立
7・15 民法改正案を閣議決定
12・6 日本法社会学会創立
—・— 尾高朝雄『法の窮極に在るもの』
—・— 高橋幸八郎『近代社会成立史論』

12・12 児童福祉法、郵便法
12・16 道路運送法
12・17 警察法
12・18 過度経済力集中排除法
12・20 臨時石炭鉱業管理法
12・22 民法改正、戸籍法改正（48・1・1各施行）
12・23 消防組織法
12・24 食品衛生法

一九四八年（昭和二三）

1・26 帝銀事件おこる
3・10 芦田均内閣成立
4・27 海上保安庁法
6・23 昭和電工社長日野原節三、贈賄容疑で逮捕――昭和電工事件始まる
6・25 文部省、教育勅語の取扱いに関する通達
7・1 行政管理庁設置法、水産庁設置法
7・8 建設省設置法
7・10 国家行政組織法
8・1 経済調査庁法
9・15 主婦連合会を結成
9・18 全日本学生自治会総連合（全学連）結成大会
10・11 第3臨時国会召集、11・30閉会

2・9 国会図書館法
5・1 軽犯罪法
5・15 行政代執行法
6・30 改正国有財産法
7・1 行政事件訴訟特例法
7・6 公認会計士法
7・7 福井市、災害時公安維持に関する条例（公安条例）、地方財政法、地方税法、地方配布税法
7・10 刑事訴訟法改正、風俗営業取締法、温泉法
7・12 警察官等職務執行法
7・13 優生保護法
7・15 教育委員会法、少年法改正、少年院法
7・20 国民の祝日に関する件

3・12 最高裁判所判決――死刑は合憲
7・10 日本学術会議法
―・― 団藤重光『新刑事訴訟法綱要』

	10・19 第2次吉田茂内閣成立 11・1 公選制の教育委員会発足 11・12 極東国際軍事裁判（東京裁判）判決 12・1 第4通常国会召集、12・23解散 12・7 家庭裁判所を設立 12・10 国連総会で「世界人権宣言」を採択 12・15 郵政省設置法 12・19 GHQ、日本政府に「経済安定9原則」の実行を指示	7・24 消防法 7・29 政治資金規正法、薬事法 7・30 人身保護法、医師法 7・31 **政令201号**（すべての公務員の争議行為禁止と団体交渉権の制限） 11・30 国家公務員法改正（争議行為の禁止、人事院設置） 12・1 刑事訴訟規則 12・20 日本専売公社法・日本国有鉄道法・公共企業体労働関係法（公社職員等の争議禁止）	
一九四九年（昭和二四）	1・1 GHQ、「国旗」の自由使用許可 1・23 第24回衆議院議員総選挙 2・11 第5特別国会召集、5・31閉会 2・16 第3次吉田茂内閣成立 3・7 9原則実行に関するドッジ声明（ドッジライン） 4・4 北大西洋条約機構（NATO）成立 4・23 GHQ、日本円に対する公式為替レート設定の覚書（1ドル360円） 5・4 GHQ、日本政府の国税行政の再組織に関する覚書、5・31国税庁新設 5・16 証券取引所再開	4・4 **団体等規制令** 5・31 国立学校設置法、新制国立大学69校を設置、教育職員免許法・同施行法、司法試験法、行政機関職員定員法、犯罪者予防更生法 6・1 海上運送法、労働関係調整法 6・6 土地改良法 6・10 弁護士法、社会教育法 6・18 独禁法改正 8・10 出入国管理令 8・13 東京都、工場公害防止条例 9・19 人事院規則で公務員の政治活動を制限	11・23 法制史学会創立 12・19 日本刑法学会創立 12・22 最高裁判所大法廷判決——無期懲役は残虐ではない（合憲） —・ 川島武宜『所有権法の理論』

		一九五〇年（昭和二五）
	5・24 通商産業省設置法 5・31 総理府・外務省・大蔵省・文部省・厚生省・農林省・運輸省・労働省・経済安定本部・特別調達庁・地方自治庁・郵政省・法務庁など設置法、6・1各発足 6・1 宮内庁設置、国民金融公庫発足 7・6 下山事件 7・15 三鷹事件 8・17 松川事件（旅客列車の転覆事件） 8・26 シャウプ税制使節団長、税制改革勧告案の概要を公表 9・15GHQ、全文を発表 10・1 中華人民共和国成立 10・25 第6臨時国会召集、12・3閉会 12・4 第7通常国会召集、50・5・2閉会 12・4 社会党「講和問題に対する一般的態度」（平和3原則）決定	1・15 平和問題懇談会「講和問題についての声明」 3・15 世界平和擁護大会常任委員会で「ストックホルム＝アピール」を発表（原子兵器の絶対禁止要求） 4・6 アメリカ大統領トルーマン、ダ
	10・5 大阪市公安条例、以後、各自治体で公安条例制定 12・1 外国為替および外国貿易管理法（外為法） 12・15 私立学校法 12・26 身体障害者福祉法	1・1 刑事補償法 3・31 相続税法、日本勧業銀行等特殊銀行の廃止 4・15 公職選挙法 4・30 図書館法 5・1 精神衛生法
		3・3 最高裁判所長官に田中耕太郎を任命 5・19 比較法学会創立 10・11 最高裁判所大法廷判決——尊属重罰規定は合憲 10・27 日本労働法学会創立

（1950年・続き）	レスを対日講和担当の国務省顧問に任命 5・10　外資法、外資委員会設置法 6・4　第2回参議院議員選挙 6・25　朝鮮戦争始まる（52・7・27休戦協定） 7・11　日本労働組合総評議会（総評）結成大会 7・12　第8臨時国会召集、7・31閉会 7・28　在京の新聞社・通信社・放送協会などで、GHQの勧告により、共産党員と同調者の解雇（レッド・パージ始まる。12月までに民間24産業で1万人余り解雇） 8・10　**警察予備隊令** 10・13　政府、1万人余の追放解除を発表 11・10　旧軍人3250人追放解除 11・14　天野文相「国民実践要領」大綱発表 11・21　第9臨時国会召集、12・9閉会 12・10　第10通常国会召集、51・6・5閉会	5・2　電波3法（電波法・放送法・電波監理委員会設置法） 5・4　生活保護法、国籍法 5・6　住宅金融金庫法 5・10　商法改正（株式会社法の改正） 5・22　司法書士法 5・24　建築基準法 5・26　国土総合開発法 5・30　地方交付税法、文化財保護法 5・31　商工会議所法、港湾法 7・31　地方税法 10・31　占領目的阻害行為処罰令 12・13　地方公務員法（地方公務員の争議等禁止） 12・20　鉱業法	11・15　最高裁判所大法廷判決——生産管理は違法な争議行為
一九五一年（昭和二六）	1・24　日教組第18回中央委員会「教え子を再び戦場に送るな」決議	2・22　行政書士法 3・29　社会福祉事業法	

1・25　アメリカ政府講和特使ダレス来日

2・1　国連総会、朝鮮戦争に関し中国非難決議案採択

3・12　総評大会「平和4原則」を採択

4・1　沖縄アメリカ民政府、琉球臨時中央政府を設立

4・11　マッカーサー、国連軍最高司令官を罷免。後任にリッジウェイ中将

5・5　児童憲章制定宣言

6・20　第1次追放解除を発表（政・財界人2958人）

7・2　地方指定分の追放解除につき各知事に通達

7・4　第1次教職員追放解除者を発表

7・10　朝鮮休戦会談ひらく

8・6　第2次追放解除を発表（各界1万3904人）

8・15　米英、対日講和条約最終草案を発表

8・16　第11臨時国会召集、8・18閉会

旧陸軍・海軍正規将校の追放解除を発表（1万1185人）、9・8旧特高警察関係336人の発表

9・1　初の民間放送開局

3・31　農業委員会法、資金運用部資金法、郵便貯金特別会計法、日本開発銀行法、結核予防法

4・3　宗教法人法

6・1　道路運送法

6・5　相互銀行法（無尽会社を相互銀行に改組）

6・7　計量法

6・8　住民登録法

6・9　土地収用法、民事調停法

6・12　税理士法、警察法改正

6・15　信用金庫法

6・23　国有林野法

10・4　出入国管理令、入国管理庁設置令

11・28　旅券法

12・1　博物館法

	9・4 サンフランシスコ講和会議開催、 9・8 **対日平和条約に調印、日米安全保障条約に調印** 10・10 第12臨時国会召集、11・30閉会 10・24 社会党第8回臨時大会で、左派・右派両党に分裂 11・12 京大学生が昭和天皇訪問に戦争反対アピール事件 12・10 第13通常国会召集、52・7・31閉会		
一九五二年（昭和二七）	1・12 白鳥事件 2・20 東大の学生劇団公演に警官が潜入（ポポロ事件） 2・28 **日米行政協定** 2・29 **琉球政府設立の布告**（アメリカ民政府） 4・28 講和条約・日米安全保障条約・日米行政協定が発効 日華平和条約 5・1 皇居前広場で警官隊とデモ隊が衝突、2人射殺（メーデー事件） 6・9 日本・インド平和条約 6・24 吹田市で朝鮮動乱2周年記念集会後のデモ隊、警官隊と衝突（吹田事件）	3・28 破壊活動防止法案・公安審査委員会設置法案・公安調査庁設置法案の要綱を閣議決定 4・28 外国人登録法 4・30 遺族援護法 5・7 **日米行政協定に伴う刑事特別法** 5・15 日米行政協定に伴う土地等使用特別措置法 6・6 中央教育審議会設置 6・7 会社更生法 6・10 道路法 6・12 長期信用銀行法 7・15 農地法・農地法施行法、航空法 7・31 外国為替審議会令・外資審議会令	1・1 『ジュリスト』創刊（我妻栄・宮沢俊義編集） 2・19 最高裁判所判決——有責配偶者からの離婚請求を否定 8・6 最高裁判所大法廷判決——新聞記者に取材源に関する証言拒否権はない 10・8 最高裁判所大法廷判決——警察予備隊違憲訴訟で、裁判所は具体的事件を離れて法律命令等の違憲審査権をもたない ―・― 丸山真男『日本政治思想史研究』 ―・― 中国農村慣行調査刊行会編『中国農村慣行調査』6冊（～58・10・10） ―・― 辻清明『日本官僚制の研究』

	7・21 **破壊活動防止法、公安調査庁設置法、公安審査委員会設置法** 7・31 国家行政組織法改正、自治庁設置法・経済審議庁設置法・保安庁法・通商産業省設置法・日本電信電話公社法・法務府設置法改正（法務省に改組）各公布、電気通信省・経済安定本部は廃止等、8・1新行政機構発足 8・26 第14通常国会召集、8・28解散 10・1 第25回衆議院議員総選挙 10・15 警察予備隊、保安隊に改組 10・24 第15特別国会召集、53・3・14解散 10・30 第4次吉田茂内閣成立 11・1 市区町村教育委員会、全国一斉に発足	8・8 義務教育費国庫負担法	
一九五三年（昭和二八）	1・17 軍人恩給の復活を閣議決定、8・1恩給法改正 1・20 米大統領にアイゼンハワー就任 3・23 中国からの引揚げ船はじめて舞鶴に入港 4・2 日米友好通商航海条約 4・19 第26回衆議院議員総選挙 4・24 第3回参議院議員選挙 5・18 第16特別国会召集、8・10閉会	3・17 麻薬取締法 3・26 新制大学院設置法 7・21 逃亡犯罪人引渡法 7・22 離島振興法 7・31 有価証券取引税法 8・1 中小企業金融公庫法 8・7 電気事業および石炭鉱業における争議行為の方法の規制に関する法律（スト規制法）	4・8 最高裁判所判決――昭和23年政令201号違反被告事件で公務員の争議権制限は合憲 9・29 吹田黙祷事件で最高裁判所通達「法廷の威信について」 11・19 最高裁判所判決――絞首刑は残虐な刑にあたらない 12・23 最高裁判所判決――農地改革は合憲、農地買収対価は正当な補償と判

年	政治	法律	その他
	5・21 第5次吉田茂内閣成立 7・27 朝鮮休戦協定 9・11 町村合併推進本部設置 9・29 日米行政協定改定（協定中の刑事裁判権改定） 10・29 第17臨時国会召集、11・7閉会 11・30 第18臨時国会召集、12・8閉会 12・10 第19通常国会召集、54・6・15閉会 12・25 奄美大島返還	8・8 国家公務員等退職手当暫定措置法 8・15 らい予防法 8・17 労働金庫法 8・27 農業機械化促進法 9・1 独占禁止法改正、町村合併促進法	決
一九五四年（昭和二九）	3・1 第5福竜丸事件、ビキニ環礁水爆実験で被曝 3・8 **MSA協定**（相互防衛援助協定） 4・21 造船疑獄事件、法相犬養健、検事総長に対し、佐藤栄作自由党幹事長の逮捕請求を差止める指揮権を発動 6・9 防衛庁設置法・自衛隊法 10・26 仁保事件 11・5 ビルマとの平和条約、賠償および経済協力協定 11・24 日本民主党結成（総裁鳩山一郎） 11・30 第20臨時国会召集、12・9閉会 12・10 第21通常国会召集、55・1・24解散 12・10 第1次鳩山一郎内閣成立	4・1 刑法改正、執行猶予者保護観察法 5・15 利息制限法、地方交付税法（地方財政平衡交付金法改正） 5・18 交通事件即決裁判手続法 5・19 厚生年金保険法 5・20 土地区画整理法 5・27 民事訴訟法改正（上告に関する規定） 6・3 教育の政治的中立確保臨時措置法 6・8 改正警察法 6・9 日米相互防衛援助協定（MSA協定）に伴う秘密保護法 6・23 出資、預り金、金利等取締法	4・24 青年法律家協会創立 11・24 最高裁判所大法廷判決——新潟県公安条例は合憲（公安条例に関する初の最高裁判決） —・ 渡辺洋三『農業水利権の研究』

一九五五年（昭和三〇）

1・28 炭労・私鉄・電産などで「春闘共闘」方式始まる
2・14 日本生産性本部の設立
2・27 第27回衆議院議員総選挙
3・18 第22特別国会召集、7・30閉会
3・19 第2次鳩山一郎内閣成立
4・18 インドネシア、バンドンでAA会議開催（〜4・24）
7・20 経済審議庁設置法改正（同庁を経済企画庁に改組）
8・6 第1回原水爆禁止世界大会、広島で開催
8・13 日本民主党『うれうべき教科書の問題』第1集
8・29 重光葵外相、ワシントンで米国務長官ダレスと会談。8・31日米軍事協力につき共同声明
9・10 GATT（関税および貿易に関する一般協定）加盟の議定書発効
9・13 砂川基地拡張のため強制測量実施、警官隊と地元反対派・支援労組・学生が衝突
10・13 社会党統一
11・14 日米原子力協定
11・15 保守合同、自由民主党の成立

3・16 沖縄の米民政府、「刑法並びに訴訟手続法典」（集成刑法）公布
6・30 商法改正（株主の新株引受権等）
7・8 日本住宅公団法
7・25 過度経済力集中排除法等を廃止
7・29 自動車損害賠償保障法
8・10 石炭鉱業合理化臨時措置法
12・29 地方財政再建促進特別措置法

5・26 田中耕太郎最高裁長官、高裁長官・地裁所長会同で松川裁判批判などを非難、「外部の雑音に迷うな」と訓示
6・22 最高裁判所大法廷判決——三鷹事件に有罪、公労法による国鉄職員の争議行為は合憲
9・20 森永ドライミルク事件起訴
—・ 宮沢俊義『日本国憲法』

	11・22　第23臨時国会召集、12・16閉会 第3次鳩山一郎内閣成立 12・19　**原子力基本法**・原子力委員会設置法 12・20　第24通常国会召集、56・6・3閉会		
一九五六年（昭和三一）	1・28　万国著作権条約 2・24　ソ連共産党第20回大会秘密会、フルシチョフ第1書記スターリン批判演説 3・31　科学技術庁設置法 5・1　水俣病公式確認 5・9　日本フィリピン賠償協定、経済開発借款に関する交換公文など調印 5・14　日ソ漁業条約調印 6・11　**憲法調査会法**（57・8～64・7活動） 7・2　国防会議構成法 7・8　第4回参議院議員選挙 10・19　**モスクワで日ソ国交回復に関する共同宣言** 11・12　第25臨時国会召集、12・13閉会 12・18　国連総会、日本の加盟を可決 12・20　第26通常国会召集、57・5・19閉会	3・1　民事訴訟規則 4・20　都市公園法、空港整備法 4・26　首都圏整備法 5・4　日本原子力研究所法・核原料物質開発促進臨時措置法・原子燃料公社法（原子力3法） 5・22　物品管理法、国の債権の管理等に関する法律 5・23　百貨店法 5・24　売春防止法 6・11　工業用水法 6・30　地方教育行政法（新教育委員会法）、新市町村建設促進法 10・10　教科書調査官設置	1・25　最高裁判所大法廷判決――勅令311号（占領目的阻害）違反事件に免訴の判決 3・30　札幌高等裁判所判決――破壊活動防止法は合憲 4・19　名古屋高等裁判所判決――原因において自由な行為の理論を故意犯（傷害致死罪）にはじめて適用 10・31　最高裁判所大法廷決定――調停に代わる裁判は違憲ではない

	12・23 石橋湛山内閣成立		
一九五七年（昭和三二）	1・30 群馬県の米軍射撃場で、薬莢拾いの女性が米兵に射殺される（ジラード事件） 2・6 自民党議員、建国記念日法案を国会に提出 2・25 岸信介内閣成立 6・1 内閣法改正法 6・14 国防会議、第1次防衛力整備計画決定 9・22 警視庁、砂川町の立川基地拡張強制測量反対運動で23人を刑事特別法違反で検挙（砂川事件） 10・4 ソ連、人工衛星スプートニク1号の打上に成功 11・1 第27臨時国会召集、11・14閉会 日本原子力発電株式会社設立 12・17 新長期経済計画を閣議決定 12・20 第28通常国会召集、58・4・25解散 12・22 日教組、教員の勤務評定実施に反対して非常事態宣言	3・31 租税特別措置法、原爆被爆者医療法 4・16 国土開発縦貫自動車道建設法 5・17 東北開発促進法 6・1 自然公園法 6・3 環境衛生法 6・10 核原料物質・核燃料物質および原子炉の規制法（原子炉規制法） 6・13 国際海上物品運送法 6・15 水道法 11・25 中小企業団体組織法	1・26 最高裁判所大法廷判決――氏名には黙秘権が及ばない 3・13 最高裁判所大法廷判決――チャタレイ事件で、刑法１７５条は合憲としわいせつ文書を定義 10・15 最高裁判所、八海事件第1次上告審判決（原判決の破棄・差戻） ―・　有斐閣『法律学全集』刊行開始
一九五八年（昭和三三）	1・20 インドネシアと平和条約・賠償協定 5・22 第28回衆議院議員総選挙	1・18 文部省、小中学校「道徳」の実施要項を通達 3・10 銃砲刀剣類所持等取締法	6・8 憲法問題研究会発足 6・30 仙台高等裁判所判決――平事件で騒乱罪の成立を認める

	6・10 第29特別国会召集、7・8閉会 6・12 第2次岸信介内閣成立 7・29 中央教育審議会「教員養成制度の改善方策」答申 9・29 第30臨時国会召集、12・7閉会 10・8 政府、警察官職務執行法（警職法）改正案を国会に提出、反対運動高まる 11・5 全農林警職法事件 12・10 第31通常国会召集、59・5・2閉会	4・10 学校保健法 4・24 下水道法 4・30 刑法・刑事訴訟法改正（あっせん収賄罪・凶器準備集合罪を新設など） 企業担保法 5・1 国家公務員共済組合法 12・25 工場廃水等規制法、公共用水域水質保全法 12・27 国民健康保険法	
一九五九年（昭和三四）	1・1 キューバ革命 3・28 日米安保条約改定阻止国民会議を結成 6・2 第5回参議院議員選挙 6・22 第32臨時国会召集、7・3閉会 10・26 第33臨時国会召集、12・27閉会 12・11 三井鉱山、大量解雇通知（三池争議始まる） 12・22 ＩＬＯ条約批准のための国内法整備方針を閣議決定 12・29 第34国会召集、60・7・15閉会	1・17 供託規則 3・20 工場立地調査法 4・13 特許法・実用新案法・意匠登録法・商標法、各改正法 4・14 首都高速道路公団法 4・15 最低賃金法 4・16 国民年金法 4・20 国税徴収法 12・18 炭鉱離職者臨時措置法	3・30 東京地方裁判所判決――砂川事件で米軍駐留は違憲、従って刑事特別法は無効とし、無罪（伊達判決） 8・10 最高裁判所大法廷判決――松川事件上告審で、仙台高等裁判所に差戻 12・16 最高裁判所第一小法廷判決――砂川事件で、日米安保条約に関し裁判所は違憲審査権を有しない
一九六〇年（昭和三五）	1・5 三井三池炭坑争議、全山ストに突入 1・19 **日米の新安全保障条約**・米軍地	3・31 不動産登記法改正、じん肺法 4・30 刑法改正準備会「改正刑法準備草案（未定稿）」公表	6・8 最高裁判所大法廷判決――苫米地事件で、高度な政治性を有する事項に司法裁判所の審査権は及ばない（統

位協定・事前協議交換公文調印
4・15 安保阻止国民会議、第15次統一行動（～4・26）
5・19 衆議院安保特別委員会で自民党が強行採決、5・20未明、本会議で強行採決
6・15 安保改定阻止第2次行動、全国で580万人参加。全学連が国会突入をはかり警官隊と衝突
6・19 午前0時、新安保条約・協定、自然承認
6・23 日米新安全保障条約批准書交換、同条約発効
6・30 自治庁設置法改正（自治省に昇格）
7・15 岸信介内閣総辞職
7・18 第35臨時国会召集、7・22閉会
7・19 第1次池田勇人内閣成立
9・5 自民党、高度成長・所得倍増などの新政策を発表
10・12 浅沼稲次郎社会党委員長、演説会で、右翼少年に刺殺される
10・17 第36臨時国会召集、10・24解散
11・16 田中耕太郎前最高裁長官、国際司法裁判所判事に当選（国連総会）

5・16 刑法改正（不動産侵奪財・境界毀損罪新設）
6・25 道路交通法
6・30 農地被買収者問題調査会設置法
7・25 身体障害者雇用促進法、東海道幹線自動車国道建設法（東名高速道路）
8・10 薬事法、薬剤師法
8・13 同和対策審議会設置法

治行為論を採用）
7・20 最高裁判所大法廷判決――東京都公安条例は合憲
8・29 箱根で日本近代化に関する国際シンポジウム開催
10・19 東京地方裁判所判決――朝日訴訟で現行生活保護水準は違憲（第1次判決）
10・25 最高裁判所長官に横田喜三郎を任命
12・8 最高裁判所判決――平事件で未必的共同意思論を肯定し騒乱罪適用を合憲と判決
―・ 稲田正次『明治憲法成立史』上

	11・20 第29回衆議院議員総選挙 12・5 第37特別国会召集、12・22閉会 12・8 第2次池田勇人内閣成立 12・26 第38通常国会召集、61・6・8閉会 12・27 国民所得倍増計画を閣議決定		
一九六一年（昭和三六）	2・1 中央公論社、嶋中事件 4・19 駐日アメリカ大使ライシャワー着任 6・1 ＩＬＯ結社の自由委員会、日本政府の早期批准を希望 8・13 東独政府、東西ベルリンの境界に壁を構築 9・25 第39臨時国会召集、10・31閉会 10・26 中学校全国一斉学力テスト反対運動、旭川などで刑事訴追・行政処分などを受ける（学力テスト事件） 12・9 第40通常国会召集、62・5・7閉会	6・1 酔っ払い防止法 6・6 雇用促進事業団法 6・12 農業基本法 6・17 学校教育法改正（5年制の高等専門学校を設置）、原子力損害賠償法 7・1 割賦販売法 8・5 公共用地審議会令 11・1 年金福祉事業団法、通算年金通則法 11・13 産炭地域振興臨時措置法、水資源開発促進法 11・15 災害対策基本法 11・29 児童扶養手当法 12・20 改正刑法準備草案を法務大臣に答申（刑法改正準備会）	1・18 東京高等裁判所、大逆事件の再審請求を受理 2・10 最高裁判所判決――抵当権設定後の土地に築造の建物に法定地上権は成立しない 6・7 最高裁判所大法廷判決――緊急逮捕着手前の押収捜索による証拠物でも証拠能力を認める 7・19 最高裁判所判決――絞首刑執行方法につき太政官布告は有効 12・21『思想の科学』天皇制特集号を発売中止 ―・ 小林直樹『憲法の構成原理』
一九六二年（昭和三七）	5・11 臨時司法制度調査会設置法 7・1 第6回参議院議員選挙 8・4 第41臨時国会召集、9・2閉会 10・5「全国総合開発計画」を閣議決定	3・29 民法改正（同時死亡の推定、特別縁故者への遺産分与規定の新設など） 4・2 国税通則法	5・30 最高裁判所大法廷判決――罰則制定権を条例に委任することは合憲 10・30 最高裁判所、「巌窟王」吉田石松の再審請求を容認、62・3・28無

10・13　石炭鉱業調査団答申（スクラップ＝アンド＝ビルド方式など）
10・15　中央教育審議会、「大学の管理運営」につき答申
11・9　高碕達之助、廖承志と日中総合貿易に関する覚書に調印
12・8　第42臨時国会召集、12・23閉会
12・11　恵庭事件（陸上自衛隊演習場の電話線切断事件）
12・24　第43通常国会召集、63・7・6閉会

4・4　建物の区分所有法
5・4　家庭用品品質表示法
5・10　新産業都市建設促進法、公職選挙法改正、住居表示法
5・11　農地法改正、**石油業法**
5・15　不当景品類及び不当表示防止法
5・16　行政事件訴訟法
6・2　ばい煙排出規制法
9・8　地方公務員共済組合法
9・15　行政不服審査法（訴願法を廃止）

罪判決（名古屋高裁）
11・28　最高裁判所大法廷判決――関税法による第三者所有物没収は違憲

一九六三年（昭和三八）

2・6　IMF理事会、日本に対し8条国への移行を勧告
3・2　政府、ILO87号条約批准案並びに関連法案を衆議院に提出、審議未了
3・31　吉展ちゃん事件
5・4　狭山事件
7・12　生存者叙勲復活の新栄典制度を閣議決定
7・26　OECD理事会、日本の加盟を承認
8・20　行政改革本部を設置
10・15　第44臨時国会召集、10・23解散
11・21　第30回衆議院議員総選挙

3・31　中小企業近代化促進法
6・8　地方自治法改正、日本原子力船開発事業団法
6・20　観光基本法
6・29　外国為替管理令改正（資本取引を自由化）
7・8　職業安定法改正・緊急失業対策法改正
7・9　商業登記法
7・11　新住宅市街地開発法、老人福祉法
7・19　不動産鑑定法
7・20　中小企業基本法
11・2　貿易外取引管理令

3・27　最高裁判所大法廷判決――区長公選制廃止は合憲
5・22　最高裁判所大法廷判決――ポポロ事件で、政治的社会的集会は大学の自治の享有外である
6・26　最高裁判所大法廷判決――財産権を制限する条例につき合憲とする（ため池条例事件）
9・12　最高裁判所判決――松川事件再上告審判決で上告棄却（被告全員の無罪確定）

年	一般	法令	判例・その他
	11・22　ケネディ米大統領暗殺事件 12・4　第45特別国会召集、12・18閉会 12・9　第3次池田勇人内閣成立 12・17　ソウルで朴正煕韓国大統領就任式 12・20　第46通常国会召集、64・6・26閉会	12・21　教科書無償措置法	
一九六四年（昭和三九）	4・1　IMF8条国に移行、海外渡航自由化 4・28　第1回生存者叙勲を発表 OECD（経済協力開発機構）条約加入 7・3　内閣憲法調査会、最終報告書を首相に提出（明文改憲論と解釈運用論を併記） 8・2　トンキン湾事件 10・1　東海道新幹線開業 10・10　第18回オリンピック東京大会開催（～10・24） 11・9　第47臨時国会召集、12・18閉会 第1次佐藤栄作内閣成立 11・12　同盟の結成（全国労働総同盟） 米原子力潜水艦佐世保に入港、デモ隊と警官隊衝突 11・17　公明党結党	3・11　商業登記規則 3・31　外国為替及外国貿易管理法および外資法を改正する法律 4・3　国立学校特別会計法 5・29　逃亡犯人引渡法改正 6・10　遺言方式準拠法 6・24　暴力行為等処罰法改正（常習傷害罪の新設等） 6・30　刑法改正（身代金目的誘拐罪新設） 7・1　母子福祉法 7・2　民事訴訟法改正（手形・小切手訴訟制度の新設） 7・9　住宅地造成事業法、林業基本法 7・10　河川法 7・11　電気事業法 7・27　東京都議会、青少年健全育成条例を可決	2・5　最高裁判所判決――参議院東京地方区選挙無効訴訟で議員定数配分に合憲 3・5　都立大学教授戒能通孝、小繁事件弁護のため辞表提出 5・13　福岡高等裁判所判決――文部省の学力調査は行政の権限を逸脱している 5・30　大阪高等裁判所判決――警察官による「デモ撮影」は肖像権の侵害にあたる 9・28　東京地方裁判所――「宴のあと」事件でプライバシーの権利による不法行為を認定 11・18　最高裁判所大法廷判決――任意に支払われた法定制限超過利息も元本に充当できる ―・　小川政亮『権利としての社会保

	12・21 第48通常国会召集、65・6・1閉会		障』 ―・中田薫『法制史論集』4冊
一九六五年（昭和四〇）	1・11 中教審「期待される人間像」中間草案発表 5・― 「ベトナムに平和を市民連合」（ベ平連）結成 6・12 新潟大教授ら、阿賀野川流域で有機水銀中毒患者発生と発表 6・14 ＩＬＯ87号条約批准 6・22 **日韓基本条約**、漁業協定・経済協力協定・在日韓国人の法的地位協定・文化財保護協定など 7・4 第7回参議院議員選挙 7・22 第49臨時国会召集、8・11閉会 8・2 同和対策審議会答申 8・19 佐藤首相、沖縄を訪問 10・5 第50臨時国会召集、12・13閉会、日韓条約批准で紛糾 10・12 日韓条約の批准に反対して国会請願デモ10万人 12・20 第51通常国会召集、66・6・27閉会	3・29 市町村合併特例法 3・31 所得税法、法人税法 4・22 大学審議会設置令 5・11 山村振興法 5・27 八郎潟新農村建設事業団法、行政監理委員会設置法 6・1 公害防止事業団法 6・2 新東京国際空港公団法 6・3 農地報償法（農地改革の地主補償）、港湾労働法 6・18 地方公務員法などＩＬＯ条約批准に伴う法改正 7・2 公務員制度審議会令 8・18 母子保健法	3・9 最高裁判所決定――目的物の方へ「行きかけた」ことで窃盗罪の実行の着手となる 3・30 最高裁判所決定――強姦に共謀・加功した女性は強姦罪の共同正犯たりうる 6・12 家永三郎東京教育大教授、教科書検定違憲の民事訴訟を提起 9・21 最高裁判所判決――中間省略登記請求は登記名義人・中間者の同意がなければ認められない 11・30 最高裁判所判決――正常な職務範囲内の行為との外観を有するかぎり不法行為法上の使用者責任が及ぶ
一九六六年（昭和四一）	3・25 明治百年記念事業を閣議決定 5・16 中国で「文化大革命」始まる 7・4 新国際空港の建設地を千葉県成	2・10 国家公務員の服務の宣誓に関する政令 5・18 地震保険法	1・28 最高裁判所判決――小繋事件に有罪 3・3 最高裁判所判決――東京都公安

年	政治・社会	法令	判例・文献
（1966年）	田市三里塚とする閣議決定 7・1 日本万博準備運営特別措置法 7・11 第52臨時国会召集、7・30閉会 8・4 公害審議会中間答申（政府・企業の無過失責任原則を強調） 9・17 紀元節復活反対国民集会 11・15 自動車の排ガス対策を閣議決定 11・30 第53臨時国会召集、12・20閉会 12・27 第54通常国会召集、衆議院解散	6・14 商法改正（株式の譲渡制限など） 6・25 国民祝日法改正（建国記念の日新設） 6・30 借地法・借家法改正、住宅建設計画法 7・1 執行官法 7・9 入会林野等近代化法 7・21 雇用対策法	条例は合憲 6・10 最高裁判所決定――多数のビラ貼りは建造物損壊罪を構成する 8・6 最高裁判所長官に横田正俊任命 10・26 最高裁判所大法廷判決――全逓東京中郵事件で公企体職員の争議行為は刑事罰対象にならない
一九六七年（昭和四二）	1・29 第31回衆議院議員総選挙 2・11 初の建国記念の日 2・15 第55特別国会召集、7・21閉会 2・17 第2次佐藤栄作内閣発足 4・15 第6回統一地方選挙、東京都知事選挙で社共統一候補の美濃部亮吉当選（「革新都政」の成立） 6・5 第3次中東戦争おこる 6・6 資本取引自由化基本方針を閣議決定 6・10 東京教育大、筑波移転を決定 7・27 第56臨時国会召集、8・18閉会 8・24 ＩＬＯ１００号条約（男女同一報酬）批准 12・4 第57臨時国会召集、12・23閉会 12・27 第58通常国会召集、68・6・3	5・31 印紙税法 6・12 登録免許税法 7・14 外国人漁業規制法 7・21 土地収用法改正 7・25 住民基本台帳法 7・28 一酸化炭素中毒症特別措置法 8・1 日本学術振興会法、地方公務員災害補償法 8・3 **公害対策基本法** 8・24 健康保険法臨時特例法	3・29 札幌地方裁判所判決――恵庭事件で自衛隊法違反は無罪、憲法判断は回避 5・24 最高裁判所大法廷判決――朝日訴訟で生存権的請求権の訴訟継続性否定 6・9 東京地方裁判所決定――国会周辺デモの規制は違法として許可、首相が異議申立、6・10地裁決定取消 ―・― 滋賀秀三『中国家族法の原理』 ―・― 宮沢俊義『公法の原理』 ―・― 宮沢俊義『憲法の原理』『憲法の思想』

	閉会		
一九六八年（昭和四三）	1・16 博多駅事件で警官の過剰警備が問題化、TV局の報道フィルムを証拠として差押え 1・19 米原子力空母エンタープライズ、激しい反対運動のなか佐世保に入港（佐世保事件） 1・29 東大医学部学生自治会、医師法改正に反対、無期限ストに入る（東大紛争の発端） 2・20 金嬉老事件 3・18 東京王子の米陸軍キャンプに野戦病院を開設 3・― 人口が1億人を突破 4・― 三里塚闘争始まる 5・27 日本大学で20億円の使途不明金を巡り紛争、学生ら全学共闘会議を結成 6・15 文化庁設置 6・26 小笠原諸島返還 6・26 東京教育大学で筑波移転に反対の文学部学生、スト突入 7・7 第8回参議院議員選挙 8・1 第59臨時国会召集、8・10閉会 8・― 67年度国民総生産（GNP）が	4・2 法務省、壬申戸籍を厳封して保管せよと通達 5・2 宇宙開発委員会設置法 5・20 原子爆弾被爆者特別措置法 5・30 消費者保護基本法 5・31 文部省、小学校学習指導要領改定案、7・11告示 6・1 相互銀行法・信用金庫法等改正 6・3 社会保険労務士法 6・10 大気汚染防止法、騒音規制法 6・15 都市計画法（旧法等廃止）	6・12 東京高等裁判所判決――三菱樹脂事件で、政治信条・思想に関する事項の申告を求めるのは公序良俗違反 11・13 最高裁判所大法廷判決――利息制限法の制限を超える利息が、元本充当により完済後も支払われた場合は返還請求できる ―・ 東大社会科学研究所編『基本的人権』5巻（～69・3）

	自由世界第2位と政府発表 10・21　国際反戦デーで警視庁、新宿駅で騒乱罪を適用 12・10　三億円強奪事件 12・10　第60臨時国会召集、12・21閉会 12・27　第61通常国会召集、69・8・5閉会		
一九六九年 （昭和四四）	1・18　警視庁、東大安田講堂の封鎖解除（〜1・19）、機動隊8000人を動員 2・18　日本大学、機動隊を導入し全学の封鎖を解除 4・28　沖縄デーに13万人参加、学生らのゲリラ的デモで都心部混乱 5・3　自主憲法制定国民会議結成 5・13　自民党、司法制度調査会設置 5・24　政府、大学の運営に関する臨時措置法案を国会に提出、学術会議・国立大学協会など反対運動おこる 5・30　新全国総合開発計画を閣議決定 11・21　佐藤・ニクソン共同声明 11・29　第62臨時国会召集、12・2閉会 12・27　第32回衆議院議員総選挙	4・8　租税特別措置法改正（土地譲渡所得の分離課税） 4・21　文部省、全国の大学学長に通達、警察官の学内立入りの最終判断は警察にある 5・16　行政機関の職員の定員に関する法律（総定員法） 5・16　自主流通米制度につき閣議決定 6・3　都市再開発法 6・23　地価公示法 7・2　東京都公害防止条例 7・18　職業訓練法（旧法廃止） 8・7　大学の運営に関する臨時措置法 12・15　**公害健康被害救済特別措置法**	1・11　最高裁判所長官に石田和外を任命 9・14　平賀書簡問題おこる 10・15　最高裁判所大法廷判決——「悪徳の栄え」事件で、チャタレー判決を踏襲 11・26　最高裁判所大法廷決定——博多駅フィルム提出命令事件で、取材の自由は公正な刑事裁判の必要に服する 12・15　大阪空港騒音公害訴訟提訴（大阪国際空港周辺住民が夜間離着陸禁止を求める） 12・24　最高裁判所大法廷判決——京都府学連事件で、警察官の写真撮影に関し「肖像権」を個人の自由権として認める
一九七〇年 （昭和四五）	1・14　第63特別国会召集、5・13閉会 第3次佐藤栄作内閣成立	2・3　法制審議会刑事法特別部会、死刑廃止は時期尚早と結論	4・1　最高裁判所、青年法律家協会会員2名と女性1名に再任拒否の内示

	1・22 四日市海上保安部、石原産業の廃液たれ流しを港則法違反で書類送検 3・14 日本万国博覧会開会式（～9・13） 3・31 「よど号」乗っ取り事件 4・19 日中覚書貿易の会談コミュニケ・貿易協定に調印 5・1 沖縄・北方対策庁設置法 6・23 日米安全保障条約、自動延長 8・11 田子の浦へドロ公害で市民団体、4製紙会社と知事を静岡地検に告発 10・20 初の防衛白書「日本の防衛」 11・9 国連、「人間環境宣言」採択 11・24 第64臨時国会召集、12・18閉会 作家三島由紀夫、東京市谷の自衛隊東部方面総監部に侵入して隊員にクーデターを呼びかけ、割腹自殺 12・20 コザ事件（コザ市で反米暴動） 12・26 第65通常国会召集、71・5・24閉会	4・24 過疎地域対策緊急措置法 5・6 著作権法改正 5・15 農地法改正 5・18 全国新幹線鉄道整備法、航空機強取等処罰法（ハイジャック防止法）、日本私学振興財団法 5・19 筑波研究学園都市建設法 5・20 農業者年金基本法、本州四国連絡橋公団設置法 5・21 心身障害者対策基本法 5・23 国民生活センター法 5・25 勤労青少年福祉法 6・1 公害紛争処理法 6・1 交通安全対策基本法 12・25 公害対策基本法改正、海洋汚染防止法、廃棄物処理法、水質汚濁防止法、公害犯罪処罰法など	4・7 最高裁「裁判官が政治的色彩を帯びる団体に加入することは慎むべき」との見解発表 6・24 最高裁判所大法廷判決――八幡製鉄事件で、政治献金は企業の社会的役割の一部であり、法人にも政治的権利は認められる 7・11 東京地方裁判所――家永教科書第2次訴訟で教科書検定は違憲とし検定不合格を取消（杉本判決） 8・27 日本教育法学会発会 10・19 裁判官訴追委員会、平賀元札幌地裁所長を「訴追せず」、福島判事を「訴追猶予」と決定 11・25 最高裁判所大法廷判決――偽計を用いて得た自白に証拠能力はない ―・ 唄孝一『医事法学への歩み』
一九七一年（昭和四六）	2・22 成田空港公団、第1次強制代執行 5・31 環境庁設置法 6・17 **沖縄返還協定**に調印 6・27 第9回参議院議員選挙	3・3 証券取引法改正、外国証券業者法 3・31 国立公文書館設置法 4・1 預金保険法、7・1預金保険機構発足	1・20 最高裁判所大法廷判決――自作農創設特別措置法は合憲だが、自作農創設の目的にそわない国有農地は旧地主に 3・31 最高裁判所裁判官会議、宮本熊

	1971	一九七二年（昭和四七）
	7・14 第66臨時国会召集、7・24閉会 8・15 ニクソン声明、金とドルの交換一時的停止など（ドル・ショック） 9・14 中央公害対策審議会発足 9・16 成田空港公団、第2次強制代執行 10・16 第67臨時国会召集、12・27閉会（沖縄返還協定批准国会） 10・21 沖縄返還協定批准反対の全国統一行動。参加150万人 12・29 第68通常国会召集、72・6・16閉会	2・19 浅間山荘事件 2・21 米大統領ニクソン中国訪問（～2・27）、2・27米中共同声明 3・27 沖縄交渉をめぐる外務省公電漏洩事件 5・13 沖縄開発庁設置法 5・15 沖縄の施政権返還、沖縄県発足 7・6 第69臨時国会召集、7・12閉会 7・7 第1次田中角栄内閣成立 9・29 北京で**日中共同声明**に調印 10・9 国防会議に通産・科学技術・国家公安・内閣官房の4閣僚追加
	4・3 卸売市場法 4・6 民事訴訟費用法、刑事訴訟費用法（旧法廃止） 5・25 高齢者雇用安定法 5・27 児童手当法 6・1 勤労者財産形成促進法、悪臭防止法 6・3 民法改正（根抵当の明文化） 12・31 沖縄の復帰に伴う特別措置に関する法律（復帰関連の4法）	2・― 法制審議会刑事法特別部会「改正刑法草案」発表 4・24 火炎ビン使用等処罰法 6・3 公害等調整委員会設置法 6・8 労働安全衛生法 6・16 工業再配置促進法 6・22 新都市基盤整備法、大気汚染防止法・水質汚濁防止法改正、自然環境保全法 7・1 勤労婦人福祉法 7・3 海上交通安全法 7・5 警備業法
	本地裁判事再任拒否と23期生中7名の任官拒否 5・14 名古屋高等裁判所判決――津地鎮祭訴訟で公費による神式の地鎮祭は違憲 6・30 富山地方裁判所判決――神通川カドミウム（イタイイタイ病）事件で原告請求容認 9・29 新潟地方裁判所判決――阿賀野川水銀中毒事件で原告請求容認 12・10 大阪地方裁判所判決――三井造船事件でその結婚退職制は公の秩序に反し無効	7・24 津地裁四日市支部判決――四日市ぜんそく訴訟で企業の共同不法行為を認定して請求容認 11・22 最高裁判所大法廷判決――川崎民商事件で憲法上の黙秘権の保証は純然たる刑事手続以外にも及ぶ 最高裁判所大法廷判決――大阪小売市場事件で、小売市場許可制による営業の自由制限は合憲 12・20 最高裁判所大法廷判決――高田事件で長期の裁判中断は違憲として免訴

10・27 第70臨時国会召集、11・13衆議院解散
12・10 第33回衆議院議員総選挙
12・22 第71特別国会召集、73・9・27閉会、第2次田中角栄内閣成立

―・川島武宜編『法社会学講座』10巻、（〜73・4）

一九七三年（昭和四八）

1・26 「土地対策要綱」を閣議決定
2・14 円が変動相場制に移行
2・15 米大統領補佐官キッシンジャー、中国訪問（〜2・19）、毛沢東・周恩来と会談、2・22共同声明
7・25 資源エネルギー庁設置
8・8 金大中事件
10・6 第4次中東戦争勃発、第1次石油危機
12・1 第72通常国会召集、74・6・3閉会

4・26 地方税法改正（市街化区域内農地の宅地なみ課税など）
7・6 生活関連物資の買占め・売惜しみ緊急措置法（投機防止法）
7・24 自動車事故対策センター法
9・1 都市緑地保全法
9・20 公有水面埋立法改正
9・29 国立学校設置法改正（筑波大学法）
10・5 公害健康被害補償法
12・22 国民生活安定緊急措置法、石油需給適正化法

3・20 熊本地方裁判所判決――水俣病訴訟（第1次訴訟）判決でチッソの過失責任を認定
4・4 最高裁判所大法廷判決――刑法の尊属殺重罰規定は違憲（14条違反）
4・25 最高裁判所大法廷判決――全農林警職法事件で、公務員の争議禁止は合憲
5・21 最高裁判所長官に村上朝一を任命
8・27 松山地裁に原子力発電所建設中止を提訴（伊方原発訴訟）
9・7 札幌地方裁判所判決――長沼ナイキ基地訴訟で自衛隊は違憲
12・12 最高裁判所大法廷判決――三菱樹脂事件で、採用時に思想信条の申告を求めたのは合憲
―・田中英夫『英米の司法』
―・小田中聰樹『現代司法の構造と思想』

一九七四年（昭和四九）	1・15 インドネシアに2億ドルの円借款供与 4・11 公労協・官公労・民間ら81単産・600万人、国民生活要求、スト権奪回、賃上げで空前のゼネスト 5・18 日本消費者連盟結成 5・31 国際協力事業団法 6・24 内閣法改正 6・26 国土庁設置法 7・7 第10回参議院議員選挙 7・24 第73臨時国会召集、7・31閉会 8・30 三菱重工ビル爆破事件（連続企業爆破事件） 11・12 衆議院法務・参議院大蔵・同決算の各委員会で田中首相の金脈問題追及 12・9 第74臨時国会召集、12・25閉会 三木武夫内閣成立 12・27 第75通常国会召集、75・7・4閉会	2・25 教員人材確保法 3・30 会社臨時特別税法 4・2 商法改正（株式会社の監査制度等改正） 5・2 農用地開発公団法 5・24 民事調停法及び家事審判法改正 5・29 法制審議会、改正刑法草案を答申 6・1 地方自治法改正、都市計画法及び建築基準法改正、生産緑地法 学校教育法改正（教頭の法制化） 6・11 公害紛争処理法改正 6・19 航空機危険行為等処罰法 6・20 大学院設置基準 6・25 国土利用計画法 9・18 公正取引委員会「独占禁止法改正私案の骨子」を発表 12・28 雇用保険法	2・27 大阪地方裁判所判決――大阪空港公害訴訟で人格権に基づく差止め請求を容認 5・11 公害等調整委員会で足尾鉱毒事件の調停妥結（百年公害） 7・19 最高裁判所判決――昭和女子大事件で大学に学生に対する包括的規律権能を認め、政治活動理由の処分は懲戒権の範囲内とする 最高裁判所判決――妻の家事労働に財産上の利益を認め逸失利益の算定基準を示す 9・26 最高裁判所判決――尊属傷害致死罪の刑は合理的根拠に基づく差別的取扱いであり合憲 11・6 最高裁判所大法廷判決――全逓猿払事件で、公務員の政治的行為の禁止と刑事罰は合憲 ―・ 東大社会科学研究所編『戦後改革』8巻（～75・7） ―・ 藤田勇『法と経済の一般理論』
一九七五年（昭和五〇）	4・13 都道府県知事選挙、4・27統一地方選挙 4・30 南ベトナム政府降伏、解放戦線サイゴンに無血入城（ベトナム戦争終	6・13 薬事法改正 7・1 文化財保護法改正（町並み保存など） 7・11 私立学校振興助成法、育児休業	4・30 最高裁判所大法廷判決――薬事法の薬局距離制限は違憲 5・20 最高裁判所決定――白鳥事件で再審請求を棄却（総論で再審開始の緩

	結） 7・15 公職選挙法改正（衆議院議員定数是正、ビラ活動規制） 8・4 日本赤軍、米・スウェーデン両大使館を占拠し日本政府に7人の釈放を要求（クアラルンプール事件） 9・11 第76臨時国会召集、12・25閉会 11・26 公労協、国労・動労・全通・全電通など3公社5現業すべて参加の「スト権奪還スト」突入 12・27 第77通常国会召集、76・5・24閉会	法 7・15 政治資金規正法改正 7・16 大都市地域住宅地供給促進特別措置法 12・26 文部省「主任制」を公示 12・27 油濁損害賠償保障法、石油備蓄法	和化に向けて新判断を示す） 11・27 大阪高等裁判所判決――大阪空港騒音公害訴訟で飛行禁止と将来請求を認める ―・ 沼田稲次郎『社会法理論の総括』 ―・ 福島正夫編『家族―政策と法』7巻、（～84・5）
一九七六年（昭和五一）	2・16 衆議院予算委員会、ロッキード事件で証人喚問 4・5 中国で天安門事件 5・14 衆議院ロッキード問題調査特別委員会設置 5・31 外務省、戦後の日本外交文書を初公開 6・8 核兵器不拡散条約批准 6・22 東京地検・警視庁、ロッキード事件で丸紅・全日空幹部の逮捕開始 7・27 東京地検、ロッキード事件で田中角栄前首相を逮捕、8・16受託収賄と外為法違反で起訴	5・21 刑事訴訟法改正（費用補償制度を新設） 5・25 学校教育法改正（大学院の制度改革） 5・27 賃金支払い確保法 6・4 訪問販売法 6・10 振動規制法 6・15 **民法・戸籍法等改正**（離婚復氏制度改正など） 6・19 予防接種法改正 9・29 川崎市議会、アセスメント条例案を可決 11・15 建築基準法改正（日照侵害規制	4・14 最高裁判所大法廷判決――衆議院千葉1区議員定数不均衡に違憲（選挙は有効） 4・28 横田基地公害訴訟団、アメリカ軍機の夜間飛行禁止の訴訟提起 4・30 最高裁判所判決――公文書偽造罪訴訟で真正な文書の写しであるかのようにコピーを作成したのは公文書偽造にあたる 5・21 最高裁判所大法廷判決――旭川・岩手学テ反対訴訟で学力テストは適法とし、全員有罪 5・25 最高裁判所長官に藤林益三を任

	7・30 公共企業体等基本問題会議発足（スト権問題） 9・16 第78臨時国会召集、11・4閉会 11・5 防衛費を国民総生産（GNP）の1%以内と決定 12・5 第34回衆議院議員総選挙 12・24 第79臨時国会召集、12・28閉会 福田赳夫内閣成立 12・30 第80通常国会召集、77・6・9閉会	など） 11・25 揮発油販売業法	命 7・24 最高裁臨時裁判官会議、ロッキード事件でアメリカ連邦地裁の嘱託証人尋問のため刑事免責保証を付与 9・8 米軍厚木基地周辺住民、騒音被害停止と損害賠償請求訴訟提起 10・12 最高裁判所決定——財田川事件再審請求を容認
一九七七年（昭和五二）	1・12 東京地検、ロッキード事件で小佐野賢治・児玉誉士夫を起訴 3・17 モンゴルへの無償経済援助協定に調印（第2次大戦の賠償が終了） 3・18 日米漁業協定（漁業水域200カイリを認める） 5・2 大学入試センター設置 6・30 東南アジア条約機構（SEATO）解散 7・10 第11回参議院議員選挙 7・22 子に対する扶養義務の準拠法に関する条約を批准 7・27 第81臨時国会召集、8・3閉会 8・3 原水爆禁止統一世界大会国際会議（広島、統一大会は14年ぶり）	5・2 領海法、漁業水域暫定措置法 5・18 沖縄地籍明確化法（基地用地使用期限切れに対応） 6・1 海上衝突予防法 6・3 独占禁止法改正（独占規制の強化） 6・25 中小企業分野調整法 9・22 教科用図書検定規則 12・26 特定不況業種離職者臨時措置法	2・9 裁判官弾劾裁判所、裁判官会議で鬼頭史郎判事補の職務停止を決定、3・23罷免決定 3・15 最高裁判所判決——富山大学事件で単位認定は基本的に大学の判断にゆだねられ、司法審査の対象とならない 5・4 最高裁判所大法廷判決——全逓名古屋中郵事件上告審で公労法の争議行為禁止は合憲（66年の判例を逆転） 6・14 東京高等裁判所判決——水俣病川本事件で、チッソやその従業員の責任追及に比して軽微な刑事責任の追及は検察官の公訴権の濫用として一審判決を破棄

	8・7　ＡＳＥＡＮ5ヵ国と日本、初の首脳会談（クアラルンプール） 8・30　むつ小川原（青森県）開発基本計画を閣議決定 9・28　日本赤軍、ボンベイで日航機を乗取り、ダッカ空港に強行着陸（ダッカ事件）、翌日日本政府、超法規的措置で9人釈放と身代金支払受入れ 9・29　第82臨時国会召集、11・25閉会 10・4　税制調査会答申（一般消費税の導入など） 11・4　第3次全国総合開発計画を閣議決定 11・28　福田赳夫内閣改造 11・30　東京都立川の米軍基地全面返還 12・7　第83臨時国会召集、12・10閉会 12・12　日米経済交渉開始 12・19　第84通常国会召集、78・6・16閉会		7・13　最高裁判所大法廷判決——津地鎮祭訴訟で神式地鎮祭は合憲 8・9　最高裁判所決定——狭山事件で上告棄却、別件逮捕・拘留が適法である要件を示す 8・26　最高裁判所長官に岡原昌男を任命 10・29　東京地裁で東京スモン訴訟の和解成立 —・　上山安敏『憲法社会史』
一九七八年（昭和五三）	5・20　新東京国際空港開港式 6・19　公共企業体等基本問題会議、公共企業体等のスト権付与は不適当との意見書 7・5　農林省を農林水産省と改称、発足	3・7　刑事公判開廷暫定特例法案（弁護人抜き裁判法案）国会提出 4・6　農林省通達、水田利用再編対策実施要項（転作奨励） 4・10　国立水俣病研究センター設置法 4・18　石油税法	5・2　岡原昌男最高裁長官、「弁護人抜き裁判」法案（審議中）の必要性を強調する見解を発表 5・31　最高裁判所決定——外務省秘密漏洩事件で実質秘を認め取材方法を違法とする

	8・4 東京中野区で教育委員会準公選条例制定の直接請求、12・15区議会で条例可決 8・12 **日中平和友好条約** 9・5 中東和平会談（〜9・17キャンプデービッド合意） 9・18 第85臨時国会召集、10・21閉会 10・17 元号法制化を閣議決定 11・27 第17回日米安保協議委員会「日米防衛協力のための指針」（ガイドライン）を決定 12・6 第86臨時国会召集、12・12閉会 12・7 第1次大平正芳内閣成立 12・22 第87通常国会召集、79・6・14閉会 12・25 ベトナム軍がカンボジアに侵入、反政府軍とともにポル・ポト政府軍と激戦（カンボジア紛争始まる）、79・1ヘン・サムリン政権成立	5・13 新東京国際空港の安全確保に関する緊急措置法（成田新法）、即日施行 5・15 特定不況産業安定臨時措置法 5・16 人質による強要行為処罰法 6・15 大規模地震対策特別措置法 6・17 上越教育大学・兵庫教育大学設置法 6・20 仮登記担保契約法 7・1 特定機械情報産業振興臨時措置法 8・30 高等学校学習指導要領改正 11・11 無限連鎖講防止法（ネズミ講） 11・15 水俣病認定促進臨時措置法	8・3 東京地方裁判所判決――スモン訴訟で国と製薬会社に賠償命令 10・4 最高裁判所大法廷判決――マクリーン事件で、在留外国人に引続き在留することの請求権はない
一九七九年（昭和五四）	1・8 グラマン疑惑浮上（岸信介・福田赳夫・松野頼三・中曽根康弘と日商岩井が関連） 1・13 国立・公立大学入試の共通1次学力試験、初めて実施 1・26 大阪の三菱銀行北畠支店に猟銃	3・30 民事執行法（競売法を廃止） 5・10 日本・フィリピン友好通商航海条約 6・12 通信・放送衛星機構法、**元号法** 6・22 エネルギー使用合理化法 10・1 医薬品副作用被害救済基金法	3・22 熊本地方裁判所判決――チッソ幹部に業務上過失致死傷罪で有罪 3・22 山口地方裁判所判決――自衛官合祀拒否訴訟で、殉職自衛官の護国神社合祀は国の参加行為として違憲 3・28 東京地方裁判所判決――内申書

男、２人射殺のうえ人質をとって籠城、１・28犯人を射殺

２・11　イラン革命、ホメイニ師指名のバザルガン暫定政府が権力を掌握

４・８　統一地方選挙、東京都知事に鈴木俊一・大阪府知事に岸昌当選（革新都政・府政終る）

４・19　靖国神社が東条英機・広田弘毅らＡ級戦犯14人を合祀していたことが判明

５・８　イギリスでサッチャー政権成立（先進国で最初の女性首相）

６・16　ウィーンで米ソ首脳会談（～６・18）　６・18ＳＡＬＴⅡ条約など調印

６・21　国際人権規約を批准（66・12国連総会で採択）

６・28　第５回先進国首脳会議、東京で開催（東京サミット～６・29）

８・30　第88臨時国会召集、９・７解散

10・２　ＫＤＤ疑惑発覚

10・７　第35回衆議院議員総選挙

10・26　韓国大統領朴正熙、金載圭中央情報部部長に射殺される

10・30　第89特別国会召集、11・16閉会

12・18　外国為替及び外国貿易管理法改正、角膜及び腎臓の移植に関する法律

12・20　民法・民法施行法改正（聾唖者を準禁治産者から除くなど）

裁判で学校の評価権の逸脱・濫用を認める

３・30　最高裁判所判決――夫の不貞行為の相手方に対し、未成年子からの慰謝料請求権は認めない

４・２　最高裁判所長官に服部高顕を任命

11・19　最高裁判所判決――事後強盗の予備も強盗予備罪にあたる

		一九八〇年 （昭和五五）
11・9　第2次大平正芳内閣成立 11・26　第90臨時国会召集、12・11閉会 12・14　会計検査院報告でカラ出張・高額接待などの「公費天国」を指摘 12・21　第91通常国会召集、80・5・19解散 12・27　ソ連軍、アフガニスタン侵攻、80・2・1日本政府、対ソ制裁措置としてモスクワオリンピック不参加決定		2・26　海上自衛隊、環太平洋合同演習（リムパック80、ハワイ周辺海域）に初参加 3・29　市民団体が「情報公開法を求める市民運動」を開始 5・16　衆議院本会議、大平正芳内閣不信任案を可決、5・19衆議院解散 5・27　韓国で反政府運動が占拠した光州市に戒厳軍が突入制圧、死者多数（光州事件） 6・12　大平正芳首相、死去、首相臨時代理に伊東正義官房長官 6・17　ラムサール条約に加入 6・22　第36回衆議院議員総選挙・第12回参議院議員選挙（初のダブル選挙） 7・3　失踪捜査中の「イエスの方舟」
		3・31　過疎地域振興特別措置法 5・1　犯罪被害者等給付金支給法 5・17　**民法及び家事審判法改正**（配偶者の相続分改定、特別寄与分制度の新設など） 5・28　農用地利用増進法 5・29　国際捜査共助法 5・30　石油代替エネルギー開発・導入促進法 7・4　中野区議会、教育委員会準公選条例改正案を可決 7・8　東京都議会、32万人の直接請求によるアセスメント条例案を否決 10・11　外国為替管理令 11・21　農住組合法（市街化区域内の農地の宅地化促進）
		11・28　最高裁判所判決――「四畳半襖の下張」事件で、文書のわいせつ性判断基準を具体化 12・12　最高裁判所決定――死刑囚免田栄（免田事件）の再審開始 12・13　徳島地方裁判所決定――徳島ラジオ商殺し事件再審開始、85・7無罪判決

	一九八一年
集団を発見、教組千石イエスを逮捕 7・17　第92特別国会召集、7・26閉会 鈴木善幸内閣成立 婦人差別撤廃条約に署名 8・15「徴兵は違憲、有事の際も許されない」との統一見解を閣議決定 8・19　新宿西口バス放火事件 9・9　イランとイラク全面戦争に入る（イラン・イラク戦争） 9・17　韓国軍法会議、金大中に死刑判決、11・21鈴木首相憂慮を表明 9・29　第93臨時国会召集、11・29閉会 10・15　廃棄物などの投棄による海洋汚染防止条約（ロンドン条約）批准 10・22　自民党の教科書に関する小委員会が初会合 11・15　中国、「林彪・4人組反革命集団」裁判開始 11・29　川崎市で予備校生が両親を金属バットで撲殺 12・5　臨時行政調査会設置法（第2次臨調） 12・22　第94通常国会召集、81・6・6閉会	4・27　教科書協会理事会、中学校公民
	3・11　国鉄経営再建特別措置法施行令
	3・24　最高裁判所判決——日産自動車

（昭和五六）	教科書の全面改訂を申請（自民党などの批判による） 5・8　訪米中の鈴木善幸首相とレーガン米大統領、日米共同声明、「同盟関係」を明記 7・10　臨時行政調査会（第2次臨調）第1次答申 9・19　フランス国民議会、死刑廃止法案を可決 9・24　第95臨時国会召集、11・28閉会 9・28　公正取引委員会、静岡県の建設団体に公共工事の談合容疑（独占禁止法違反）で立入り検査 10・3　難民の地位に関する条約に加入 11・21　自由民権百年全国集会 12・4　行政改革関連特例法 12・21　第96通常国会召集、82・8・21閉会 12・26　公共工事をめぐる組織的談合問題で、日本土木工業協会会長前田忠次、辞任	（赤字ローカル線の廃止） 3・31　税法改正 4・24　郵便年金法改正 5・22　住宅・都市整備公団法 5・25　障害に関する用語整理の法律 6・1　銀行法 6・9　商法改正（監査制度の強化、総会屋への利益供与禁止など） 6・11　食糧管理法改正（米穀通帳廃止など）、放送大学学園法	男女別定年制事件で、性別のみによる差別は民法により無効 3・27　新潟地方裁判所判決――自衛官反戦ビラ自衛隊法違反事件差戻審で無罪（確定） 5・1　日本公法学会、会員に憲法問題に関するアンケート調査 12・16　最高裁判所大法廷判決――大阪空港騒音公害訴訟で、民事訴訟手続による飛行差止請求は不適法、将来請求は権利保護の要件を欠くと一・二審判決を逆転
一九八二年（昭和五七）	4・13　8月15日を「戦没者を追悼し平和を祈念する日」に制定と閣議決定 6・7　第2回国連軍縮特別総会（〜7・10）、包括的軍縮計画の合意に失敗	6・18　公正取引委員会、不公正な取引方法に関する改正告示 7・9　公衆電気通信法改正（規制緩和） 7・19　高知県窪川町で町議会、全国初	1・25　東京地方裁判所判決――ロッキード事件全日空ルートで、6被告に執行猶予付き有罪 2・1　東京地方裁判所判決――クロロ

	7・30 臨時行政調査会「行政改革に関する第3次答申（基本答申）」、国鉄・電電公社・専売公社の分割・民営化など、「増税なき財政再建」 7・― 教科書検定による書換え指示に対して、中国をはじめアジア各国からの批判強まる 8・26 官房長官談話「歴史教科書についての政府見解」 11・16 教科用図書検定審議会答申、歴史教科書の検定につき「アジア諸国との国際理解と協調の見地から必要な配慮」の1項を加える 11・26 第97臨時国会召集、12・25閉会 11・27 第1次中曽根康弘内閣成立 12・28 第98通常国会召集、83・5・26閉会	の町民投票条例を可決（原発設置に関する） 7・23 行政事務簡素合理化法 8・17 老人保健法 8・24 公職選挙法改正（参議院全国区に比例代表制） 9・1 国立・公立大学の外国人教員任用特別措置法	キン薬害訴訟で、国・6製薬会社・医療機関の過失を認め原告の請求容認 3・24 大阪地方裁判所判決――箕面忠魂碑事件で、公費で市有地に移転は違憲 6・8 東京地方裁判所判決――ロッキード事件で政治家被告へ初の判決 7・7 最高裁判所大法廷判決――堀木訴訟で、生存権の内容は立法府の裁量事項 7・13 最高裁判所大法廷判決――田子の浦ヘドロ公害訴訟で、住民側一部勝訴の二審判決を破棄、高裁へ差戻し 10・1 最高裁判所長官に寺田治郎が就任 12・6 東京地方裁判所判決――テレビゲーム著作権事件で、電算機のプログラムは著作物にあたる ―・ 田中二郎『日本の司法と行政』 ―・ 石井良助監修『近代日本法律司法年表』 ―・ 藤田勇『ソビエト法史研究』
一九八三年（昭和五八）	3・14 臨時行政調査会「行政改革に関する第5次（最終）答申」 5・20 国鉄再建監理委員会法	2・1 法制審議会国籍法部会、国籍法改正試案発表（父母両系主義など） 5・13 貸金業規制法・金利取締法改正	4・27 最高裁判所大法廷判決――参議院議員定数不均衡は国会の裁量権として合憲

	5・23 臨時行政改革推進審議会設置 6・26 第13回参議院議員選挙 7・18 第99臨時国会召集、7・23閉会 8・21 フィリピンのアキノ元上院議員マニラ空港で暗殺される 9・1 大韓航空機撃墜事件 9・8 第100臨時国会召集、11・28衆議院解散 12・18 第37回衆議院議員総選挙 12・26 第101特別国会召集、84・8・8閉会 12・27 第2次中曽根康弘内閣成立	（サラ金規制法） 5・21 区分所有法 5・24 特定産業構造改善臨時措置法 5・25 外国事業者による形式承認等の取得円滑化法 6・30 大蔵省、サラ金業への融資抑制を金融機関に通達 11・28 日本学術会議法改正（会員を学会推薦・首相任命とする） 12・10 行政事務簡素合理化法	5・28 東京裁判に関する「国際シンポジウム」（東京、〜5・29） 6・22 最高裁判所大法廷判決——「よど号」新聞記事抹消事件で、未決拘留者の人権を制限した監獄法は合憲、拘置所長に裁量権 7・15 熊本地方裁判所八代支部判決——免田事件の再審で無罪（死刑囚に初） 9・5 最高裁判所決定——少年法の保護処分に再審開始 11・7 最高裁判所大法廷判決——議員定数訴訟で最大1対3・94の格差は違憲状態 —・ 大木雅夫『日本人の法観念』 —・ 佐藤進一『日本の中世国家』
一九八四年（昭和五九）	2・1 中曽根康弘首相、首相直属の「教育臨時調査会」設置を決定。8・8臨時教育審議会設置法（臨教審） 3・18 江崎グリコ社長誘拐事件 5・31 第二電電を設立、10・9日本テレコムを設立、11・14日本高速通信を設立。85・6・21郵政省、第1種電気通信事業を認可 7・1 総務庁発足	5・25 **国籍法・戸籍法改正** 7・27 湖沼水質保全特別措置法 8・7 日本育英会法 8・10 たばこ事業法、日本たばこ産業株式会社法、たばこ消費税法、塩専売法（日本専売公社民営化） 10・1 東京都公文書公開条例 12・25 日本電信電話株式会社法、電気通信事業法、関係法律整備法（電電公	1・19 家永三郎、高校日本史教科書への82年度検定意見に対し、第3次教科書訴訟を提起 3・9 大阪空港騒音公害訴訟（第4次・5次）で大阪地裁の和解案（賠償金13億円支払い）を被告国側が受諾 6・14 横浜地方裁判所判決——指紋押捺拒否の米人に外国人登録法違反で有罪、9・28東京地裁、在日韓国人に有

7・18　電気事業連合会、使用済み核燃料処理の3施設を青森県六ケ所村に建設決定
8・6　自民党安全保障調査会、「スパイ防止法案」を作成
8・22　中曽根康弘首相、全斗煥韓国大統領の来日を控え、韓国記者団に対し、過去の朝鮮統治の惨害を「深く反省」と表明
10・7　京阪神のスーパー5店で青酸入り菓子12個発見（グリコ・森永事件）
10・20　中国共産党第12期第3回中央委員会「都市の経済体制改革に関する決議」採択、価格に市場原理導入
10・31　インド首相インディラ・ガンジー暗殺、11・3国葬
11・1　東京工業品取引所発足
11・11　逗子市市長選挙で米軍住宅建設に反対し緑を守る市民グループの富野暉一郎が当選（池子の森米軍住宅問題）
12・1　第１０２通常国会召集、85・6・12閉会
12・19　家庭科教育検討会議（文部省）高校家庭科を男女生徒の選択必修とするよう報告

社民営化）

罪
10・19　東京高等裁判所判決――衆議院議員定数訴訟で現行配分は違憲
12・12　最高裁判所大法廷判決――札幌税関検査事件で、税関での書籍等の検査は憲法にいう検閲にあたらない

一九八五年（昭和六〇）

4・1 日本電信電話（NTT）、日本たばこ産業が民営化で発足

4・9 経済対策閣僚会議、日米通商摩擦を緩和する市場開放行動政策（アクションプログラム）を決定

6・26 臨時教育審議会第1次答申

6・29 文部省、深刻化するいじめに関する緊急対応措置を都道府県教育委員会などに通知

7・1 大阪地裁、豊田商事の破産宣告（被害届2万5372人、1117億円）

7・26 国鉄再建監理委員会、最終答申「国鉄改革に関する意見」（分割民営化案）

8・12 日本航空大型旅客機、群馬県御巣鷹山山中に墜落、520人死亡

8・15 中曽根康弘首相、閣僚18人、靖国神社に公式参拝、国内・外（中国・韓国）から批判

9・22 主要5ヵ国蔵相・中央銀行総裁会議（G5、ニューヨーク）ドル高に対して為替市場への積極介入で合意（プラザ合意）

10・14 第103臨時国会召集、12・21

5・1 国民年金法改正

5・31 半導体集積回路保護法

6・1 **男女雇用機会均等法**

6・14 著作権法改正（電算機ソフトも含める）

7・5 労働者派遣事業法

9・1 道路交通法改正（シートベルト着用義務化）

9・5 文部省、卒業式での「君が代」斉唱「日の丸」掲揚の率を公表し、実施の徹底を各教育委員会に通知

12・20 特定石油製品輸入暫定措置法（ガソリン等輸入自由化）

12・20 国民祝日法改正（5月4日を休日とする）

4・22 東京地方裁判所判決――宮本顕治共産党委員長宅の電話盗聴事件に故北条浩創価学会副会長らの関与を認め、慰謝料支払いを命ずる

7・17 最高裁判所大法廷判決――衆議院広島1区で現行定数配分は違憲だが選挙は有効

8・14 樋口陽一東大教授ら憲法学者36人、靖国神社公式参拝は違憲とする見解を発表

10・23 最高裁判所大法廷判決――福岡県青少年保護育成条例事件で、同条例の規定は明確性に欠けるとは言えない

11・5 最高裁判所長官に矢口洪一が就任

閉会
11・19 米ソ首脳会談（ジュネーブ、6年半ぶり）、11・20 13項目の共同声明
12・24 第104通常国会召集、86・5・22閉会

一九八六年（昭和六一）

2・25 フィリピンでマルコス大統領4選に反対運動拡がり、アキノ大統領就任を宣言
4・7 前川レポート（国際協調のための経済構造調整研究会、日本の経済構造の内需拡大・国際協調型への転換）
4・26 ソ連のチェルノブイリ原子力発電所で大規模事故
4・29 天皇在位60年記念式典（国技館、政府主催）
5・27 安全保障会議設置法
6・2 第105臨時国会召集、国会冒頭解散
7・6 第38回衆議院議員総選挙・第14回参議院議員選挙
7・22 第106特別国会召集、7・25閉会
第3次中曽根康弘内閣発足
8・1 郵政省、自動車電話・ポケットベル事業を自由化、87年から各地域に

2・25 特定中小企業者事業転換対策等臨時措置法
4・5 学術情報センター設置
5・7 東京湾横断道路建設特別措置法、化学物質審査及製造規制法改正
5・23 外国弁護士による法律事務の取扱いに関する特別措置法、特定商品等の預託等取引契約法
公職選挙法改正（議員定数是正）
5・27 有価証券に係る投資顧問業規制法
5・30 民間事業者の能力の活用による特定施設の整備促進臨時措置法（民活法）
10・28 衆議院本会議、国鉄分割・民営化関連8法案を可決、12・4公布

6・11 最高裁判所大法廷判決――北方ジャーナル事件で、裁判所による出版物の事前差止仮処分は合憲であり名誉保護のために申請できる

1986（昭和61）年〜1987（昭和62）年

	新会社設立 9・6 社会党委員長選挙、土井たか子当選 9・11 第１０７臨時国会召集、12・20閉会 9・22 中曽根康弘首相、講演で「米国の平均的知的水準は黒人やメキシコ人などを含めると非常に低い」と発言、10・17この釈明で「日本は単一民族国家」と発言 12・19 臨時行政改革推進審議会設置（新行革審）、87・4・21発足 12・23 自民党税制調査会「税制の抜本的改革と62年度税制改正大綱」を決定（所得・法人減税、マル優廃止、売上税導入） 12・29 第１０８通常国会召集、87・5・27閉会		
一九八七年（昭和六二）	1・― 「売上税」導入に反対運動、小売各業界団体・労組など「国民的」運動となる 4・1 ＪＲ各社発足（北海道・東日本・東海・西日本・四国・九州の各旅客鉄道と日本貨物鉄道）、国鉄清算事業団発足	3・31 地域改善対策事業財政特別措置法 4・1 産業構造転換円滑化臨時措置法、特定船舶製造業経営安定臨時措置法 6・1 通貨単位及び貨幣発行法（貨幣法など廃止） 6・2 民間都市開発推進特別措置法	4・22 最高裁判所大法廷判決――山林分割請求事件で、森林法の規定による財産権の制限は違憲 9・2 最高裁判所大法廷判決――有責配偶者離婚請求訴訟で、破綻「原因者」も請求できる ―・ 芦部信喜『憲法判例を読む』

4・23 原健三郎衆議院議長、87年度予算案強行採決の調停案により、5・27売上税法案廃案
5・3 朝日新聞阪神支局襲撃事件
5・21 国際日本文化研究センター設置法
5・29 経済対策閣僚会議、内需拡大・輸入促進のため緊急対策を決定
6・30 第4次全国総合開発計画を閣議決定
7・6 第109臨時国会召集、11・11閉会
8・7 臨時教育審議会、教育政策に関する第4次答申（最終答申）
9・22 天皇の入院手術にともなう皇太子の国事行為の臨時代行を閣議決定
10・26 沖縄県読谷村の国体ソフトボール会場で知花昌一、日の丸を引き下ろして焼却
11・6 第110臨時国会召集、11・11閉会
11・6 竹下登内閣成立
11・10 衆議院、土地問題特別委員会設置
11・27 第111臨時国会召集、12・12

刑事確定訴訟記録法
6・9 総合保養地域整備法（リゾート法）
9・11 日本航空株式会社法廃止法（日本航空を民間会社とする）
9・18 大学審議会委員を発令
9・25 所得税法改正等、税制3法
9・26 公害健康被害補償法改正（公害病指定区域全国41ヵ所の解除、新患者認定せず）
9・26 民法等改正（特別養子制度新設）、外国人登録法改正
12・15 抵当証券業規制法

	閉会 12・24　教育課程審議会答申、高校「社会科」廃止と「地歴」「公民」新設 12・28　第112通常国会召集、88・5・25閉会		
一九八八年（昭和六三）	2・2　GATT理事会、農産物10品目の輸入自由化勧告 7・5　リクルートコスモス未公開株、中曽根康弘など多数の自民党政治家への譲渡が判明（リクルート事件） 7・19　第113臨時国会召集、12・28閉会 7・23　海上自衛隊潜水艦「なだしお」が大型釣り船「第一富士丸」に衝突、沈没して30人死亡 8・20　イラン・イラク戦争停戦（8年ぶり） 9・22　天皇の容体悪化により、皇太子に国事行為委任を決定 11・10　自民党、税制改革6法案（消費税導入）を衆議院委員会で強行採決 12・30　第114通常国会召集、89・5・28閉会	3・15　法制局見解、「日の丸」「君が代」は国旗・国歌として定着している 4・5　中小企業者新分野開拓促進臨時措置法 5・6　産業技術研究開発体制整備法 5・20　フロン規制法 5・31　証券取引法改正、金融先物取引法 6・14　多極分散型国土形成促進法 11・1　著作権法改正 12・8　国会・外国公館等周辺地域の静穏保持法 12・28　教育職員免許法改正（専修・一種・二種の免許状） 12・30　消費税など税制改革6法案	6・1　最高裁判所大法廷判決——自衛官合祀拒否訴訟で、合祀は合憲とし一・二審違憲判決を破棄
一九八九年（昭和六四）	1・7　昭和天皇没（01生、87歳）、皇太子明仁親王即位、「平成」と改元	3・15　小中高の新学習指導要領（社会科を廃止、儀式での国旗国歌の指導な	3・8　最高裁判所判決——法廷内メモ不許可事件でメモの原則自由の初判断

（平成一）	2・24 天皇の葬儀 6・2 宇野宗佑内閣成立 6・3 天安門事件 7・23 第15回参議院議員選挙 8・7 第１１５臨時国会召集、8・12閉会 8・9 海部俊樹内閣成立 9・28 第１１６臨時国会召集、12・16閉会 11・9 東ドイツ、西ドイツとの国境を解放（ベルリンの壁崩壊、冷戦終結） 11・15 神奈川県警、坂本堤弁護士一家3人の行方不明事件に公開捜査 11・21 総評解散、日本労働組合総連合（連合）結成大会 12・3 米ソ首脳会談（マルタ島）で共同記者会見、冷戦の終結を宣言 12・22 ルーマニアのチャウシェスク政権崩壊 12・25 第１１７通常国会召集、90・1・24解散	ど） 4・1 消費税３％課税など、税制改革施行 6・28 法例改正、著作権法改正 特定農地貸付け法 6・30 老人福祉施設に民間事業者の参入を認める 12・15 **入管法（出入国管理及び難民認定法）改正** 12・19 公職選挙法改正（寄付的行為の規制）、貨物自動車運送事業法・貨物運送取扱事業法 12・21 **大嘗祭についての政府見解** 12・22 土地基本法、改正厚生年金・国民年金法	を示す 3・14 最高裁判所決定――その行為が死傷事故を惹起しうるとの認識があれば具体的な死傷の予見がなくても業務上過失致死罪が成立する 最高裁判所決定――共産党幹部宅盗聴事件で警察官の盗聴行為は職権濫用罪にあたらない 5・― 『ジュリスト』特集「象徴天皇制」、『法律時報』特集「転換期の象徴天皇制」 7・14 最高裁判所決定――平安神宮放火事件で複合建築物にも延焼可能性があるとして現住建造物放火罪を認める 12・15 最高裁判所決定――救命が可能であったのに救助を要請せずに死に至らしめた場合不作為による致死罪が成立する
一九九〇年 （平成二）	1・13 最初の大学入試センター試験実施 1・18 長崎市長本島等、天皇の戦争責任発言を理由に右翼に狙撃され重体	3・27 大蔵省、金融機関に「不動産融資の総量規制」を通達 3・31 過疎地域活性化特別措置法 5・7 取引所税改正	2・20 最高裁判所長官に草場良八が就任 4・17 最高裁判所判決――永山則夫連続射殺事件の差戻上告審で死刑判決を

2・1 臨時脳死及び臓器移植調査会（脳死臨調）発足
2・7 ソ連共産党拡大中央委員会総会、一党独裁放棄・大統領制新設・市場経済の導入など決定
2・18 第39回衆議院議員総選挙
2・27 第１１８特別国会召集、6・26閉会
3・9 国鉄清算事業団、国労などの再就職未定者に解雇通知
6・29 礼宮と川嶋紀子が結婚、秋篠宮家を創設
7・3 臨時行政改革推進審議会設置
7・26 証券会社10数社、87・10の株価大暴落直後に大口顧客に１６０億円の損失補塡発覚（証券不祥事の発端）
8・2 イラク軍がクウェートに侵攻、湾岸危機発生
10・3 東西ドイツが統一
10・12 第１１９臨時国会召集、11・12閉会
11・12 天皇即位の礼、11・22「大嘗祭」で天皇、憲法遵守を宣言
12・10 第１２０通常国会召集、91・5・8閉会

5・24 通産省、大店法の規制緩和を通達
6・22 市民農園整備促進法
6・29 食鳥処理事業法、生涯学習振興法

支持
9・17 長野地方裁判所判決――アルツハイマー病の妻との離婚請求を容認
10・18 法曹三者協議会、司法試験合格者「若返り」策で合意
10・31 土呂久公害訴訟で和解が成立、住友金属鉱山が4億円余支払い
12・13 最高裁判所判決――多摩川水害訴訟で国の責任を認め東京高裁に差戻し

一九九一年（平成三）

1・17 湾岸戦争始まる、米軍主体の多国籍軍がイラク軍を攻撃（～2・27）
2・23 皇太子、立太子礼
4・1 牛肉・オレンジの輸入自由化開始
4・7 第12回統一地方選挙、自民党圧勝
4・24 ペルシャ湾の機雷除去のため、自衛隊掃海艇派遣を閣議決定、4・26出港
6・17 南アフリカ共和国でデ・クラーク大統領、アパルトヘイト政策の終結を宣言
7・1 ワルシャワ条約機構解体
7・8 大蔵省、証券不祥事で証券4社に営業自粛処分
8・5 第121臨時国会召集、10・4閉会
10・14 一連の金融不祥事で橋本龍太郎蔵相引責辞任
11・5 第122臨時国会召集、12・21閉会
海部内閣総辞職、宮沢喜一内閣成立
12・21 11共和国の首脳、独立国家共同体（CIS）協定の議定書に署名、ソ

4・17 刑法改正（罰金額の引上）
4・23 救急救命士法
4・26 外国為替並びに外国貿易管理法
新幹線鉄道施設をJRに譲渡
再生資源利用促進法
5・2 食品流通構造改善促進法、商品投資事業規制法、地価税法
5・10 入管特例法
5・15 **育児休業法**
暴力団員による不当な行為の防止等に関する法（暴対法）
6・30 新学習指導要領に基づく教科書検定で、「日の丸」「君が代」を国旗・国歌と明記
9・27 老人保険法改正
10・3 証券取引法改正
10・4 新借地借家法（定期借地権新設）
10・5 廃棄物処理法改正

1・10 仙台高等裁判所判決――岩手靖国訴訟で、玉串料公費支出に初の違憲判断
2・4 東京高等裁判所判決――過労による持病の悪化で死亡を労災と認定
3・22 最高裁判所判決――抵当権者は賃借権に基づく抵当不動産の占有者に対し明渡し請求できない
9・25 最高裁判所決定――岩手靖国訴訟で国側の特別抗告を棄却、違憲判決確定
11・28 最高裁判所判決――残業を拒否したことを理由に解雇は適法

	連邦解体		
一九九二年（平成四）	—・ 評価損の株式をめぐり証券会社による「証券不祥事」相次ぐ 1・17 訪韓中の宮沢喜一首相、従軍慰安婦問題について公式に謝罪 1・24 第123通常国会召集、6・21閉会 2・7 EC12ヵ国、マーストリヒト条約に調印 7・26 第16回参議院議員選挙 8・7 第124臨時国会召集、8・11閉会 8・21 自民党金丸信へ佐川急便からの5億円献金が判明、10・21金丸議員辞職 9・17 国連の要請に基づきカンボジアの国連平和維持活動に派遣の自衛隊出発 10・30 第125臨時国会召集、12・10閉会 12・11 宮沢喜一改造内閣発足	3・31 法人特別税法、輸入促進法 5・20 獣医療法、改正計量法 5・27 産業廃棄物処理法 6・1 外国人登録法改正 6・5 絶滅危惧種保存法 6・19 **国連平和維持活動（PKO）協力法** 6・26 銀行法・証券取引法改正など金融制度改革諸法 少年保護事件補償法 7・2 労働時間短縮促進法 7・20 証券取引等監視委員会を設置（大蔵省） 12・16 政治資金規正法改正	7・1 最高裁判所大法廷判決——成田新法事件で、行政手続規定で事前の告知と抗弁の機会の欠如、令状なしの立入りは合憲 12・17 東京高等裁判所判決——多摩川水害訴訟で、原告住民勝訴、国に3億1千万円の賠償命令
一九九三年（平成五）	1・1 欧州共同体（EC）の統合市場が発足 1・18 山形マット死事件 1・22 第126通常国会召集、6・18	3・31 エネルギー使用合理化促進法 4・1 金融制度改革諸法を施行 5・19 気象予報士の制度を設ける 不正競争防止法改正	2・16 最高裁判所判決——箕面忠魂碑慰霊祭訴訟で、箕面市の公費支出は合憲 3・16 最高裁判所判決——第1次家永

	一九九四年
解散 3・26　モザンビークでのPKOに自衛隊派遣を決定、5・11派遣 6・18　自民党から、武村正義らが分離して「新党さきがけ」を結成、6・22　羽田派が離党して「新生党」を結成 6・29　仙台市長とゼネコン幹部9名、贈収賄容疑で逮捕（ゼネコン汚職） 7・18　第40回衆議院議員総選挙、自民党過半数割れ 8・6　土井たか子元社会党委員長、衆議院議長となる（初の女性議長） 第127特別国会召集、8・28閉会 8・9　細川護熙内閣成立（非自民の連立政権、55年体制崩れる） 9・17　第128臨時国会召集、94・1・29閉会 9・25　政府、米の緊急輸入を決定 12・14　細川護熙首相、ウルグアイ・ラウンドに関して「コメ開放」受諾を表明 12・15　GATT、ウルグアイ・ラウンドを採択、世界貿易機関WTO発足で合意	1・31　第129通常国会召集、6・29
5・21　特定優良賃貸住宅供給促進法 6・18　パートタイム労働法 7・1　労働基準法改正 11・12　行政手続法 11・19　環境基本法 12・3　障害者基本法改正	2・4　政治資金規正法改正、政党助成
訴訟で、教科書検定は合憲とし上告棄却 4・2　元従軍慰安婦のフィリピン人女性18人、東京地裁に補償請求を提訴	4・6　裁判官任官拒否事件

年	政治・社会	法	判例
（平成六）	閉会 2・4　公職選挙法改正（小選挙区比例代表制の導入） 4・4　輸入血液製剤から感染したエイズ患者ら、安部英元帝京大学教授を告発 4・8　細川首相が辞意表明 4・28　羽田孜内閣成立 5・16　子どもの権利に関する条約を批准、5・22発効 6・27　松本サリン事件 6・30　村山富市内閣成立（自民・社会・さきがけ3党連立） 7・18　第１３０臨時国会召集、7・22閉会 7・20　村山富市首相（社会党）が自衛隊は合憲と表明 9・30　第１３１臨時国会召集、12・9閉会 12・10　新進党が発足	法 6・29　雇用保険法改正（育児休業給付を加える） 不動産特定共同事業法 7・1　製造物責任法（ＰＬ法） 11・9　厚生年金法改正 11・25　消費税を5％に引上げ 12・2　消費税法改正（5％に引上げ） 12・9　被爆者援護法成立 12・15　自治省通達、住民票の記載は嫡出・非嫡出の区別なく子とする 12・　食糧法、95・11・1施行（食糧管理法廃止）	
一九九五年（平成七）	1・17　阪神淡路大震災 1・20　第１３２通常国会召集、6・18閉会 2・19　住宅金融専門会社（住専）7社の不良債権額が6兆円に達しているこ	2・26　被災市街地復興特別措置法 3・8　旅券法改正 4・8　化学兵器禁止法 5・8　更生保護事業法 5・12　刑法の一部改正（表記の平易化・	3・7　最高裁判所判決――泉佐野市民会館事件で、会館の利用制限は合憲 6・9　最高裁判所判決――未熟児網膜症姫路日赤病院事件 7・5　最高裁判所大法廷決定――非嫡

	とが判明 3・20　地下鉄サリン事件 6・9　**歴史を教訓に平和への決意を新たにする決議**（戦後50年決議）衆議院本会議で議決 6・26　新潟県巻町議会、原発についての住民投票条例案を可決、96・8・4住民投票で原発建設拒否が多数 7・23　第17回参議院議員選挙 8・4　第１３３臨時国会召集、8・8閉会 8・15　「首相の戦後50年談話」を閣議決定 9・4　沖縄県で米兵3人による小学生女子暴行事件 9・28　大田昌秀沖縄県知事、米軍用地の更新手続を拒否 9・29　第１３４臨時国会召集、12・15閉会 11・28　新防衛計画の大綱を閣議決定 12・19　政府、住専処理に６８５０億円の財政資金投入を決定	第２００条尊属殺規定の削除など） 5・19　**地方分権推進法** 6・7　保険業法 6・9　**育児介護休業法** 6・16　容器包装リサイクル法 11・15　高齢社会対策基本法 科学技術基本法 12・14　オウム真理教に破防法適用を決定 12・15　宗教法人法改正	出子相続分差別事件で、非嫡出子の法的差別は合憲 10・11　森井厚相、東京地裁・大阪地裁のＨＩＶ訴訟和解勧告を受入れと発表 12・15　最高裁判所判決——外国人登録法違反事件で、在留外国人の指紋押捺制度は合理性があり方法も相当
一九九六年（平成八）	1・11　第１３５臨時国会召集、1・13閉会 第1次橋本龍太郎内閣成立	1・22　労働省、過労死の認定基準を緩和 2・26　法制審議会、**民法改正案答申**	3・8　最高裁判所判決——「エホバの証人」剣道実技拒否事件で、宗教上の理由を認めないのは裁量権の濫用

1・19　社会党、党名を「社会民主党」に変更
1・22　第１３６通常国会召集、６・19閉会
2・6　国連人権委員会報告で、元従軍慰安婦への補償を勧告
2・9　菅直人厚相、薬害エイズ事件で国の責任を認める、2・16患者に謝罪
2・11　大田昌秀沖縄県知事、普天間飛行場の返還を防衛庁長官に要請
4・17　**日米安全保障共同宣言**
5・13　川崎市が職員採用の国籍条項を撤廃
7・26　住宅金融債権管理機構が発足
8・4　新潟県巻町の原発建設可否の住民投票で反対票が60％をこえる
9・2　整理回収銀行が発足
9・8　沖縄県で県民投票、米軍基地縮小と地位協定見直しに賛成89％以上
9・10　国連総会で、包括的核実験禁止条約（ＣＴＢＴ）を採択
9・27　第１３７臨時国会召集、国会冒頭解散
9・28　民主党が発足
10・20　第41回衆議院議員総選挙、初の

（夫婦別姓導入など）
3・27　らい予防法廃止法が成立
5・15　塩専売制度を廃止
5・22　訪問販売法改正
6・14　大陸棚法、海洋生物資源保存法
6・19　労働者派遣法を改正
6・21　金融４法（**住専処理法**・健全性確保法・更生特例法・改正預金保険法）
6・26　民事訴訟法改正（98・１・１施行）
民事執行法改正（不動産競売妨害の排除）
12・26　人権擁護施策推進法

3・29　東京・大阪両地裁で、ＨＩＶ訴訟の和解成立
5・22　福岡高等裁判所で、水俣病未認定患者救済訴訟が和解
7・11　公安調査庁など、公安審査委員会にオウム真理教の解散を請求
9・11　最高裁判所大法廷判決――参議院大阪府選挙区で、定数配分は違憲状態だが是正すべき期間を過ぎていない
9・18　東京地検、薬害エイズ事件で安部英帝京大前副学長を起訴
12・25　川崎公害訴訟で和解が成立

	小選挙区比例代表並立制での選挙 11・7　第138臨時国会召集、11・12閉会、第2次橋本龍太郎内閣発足 11・21　行政改革会議を設置 11・29　第139臨時国会召集、12・18閉会		
一九九七年（平成九）	1・20　第140通常国会召集、6・18閉会 3・11　茨城県東海村の動燃再処理工場で火災・爆発事故 3・28　規制緩和推進計画を決定 4・1　消費税を5%に引上げ 4・14　農水省、諫早湾国営干拓事業で水門閉鎖を強行 5・27　神戸児童連続殺傷事件 6・20　金融監督庁設置法 6・22　産業廃棄物処分場計画をめぐり、御嵩町で住民投票 9・23　日米安全保障協議委員会、新しい**日米防衛協力のための指針**（新日米防衛ガイドライン）を発表 9・25　労働省婦人局を労働省女性局と名称変更 9・29　第141臨時国会召集、98・12・12閉会	3・26　男女共同参画審議会設置法 3・31　特定産業集積活性化法 4・23　駐留軍用地特別措置法 5・14　アイヌ文化振興法（北海道旧土人保護法を廃止） 5・21　商法改正（ストック・オプションの制度） 5・23　外国為替並びに外国貿易管理法（改正外為法） 6・13　大学教員任期法、環境影響評価法（環境アセスメント法） 6・18　独占禁止法改正（持株会社の公認）、労働基準法・男女雇用機会均等法などの改正（女子保護規定の撤廃など、一部を除き99・4・1施行） 　日本銀行法改正 6・20　NTT法改正、NTTの東西分割を決定 7・16　臓器移植法	1・31　公安審委員会、オウム真理教に対する破防法適用請求を棄却 3・27　札幌地方裁判所判決――二風谷ダム訴訟で土地収用裁決は違法としアイヌを先住民族と認める 4・2　最高裁判所大法廷判決――愛媛玉串料事件で、愛媛県の靖国神社への玉串料支出は違憲 6・26　東京高等裁判所判決――共産党幹部宅電話盗聴事件で国・神奈川県に賠償命令 7・1　最高裁判所大法廷判決――成田新法事件で憲法31条は原則として行政手続にも及ぶ 8・29　最高裁判所判決――第3次家永教科書訴訟で、七三一部隊の記述削除要求は違法

	11・17 北海道拓殖銀行が経営破綻 11・24 山一證券が自主廃業を決定 12・1 地球温暖化防止京都会議が開幕（〜12・11） 12・18 韓国の大統領選挙で金大中が当選 12・27 新進党が解党	12・2 財政構造改革推進特別措置法 12・12 金融持株会社の解禁 12・17 介護保険法 12・19 言語聴覚士法	
一九九八年（平成一〇）	1・12 第１４２通常国会召集、6・18閉会 3・31 内閣危機管理監を設置 5・20 動燃を改組、核燃料サイクル開発機構とする 5・29 地方分権推進計画を閣議決定 6・12 中央省庁等改革基本法 7・12 第18回参議院議員選挙 7・30 第１４３臨時国会召集、10・16閉会 7・30 小渕恵三内閣成立 8・24 経済戦略会議を設置 10・21 議員証言法改正 11・16 約24兆円の緊急経済対策 11・27 第１４４臨時国会召集、12・14閉会 12・15 金融再生委員会が発足 12・26 83機関・業務の独立行政法人化	2・18 金融機能安定化緊急措置法（銀行など救済に公的資金投入） 3・25 特定非営利活動促進法（ＮＰＯ法） 5・6 公職選挙法改正（在外投票制度）、大学等技術移転促進法 5・20 スポーツ振興投票法（サッカーくじ） 5・22 被災者生活再建支援法 5・29 種苗法全面改正 6・3 大規模小売店舗立地法 6・5 家電製品リサイクル法 6・12 ＰＫＯ協力法改正（選挙監視団の活動を加え、武器使用を現場の判断とするなど） 6・15 特定目的会社法 7・9 法制審議会に少年法改正を諮問 9・30 労働基準法改正（裁量労働制の	3・24 神戸地方裁判所判決――甲山事件差戻審で無罪 4・28 山口地方裁判所下関支部判決――元従軍慰安婦の国家賠償請求を容認 5・6 司法試験科目を削減、司法修習期間を短縮 11・10 最高裁判所大法廷判決――小選挙区制の定数配分は合憲 12・1 最高裁判所大法廷決定――裁判官懲戒処分事件で、裁判官の政治的行為禁止は合憲

	を決定 —・—　大蔵省官僚の汚職・接待疑獄	拡大など） 10・2　感染症予防法、検疫法改正 10・9　地球温暖化対策推進法 10・16　金融機能再生関連法 12・11　法制審議会、少年法審判手続見直しの答申案法定 12・18　中小企業新事業創出促進法	
一九九九年（平成一一）	1・19　第145通常国会召集、8・13閉会 1・—　欧州単一通貨（ユーロ）誕生 4・1　米の輸入を自由化 4・29　2000年主要国首脳会議（サミット）の名護市開催を決定 5・28　新ガイドライン関連法（**周辺事態法**、自衛隊法改正） 7・16　中央省庁改革関連法案、国会改革関連法、地方分権推進法、独立行政法人通則法 7・29　憲法調査会設置法 8・17　トルコ西部で大地震 9・2　神奈川県警で集団暴行事件が発覚、その後も一連の不祥事が判明 9・20　文部省、国立大学の独立行政法人化を表明 9・21　台湾中部で大地震	4・1　育児介護休業法を施行（95年6月公布） 5・14　情報公開法 5・26　児童買春・児童ポルノ禁止法 6・9　司法制度改革審議会を設置 6・23　**男女共同参画社会基本法** 7・16　食糧・農業・農村基本法 8・13　**国旗・国歌法**、国家公務員倫理法、商法改正（時価会計制度の導入）、産業活力再生特別措置法、不正アクセス防止法 8・18　組織犯罪対策法、住民基本台帳法改正、通信傍受法、外国人登録の際の指紋押捺廃止 12・3　中小企業基本法改正 12・8　民法改正（成年後見制度の創設） 12・15　定期借家権契約の創設（良質賃貸住宅供給促進特別措置法）	9・22　東京地方裁判所判決——南京大虐殺などに対する損害賠償請求事件で国の加害を認定 11・10　最高裁判所大法廷判決——小選挙区制の定数配分は合憲

（1999年 続き）	9・30　茨城県東海村のウラン加工施設JCO事業所で臨界事故が発生 10・29　第146特別国会召集、12・15閉会	12・17　貸金業規制法改正、原子力災害対策特別措置法、特定調停法（個人破産の特定調停など） 12・22　動物虐待防止法、民事再生法（和議法を廃止）	
二〇〇〇年（平成一二）	1・20　第147通常国会召集、6・2解散 1・27　衆議院の比例定数削減法案を連立与党が強行可決 4・1　地方分権推進法施行 自由党が連立与党から離脱 4・2　小渕恵三首相が昏睡状態となり、4・4内閣総辞職 4・5　森喜朗内閣成立 5・1　17歳男子高校生が「人を殺してみたかった」と女性を刺殺 5・30　JR採用差別問題で自民・公明・保守・社民の4党が合意（JRに法的責任はない・国労の訴訟を取下げ） 6・25　第42回衆議院議員総選挙 7・4　第148特別国会召集、7・6閉会 7・12　そごうグループ、民事再生手続を申請（預金保険機構による債権放棄	1・15　焼却炉等から排出されるダイオキシン類対策特別措置法を施行 1・25　警察職員の職務倫理及び服務規則・監察規則 3・31　国立大学教員が企業役員を兼ねることを認める 国民年金法等改正 4・1　介護保険法を施行（介護保険制度始まる） 4・19　産業技術力強化法（大学の研究者等の特許出願の支援を定める） 4・28　民事法律扶助法 5・12　**消費者契約法** 5・19　犯罪被害者保護法 5・24　ストーカー行為規制法、児童虐待防止法 5・26　大深度地下法 5・31　電子署名認証法、会社分割法制を創設（商法改正・労働契約承継法） 5・31　保険会社の破綻手続を定める	2・29　大阪高等裁判所判決――新潮社に対する損害賠償請求訴訟で、少年法は犯罪少年に実名で報道されない権利を与えていない 3・9　最高裁判所判決――労働基本法上の労働時間を定義 11・29　秋田県花岡鉱山での強制連行中国人労働者蜂起事件（花岡事件）の損害賠償請求事件で、生存者らと鹿島の和解が成立

	に批判） 7・21 沖縄サミット開催 7・28 第149臨時国会を召集、8・9閉会 8・14 多数の総理府令・中央省庁等改革推進本部令等によって中央省庁等の新組織を定める、これ以後も多数の府令・省令 9・12「新しい歴史教科書をつくる会」作成の教科書に韓国併合は必要だったとの記述があることが判明 9・21 第150臨時国会召集、12・1閉会 12・22 教育改革国民会議（首相の私的諮問機関）、教育基本法の見直し・学校での奉仕活動の義務化などを答申 ―・ 国会の憲法調査会で議論始まる	（更生特例法、預金保険法等改正） 6・2 循環型社会形成推進基本法 産業廃棄物の処理規制を強化 6・26 原子炉の保安規定を強化 11・1 公職選挙法改正（参議院を非拘束名簿式比例代表制に改める） 11・17 訪問販売法・割賦販売法改正 12・6 IT基本法、クローン技術規制法、**少年法改正**	
二〇〇一年 （平成一三）	1・6 中央省庁再編 1府21省庁が1府12省庁へ 1・20 第43代の米大統領にブッシュ氏就任 1・25 外務省、元要人外国訪問支援室長を機密費の業務上横領で告発 1・31 第151通常国会を召集、6・29閉会	2・19 少年審判規則改正 3・30 情報公開審査会令 税制改正（個人住宅土地課税の軽減・交際費の損金不算入など） 4・1 情報公開法を施行、時価会計制度を導入（改正商法の施行） 4・6 高齢者居住安定確保法 4・13 家庭内暴力防止・被害者保護法	2・8 東京高等裁判所判決――国の会計法規による入札が談合によるときは契約とともに無効 2・15 東京地方裁判所――トンネルじん肺訴訟で和解が成立 2・15 東京高等裁判所判決――小説が登場人物のモデルである人のプライバシーを侵害していると公表を差止

2・9　宇和島水産高校の実習船が米ハワイ・オアフ島沖で米海軍原子力潜水艦と衝突し沈没
2・16　米英軍、イラクを空爆
2・26　村上正邦参議院議員がＫＳＤ事件で議員辞職
3・19　ワシントンで日米首脳会談　森首相、不良債権処理の加速を約束
4・6　政府・与党が緊急経済対策を最終決定
4・26　小泉純一郎内閣発足
5・27　新潟県刈羽村の原発計画をめぐる住民投票で反対が過半数
6・12　司法制度改革審議会が意見書提出（ロースクールの創設、司法参加制度の導入など）
6・22　ＪＲ三会社（東日本・東海・西日本）の独立
7・3　内閣府に地方分権改革推進会議を置く
7・10　衆院外務委員会、日米地位協定の見直しを政府に求める決議
7・20　主要国首脳会議（Ｇ８　～22日、ジェノバ・サミット）反グローバリズムのデモ隊に死者

6・1　税理士制度の改正
6・8　弁護士法人制度を創設
6・15　中間法人法、確定給付企業年金法
6・20　テレクラ利用者の年齢確認を義務づけ、児童ポルノのネット配信を規制
　石油備蓄法改正（石油業法を廃止）、運転代行業規制法
6・21　特殊法人等改革基本法
6・22　ハンセン病補償法、特定フロン回収法
6・27　株券等の保管及び振替法改正
6・29　商法改正（金庫株の容認）、電気通信役務利用放送法、行政機関政策評価法、確定拠出年金法、水産基本法、農林中央金庫法、電子消費者契約民法特例法等改正
　児童生徒への指導不適切を理由に学校教員を罷免できる
7・11　個別労働関係紛争解決促進法、林業基本法
11・2　テロ対策特別措置法
11・9　銀行法等改正（子会社による金融関連業務の兼営を認める）

3・28　京地方裁判所判決――薬害エイズ事件で業務上過失致死罪に問われていた元帝京大学副学長、安部英被告に無罪
4・27　大阪高等裁判所判決――水俣病関西訴訟で国と熊本県の法的責任を認定
5・11　熊本地方裁判所判決――ハンセン病国家賠償請求訴訟で国の責任を認める
6・28　東京高等裁判所判決――連続幼女誘拐殺人事件で宮崎被告に死刑
7・12　京地方裁判所判決――中国人強制連行国家賠償請求訴訟における民法724条後段の適用の有無
7・13　最高裁判所決定――自衛隊資料の情報公開取消請求訴訟で国の原告適格を否定
7・16　最高裁判所決定――パソコンネットのホストコンピュータのハードディスクは刑法175条のわいせつ物にあたる
8・8　名古屋南部大気汚染訴訟が12年ぶりに和解
8・23　青色ＬＥＤ開発者の中村修二氏

7・29　第19回参議院議員選挙（自民党大勝、改選過半数）
8・3　外務省、職員の不祥事で歴代４次官を更迭、東チモール国際平和協力隊を設置
8・7　第１５２臨時国会を召集、8・10閉会
8・10　改革推進本部、特殊法人の事業見直し案発表
9・11　アメリカで同時多発テロが発生、ニューヨークの貿易センタービルが倒壊
9・27　第１５３臨時国会を招集、12・7閉会
10・5　アフガニスタン難民救援国際平和協力隊を設置
11・16　テロ対策で「対応措置に関する基本計画」を閣議決定
11・30　国会が自衛隊の派遣を承認
12・11　アフガン復興ＮＧＯ東京会議開催（～13日）
12・18　特殊法人、認可法人１１７の整理合理化計画を閣議決定、廃止17法人、民営化45法人
12・22　東シナ海上で不審船に対し海上

11・16　育児介護休業法改正、**司法制度改革推進法**、地方公共団体特定事務取扱法（地方公共団体の事務の一部を郵便局で取扱うことができる）、テロリスト爆弾使用防止法
11・28　商法改正（新株予約権の創設、義務的書類の電子化）
12・5　刑法改正（危険運転罪を設ける）、独立行政法人等情報公開法
12・7　文化芸術振興基本法
12・12　株式会社監査制度を強化、ＰＦＩ事業促進法改正
12・14　国連ＰＫＯ協力法改正（派遣部隊の武器使用条件を拡大）、中高年齢者再就職促進雇用保険法等臨時措置法

が元勤務先の日亜化学工業を東京地裁に提訴　研究成果の報酬として20億円を請求
9・28　東京地方裁判所判決――薬害エイズ事件で、元厚生省生物製剤課長に有罪判決
10・25　最高裁判所判決――二次的著作物にも原著作物の著作者の権利が及ぶ（キャンディ・キャンディ事件）
11・3　東京地方裁判所判決――小田急高架化訴訟で事業認可処分を取消
12・26　東京地方裁判所判決――企業内における発明者の地位を確定する

	保安庁の巡視船が威嚇射撃、不審船は沈没		
二〇〇二年（平成一四）	1・21 第154通常国会を招集、7・30閉会 1・25「構造改革と経済財政の中期展望」閣議決定 1・30 外務省問題で田中真紀子外務大臣・外務事務次官・衆議院議員運営委員長が辞任 6・14 道路関係四公団民営化推進委員会を設置 7・31 日本郵政公社法（03・4・1施行） 8・8 人事院、公務員給与（月例給）引下げを勧告（史上初） 9・17 小泉純一郎首相、朝鮮を訪問、金正日総書記が日本人拉致を認める 10・18 第155臨時国会を招集、12・16閉会	3・30 地方自治法改正 3・31 沖縄振興特別措置法（沖縄特区法） 4・5 都市再生特別措置法 4・17 弁理士法改正、特定電子メール送信適正化法 4・19 特定商取引法改正 4・26 金融機関等本人確認法 5・15 障害者等欠格事由適正化法 5・29 商法改正（会社法の大改正）、独禁法改正、身体障害者補助犬法、土壌汚染対策法 6・7 新エネルギー利用特別措置法 6・12 証券決裁制度等改革法、テロ資金提供等処罰法 6・14 BSE対策特別措置法、エネルギー対策基本法 6・19 著作権法改正、マンション建替え円滑化法 7・12 自動車リサイクル法、鳥獣保護狩猟適正化法 7・31 入札談合等関与行為防止法 8・1 被収容者物品給与等規則	1・29 最高裁判所判決――通信社から配信を受けた記事を掲載した新聞社にその内容を真実と信ずるに足る相当の理由ありとはいえない 2・27 東京高等裁判所判決――所沢ダイオキシン報道でテレビ朝日の不法行為責任を認める 東京高等裁判所判決――営業譲渡の際の差別的採用拒否は不当労働行為にあたる（中労委・青山会事件） 2・28 最高裁判所判決――24時間勤務での仮眠時間は労働時間に含まれる 3・26 東京地方裁判所判決――東京都の銀行に対する外形標準課税は地方税法違反で無効 4・12 最高裁判所判決――外国国家（駐留米軍）に対する裁判権免除 5・31 最高裁判所決定――未就労年少女子の死亡による逸失利益は全労働者の平均賃金を用いるのが妥当 9・11 最高裁判所大法廷判決――郵便法の損害賠償免責規定は違憲 9・19 東京地方裁判所判決――青色発

		8・2　健康増進法 8・7　ホームレス自立支援特措法 11・29　専門職大学院制度、大学等に対する認証評価制度を創設、母子・寡婦福祉法改正 12・4　知的財産基本法 12・6　**司法試験制度の改革（法科大学院制度）** 12・11　拉致被害者支援法、自然再生推進法 12・13　行政手続等情報通信技術利用法、電子署名認証業務法、改正会社更生法 12・18　戸籍法改正（申出による戸籍再製制度）、構造改革特別区域法	光ダイオード関連発明の職務発明該当性を認め、権利の移転は有効とする 9・24　東京高等裁判所判決――新聞記者の個人ＨＰにおける企業批判と懲戒処分の効力（日本経済新聞社記者ＨＰ事件） 10・24　東京高等裁判所判決――ＪＲ北海道不採用事件で採用拒否は不当労働行為にあたらない 11・22　最高裁判所大法廷判決――国籍法２条１号と認知の遡及効
二〇〇三年（平成一五）	1・20　第１５６通常国会を招集、7・28閉会 2・12　名古屋刑務所の副看守長を受刑者虐待致死で逮捕 2・27　文部科学省、国立大学の法人化法案を公表 3・20　米軍がイラクのバグダッドを攻撃、対イラク戦争開始 3・28　イラク難民救援国際平和協力隊を設置 4・27　第15回統一地方選挙	3・11　司法改革推進本部、裁判員制度の骨格案を公表 3・31　社会資本整備重点計画法 4・9　下級裁判所の裁判官を増員、株式会社産業再生機構法 4・30　雇用保険法改正 5・1　法曹三者が適格性の外部審査制度を開始 5・17　04年4月より東京高裁を「知財高裁」とすることを決定 5・23　食品安全基本法	1・27　名古屋高等裁判所金沢支部判決――「もんじゅ」の設置許可は無効、安全審査の全面的なやり直しを 2・26　さいたま地方裁判所判決――桶川ストーカー殺人事件で県に遺族に対する損害賠償支払いを命ずる 2・27　最高裁判所判決――真正品の並行輸入は商標権の侵害にあたらない 3・11　最高裁判所判決――販売される商品の品質に対する社会的な信用と刑法２３３条にいう「信用」

5・8　産業再生機構が業務開始
5・9　国連安保理でイラクの石油管理を米英が独占する決議案
5・10　防衛装備品の水増し請求が問題化
5・17　政府がりそなグループ救済のため一兆9千億円の注入を決める
5・23　個人情報保護法など関連5法が成立
6・6　有事法制関連3法が成立
6・11　食糧庁を廃止
6・27　構造改革方針の第3弾を閣議決定
7・26　イラク特措法が成立
8・1　日米地位協定の再協議、合意に至らず
8・3　日弁連主催の法科大学院適性試験に、受験者約1万8千人
8・5　日米刑事共助条約
8・25　住民基本台帳ネットワークが本格稼働
8・29　少子化対策会議をおく
9・26　第157臨時国会を招集、10・10閉会
10・24　藤井治芳日本道路公団総裁を解

5・28　環境汚染の恐れある化学物質を規制
5・30　証券仲介業制度を創設、個人情報保護法
6・4　国家公務員の退職金引下げ、特殊解錠用具禁止法
6・6　公認会計士法改正（監査制度の強化）
6・11　牛個体識別情報管理特別措置法
6・13　**武力攻撃事態対処法**等、労働者派遣事業を拡大、インターネットによる児童買春の禁止
7・16　**裁判迅速化法**、人事訴訟法、心神喪失他害行為者処遇法、性的同一性障害者の性別取扱特例法、国立大学法人法、次世代育成支援対策推進法
7・18　国外での日本人被害に刑法の国外犯を適用する
7・25　司法制度改革（民事調停官・家事調停官の創設）、環境教育推進法
7・30　少子化社会対策基本法
8・1　民法改正（不動産担保制度の改革）、仲裁法、イラク特措法

3・28　最高裁判所判決――非嫡出子相続分差別は合憲
4・22　最高裁判所判決――職務発明による特許権の対価が特許法に定める対価に満たないときの請求権
5・16　福岡高等裁判所判決――川辺川水利訴訟で原告農家が逆転勝訴

	任 11・9　衆議院議員総選挙 11・19　第158特別国会を招集、11・27閉会 第2次小泉純一郎内閣が発足 11・29　イラク北部で日本人外交官2人が殺害される 12・9　臨時閣議で自衛隊派遣の基本計画を決定 12・23　アメリカでBSE感染牛が判明、24日、日本政府は米国産牛肉の輸入を停止		
二〇〇四年（平成一六）	1・12　山口県の養鶏場で鳥インフルエンザが発生、国内で79年ぶり 1・19　自衛隊のイラク派遣開始 第159通常国会を招集、6・16閉会 4・7　イラクで日本人人質事件が発生 4・28　年金改革関連法案が成立、この前後に政治家の年金未納問題が相次いで発覚 5・22　日朝首脳会議（第2回、平壌）、拉致被害者の家族5人が帰国 6・14　有事関連7法案が参院本会議で成立 米国務省年次報告書で日本を人身売買	4・1　所得譲与税法 4・14　児童虐待防止法改正 5・12　労働審判法 5・28　**裁判員制度法** 6・2　総合法律支援法、改正破産法、環境情報提供促進法、特定外来生物生態系等被害防止法 6・4　コンテンツ創造保護活用促進法 6・9　日本道路公団等民営化関係法施行法、行政事件訴訟法改正 6・18　景観法、武力攻撃事態国民保護法、知財高裁設置法、公益通報者保護法、改正不動産登記法、特定船舶入港	2・27　東京地方裁判所判決――オウム真理教事件で麻原被告に死刑 3・17　東京地方裁判所決定――田中真紀子元外相の長女のプライバシー侵害で週刊文春に出版差止の仮処分 5・10　京都府警、ファイル交換ソフトの開発による著作権法違反で東大助手を逮捕 6・28　最高裁判所判決――即位の礼への神奈川県知事の公費参列は合憲 6・29　最高裁判所判決――都市計画決定後の環境影響評価準備書の非公開処分を取消す

	の「監視対象国」とする 6・18 自衛隊のイラクでの多国籍軍への参加を閣議決定 7・11 第20回参議院議員通常選挙 7・30 日本歯科医師会のヤミ献金事件で自民党橋本派の橋本龍太郎が派閥会長を辞任 第160臨時国会を招集、8・6閉会 9・17 日本プロ野球選手会がプロ野球史上初めてストライキを決行 10・12 第161臨時国会を招集、12・3閉会 10・23 新潟県中越地震、その後も余震が続く 11・1 新紙幣発行 11・2 アメリカ大統領選挙で共和党現職ジョージ・ブッシュが再選 11・11 元パレスチナ解放機構議長ヤセル・アラファト死去	禁止特別措置法、金融機能強化特別措置法 12・1 民法の一部改正（民法典前3編の現代語化など） 12・8 犯罪被害者等基本法 12・10 発達障害者支援法	6・29 大阪高等裁判所——住友化学昇進差別訴訟が和解 7・16 高松高等裁判所判決——夫の死後凍結精子による体外受精で出生した子に認知を認める 8・26 佐賀地方裁判所決定——諫早湾干拓工事の差し止めを決定
二〇〇五年（平成一七）	1・21 第162通常国会を召集、8・8解散 2・16 地球温暖化防止の「京都議定書」が発効 3・16 島根県議会が「竹島の日」条例を議決	4・1 個人情報保護法施行 地域再生法 4・27 独占禁止法改正 5・20 国民祝日法改正（みどりの日を昭和の日と改める） 5・25 刑事施設・受刑者処遇法	1・11 東京高等裁判所——青色発光ダイオード訴訟が和解 1・26 最高裁判所判決——都管理職試験での外国籍職員の受験拒否は「合意」 3・10 東京高等裁判所——横浜事件（戦時下の言論弾圧事件）で「拷問で

3・25　愛知万博が開幕（9・25閉幕）
4・1　衆参両院憲法調査会が最終報告書を提出
6・28　天皇・皇后、サイパンを慰霊訪問
8・8　参院本会議で「郵政民営化法案」を否決、小泉首相、衆議院を解散
8・15　戦後60年の首相談話を閣議決定（10年前の村山首相談話をほぼ踏襲）
9・11　第44回総選挙で自民党は単独過半数の296議席を獲得、公明党と合わせ与党で3分の2の議席を占める
9・21　第163特別国会を召集、11・1閉会
第3次小泉内閣発足
10・17　小泉首相が靖国神社を参拝
10・29　自民党、新憲法草案を発表（自衛軍保持を明記）
10・31　第3次小泉連立改造内閣が発足（「ポスト小泉」候補を登用）
11・24　皇室典範有識者会議が「女性・女系天皇容認」の答申
11・30　「三位一体」改革が決着
12・8　イラクの自衛隊派遣を再延長（派遣期間を06・12・14まで1年間延

6・29　介護保険法改正（「介護予防サービス」や施設入所者の自己負担化を盛り込む）
7・26　会社法
7・29　自衛隊法改正（弾道ミサイルをミサイル防衛システムで迎撃する法的手続を定める）
10・21　郵政民営化法
10・31　テロ対策特別措置法改正
11・7　障害者自立支援法
風俗営業法改正
建築物耐震改修促進法改正
11・9　高齢者虐待防止法

自白」を認定、検察側の即時抗告を棄却
4・5　名古屋高等裁判所――名張毒ブドウ酒事件再審決定
4・13　東京地方裁判所判決――両親の未婚を理由に日本国籍が認められないのは不当
5・16　福岡高等裁判所判決――諫早湾干拓差止仮処分を取り消す
5・30　最高裁判所判決――もんじゅの安全審査を認め、住民側逆転敗訴
6・28　大阪高等裁判所判決――和歌山毒入りカレー事件で二審も死刑
9・14　最高裁判所判決――在外選挙権制限の公職選挙法に違憲判断
9・30　知的財産高等裁判所判決――「一太郎」訴訟で松下電器産業が逆転敗訴
大阪高等裁判所判決――小泉首相の靖国神社参拝は違憲
10・25　2つの東京地方裁判所判決――旧植民地ハンセン病訴訟で、台湾原告は勝訴、韓国原告は敗訴

長）

二〇〇六年（平成一八）

1・20　第164通常国会を召集、6・18閉会
1・23　ライブドアグループの堀江貴文社長ら四人証券取引法違反容疑で逮捕
3・31　民主党偽メール問題で前原執行部総退陣
4・7　民主党代表選挙で小沢一郎氏を選出
4・26　耐震データ偽造事件で木村建設元社長や姉歯秀次元建築士、イーホームズ社長ら逮捕
5・30　政府は在日米軍再編実施方針を閣議決定
6・5　村上ファンドの村上世彰代表証券取引法違反容疑で逮捕
6・20　政府はイラク南部サマワに駐留する陸上自衛隊の撤退を決定
6・29　ブッシュ米大統領と小泉首相はワシントンで会談し、共同声明「新世紀の日米同盟」を発表
7・5　北朝鮮が七発のミサイルを発射し、日本海に落下
7・15　国連安全保障理事会が北朝鮮非難決議を全会一致で採択

2・10　石綿健康被害救済法
障害者自立支援法施行
5・8　刑法及び刑事訴訟法改正
5・31　都市計画法等改正
6・2　行政改革推進法
6・7　消費者契約法改正
6・8　刑事施設及び受刑者処遇法改正
6・14　証券取引法等改正
6・15　住民基本台帳法改正
6・21　法の適用に関する通則法
健康保険法等改正
建築基準法等改正
男女雇用機会均等法及び労働基準法改正
12・15　信託法改正
入札談合等関与行為防止法改正
地方分権改革推進法
12・20　貸金業の規制等に関する法律の一部改正
道州制特区推進法
12・22　防衛庁設置法等改正
教育基本法改正

2・9　横浜地方裁判所判決――横浜事件の五被告に免訴を言い渡す
3・24　金沢地方裁判所判決――北陸電力に志賀原発2号機の運転差し止めを命じる
6・7　東京地方裁判所判決――ドミニカ移民訴訟で国の責任を認める
6・20　最高裁判所判決――光市母子殺害事件で無期懲役とした一、二審判決を破棄し高裁に差し戻す
7・13　熊本地方裁判所判決――「トンネルじん肺九州訴訟」で、国に約二億六千万円の支払いを命じる
8・28　東京地方裁判所判決――葛飾政党ビラ配布事件で住居侵入罪の成立を否定し無罪
9・15　最高裁判所判決――オウム真理教の松本智津夫被告の弁護団の特別抗告を破棄（一審の死刑が確定）
9・21　東京地方裁判所判決――都立高校などの教職員が入学・卒業式で国旗への起立と国歌斉唱に従う義務がないことの確認と、都教委による懲戒処分の禁止を求めた訴訟で、原告側全面勝

7・25 陸上自衛隊イラク派遣部隊の帰国が完了
8・15 小泉首相が靖国神社に参拝
8・24 国際天文学連合が冥王星を惑星から降格する最終案可決（太陽系惑星は八個に）
9・6 秋篠宮妃紀子さんが男児を出産（皇位継承順位は第三位）
9・20 自民党総裁選挙で安倍晋三官房長官を選出
9・21 法務省は新司法試験の合格者一〇〇九人を発表
9・26 第１６５臨時国会を召集、12・19閉会
　安倍内閣発足
10・2 日本司法支援センター（法テラス）が業務を開始
10・9 北朝鮮が初の地下核実験を実施
10・14 国連安全保障理事会が北朝鮮への初の制裁決議を全会一致で採択
11・5 イラクのフセイン元大統領に死刑判決（12・26死刑確定）
12・4 自民党が無所属議員11人の復党決定

訴
11・30 大阪高等裁判所判決――住基ネット訴訟でプライバシー権を保障した憲法13条に違反するとし、住基ネットから住民四人の住民票コードを削除するよう命じる
12・1 神戸地方裁判所判決――中国残留孤児訴訟で国の法的責任を一部認める
12・11 名古屋高等裁判所判決――住基ネット訴訟で住民側の請求を認めた一審判決を取り消し、住民側の請求を棄却
12・26 名古屋高等裁判所――名張毒ブドウ酒事件で検察側の異議申し立てを認め再審開始決定を取り消す

藤田　正（ふじた・ただし）

1948年　札幌市生まれ
1977年　早稲田大学大学院法学研究科博士課程満期退学
現　職　北海学園大学法学部教授
〔主要著作〕
刑法草按注解上・下（日本立法資料全集本巻８・９，共編著，信山社，1992）
旧刑法〔明治13年〕⑴・⑵-Ⅰ，Ⅱ・⑶-Ⅰ，Ⅱ，Ⅲ（同上本巻29・30・31・32・33・34，共編著，信山社，1994～1997）

吉井蒼生夫（よしい・たみお）

1947年　所沢市生まれ
1977年　早稲田大学大学院法学研究科博士課程満期退学
1997年　博士（法学）
現　職　神奈川大学法学部教授
〔主要著作〕
刑法草按注解上・下（日本立法資料全集本巻８・９，共編著，信山社，1992）
旧刑法〔明治13年〕⑴・⑵-Ⅰ，Ⅱ・⑶-Ⅰ，Ⅱ，Ⅲ（同上本巻29・30・31・32・33・34，共編著，信山社，1994～1997）
刑法〔明治40年〕⑴-Ⅰ，Ⅱ，Ⅲ・⑵・⑶-Ⅰ，Ⅱ・⑷・⑸・⑹・⑺（日本立法資料全集本巻20・21・22・23・24・25・26・27，共編著，信山社，1990～1996）
近代日本の国家形成と法（日本評論社，1996）
小野梓――独立自主の精神（冨山房，2003）

日本近現代法史（資料・年表）

2007年４月25日　初版第１刷発行
2010年４月５日　初版第２刷発行
2014年４月５日　初版第３刷発行

著作者　藤田　正
　　　　吉井蒼生夫
発行者　今井　貴
　　　　渡辺左近
発行所　信山社出版
(113-0033) 東京都文京区本郷 6-2-9-102
TEL 03-3818-1019
FAX 03-3818-0344

印刷　松澤印刷株式会社
製本　渋谷文泉閣

ISBN978-4-7972-2199-2　C3332